Silk
실 크 로 드
Roads

Silk
Roads

실크로드

Peoples. Cultures. Landscapes

수전 휫필드 외 지음 | 이재황 옮김

책과함께

차례

실크로드의 물질문화

다른 분야와도 관련되는 항목은 약호를 붙여 표시했다.
아래 분류 이외의 추가 약호는 다음과 같다. R: 종교,
Mi: 군사, CA: 의류 및 장신구, Sc: 과학.

필진

각 꼭지 본문 글의 필자는 꼭지 제목 아래에 필자 이름을 온전히 밝혔고, 상자글의 필자는 글 끝에 영문 약어로 밝혔다(아래 '필자' 참조). 필자들의 간단한 소개와 원어 표기는 466쪽에 있다.

편집 총괄 수전 휫필드

추천사 피터 셀러스

자문위원

대니얼 워	세르게이 미냐예프	자오펑
루카 올리비에리	앨리슨 애플린 오타	존 포크너
베레니스 벨리나	어설라 심스-윌리엄스	팀 윌리엄스

필자

AB	아르노 베르트랑	JF	존 포크너	RT	리처드 탤버트
AF	안나 필리겐치	JH	줄리언 헨더슨	RWH	로절린드 웨이드 해든
AHK	앤 헤데거 크라그	JK	준 기무라	RXJ	룽신장
AO	앨리슨 애플린 오타	JM	제임스 밀워드	SB	소니아 브렌티에스
ASc	앙겔라 쇼텐하머	JMBB	장-마르크 보네-비도	SD	소피 데로지에르
ASe	아사드 세이프	JN	제브레일 노칸데	SH	수전 헌팅턴
ASh	앤절라 성	KD	코라이 두라크	SM	세르게이 미냐예프
BB	베레니스 벨리나	KI	카를 이너메	SP	세라 피터슨
BH	베리트 힐데브란트	KMR	케이트 메이시아-래드퍼드	SS	세라 스튜어트
CC	크리스티나 카스티요	LL	루이스 랭커스터	SW	수전 휫필드
CD	클레어 딜런	LN	루카스 니켈	TC	타마라 친
CO	찰스 오틀로프	LO	루카 올리비에리	TD	투라지 다리어이
DN	다비트 나스키다슈빌리	LT	탕리	TW	팀 윌리엄스
DV	드미트리 보야킨	LWY	리원잉	UB	우르줄라 브로세더
DW	대니얼 워	LXR	류신루	USW	어설라 심스-윌리엄스
EHS	에이빈 헬도스 셀란	MH	마크 호턴	VM	발렌티나 모르드빈체바
EL	엘리자베스 램번	MO	메흐메트 욀메즈	WB	워릭 볼
ES	에버하트 사우어	MP	마리누스 폴라크	WKR	완나포른 카이 리엔짱
FG	프란츠 그레네	MT	마리나 톨마체바	WXD	왕쉬둥
GH	조지나 허먼	NM	노리코 미야	ZF	자오펑
GL	조지 레인	NR	니컬러스 르비르	ZG	수산나 굴라치
GM	조지 망기니스	NS	니콜라우스 신델		
GR	게신 리스	NSW	니컬러스 심스-윌리엄스		
HOR	하미드 옴라니 레카반디	PPH	호푸아이펑		
HW	헬렌 왕	PW	폴 워즈워스		
IA	이드리스 압두레술	PWe	피터 웨브		
IS	잉고 슈트라우흐	PWh	피터 휫필드		
IT	일제 팀페르만	RB	로버트 브레이시		
JB	조너선 블룸	RD	리베카 달리		
JC	조 크립	RS	로베르트 슈펭글러		

(2~3쪽) 말은 전쟁, 외교, 무역을 위한 실크로드 여행의 핵심 수단이었고, 중국에서 아라비아반도에 이르는 지역의 경제 발전을 촉진시켰다. 낙타와 야크는 이 사진의 무대인 동부 스텝과 같은 특정 지역에 적합한 수단이었다.

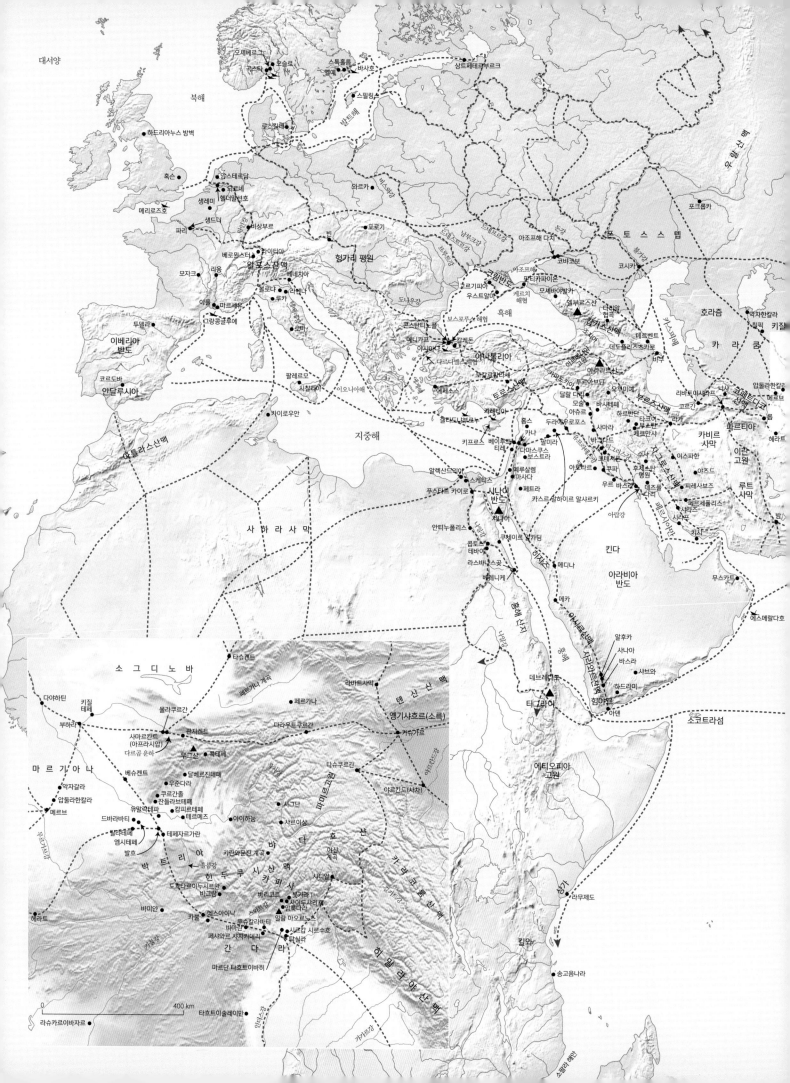

시베리아

예니세이강

톰스크

미누신스크분지

아바칸

바이칼호

자바이칼

자람

오르고이톤

노용올

도르릭나르스

아르잔
투바

파지리크

벨렐

알타이산맥

타힐틴호트고르

골무드

몽 골 스 텝

만주

백두산 ▲

일리강

중가르
평원

투주사이
알마티

투르판
코초

하미

카라호토

고비사막

황하

카라샤흐르(언기)

린강

뚜만강

한반도

텐산산맥
카슈가르

쿠처(쿠차)

타림강

얀징

타 림
분 지

롭사막

위먼관

카라호토

시거우판

오르도스

호류지 교토
후지산 ▲

파미르고원

아이하눔

붓카라

타클라마칸사막

유물락쿰
카라동
게라이양
단단윌리크

크로라이나
미란

둔황

주취안
양관

장예

우웨이

바저우

정

궁셴

쉬안

나라

다자이후
오사카

한두쿠시산맥

바리코트

불
비마란

호탄
도모코
삼풀라

카다타

차르클리크
자분묘지

차렌산맥

구위안

장안

북중국
평원

양저우

카라코룸

쿤룬

찬 링 선 맥

룽먼 & 낙양

항저우

델리

마투라

티 베 트
고 원

바오관장
청두

반싱두이

쓰촨분지

푸저우

취안저우

타르사막

즈드푸르

베르로트

렌지스강

파탈리푸트라

광저우

펑텐

펀자브
평원

후글리강

파드마강

난하이 1호

구자라트
캄베이

파간

하이난섬

태평양

나르마다강
바투칼차

아마라바티

안남

필리핀
제도

아잔타 석굴

우
하트란
준나르

데칸고원

상가나칼루

벵골만

푸카오통
반돈따맷
아유타야

차우탄
빙선

이
라
사

말라바르
망갈로르

아리카메두
푸두체리

안다만
제도

파놈수린

앙코르

남중국해

무지라스
코동갈루르

옥에오

콜람
만타이

메콩강
삼각주

카오쌤께오

콜롬보

스리랑카

끄라 지협

말레이반도

인도양

고다바야

사무데라파사이

팔라카
리

헬더말산호

벨리통

뜨르나테섬
티도레섬

반다
제도

술라웨시

수미트루관

팔렘방

바탄비아

문줄하르조

소순타제도

태평양

반텐
자바

티모르

정착지
● 침몰 지점
강
▲ 산
주요 교역로

0   1000 km

기본 지도 ©Maps in Minutes™ 2003
지도 제작 ML Design, London

추천사

피터 셀러스

"무슬림들이여, 내가 어떻게 해야겠소? 나도 모르겠소.
나는 기독교도도 유대교도도 아니고, 조로아스터교도도 이슬람교도도 아니오.
나는 동쪽이나 서쪽에서 온 것도 아니고, 육지나 바다에서 온 것도 아니오.
우주의 통로에서 온 것도 아니고, 하늘의 천체에서 온 것도 아니오.
흙에서 온 것도, 물에서 온 것도, 공기에서 온 것도, 불에서 온 것도 아니오.
나는 가장 높은 하늘에서 온 것도 아니고, 이 세계에서 온 것도 아니오.
현실에서 온 것도, 본질에서 온 것도 아니오.
나는 인도에서 온 것도, 중국에서 온 것도, 불가르에서 온 것도, 사크신에서 온 것도 아니오.
두 이라크의 왕국에서 온 것도, 호라산 땅에서 온 것도 아니오."

- 잘랄앗딘 모함마드 루미(1207~1273)

이 책의 필자들이 말하고 있는 중앙아시아에, 실크로드에, 아프로유라시아 대륙에 오신 것을 환영합니다. '실크로드'는 알려지지 않고 믿을 수 없고 지나갈 수 없는 곳을 향해 불안하면서도 불가사의하게 옮겨가고 있는, 매우 접근하기 어려운 지리·역사·민족과 영적 공간을 일컫는 편리한 용어입니다. 긴밀하고 드넓은 이 환경들은 내부에 가볍고 비밀스러운 여러 가지 자유가 있고, 대담한 철학과 주목할 만한 인간의 용기를 지닌 문화들을 길러냈습니다. 이 지역은 특정한 조직과 국민 국가라는 측면에서 생각해서는 안 됩니다. 실크로드 연구는 우리를 복합적인 문화와 학문 분야를 넘나드는 이해 방식, 그리고 변화하는 주민의 한가운데로 깊숙이 안내합니다. 우리 시대에 충격적인 속도로 전개되고 있는 당대 세계화의 복잡성을 우리가 직접 대면할 수 있게 합니다.

수전 휫필드는 학술적으로 획기적이며 학계가 지닌 다양한 공통의 지식체계를 담은 흥미로운 책을 엮었습니다. 그 새로운 성과들은 학계 안팎에서 불가피하게 이전의 틀에 대한 새로운 토론과 수정을 불러일으킬 내용들입니다. 이 매혹적인 책에 실린 글들은 일급 학자들의 기고를 통해 더 깊숙한 독서와 연구의 발판이 되고자 했습니다. 그 결과물인 이 책은 참으로 역동적인 것이 됐습니다.

"무덤 속의 지석(誌石)이나 어떤 예술적 디자인이 새겨진 나무들을 발견할 수 있는 고대 유적지가 많습니다. 때로는 산꼭대기 바위에 새겨진 글들도 있습니다. 오늘날 아무도 읽어낼 수 없는 글자들입니다. 그러나 직관력을 타고난 사람은 그 감동을 통해, 그 분위기를 통해, 거기서 풍겨 나오는 느낌을 통해 그것을 읽을 수 있습니다. 그것은 겉으로 보기에는 단순한 새김글이지만, 사실은 연속적인 기록이며 많은 것을 말해 주는 기록입니다. (…) 직관 능력이 열려 있는 어떤 여행자라도 옛 전통의 땅에서는, 말하자면 그들의 과거 전승을 마음껏 노래 부르는 수많은 장소를 보게 되리라는 사실을 부인할 수 없을 것입니다."

유럽의 첫 수피 스승 가운데 한 사람인 하즈라트 이나야트 한이 1920년대 런던에서 한 이 익숙한 말은 중앙아시아 문화의 감동과 신비를 떠올리게 하며, 이 책 곳곳에 나오는 강렬하고 매혹적인 물건들을 바라볼 때 유념해야 할 말입니다. 놀랍고도 다행인 것은 이 옛 새김글을 읽을 수 있고 사진을 곁들인 글을 쓰는 분들이 있다는 사실입니다. 여기 나오는 물건과 사람들은 새로운 세대의 학자들 덕분에 새로운 방식으로 이야기되고 있지만, 그들의 노래는 우리 상상의 내면 깊숙한 곳에서만 들을 수 있는 부류의 것입니다. 모든 것의 무상함과 그것들이 새로운 형태로 재탄생하는 일에 관해 생각해보도록 말입니다. 이 멋진 물건들은 그들을 품어 보존한 환경들과 마찬가지로 살아 있는 존재입니다. 무덤과 사리탑들은, 이 세상을 떠난 뒤 그 영향력을 더욱 깊게 울린 성인들을 위한 것입니다. 그들의 성스러운 반구형 건물들은 아직 일어나지 않은 문명의 원자력발전소처럼 사막 속에 둥지를 틀고, 힘과 연민과 무한한 아름다움을 발산하고 있습니다.

(오른쪽) 연회 참석자가 뿔잔으로 술을 마시는 모습. 소그디아나 판자켄트의 8세기 벽화 일부다.

(12~13쪽) 양모와 비단으로 만든 양탄자가 실크로드에서 운송돼 거래되고 사용됐다. 이란의 양탄자 생산자들은 지금도 전통적인 방식을 계승해, 산에서 기른 양의 털과 천연 염료를 사용해 양탄자를 만들고 있다.

들어가며

수전 휫필드

세계는 집이 아니다. 세계는 장터다.
시장은 헤매는 영혼을 위한 어떤 피난처
또는 단순한 반추. 각 판매장은
신전이고 사원이며, 마법의 기억 동굴이다.
그 통로는 우리를 극지까지, 지구 반대편까지 옮겨주는 바위굴.
우리 모든 싸구려 사냥꾼들은 시간을 지우고
장소와 잃어버린 역사를 떠올린다.

- 월레 쇼잉카, 〈사마르칸트와 내가 아는 시장들〉, 2001

실크로드는 산길을 넘는 옛 통로를 이용했으며, 때로 암각화를 남기기도 했다. 이곳은 중앙아시아 파미르고원의 한 계곡이다.

'실크로드'는 없었다. 그것은 20세기 말 이후에야 널리 쓰이게 된 현대적인 명칭이다. 그리고 그 이후, 대략 서기전 200년부터 서기 1400년 사이에 아프로유라시아 대륙 일대의 교역과 교류를 가리키는 말로 사용됐다.[1] 이 시기에는 많은 교역망이 있었다. 이 가운데 일부는 비단과 방적사, 직물을 거래했다. 다른 물건을 거래한 곳도 있었다. 중국이나 로마에서 출발했지만, 중앙아시아, 북유럽, 인도, 아프리카, 다른 많은 곳에서도 출발했다. 여행은 바다를 통하기도 하고, 강을 통하기도 하고, 육지를 통하기도 했다. 어떤 경우에는 바다, 강, 육지를 모두 거쳤다.

실크로드라는 말은 그 모호성에도 불구하고 친숙해졌고, 흔히 현대 역사 저작들이 다루지 않았던 지역과 민족들을 더 유명하게 하고 잘 알 수 있게 해주었다. 또한 이 용어가 점점 대중화됨에 따라 보다 세계적인 역사에 대한 관점을 고무했다고 할 수도 있다. 이런 이유로 나는 내 저작과 전시에서 부끄러운 빛 없이 '실크로드'(또는 오해가 조금 덜한 듯한 '실크로드들')라는 말을 언급했다. 내가 이 말로 표현하고자 하는 바에 대해(그리고 그것이 이 책에서 사용된 방식에 대해) 일반적인 정의를 내리자면 이런 정도가 될 것이다.

서기전 제1천년기 말부터 서기 제2천년기 중반까지, 비단과 다른 여러 가지 원자재 및 제조 상품(노예, 말, 준보석, 금속, 도자기, 사향, 약, 유리, 모피, 과일 등)을 거래하고 민족·사상·기술·신앙·언어·문자·도상·설화·음악·무용 등의 이동과 교류를 촉진한, 실체적이며 지속적으로 겹쳐지고 발전한 아프로유라시아 대륙의 육상과 해상을 통한 지역 간 교역망 체계.

실크로드의 핵심은 '경계'를 넘는 교류였다. 그것이 시간이든 지리든 문화든 정치든, 아니면 상상 속

1   1877년 처음 실크로드라는 말이 도입된 것과 20세기에 이 용어의 사용이 늘어난 것에 관한 논의는 Chin 2013, Waugh 2010, Whitfield 2008 and 2015 (Introduction)를 보라. 다른 연구자들은 이 용어의 유용성에 대해 다소 회의적이었다. "단지 신화일 뿐"(Ball 2007:23)이며 "낭만적 사기"(Pope 2005)라고 했다.

의 일이든 말이다. 따라서 이 책은 지도와 지리, 그리고 인류가 다양한 목적에서 알고 있는 세계와 허구적인 세계를 기록하고 경계 지으려 시도했던 그 밖의 수단들에 관한 이야기로 시작한다. 이들은 여행자들을 도우려는 일차적 의도를 거의 갖고 있지 않았다. 현대에 들어 사진은 특히 고고학자나 탐험가들에 의해 기록의 도구로 사용돼왔지만, 보는 이에게 다른 세계를 들여다볼 창을 제공하기도 한다. 이 점 역시 간략하게 검토해보았으며, 역사적인 고고학 사진 일부는 이후 장들에 다시 실었다.

이 책의 중심 부분은 어떤 정치적 또는 문화적 구분이나 시간 순으로 배열하지 않았다. 다만 독자들이 시간과 공간에 대해 약간의 감을 잡을 수 있도록 곳곳에 지도를 실어 본문에서 언급된 장소를 보여주었고, 정치체와 그 통치자들에 대해서는 연대를 병기했다.

불가피하게, 연대와 통치자가 잘 알려진 주요 제국들이 실크로드 역사에서 중앙 무대를 차지해, 때로 역사에서 덜 주목받은 여러 민족과 문화들을 밀어내기도 했다. 예컨대 흔히 무시되거나 중국, 로마, 사산 같은 이웃 제국들의 산물을 수동적으로 받아들인 것으로 묘사된 여러 스텝 사회들의 경우가 있다. 그러나 스텝과 이들 사회 사이에 주고받은 영향에 관한 글들에서 필자들이 논의했듯이, 이는 언제나 상호의존적인 쌍방향 관계였으며 스텝 지역은 실크로드 이야기의 필수불가결한 부분이다. 마찬가지로 타클라마칸사막이나 아라비아반도 사막의 여러 작은 오아시스 왕국들은 대부분의 실크로드 이야기에서 거의 언급되지 않았다. 그 가운데 일부는 독자적인 언어와 예술을 가지고 있었고, 수백 년 동안이나 번성했는데도 말이다. 이 책은 보다 균형을 갖춘 그림을 제시하고자 한다. 더 자세히 알기를 원하는 독자를 위해서는 각 항목 말미에 더 읽어볼 만한 책들을 제시했다.

지역에 대해서는 가급적 인문지리적 명칭을 사용했다. 서아시아, 이란고원, 타림분지 같은 식이다. 이 중 상당수는 불가피하게 역사적·정치적 함의를 지니거나 일부 사람들에게 놀랍게 비칠 수 있다. 이를 에둘러 갈 방법은 별로 없다. 이는 인간과 환경 사이에 이루어지는 상호작용과, 그 결과로 환경이 어떻게 해서 불가피하게 정치에 얽혀드는지를 보여준다. 이름을 붙이는 것은 때로 사유화하는 행위[2]가 된다. 그러나 너무 얽매이는 것은 피해야 할 테지만 책에는 체계가 있어야 한다.

해상로를 이용하면 금속, 유리, 도자기 등 크고 무겁고 깨지기 쉬운 화물들을 더 효율적이고 값싸게 운송할 수 있었다. 3~4세기 베이오에서 발견된 로마 모자이크에 보이는 코끼리 같은 동물이나 노예도 마찬가지였다.

2   이름 붙이기와 사유화에 관한 인상적인 설명은 브라이언 프리엘(Brian Frie)의 희곡 〈Translations〉를 보라. 이 희곡은 영국의 측량 기사들이 '군수 측량'의 일환으로 아일랜드를 측량하던 19세기 초 시대를 극화했다.

이 책은 실크로드의 교류가 풍부하고 다양했음을 실감할 수 있도록 환경 같은 물질문화를 소개하고 있다. 또한 완성품과 함께, 어떤 공예품들이 만들어진 방법(바로 실크로드의 기술이다) 및 바로 그 지역에서 만들어진 이유에 대해서도 살펴본다. 많은 것이 원자재의 입수 가능성 같은 요인들에 달려 있었다. 예를 들어 청금석 같은 일부 물자는 매우 희귀해서, 아프로유라시아 대륙을 통틀어 한정된 곳에서만 얻을 수 있었다. 또 메소포타미아에서 도자기를 만드는 데 사용한 점토는 그 지역 일대에 흔했다. 물론 원자재, 그리고 유리 슬래그나 명주실 같은 부분 가공된 상품들은 언제나 그 산지에서 만들어진 것이 아니고 교역됐으며, 그것이 발견된 곳으로부터 먼 지역에서 완성품으로 가공됐다.

환경은 원자재를 제공했을 뿐만 아니라 농경과 목축을 뒷받침해, 인간이 생활하고 여가를 누릴 수 있게 했다. 그것은 장거리 여행을 지원하기도 하고 또한 방해하기도 했으며, 무엇보다도 실크로드 일대에서 이루어진 교류에 관한 뭔가를 말해줄 수 있는 흔적을 계속 보유하고 있었다.

이 책의 각 장은 아프로유라시아 대륙의 환경과, 실크로드 기간 동안 이런 환경 속에서 살았던 여러 민족과 사회들, 그리고 그 고고학적 유산의 발견에 대한 안내로 시작한다. 이 책은 실크로드 연결망이 지나가는 환경의 유형에 따라 구성됐다. 스텝, 산과 고원, 강과 평원, 사막과 오아시스, 바다 등이다. 하늘은 이 모두에 공통되지만, 바다와 함께 다루었다. 해양을 항해하는 사람들에게 하늘이 하는 역할 때문이다.[3] 이것은 그저 개괄적이고 서로 넘나들 수 있는 구분일 뿐이다. 강은 산에서 시작돼, 평원에서 모습을 드러내고, 바다나 사막 모래 속으로 사라진다. 그 구분은 포괄적인 것을 의도하지도 않았다. 이 책은 아프로유라시아 대륙의 복합적인 생태계에 관한 책이 아니다. 그러나 환경은 실크로드 이야기에서 결코 빠질 수 없는 요소인데도 너무나 자주 작은 역할만이 주어졌다.

그러나 환경은 또한 우리의 관점을 뒤틀리게 하거나 제한할 수도 있다. 그것은 차별 없이 보존하고 파괴한다. 예를 들어 중앙아시아 동부와 북아프리카의 사막 유적지들에서는 비단이 많이 나왔다. 현지에서 짠 것도 있고 수입한 것도 있었다. 그러나 계절성 강우는 오랫동안 남아시아의 직물 유산을 파

3   물론 별은 육상에서의 길 찾기에도 이용됐다. 특히 지형지물이 거의 없고 모래가 길을 쉽게 덮어버리며 낮의 열기를 피해 야간 여행을 해야 하는 광대한 모래사막에서 그렇다.

이 14세기 원형장식은 실크로드 교류의 전형적인 사례다. 서아시아 일한국에서 만들어진 이 태피스트리는 중국의 일반적인 무늬지만 서아시아 기법인 무명실로 감은 동물 털 금실을 사용했다. 그림은 중앙의 군주 양옆에 몽골 군주와 아랍 또는 페르시아 대신이 있는 모습이다. 이 도상은 이슬람 금속공예품의 것과 닮았다.

괴해왔고, 우리는 그것을 역사 문헌의 단서를 통해, 그림과 공예품들을 통해, 그리고 가장 중요하게는 먼 곳(사막 정착지인 신장 카도타와 이집트 안티누폴리스 같은 곳들)으로 수출된 피륙들을 통해 복원할 수 있을 뿐이다. 최근에는 해양고고학이 발달함에 따라 바다의 유산들이 발견되기 시작했다. 오랫동안 가라앉아 있던 배의 선체는 도자기와 유리 같은 화물을 보존했다. 그러나 실크로드 교역에서 매우 중요한 부분이었던 노예라는 '인간 화물'의 직접적인 증거는 사라진 지 오래다. 그러한 공백을 알 수 있고 쓸 수 있는 곳에서는 그때마다 짚어볼 것이다.

물자 이동에서 환경이 담당한 역할과 장거리 교역의 위험성 역시 논의할 것이다. 별을 보면서 모래 바다와 물의 바다에서 길을 찾는 일, 물이 불어난 강을 건너는 일, 높은 산길을 헤쳐 나아가는 일 같은 것들이다. 특별한 수송 방식도 이야기한다. 바다에서는 배를, 산길에서는 야크를, 위험한 산악에서는 노새를, 그리고 사막에서는 낙타를 이용했다. 다양한 수송 형태의 비용과 효율성 역시 하나의 요인이었다. 낙타에 비해 배는 무겁고 깨지기 쉬운 상품을 훨씬 멀리까지 훨씬 저렴한 비용으로 운송할 수 있었지만, 훨씬 더 위험했다.

실크로드의 경제학은 우리 지식의 커다란 공백으로 남아 있다. 가장 큰 이유는 그것을 복원할 증거가 부족하다는 것이다. 특정한 상품을 시간과 공간을 넘어 다른 곳과 교역하는 문제에 대해서조차 말이다. 화폐 문제도 이 책에서 일부 논의되고 사진도 실렸지만, 주조소와 통화 제도에 관한 글에도 나타나듯이(302~309쪽 참조) 이들은 전체의 극히 일부일 뿐이다. 대다수 사회에서는 주화를 만들어 사용하지 않았고, 아니면 다른 형태의 화폐를 사용했다.

문서는 어떤 시기 어떤 장소에서는 도움이 됐지만, 아마도 많은(어쩌면 대부분의) 거래는 기록되지 않았고 혹시 기록됐더라도 수많은 일시적인 기록 속에 들어 있다가 오래전에 버려졌을 것이다. 카이로 게니자나 둔황 장경동 같은 뜻밖의 발견물들이 약간의 단서를 제공하기는 하지만, 그것들은 하찮고도 산발적인 자료 조각을 제공하는 데 그쳐 대개 큰 그림을 복원하는 데 충분치 않다.

어떤 경우는 물리적 유물을 통해 교역의 규모를 추정할 수 있다. 청금석 같은 산물에 대해서는 더 쉽다. 청금석은 산지가 알려져 있을 뿐만 아니라 고고학적 자료도 많이 남아 있다. 그것은 희귀하기 때문에 흔히 본래의 용도를 유지할 수 있었다. 다른 많은 금속 제품은 그렇지 않았다. 지난 2천 년 동안에 걸쳐 녹이는 경우가 많았다. 동위원소 분석 같은 좀 더 정교한 기법이 발달하면서 보다 유용한 자료들이 제공되고 있으며, 필연적으로 보탤 이야기가 생길 것이다.

원자재를 입수하고 그것을 완성품으로 제조하는 일에 관한 글은 여러 장에 나뉘어 있다. 이에 따라 아프가니스탄 동북부의 청금석 광산은 산을 다룬 장에서 논의됐다(182~187쪽 참조). 그러나 많은 물자와 생산 유적지는 여러 환경에서 발견된다. 도자기를 굽는 데 필요한 점토가 가장 분명한 사례지만, 도자기 생산은 강을 다룬 장에 배치됐다(338~345쪽 참조). 다른 글들, 예컨대 실크로드의 주요 종교에 관한 글도 마찬가지다. 초기 기독교는 흔히 사막 유적지와 연관되지만, 기독교는 또한 산속의 은거를 추구했다. 그리고 이 종교가 성장해 더욱 제도화되자 강가나 평원의 도시들에서 세력을 얻게 됐고, 배에 실려 먼 곳에 있는 항구로 전파됐다. 이에 따라 종교 같은 주제가 어느 한 장에 배치되는 것이 바람직하지만 그 장에만 한정하지 않았다.

종교 외에 실크로드의 음악에 관한 글도 포함됐다. 물리적인 상품들과 함께 실크로드를 여행한 무형 문화유산의 대표로 다루어졌다. 여러 언어와 문자로 쓰인 사본들의 사진도 실었다. 그러나 이들은 실크로드 일대에서 쓰인 수많은 언어의 극히 일부일 뿐이다. 상당수는 잊혔거나 사라졌다.

주제와 관련된 글에서 살펴본 대상들과 함께, 각 장에서는 20개 정도의 인공물들을 소개한다. 도시와 난파선 같은 복잡한 건조물이나 고고학적 구조물에서부터 유리구슬 같은 작은 물건까지 다양하다. 소개된 물품들은 논의된 주제들을 실증할 뿐만 아니라, 그 재질과 형태, 모티프에서 다른 지역

모피는 서아시아와 중앙아시아의 귀족들이 의류 장식을 위해 북유럽에서 수입하던 주요 품목이었다. 16세기 페르시아의 모피로 장식한 모자.

음식과 약, 염료를 위한 식물은 한때 실크로드를 따라 이동했지만, 대부분은 사라진 지 오래다. 오늘날 카슈미르의 이 사프란 재배지는 한때 번성했던 교역을 상기시켜준다.

의 영향을 받았고 실크로드 연결망 가운데 하나를 통해 이동했기 때문에 교류의 사례가 되고 있다. 이 인공물들 가운데 일부는 낯익은 것들이지만, 덜 알려지고 최근에 발굴된 것들도 포함시키려 노력했다. 가장 거창하고 가장 잘 보존된 것이 아닐지라도, 역사에서 중요한 역할을 한 것들이다. 실크로드 이야기는 사치품의 교역에 국한되지 않는다.

실크로드에 대한 연구는 대상 시간이 길기 때문에, 그리고 더 결정적으로 대상 지역이 대부분의 독자들(아프리카, 아시아, 유럽, 아메리카 등 어느 지역의 독자든 마찬가지다)에게 문화적·역사적으로 중요시되지 않는 세계이기 때문에 주눅이 들 수 있다. 낯선 이름과 장소가 넘쳐나 혼란스럽고 얼떨떨할 수 있다. 하지만 나는 독자들이 이런 문제로 혼란스럽더라도 조금만 인내심을 갖고 노력해주기를 바란다. 이 작업은 직조기와 피륙을 다룬 글(316~329쪽 참조)에 나오는 복잡한 무늬 가운데 하나처럼, 여러 가지 색실의 층을 섞어 짜서 디자인을 드러내려는 것이다. 글 하나, 사진 설명 하나를 읽어서 많은 것을 알 수는 없겠지만, 더 많이 읽다 보면 실크로드의 복잡한 무늬 가운데 어떤 부분이 보이기 시작할 것이라고 믿는다.

나는 전 세계 여러 기관의 많은 일급 학자들이 이 책에 기고해준 것을 기쁘게 생각한다. 어떤 분들은 특정 주제의 글을 써주었고, 또 어떤 분들은 자신이 발굴했거나 연구한 대상들에 관해 설명해주었다. 실크로드에 관해 무언가를 이해하려면 문화와 언어를 넘어서는 공동 작업이 필요하다. 기고자들이 쓴 글의 형식이 다양하고 견해가 다르다는 것 또한 이 책의 중요한 요소 가운데 하나다. 그것 역시 전체 무늬 가운데 하나다.

실크로드 지도 만들기

피터 횟필드

우리는 풍광에서 꿈을 배제하고 상상력이 통하지 않는
지도만 가지고는 여행할 수 없다. 그런 지도로는 도로
지도가 가장 대표적인데, 우리가 세계를 접할 때
경이로움을 지워버리도록 부추긴다. 어떤 땅을 생각할 때
경이로움이 사라져버린다면, 우리는 길을 잃게 된다.

- 로버트 맥팔레인, 《거친 곳들》, 2007

사람들이 자기네의 물리적 세계에 대한 안내서를 만드는 데는 여러 가지 목적이 있으며, 그 정보는 다양한 형태로 나타난다. 지도일 수도 있고, 지리책일 수도 있고, 여행 안내서일 수도 있다. 이 가운데 일부는 오늘날 신화나 허구로 생각될 수 있지만, 그래도 여전히 지리학적 정보를 지니는 경우도 있다. 사람들은 이른 시기부터 육로와 해로를 통해 유라시아 대륙 일대를 여행했지만, 그들의 지식은 구전으로 전해지기는 했을지언정 기록된 경우는 드물었다.

또한 근대 이전의 '실크로드'에 대한 안내서도 없었다. 적어도 그런 개념이 생긴 1877년 이전에는 말이다. 그러나 알려진 세계와 신화 속 세계에 대한 지리학적 묘사는 초기에도 있었고, 그 지도도 만들어졌다. 고대 그리스에서 예컨대 서기전 5세기의 역사가 헤로도토스(서기전 485?~425?)가 인식한 세계에 인도는 들어 있었지만 카스피해 이북의 땅은 들어 있지 않았다. 중국인들에게는 서기전 4세기의 《산해경(山海經)》이 지리학적 정보를 제공했는데, 아마도 중앙아시아의 쿤룬산맥까지 포괄하고 있었던 듯하다. 알렉산드로스 대왕(재위 서기전 336~323)의 동방 원정과 장건(張騫, 서기전 164?~113)의 서방 사행은 지식 기반을 상당히 확대했다. 알렉산드로스가 정복한 영토에는 그리스인들과 그 복속민들이 정착했고, 그리스-로마 세계 안의 왕국들이 됐다. 중국 역시 비슷하게 확장해나가면서 '서역(西域)'에 관한 정보(지리 정보와 기타 정보)를 그들의 공식 역사서에 포함시켰다. 제국이 외국 땅을 통제하려면 그런 자료가 필수적이었기 때문이다.

2세기에 알렉산드리아의 프톨레마이오스는 로마 제국에 알려진 세계에 대해 매우 정밀한 지도를 작성했다. 아시아는 멀리 중국까지 보여주었지만, 그 너머의 대양은 들어가지 않았다(24~25쪽 참조). 그의 《지리학 입문》에는 8천 개 정도의 지명이 담긴 지명사전이 들어 있었다. 위도와 경도의 좌표가 함께 실렸다. 그는 지구의 만곡(彎曲)을 감안하고 히말라야산맥과 갠지스강, 동남아시아 반도, 그리고 세리카레기오(Serica Regio, '비단 왕국'이라는 뜻. 그리스-로마 세계에서 중국은 이런 이름으로 알려졌다) 등의 지형을 알아볼 수 있게 지도를 만드는 방법에 관한 지침도 포함시켰다. 프톨레마이오스는 자신이 얻을 수 있는 모든 지리학 책과 여행자들의 말을 참고했다고 주장했으나, 그 목록은 제시하지 않았다. 그는 각 지역에 사는 민족들의 이름을 적었지만, 그들의 활동이나 물질문화에 대해서는 거의 언급하지 않았다.

프톨레마이오스와 아주 가까운 시기에 로마에서는 매우 중요한 지도가 만들어졌다. 그것은 그리스계 학자였던 프톨레마이오스의 과학적 접근법과는 완전히 달랐다. 포이팅거(Peutinger) 지도는 로마 제국 전역을 그린 지도의 중세 사본이다. 이 상세하고 흥미로운 지도는 지리학적으로 비구상적이어서 이해하기가 어려우며, 아마도 항해용이라기보다는 정치적 전시를 위해 제작한 듯하다(26~27쪽 참조). 이 지도는 6세기 알렉산드리아의 수도사이자 상인이었던 '인도 항해자' 코스마스(?~550?)의 책에 있는 것으로, 저자가 여행을 많이 한 사람이기는 하지만 안내용으로는 그다지 쓸모가 없었다. 지구가 둥글다는 당대 사람들의 믿음과 달리, 기독교 성서의 관점을 반영해 평평한 지구의 지도를 그리고 있다(30~31쪽 참조).

수백 년 뒤, 이슬람 지배가 중앙아시아로 확산되면서 이슬람 문화는 이웃 동로마 제국에 앞서 독자적으로 정교한 지도 제작 환경을 발전시켰다. 마흐무드 알카슈가리(1008?~1105?)는 중앙아시아 출신의 지도 제작자인데, 그의 대작인 《튀르크어 대사전》의 일부로 지도를 제작했다(36~37쪽 참조). 지도 제작 기술은 노르만계 시칠리아에서 활동했던 무함마드 알이드리시(1100?~1165?)에서 절정을 이루었다(28~29쪽 참조). 그는 프톨레마이오스 신봉자였다. 그는 여러 장의 지역 지도를 만들었으며, 이것이 제한된 틀 안에서 서로 딱 들어맞아, 알려진 세계에 대한 하나의 통일된 지도가 되도록 했다. 알이드리시의 지도와 책은 지형과 정착지에 대한 상세한 정보를 풍부하게 제공하고 있는데, 지도는 지명, 산, 강 등 세 가지 요소에 초점을 맞추고 있다. 그의 책은 또한 여행 도정을 거리와 함께 제공하고 있으며, 중앙아시아, 특히 소그디아나 주변의 지명을 풍부하게 싣고 있어 좋은 정보원이 되고 있다. 이 지역에 대한 관심이 매우 높았음을 알 수 있다.

중국의 유명한 승려이자 순례자인 현장(玄奘, 602~664) 역시 거리와 함께 여행 도정을 제시했다. 그 내용이 정확한 것이었음은 현대에 들어 알렉산더 커닝엄(1814~1893)이 역사 인물로서의 붓다의 주요 유적지를 확인하고 아우렐 스타인(1862~1943)이 타클라마칸사막의 여러 곳을 탐사할 때 대체로 성공적으로 활용했다는 점에서 입증된다.

중국의 학술은 중국 사회 일반과 마찬가지로 상당한 정도로 중앙집권화돼 있었고 제국의 통제를 받고 있었다. 지도는 대부분 정치적·행정적 구분을 보여주기 위해 제작되었다. 매우 정밀하지만, 소축척으로 만들어졌다. 이러한 상황은 몽골족이 등장하고 그들이 유라시아 대륙 전역으로 확장해나가면서 바뀌었다. 몽골 황제 쿠빌라이(재위 1260~1294)는 1286년 세계지도 제작을 주문했다. 이 지도는 먼 곳에서 온 상인이나 외교관들뿐만이 아니라 더 많은 사람들에게 더 많은 지식을 제공했을 것이다. 그리고 이것은 이어지는 명(明) 제국(1368~1644) 지도의 바탕을 이루었다(34~35쪽 참조).

중세 유럽에서는 마르코 폴로(1254~1324)가 장사를 위해 육로로 중국을 여행했던 기록이 이 시대에 가장 인기 있는 책 가운데 하나가 됐다. 여기서 묘사된 중국(카타이라 불렸다)의 놀라운 모습은 이어지는 이른바 '유럽의 발견 시대'를 준비하는 데 상당한 영향을 미쳤다. 그러나 이 책에서 한 가지 의아스러운 점은 지도가 첨부되지 않았다는 것이다. 이 때문에 학자들은 계속해서 그들이 지나갔던 길에 대한 주장들을 내놓고 있다.

마르코 폴로의 이야기를 바탕으로 지도를 만드는 것은 다른 사람들의 몫이었다. 카탈루냐 지도는 그중 가장 이르고 가장 잘 알려진 것이다(32~33쪽 참조). 1375년 무렵 마요르카에서 제작된 이 지도의 아시아 부분은 유럽인들의 지식이 정말로 진보했음을 보여준다. 가장 유명한 모습은 한 무리의 상인들이 말을 탄 채 상품을 실은 쌍봉낙타를 끌고 사막을 건너는 생생한 그림이다(사하라사막 횡단로를 묘사한 다른 그림에서 보이듯이, 사람이 타는 용도로는 단봉낙타만이 쓰였다). 사진 설명은 이렇게 돼 있다. "이 상인 일행은 사라 왕국을 출발해 중국을 향해 여행하고 있다." 사라는 카스피해 지역에 있던 곳이다.

더 읽을거리: Black 2000; Edson et al. 2004; Forêt & Kaplony 2008.

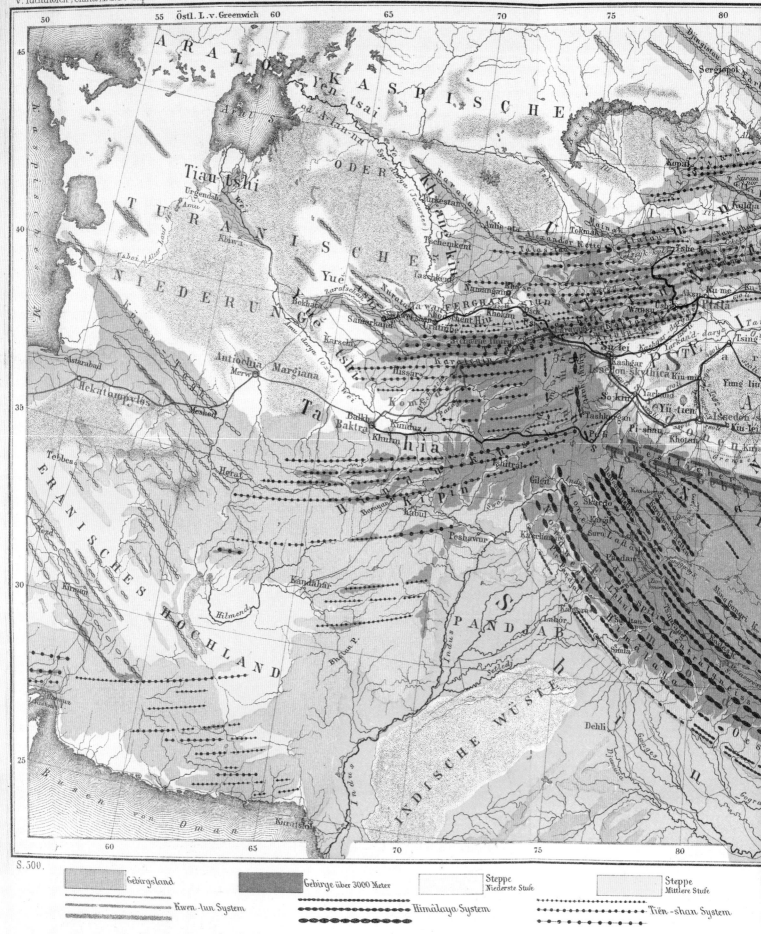

Östl. L. v. Greenwich

Legend:
- Gebirgsland
- Gebirge über 3000 Meter
- Steppe Niederste Stufe
- Steppe Mittlere Stufe
- Kwen-lun System
- Himálaya System
- Tïen-shan System

S. 500.

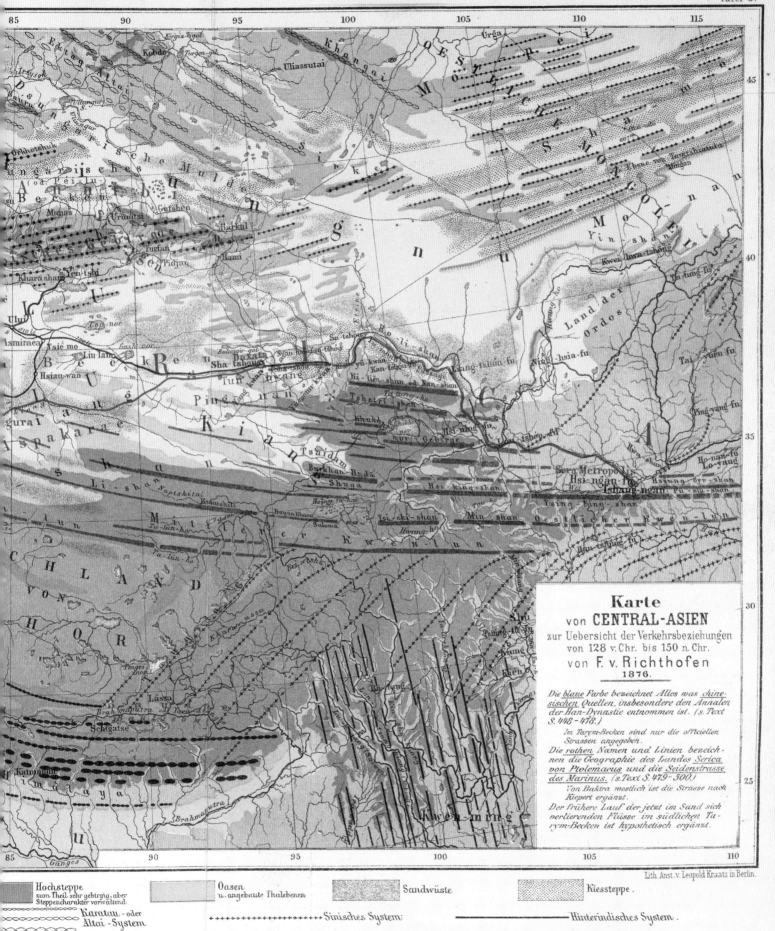

Karte
von **CENTRAL-ASIEN**
zur Uebersicht der Verkehrsbeziehungen
von 128 v. Chr. bis 150 n. Chr.
von **F. v. Richthofen**
1876.

Die blaue Farbe bezeichnet Alles was chine-
sischen Quellen, insbesondere den Annalen
der Han-Dynastie entnommen ist. (s. Text
S. 448-478.)

Im Tarym-Becken sind nur die officiellen
Strassen angegeben.

Die rothen Namen und Linien bezeich-
nen die Geographie des Landes Serica
von Ptolemaeus und die Seidenstrasse
des Marinus. (s. Text S. 479-500.)

Von Baktra westlich ist die Strasse nach
Kiepert ergänzt.

Der frühere Lauf der jetzt im Sand sich
verlierenden Flüsse im südlichen Ta-
rym-Becken ist hypothetisch ergänzt.

Lith. Anst. v. Leopold Kraatz in Berlin.

Hochsteppe
zum Theil sehr gebirgig, aber
Steppencharakter vorwaltend

Oasen
u. angebaute Thalebenen

Sandwüste

Kiessteppe.

Karatau- oder
Altai-System

Sinisches System

Hinterindisches System.

프톨레마이오스와 리히트호펜

프톨레마이오스(100?~170?)의 세계지도는 실크로드라는 근대적인 사고의 기원이 됐다. 독일 지리학자 페르디난트 폰 리히트호펜(1833~1905)이 1877년 실크로드(Silk Road, 독일어로는 Seidenstraße)라는 말을 만들었을 때, 그는 자주 '프톨레마이오스의 실크로드'라는 말을 들먹였다. 프톨레마이오스의 2세기 저작 《지리학 입문》은 1407년 라틴어 역본(여기보인 영국국립도서관 소장 C.3.d.7)의 이 지도 사본은 1482년에 제작된 것이다)이 나오면서 근대 유럽 지도 제작법의 표준이 됐다. 이 책은 위도와 경도의 좌표 사용을 도입했고, 그리스–로마의 지리학 지식을 압축했다.

그러나 리히트호펜에게 프톨레마이오스의 실크로드는 고전기 유럽인들의 지식의 '한계'를 보여주는 것이었다. 프톨레마이오스가 세계의 동쪽 끝 세라(세리카의 수도이자 '비단 생산자'인 세레스들의 본향이다)까지 가는 길에 대해 계산한 것은 부정확했고, 여전히 고대 상인들의 과장에 너무 의존한 것이었다. 리히트호펜은 자신이 중국 장안(286쪽 상자글 참조)으로

비정한 세라까지 가는 이 '실크로드' 지도를 다시 만들기 위해 유럽 전통의 외부로 눈을 돌릴 것을 주장했다. 그리고 중국의 역사 기록은 프톨레마이오스 세계지도를 수정하고 확대하는 데 필요한 정보를 제공했다. '실크로드'라는 명칭이 최초로 표시된 지도는 리히트호펜의 '중앙아시아 지도'(1877, 22~23쪽)였는데, 이는 중국 자료를 참조해 그리스–로마 자료를 재해석한 혁신적인 작업이었다.

중앙아시아 지도가 아직 완전하게 작성되지 않은 시기에, 리히트호펜의 작업은 또한 실용적인 목적도 가지고 있었다. 그는 독일 정부를 대신해서, 자신의 지식을 이용해 중국과 유럽을 연결하는 대륙 횡단 철도 제안서를 만드는 데 도움을 주었다. TC

더 읽을거리: Berggren & Jones 2000; Chin 2013.

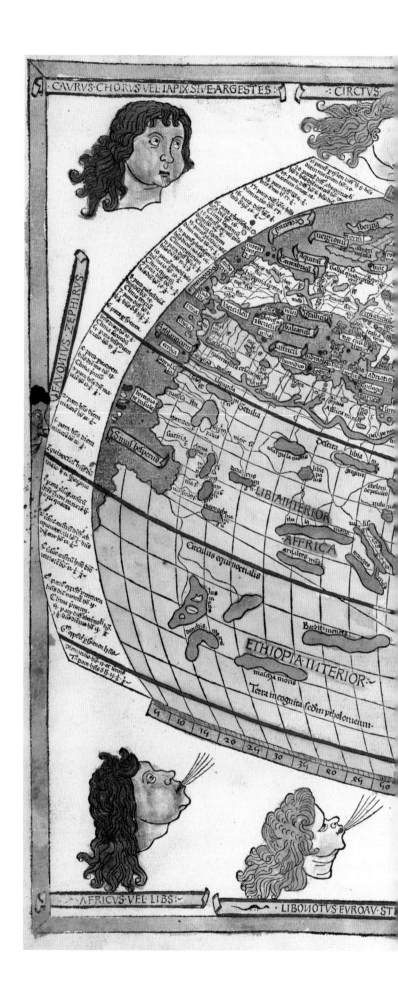

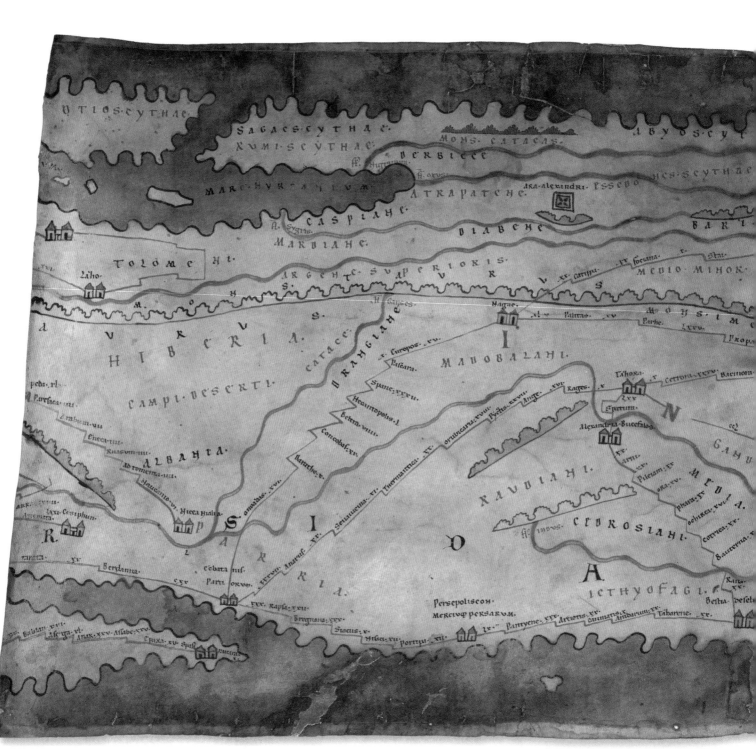

포이팅거 지도

고대의 원본을 바탕으로 중세에 양피지에 베낀 이 흥미로운 '포이팅거' 지도는 로마인들이 알고 있던 세계를 그린 물리적·문화적 표현물로서 현재 남아 있는 유일한 것이다. 이에 따라 여러 가지 측면에서 관심을 끌고 있다.

왼쪽 끝부분이 없어졌지만, 북쪽을 위로 한 전체 지도는 분명히 대서양에서 인도까지 뻗어 있다(여기 보인 것은 알려진 사본 가운데 오스트리아국립도서관 소장본 이외의 것으로 유일한 사본이다). 로마는 아마도 한가운데를 차지하고 있는 듯하다. 판면은 길이가 8미터 정도 되지만 높이는 겨우 33센티미터에 불과하다. 대부분의 바다는 좁은 수로로 축소되고(특히 지중해가 그렇다) 육지는 줄어든 수직 치수에 맞추어 이동했다(위에 보인 사본과 마찬가지로 1872년 콘라트 밀러가 만들었다). 따라서 이 지도는 실용적인 도구가 아니고, 평화와 도시 생활, 그리고 육로의 연결이라는 문명화의 혜택을 통한 로마의 완벽한 세계 지배를 찬양하는 지도 형태의 미술품이다. 그런 만큼 이 지도는 제국 궁정에서 전시하기 위해 주문한 것으로 보인다.

페르시아와 인도가 포함된 것은 이유가 있다. 아우구스투스(재위 서기전 27~서기 14) 이래 역대 로마 황제들이 알렉산드로스 대왕을 흉내 내 그곳을 지배한다고 주장했기 때문이다. 그저 공상일 뿐이지만, 로마인들의 자존심을 높이는 것이었다. 너무도 당연한 얘기지만, 그 지역들은 크게 축소된 모습으로 나타나고, 그곳의 지리와 육로에 대한 이해는 매우 불완전하다. RT

더 읽을거리: Talbert 2010.

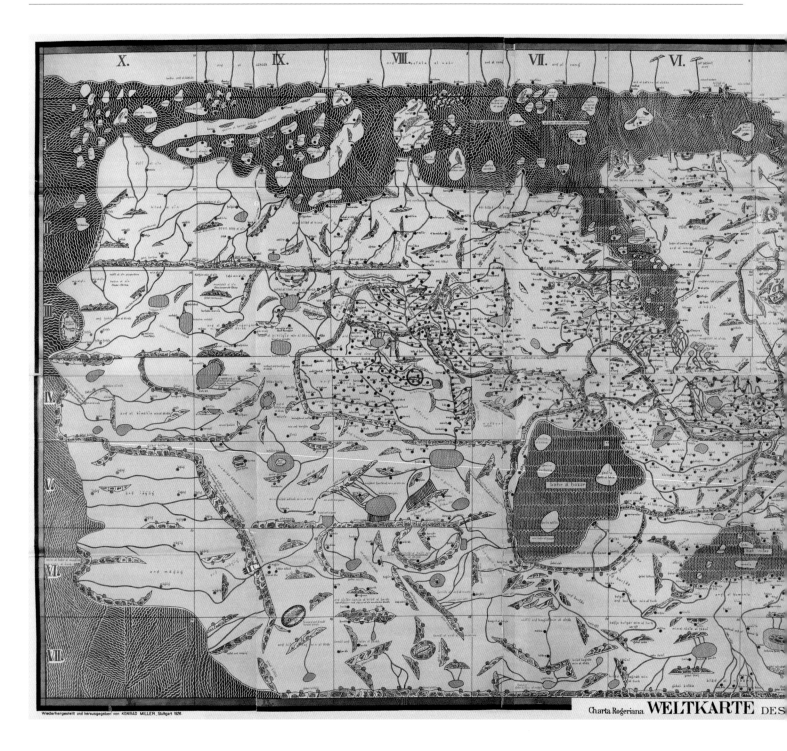

알이드리시의 〈루제로 지도〉

가장 완벽한 중세의 세계지도인 〈루제로 지도(Tabula Rogeriana)〉는 1154년 모로코 태생의 지리학자 알이드리시가 만들었다. 이 제목은 주문자인 노르만계 시칠리아 왕 루제로 2세(재위 1130~1154)의 이름을 딴 것인데, 아랍 및 유럽의 자료와 지도, 여행자들의 전언에 근거한 알이드리시의 세계관이 드러난 지도다. 이것은 당초 판 위에 그려졌는데, 나중에 은제 원반 위에 새겨졌다(둘 다 지금은 전하지 않는다). 함께 나온 책 《세계여행을 하려

는 사람들을 위한 책》은 당시 알고 있던 세계에 관한 가장 상세한 인문지리서로, 16세기까지 이를 능가할 책이 없었다. 알이드리시의 지도 제작 방법은 프톨레마이오스를 따랐다. 프톨레마이오스는 '주거 구역'을 7개의 위도 지대, 즉 기후대(klima)로 나누는 체계를 세워 적도에서부터 북쪽으로 북극권까지 배열했는데, 알이드리시는 이런 체계에 본초자오선부터 숫자를 매긴 10개의 경도상 구분을 추가했다. 동경 180도는 신라 '섬'(사

실은 한반도)에 그려졌다. 아프리카는 멀리 동쪽으로 뻗어 있는데, 그 끝에서 삼면이 육지로 둘러싸인 인도양이 태평양과 만난다. 이렇게 만들어진 70개의 사각형 구획 지도와 함께 둥근 세계지도도 만들어졌다. 발흐의 초기 이슬람 지도 제작 전통을 따른 것으로, 남쪽이 위로 돼있다. 여기 보인 합성 도상은 독일 역사가 콘라트 밀러(1844~1933)가 파리 및 옥스퍼드대학 보들리도서관 사본 지도를 바탕으로 편집한 것이다.

그의 책은 여행 도정을 제시하고 여러 가지 척도로 거리를 인용하고 있으나, 위도나 경도는 언급하지 않고 있다. 알이드리시의 작업은 유럽에서 인쇄된 아랍 비(非)성직자의 작업으로는 가장 이른 시기의 것에 속한다. MT

더 읽을거리: Harley & Woodward 1992; Miller 1926-31, 1981; Tolmacheva 1996, 2005.

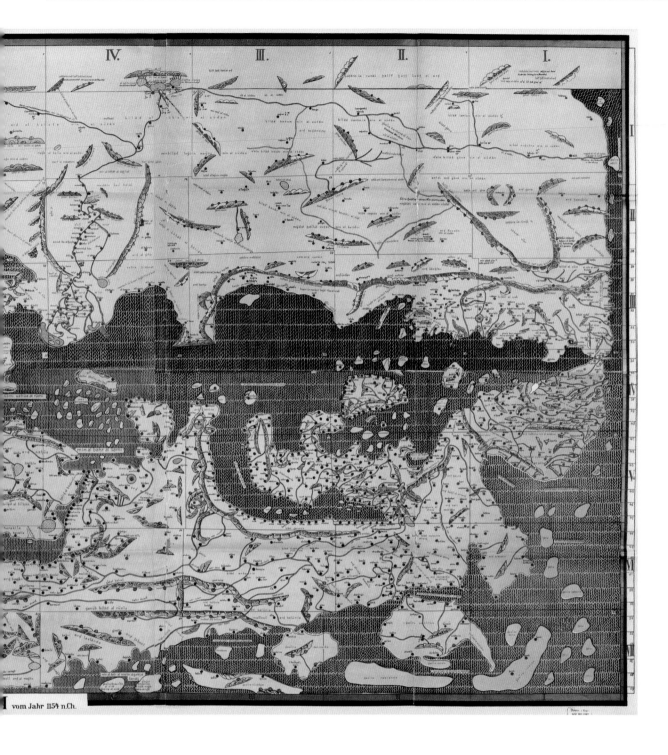

vom Jahr 1154 n.Ch.

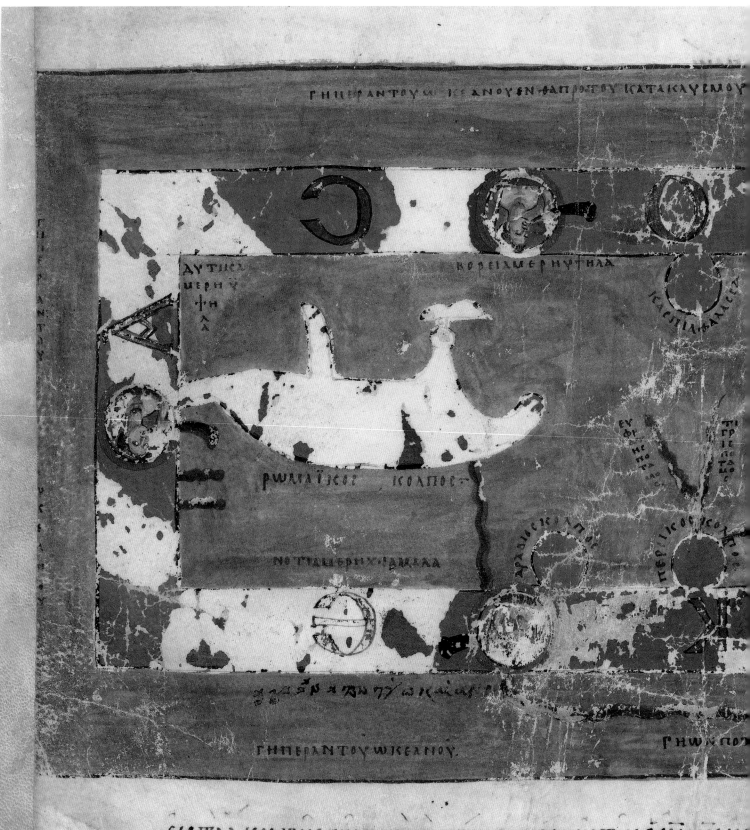

ΓΗΠΕΡΑΝΤΟΥωΚΕΑΝΟΥΕΝ ΦΑΡΡΟΕΝΟΥ ΚΑΤΑΚΑΥϹΜΟΥ

ΔΥΤΙΚΗ
ΜΕΡΗ Υ
ΤΗ
ΛΑ

ΚΟΡΕΙ ΧΜΕΡΗ ΥΤΗΛΑ

ΚΑϹΠΙΑ ΘΑΛΑϹϹΑ

ΡΩΜΑΙΚΟϹ ΚΟΛΠΟϹ

ΕΥΦΡ
ΗϹ
ΠΟΤΑ
ΜΟϹ

ΤΙΓΡΙϹ
ΠΟΤΑ
ΜΟϹ

ΝΟΤΙΑ ΜΕΡΗ Χ ΑΜΕΛΑ

ΑΡΑΒΙΚΟϹ ΚΟΛΠΟϹ

ΠΕΡϹΙΚΟϹ ΚΟΛΠΟϹ

ΓΗΠΕΡΑΝΤΟΥ ωΚΕΑΝΟΥ

ΓΗΠΕΡΑΝΤΟΥ ωΚΕΑΝΟΥ.

ΓΗ ΝωΤΙΟϹ

ΕΙϹ ΤΑΔ ΚΡΑΤΗϹ ΓΗϹ ΚΑΤΑΤΑΤΑΤΕϹϹΑΡΑΜΕΡΗ ΝΥ ΤΗϹ ΟΟΥ ΝΟϹ ΑΥ
ΠΟΙωΝ ϹΧΗΜΑ ΚΥΒΟΥ ωϹΑΝΕΙ ΤΕΤΡΑΓωΝΟΝ ΑΝω ΘΕΝΛΕΕ
ΚΑΤΑ ΤΟΝ ΗΚΟϹ ΚΑΙ ΓΗ ΝΕΤΑΙ ωϹ Ο ΟΝΟϹ ϹΙΕΓΓΑΛΗ. ΚΑΤΑΜΕ
ΚΑΙ ΓΗΝΕ ΤΑΙ ΧωΡΟΙ ΑΥ

《기독교 지리지》

《기독교 지리지(Christianiki Topografia)》는 6세기 중반 '인도 항해자' 코스마스로 알려진 알렉산드리아의 상인이자 수도사가 쓴 것이다. 코스마스는 기독교 성서를 문자 그대로 해석해 지구가 평평하고 네모진 모습이라고 주장했다. 대양이 지구 둘레를 둘러싸고 있고, 동쪽에 낙원(이스라엘의 성궤를 닮은 상자 안에 넣었다)이 있다. 천사들이 해를 산 너머로 옮겨 놓으면 밤이 된다. 이는 지구가 둥글다는 당대 사람들의 일반적인 생각과는 배치되는 것이다.

상인이었던 그는 자신이 홍해를 통해 인도양을 건너 멀리 스리랑카까지 갔었다고 주장한다. 이 책은 스리랑카, 인도와 동아프리카의 악숨 왕국(100~940), 그리고 중국으로 가는 육로와 해로에 관한 귀중한 정보를 제공한다.

남아 있는 이 지도의 사본 가운데 가장 이른 것은 여기 보인 9세기의 바티칸도서관(Vat.gr.699, f.40v) 소장본이며, 11세기의 것도 두 점 있다. BH

더 읽을거리: Faller 2011; Kominko 2013; Wolska-Conus 1968; McCrindle 1897; Zhang 2004.

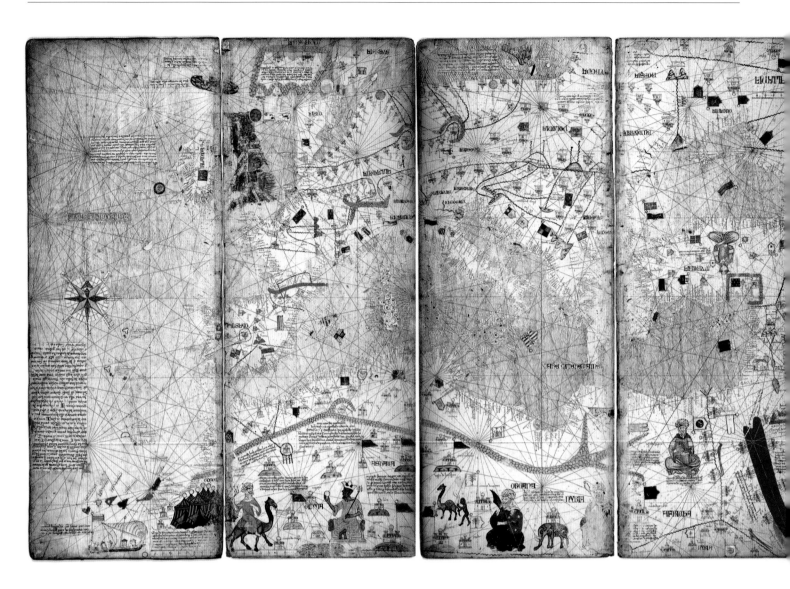

카탈루냐 지도

카탈루냐 지도로 알려진 프랑스국립도
서관(Esp. 30) 소장의 이 해도는 서명도
없고 제목도 없다. 보통 유대인 악기 제
작자이자 책 삽화가인 엘리샤 벤 아브라
함 크레스케스(1325?~1387)의 작업장에
서 만든 것으로 여겨진다. 크레스케스는
마요르카에서 일했으며, 많은 지도를 만
들었다. 그중에는 아라곤 왕 페로 4세(재
위 1336~1387)를 위해 만든 것도 몇 점 있
다. 1375년과 1376년이라는 연도가 카탈
루냐 지도 앞부분에 나와 있지만, 일부
그림은 그 연대와 모순되는 듯하다.
지도 제작자들은 아프로유라시아 대륙
을 글과 그림으로 된 광범위한 이야기,
믿음, 정보들로 채웠다. 지도와 문서, 구
전 정보, 그림과 상징 등 놀라우리만치
광범위한 자료에서 가져온 것이었다. 지
리, 정치, 역사, 민족에 관한 묘사 가운데
상당수는 아시아·아프리카 및 동로마에
서 나온 자료들에 의존하고 있다. 이는

옷, 인물의 자세와 몸짓, 아시아 군주들
의 머리칼 및 수염 형태, 곡과 마곡의 왕
(79쪽 상자글 참조), 3명의 점성술사, 중앙
아시아의 상인 행렬 등에서 볼 수 있다.
아프리카, 흑해 및 카스피해 주변, 서부
이란, 그리고 아마도 동아시아의 지리적
단위에서도 마찬가지다. 게다가 동물들
의 어떤 모습, 특히 말의 모습은 호탄(221
쪽 상자글 참조)과 이란에서 발견된 묘사
와 비슷하다. SB

더 읽을거리: Ceva n. d.; Grosjean 1978.

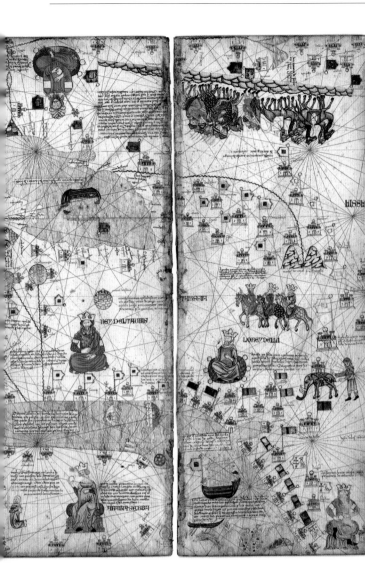
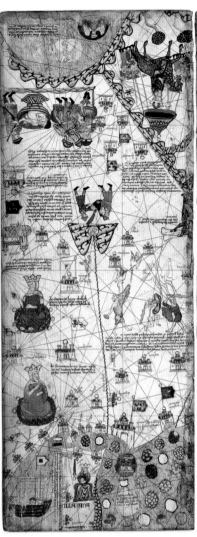
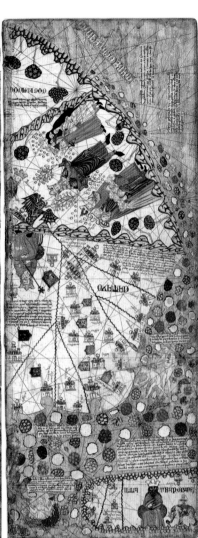

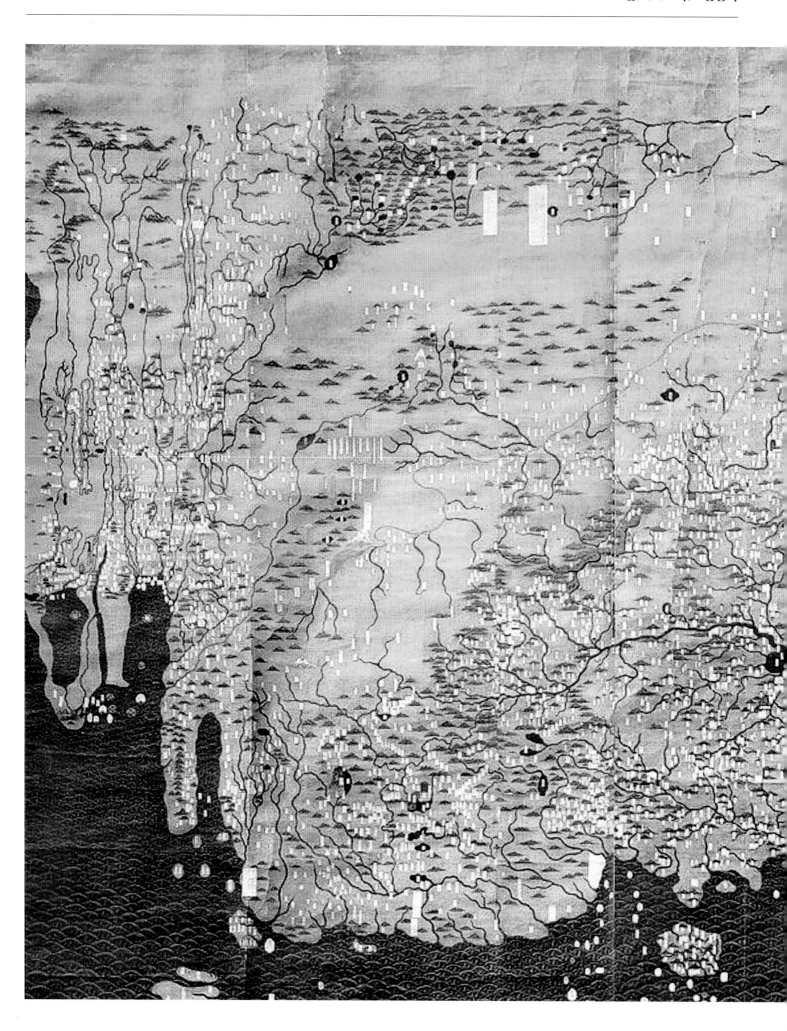

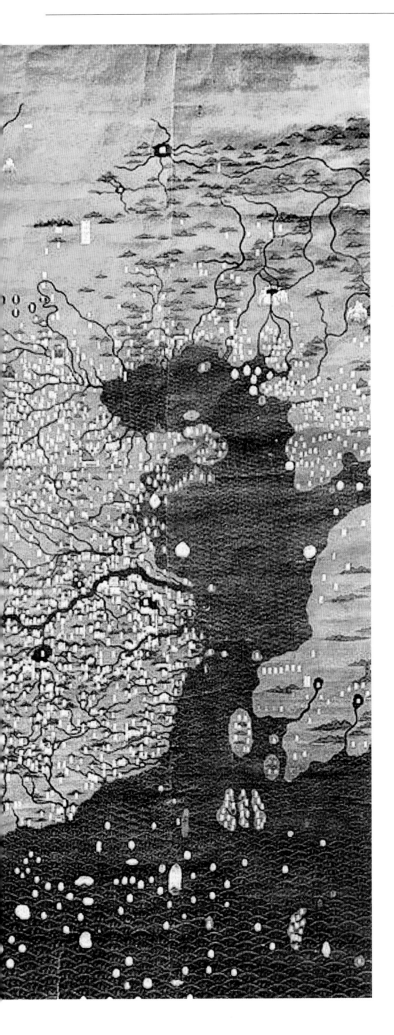

대명혼일도

〈대명혼일도(大明混一圖)〉의 뿌리는 1286년 몽골 황제 쿠빌라이가 만들도록 한 세계지도로 거슬러 올라간다. 이 지도는 여러 언어로 전해지고 아랍 문자와 한자로 기록된 많은 지역에 대한 지리 지식을 한데 모았다. 서쪽의 이베리아반도에서 동쪽의 일본에 이르는 유라시아 대륙 전체의 산과 강, 마을과 도시, 섬과 대양의 이름을 표시하고 있을 뿐만 아니라, 바다로 둘러싸인 아프리카 대륙의 모습까지 묘사하고 있다.

이 지도는 적어도 한 번 개정됐다. 1320년 무렵이다. 1360년대 이택민(李澤民)이 만든 〈성교광피도(聲敎廣被圖)〉가 가장 널리 보급됐다. 이 나라 관리들과 부유한 상인들은 이를 거실 벽에 걸어놓거나 병풍에 붙였다. 책을 읽으면서 참고하기 위해서다. 이것은 1402년 이전에 한반도에 전해져 〈혼일강리역대국도지도(混一疆理歷代國都之圖)〉를 만드는 데 참고 자료로 쓰였다.

현재 중국제일역사기록보관소(中國第一歷史檔案館)에 소장돼 있는 〈대명혼일도〉는 이택민의 〈성교광피도〉를 바탕으로 했으나, 명나라가 지배하는 영토 안의 지명은 새로운 이름으로 고쳤다. 크기는 키웠으며, 황제의 영토가 넓어야 하기 때문에 경도와 위도는 무시됐다. 여백 부분은 같은 지명을 여러 번 반복해 채웠다. 이것은 17세기 초 비단 위에 복제할 때 다시 바뀌었다. 그 결과 유럽, 서아시아, 아프리카는 축소되고 왜곡됐다. 아마도 이들 지역에 대한 가장 좋은 자료는 마테오 리치(1552~1610)의 1602년 세계지도(이 지도에는 아메리카 대륙도 포함됐다)라는 것이 받아들여졌기 때문일 것이다. 청 왕조(1644~1911) 치하에서는 황제를 위한 교육 자료로 사용할 목적으로 각 지명 위에 한자를 만주 문자로 전사(轉寫)한 것이 추가됐으며, 주석에 번역문이 달렸다. NM

더 읽을거리: Cao 1995; Miya 2007.

알카슈가리의 사전과 세계지도

알카슈가리는 튀르크어 사전 편찬자로 알려진 사람 가운데 최초의 인물이다. 오늘날 키르기스스탄의 바르스콘에서 태어난 그는 카슈가르 부근에 묻혔는데, 그의 이름은 이 도시 이름에서 왔다. 그는 카라한 제국(840~1212)에서 높은 지위에 올랐다. 그는 《튀르크어 대사전》을 만들기 위해 튀르크계 언어들을 사용하는 지역을 여행하면서 어휘와 음운, 그리고 때로는 어형(語形)의 차이를 기록했다.

이 사전에는 지도가 첨부됐는데, 튀르크어를 사용하는 지역 중심이었다. 그 한가운데에는 카라한의 수도 발라사군이 있었다. 동쪽을 위로 한 이 지도는 동쪽으로 카바르카(일본), 서쪽으로 안둘루스/엔둘루스(이베리아반도), 남쪽으로 세렌디브(스리랑카)까지 뻗어 있었다. 바다는 녹색, 사막과 도시는 황색, 강은 청색, 산은 적색으로 표시했다. 이 사전에 수록된 항목은 6700개 정도인데, 튀르크 부족의 이름과 칭호, 군 계급, 지명 등이 포함됐다. 주석에는 속담, 관용구, 노래, 시 등을 이용했다. 여기에는 또한 24개 오구즈(부족)의 이름과 문장(紋章), 그리고 그들의 생활상 및 신앙에 관한 세부 내용도 일부 들어 있다.

이 사전의 원본은 없어졌고, 남아 있는 유일한 사본은 후대에 베낀 것으로 현재 이스탄불 국립필사본도서관(AE Arapça 4189)에 보관돼 있다. MO

더 읽을거리: Dankoff & Kelly 1982–85; Kalpony 2008; al-Kashgari 2017.

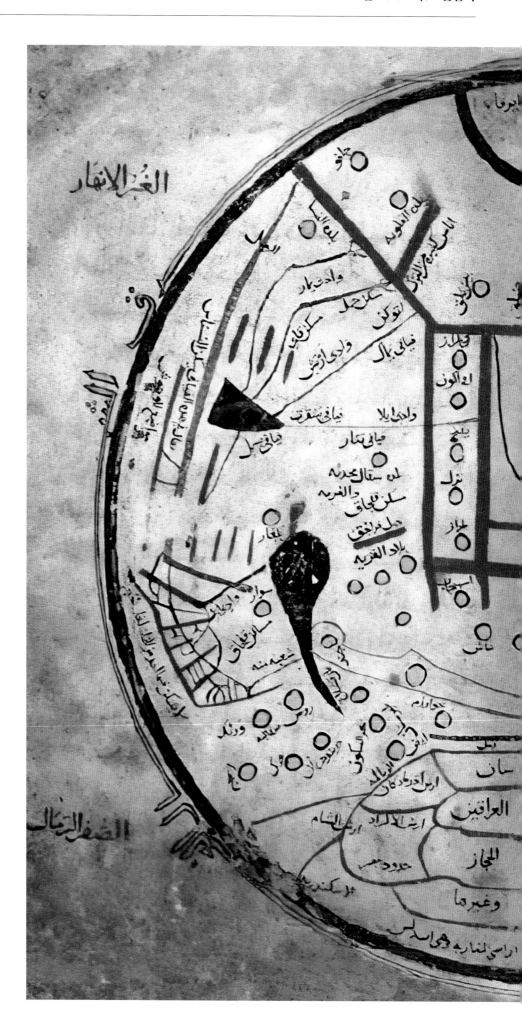

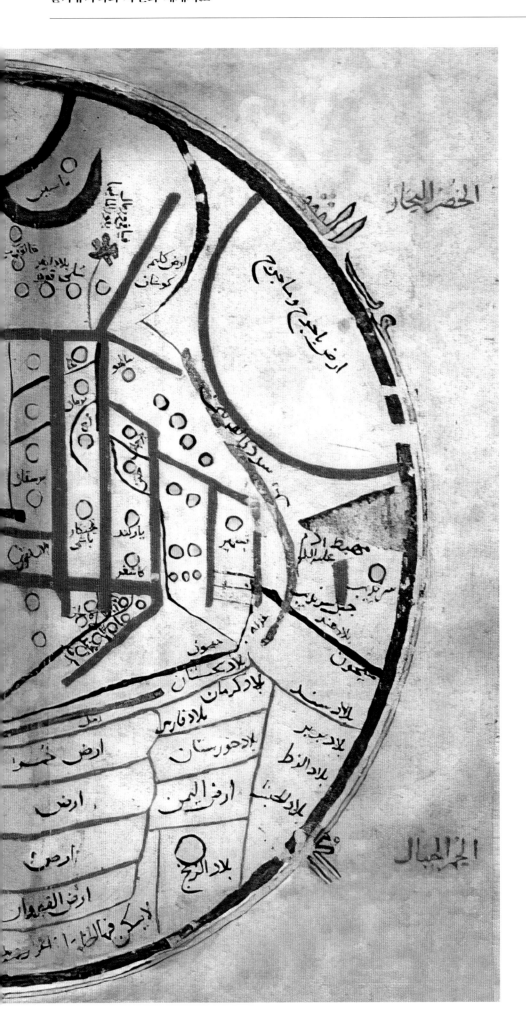

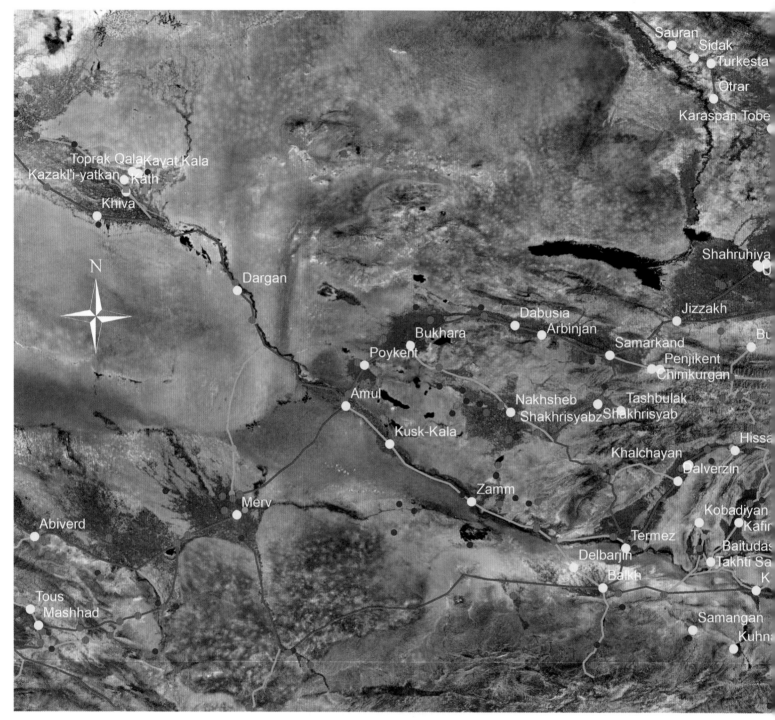

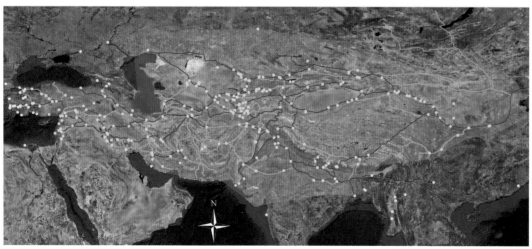

성·초소
도시
마을
여관
기타

━━ 주요 경로
━━ 기타 경로

250 km

유네스코와 실크로드

1988년 유네스코는 '실크로드 종합 연구: 대화의 길들' 프로젝트를 시작했다. 실크로드에서의 접촉에 따라 생겨난 복잡한 문화적 상호작용을 조명하기 위한 것이었다. 이는 '실크로드 세계유산 다국적 연쇄 추천' 프로젝트로 발전했고, 시간이 지나면서 권한과 후원 체계의 변화를 반영해 2011년 국제기념물유적협의회(ICOMOS)는 실크로드 고고학의 분포와 성격을 탐구하는 주제를 연구하기 시작했다.

이것은 컴퓨터 기반 지도 제작 시스템을 이용해 서로 다른 축척의 정보를 지리정보시스템(GIS) 속에 통합할 수 있게 했다. 이 연구는 중심지인 큰 도시들과 그들 사이의 경로를 밝혀냈고, 이어 이 경로를, 특정한 '길들'을 제시하기보다는 중심지들 사이의 '이동과 영향'의 회랑을 대표하는 것으로 확대했다. 이것은 기존 정보의 종합이었다. 이는 불가피하게 개괄적으로 훑은 것이었고, 따라서 틀림없이 부정확한 부분들이 있을 것이다. 그럼에도 대체적인 모습을 밝히는 데는 충분했다.

6만 킬로미터 이상의 회랑이 표시됐고, 5천여 군데의 고고학 유적지도 표시됐다. 그러나 많은 경우 특정 경로의 상세한 연대를 설득력 있게 주장하기에는 정보가 충분치 않았다. 이것은 토론과 논쟁, 그리고 현지 연구의 틀을 제공할 목적으로 현재 진행 중인 작업이다. 또한 유네스코 유적지 추천 과정을 돕기 위한 것이기도 하다. TW

더 읽을거리: Williams 2014; 2015.

СЫРЪ-ДАРЬИНСКАЯ ОБЛАСТЬ.

ВНУТРЕНОСТЬ КИРГИЗСКОЙ КИБИТКИ

САМАРКАНДСКІЯ ДРЕВНОСТИ

ГРОБНИЦА СВЯТАГО КУССАМА ИБНИ АБАССА (ШАХЪ-ЗИНДЭ) И МАВЗОЛЕИ ПРИ НЕЙ

МАВЗОЛЕЙ УЛЬДЖА ИНАГА И БИБИ ЗИНЕТЪ

ВИДЪ МАВЗОЛЕЕВЪ КОРМИЛИЦЫ ТАМЕРЛАНА И ДОЧЕРИ ЕЯ
(УЛЬДЖА ИНАГА И БИБИ ЗИНЕТЪ)

ВИДЪ СЪ ЮГА НА НАРУЖНЫЕ ФАСАДЫ МАВЗОЛЕЕВЪ
ЧУГУНЪ БИКА И КУТЛУКЪ ТУРДИ БЕКЪ АКА

중앙아시아의 사진

존 포크너

러시아가 실크로드의 심장부인 중앙아시아로 식민지를 확장한 이후 이 지역에 대한 사진 촬영이 시작됐다. 카메라는 자신의 자리를 발견했다. 이제까지 잘 알려지지 않았던 지역의 탐사를 기록하는 도구였고, 그 결과인 인쇄물이라는 형태로 제국이 새로운 영토를 획득한 것을 찬양하는 일에 대한 반향 구실을 했다.

이 지역의 최초 사진은 1839년 사진술이 발명된 지 불과 20년쯤 지난 뒤에 찍은 것이었다. 1858년 히바 칸국과의 상업 협정을 마무리 짓기 위한 러시아 사절단을 따라갔던 군 장교 안톤 무렌코(1837~1875)가 찍었다. 무렌코는 이 작업으로 1860년 제국의 러시아지리학회로부터 금메달을 받았다.

그러나 식민지 확장과 사진 기록의 동맹은 대단히 야심찬 《투르키스탄 사진첩》에서 분명해졌다. 이것은 1871년 러시아령 투르키스탄의 수석총독 콘스탄틴 폰 카우프만(1818~1882)이 주문한 사진 작업이었다. 작업의 결과물인 여섯 권의 큰 사진첩은 동양학자 알렉산데르 쿤(1840~1888)의 지휘 아래 대체로 이름을 알 수 없는 여러 사진가들에 의해 수집된 것인데, 새로 획득한 영토의 고고학, 건축, 민족학, 공업, 상업, 역사를 망라하고 있다. 이 작업은 더 광범위한 정보 수집 계획의 일환이었으며, 학술적 지식을 전파하는 데 사진을 이용할 수 있다는 것과 획득한 식민지의 상업적 잠재력을

이미 알고 있었음을 드러낸다. 아마도 일곱 세트가 제작된 듯한데, 그중 가장 쉽게 접할 수 있는 현존 사본은 미국 의회도서관에서 볼 수 있고 온라인(Turkestan Album)으로도 검색할 수 있다.

러시아 제국에 대한 백과사전적이고도 시각적인 보고서를 만들려는 추가적인 노력은 20세기 초 세르게이 프로쿠딘고르스키(1863~1944)의 놀라운 컬러 사진으로 이어지게 된다. 차르 니콜라이 2세(재위 1894~1917)의 공식 지원으로 추진된 이 프로젝트에는 중앙아시아의 러시아 영토에 대한 중요한 문서화 작업이 포함됐다. 새로 개발된 컬러 공정을 이용해 사진을 찍었다.

러시아의 영향권 경계가 슬금슬금 영국의 식민지 인도 쪽으로 다가서자 영국 관리들은 러시아의 지배력이 중앙아시아 남쪽으로 팽창하는 것을 초조하게 바라보고 있었다. 이런 위협을 알아차리고 영국이 취한 대응 가운데 하나는 야르칸드와 카슈가르의 아미르(군주)였던 무함마드 야쿠브 베그(1820~1877)와의 상업 협정을 마무리 짓기 위해 1873년에 토머스 더글러스 포사이스(1827~1886) 사절단을 파견한 것이었다. 이전의 러시아 프로젝트들과 마찬가지로, 사진은 잘 알지 못하는 영토에 대한 정보를 수집하는 수단의 하나였다. 이 임무의 최종 보고서는 100장 이상의 사진과 중국 서부의 역사, 지형, 상업에 관한 보고서를 포함하고 있었다.

이 사진들은 파견단 간사인 에드워드 프랜시스 채프먼(1840~1926)과 왕립공병대 장교 헨리 트로터(1841~1919)가 촬영한 것이다. 겨울에 사진을 찍는 것은 기술적 어려움이 있었는데, 이에 대한 그들의 이야기는 사진에 찍히고 싶어 하지 않는 그곳 사람들의 저항을 점차 극복하는 과정에 대한 이

(왼쪽) 1871년 카우프만 장군의 주문에 따라 만들어진 《투르키스탄 사진첩》의 두 쪽.

(위)세르게이 프로쿠딘고르스키는 20세기 초 중앙아시아에서 러시아가 새로 획득한 영토를 기록하는 작업에서 차르의 지원을 받았다. '다게스탄 타이프'로 이름 붙여진 이 사진은 새로 개발된 컬러 공정을 이용했다.

야기들과 함께, 사진이 복잡하고 두려움을 주는 과정이었던 시절에 흔히 들을 수 있는 푸념이었다.

중앙아시아의 러시아 영토를 가로지르는 철도가 건설되면서 실크로드 서부 여행도 한결 쉬워졌고, 이국적인 '동방' 문화에 매료된 유럽의 방문객들을 점점 더 많이 끌어들였다. 사진 기술이 더욱 간단해지면서 초기 여행자들도 카메라를 휴대해 사진을 곁들인 보고서를 출판했다. 나다르(Nadar)라는 이름으로 알려진 파리의 가장 유명한 인물 사진작가 가스파르펠릭스 투르나숑(1820~1910)의 아들인 직업 사진가 폴 나다르(1856~1939)는 1890년 소형 카메라와 새로 나온 두루마리 필름을 가지고 러시아령 투르키스탄으로 사진 여행을 나섰다. 부유한 프랑스 여행가 위그 크라프트(Hugues Krafft, 1853~1935)는 이 지역을 여행한 개인의 작업 가운데 뛰어난 사례로

1890년 부즈카시(buzkashi, '염소 끌기') 사진을 찍고 있는 프랑스인 폴 나다르.

위그 크라프트는 1898년 새로 나온 두루마
리 필름과 소형 카메라를 가지고 러시아령
투르키스탄을 여행하면서 인물 사진을 찍
은 개인 여행가였다.

꼼힌다. 그의 1898년 여행을 기록한《러시아령 투르키스탄 횡단(À travers le Turkestan russe)》(1902)은 우아하게 구성되고 그라비어 사진에 아름답게 재현된 사진 선집을 담고 있다.

여러 제국들에서 밀려들던 고고학자와 탐험가, 기타 여행자들에게는 사진 기술이 점점 더 간편해지는 것이 큰 도움이 됐다. 그들은 1890년대 이후 타클라마칸사막의 유적지들을 발굴했다. 스웨덴인 스벤 헤딘(1865~1952), 귀화한 영국인 아우렐 스타인(1862~1943), 독일인 알베르트 그륀베델(1856~1935)이 이끄는 탐험대들을 비롯한 많은 사람들이 사진을 광범위하게 사용했다. 고고학적 발견물을 찍는 것뿐만이 아니라, 여행하는 지역의 문화와 풍광을 기록하는 데도 카메라가 큰 역할을 했다.

러시아와 중국령 투르키스탄의 스텝과 사막을 모두 탐험한 독특한 인물이 사무일 두딘(1863~1929)이다. 그는 비상한 재능을 가진 러시아의 고고학자, 민속학자, 예술가, 수집가였다. 사진은 단지 그의 많은 재주 가운데 하나였을 뿐이지만, 그는 일을 하는 동안 독특한 사진 자료철을 구축했다. 1900년대 초 러시아령 중앙아시아에서 찍은 사진과 함께, 예술가 겸 사진가로서 세르게이 올덴부르크(1863~1934)의 원정대와 함께 갔던 둔황과 타림분지에서 찍은 사진도 있다.

실크로드의 풍광과 사람들은 사진가들에게 전혀 매력을 잃지 않고 있다. 미묘한 색조의 백금 사진판을 만들기 위해 대형 파노라마 카메라를 사용하는 것으로 유명한 루이스 코너(1951~)는 수십 년 동안 중국에서 작업을 했고, 둔황의 불교 석굴 사원들과 주변의 풍광을 광범위하게 카메라에 담았다. 스위스의 사진가 다니엘 슈바르츠의 작업에서는 중앙아시아의 요동치는 역사와 현재의 상태에 대한 완전히 다른 접근을 볼 수 있다.《역사의 눈을 통한 여행(Travelling through the Eye of History)》(2009)에는 1990년대와 2000년대 초 중앙아시아를 여행하면서 찍은 강렬한 사진들이 들어 있다. 이와 함께 이 사진들을 3천 년에 걸친 지리, 전쟁, 여행, 교역과 종교적 소란을 역사적 맥락에서 살펴보게 하는 글들도 있다. 사진가는 "오늘날의 사회적·지리경제적·정치적 권력 행사 과정에 상존하는 역사를 직접 맞닥뜨리고" 있는 것이다(288).

더 읽을거리: Dikovitskaya 2007; Klanten 2012; Menshikov 1999; Schwartz 2009.

1873년 에드워드 프랜시스 채프먼이 야르
칸드에 갔을 때 찍은 불교 사찰.

사진가 다니엘 슈바르츠는 이 사진에 이렇
게 적었다. "2009년 12월 21일 스와트 계곡
갈리가이에서. 양떼를 몰고 집으로 돌아가
던 아이가 거대한 불상에 돌을 던지기 위해
멈췄다."

루이스 코너의 백금 사진판. 1991년 타림분
지 투루판 부근의 이슬람 무덤이다.

스텝

스텝

(48~49쪽) 서부 스텝 케르치반도.

(왼쪽) 사냥꾼과 독수리, 동부 스텝 바얀욀기.

시베리아

예니세이강

톰스크

미누신스크분지
아바칸

바이칼호

자바이칼

아르찬   투바

파지리크

베렐   알타이산맥

타힐틴호뜨그르

오르고이톤

차람

노욜울   도르릭나르스

몽골 스텝

72 80
98

중가르
평원

일라강

투주사이
알마티

텐산산맥   투르판   코초

카슈가르   차사   볼라이크   하미

79

쿠산   쿠차(구자)

아이하눔   악수강   톰슈   타림강

힌두쿠시산맥   카라동   롭사막   위먼관

봇카라   단단윌리크   카라동   룽판

비마란   바리코트   산주고개   둔황   주취안   하서주랑

57

카라호토   고비사막

양관   치렌산맥   왕한

우웨이   카라샤흐르(언기)

시거우판   윈강

66
106

오르도스

파미르고원

카라코룸   도모코   체르첸   미란

삼플라   자군룩 묘지   장예

카도타   구위안   장안

펀자브
평원

히말라야산맥   쿤룬   티베트
고원   리오관산   산싱두이   청두

쓰촨분지   룽먼 & 낙양   북중국
평원

67 94

궁셴   쉬저우

양저우

델리   마투라   비르코트

타르사막   조드푸르   파탈리푸트라   항저우

구자라트   푸저우

캄베이   나르마다강   후글리강   파드마강   취안저우

타카바프라   바루카차   아잔타 석굴   광저우   펑텐

칸헤리   준나르   하트라   난하이 1호

데칸고원   아마라바티   파간   하이난섬

상가나칼루   푸카오통   차우탄   필리핀
제도

망갈로르   아리카메두   빙산

말라바르   푸두체리   반돈따뻿   앙코르

무지리스   아유타야   파농수린

코둥갈루르   끄라 지협   옥에오

콜람   만타이   메콩강
삼각주

콜롬보   스리랑카   카오쌈께오   남중국해   태평양

안다만
제도   말레이반도

벵골만

고다바야   트로르나테섬
티도레섬

인도양   사무데라파사이   반다
제도

말라카   술라웨시

수마트라   헬더말선호   벨리퉁

팔렘방   반다
제도

바타비아   푼줄하르조

반텐   자바   소순다제도

티모르

기본 지도 ©Maps in Minutes™ 2003
지도 제작 ML Design, London

정착지
침몰 지점
강
산
주요 교역로
상자글 쪽수

0   1000 km

초원이 하늘과 만나는 곳

팀 윌리엄스

(오른쪽) 카자흐 스텝의 말들. 유라시아 대륙 여러 곳에서 이루어진 말 사육은 목축민의 삶에서 필수였다.

오랑캐들이 나를 억지로 아내 삼으려 하니
까마득히 먼 곳으로 가게 하는구나.
구름 덮인 산 만 겹이라 돌아갈 길 머나먼데
질풍처럼 천 리를 달리니 모래먼지만 날리누나.

戎羯逼我兮爲室家 將我遠行兮向天涯
雲山萬重兮歸路遐 疾風千里兮揚塵沙

- 채염(蔡琰, 177?~249?), 〈호가십팔박(胡笳十八拍)〉

유라시아 스텝은 서쪽으로 흑해 북안의 폰토스 스텝에서부터 동쪽으로 몽골과 만주까지, 그리고 북쪽으로 러시아 남부와 시베리아 삼림에서부터 남쪽으로 오늘날의 카자흐스탄·우즈베키스탄·투르크메니스탄의 사막까지 광대한 지역에 펼쳐져 있다.

이 스텝은 온화한 초원과 사바나(대평원), 관목 숲 등이 이어져 거대한 생태 지구를 이루고 있다. 스텝이라고 하면 보통 완만하게 오르내리고 바람이 많이 불며 비가 거의 오지 않는 풀밭을 연상하지만, 사실 일률적인 것은 아니다. 많은 지역에는 작은 강과 개울들이 여기저기 흩어져 있는데, 이들 대부분은 주위 산맥들에서 눈과 얼음 녹은 물이 흘러 만들어진다. 스텝의 상당 부분은 너무 메말라 나무가 자라지 못하지만, 스텝을 가로질러 흐르는 강들 주변에는 나무가 무성하다.

스텝은 서풍을 타고 몰려오는 비에 의존한다. 대서양에서 태평양까지 뻗어 있는 대륙의 중위도 지역에 걸쳐 있는 폭풍대다. 이에 따라 알타이산맥 동쪽으로 몽골과 만주 대부분을 아우르는 동부 스텝은 서부 스텝보다 지대가 더 높고 더 춥고 더 건조하다. 계절에 따른 기온 변화 폭도 크기 때문에 더 엄혹한 땅이다. 그러나 기온이 낮은 탓에 증발이 잘 일어나지 않아, 드문드문 풀이 계속해서 자란다. 심지어 연간 강우량이 250~500밀리미터밖에 안 되는 지역에서도 풀이 자란다.

유라시아 스텝을 이루는 여러 지역들은 물의 근원과 산출하는 원자재(예컨대 돌 같은 것), 목초지와 국지 기후 등이 다양하다. 이 모든 요소는 여러 인간 사회가 해당 지역을 이용하는 방식에 영향을 주었다. 강과 개울 부근에서는 농사가 효과적일 수 있지만, 스텝의 주민들은 주로(적어도 최근까지는) 목축민이었다. 그들은 초원에서 가축을 기르며 생존했고, 과도한 방목을 피하고 계절의 변화를 활용하기 위해 주기적으로 가축 떼와 함께 이동했다.

스텝은 극단적인 대륙성 기후여서 기온과 강수량이 계절에 따라 큰 폭의 변화를 보이는 특성이 있다. 이런 계절성으로 인해 비가 거의 오지 않는 스텝의 여름은, 목초가 무성한 북쪽 스텝 지대와 고위도 지대에 비해 목초지가 빈약하다. 이 때문에 목축민 사회는 이동하지 않을 수 없었다. 최근의 연구에서 목축민 사회의 음식이 다양하며 그 남쪽의 정주 농경민 및 도시 사회에 비해 다양성이 훨씬 크다는 결과가 나온 것도 놀랄 일은 아니다.

이동은 스텝 생활의 주요 특징이었다. 광대하게 펼쳐진 평원을 가로지르며, 먼 곳까지 연결돼 있다. 스텝의 표면은 비교적 딱딱하기 때문에 길이 없어도 수레로 이동할 수 있고, 동물들은 이동 중에 풍부한 사료를 얻을 수 있다. 여행을 제한하는 커다란 지형적 장애물이 거의 없기 때문에 다양한 사회와 민족집단들이 유라시아 대륙 각지에 퍼져 살았다. 스키타이족, 흉노족, 월지족, 에프탈(백흉노)족, 훈족, 아바르족, 알란족, 하자르족, 위구르족, 튀르크족, 몽골족 등이다. 이 여러 민족들은 스텝 지역 너머 멀리까지 지대한 영향을 미치게 된다. 그들의 중요성은 단지 방대한 영토의 크기뿐만 아니라 경제와 생태의 중요한 중심지들을 연결하는 능력에도 있었다.

그 중심지들이란 교역 통로, 스텝 목초지, 강 유역, 공물을 바치는 도시,

동부 스텝의 야크가 끄는 수레.

중국의 성벽

서기전 133년 이후, 한(漢) 왕조(서기전 202~서기 220)는 흉노 정벌에 나서 서북 변경의 땅 상당 부분을 일시적 또는 영구적으로 점령했다. 그들은 방어를 위한 성벽을 쌓았다. 이 시기의 성벽은 두 가지 형태다. 하나는 하서주랑(河西走廊)을 따라서 가는 닫힌 국경으로, 시안(西安) 부근의 한나라 수도와 타림분지를 연결하는 것이었다. 하서주랑은 남쪽의 치롄산맥과 북쪽의 고비사막 사이에서 이어진다. 또 하나는 더 서쪽의 타림분지에 있는 열린 국경이다. 이 지역은 중국 역사에서 '서역(西域)'으로 불렸다.

한나라는 하서주랑에 네 개의 군사 거점을 설치했다. 우웨이(武威), 장예(張掖), 주취안(酒泉), 둔황(敦煌) 등 이른바 하서4군(郡)이다. 이들은 각기 북쪽 스텝 지역을 마주보고 쌓은 성벽으로 방어했다. 현재 중국 만리장성의 일부로 간주되고 있다. 성벽은 주로 다진 흙으로 쌓았는데, 버들과 갈대의 층으로 보강했다. 이 성벽은 서쪽으로 고비사막의 로프노르(뤄부포호)까지 뻗어 있었으며, 중간중간에 망루를 세웠다(오른쪽 사진과 같이). 둔황 바로 서쪽의 경계는 위먼관(玉門關)과

양관(陽關)에서 통제했다. 하서주랑에 대한 중국의 군사적 지배는 또한 중국 중부에서 강제이주시킨 수천 명의 민간인들의 존재로 인해 더욱 강화됐다. 이들은 농촌 사회를 건설해 군대에 식량을 공급했다.

중국의 영토는 더 서쪽으로는 확대되지 않았다. 한나라는 크로라이나(누란)와 호탄(우전, 221쪽 상자글 참조) 같은 타림분지의 주요 왕국들을 일시적으로 지배했지만, 전면적이고 영구적으로 군사·행정 통제권을 확립할 능력도 의지도 없었다. 행정·군사 중심지는 쿠처(구자)와 차사(투루판), 그리고 둔황 사이를 오갔는데, 이들 왕국에게 보호막을 제공하고 한나라가 중앙아시아와 교역할 수 있도록 보장하기 위해 선물 교환이나 결혼 같은 외교적 해법이 이용됐다. AB

더 읽을거리: Bertrand 2015; Chang 2006; Hulsewé & Loewe 1979; Trombert 2011.

비옥한 삼각주 등을 말한다.

주기적으로 이동해야 했기 때문에 대규모 영구 정착지는 별로 개발되지 않았다. 기술과 공업 생산은 제한적이었다. 생산품은 들고 다닐 수 있어야 하고, 공정 역시 약간은 기동성이 있어야 하기 때문이다.

그러나 정주 농민이 사는 땅과 목축민이 사는 땅의 차이로 인해 기회가 만들어졌다. 동물이 끄는 수레와 강을 이용한 수송을 통해 스텝 지역에서는 교역을 할 수 있었다. 스텝 북쪽의 평원에 펼쳐진 빽빽한 침엽수림에서는 모피가 풍부하게 산출되었다. 발트해 지역에서는 호박이 산출됐고, 우랄산맥에서는 철과 구리가 났으며, 시베리아에서는 금과 준(準)보석이 산출됐다. 이런 물건들과 스텝 지역의 말을 남쪽 정착지에 사는 사람들에게 팔고, 대신 곡물 같은 기초적인 생활 물자와 비단 같은 사치품을 얻었다. 서부 스텝과 중앙아시아 대부분 지역 사이의 경계가 복잡하고 사막과 산, 목초지와 농경 지역이 섞여 있기 때문에 목축민과 정착 농경민들이 서로의 지역에 들어가는 것은 어쩔 수 없었다.

로마 제국의 성벽

로마는 공화정 시대(서기전 509~27)에 주로 외교를 통해 경제적·영토적 이익을 보호했다. 그리고 군사적 간섭으로 그 뒤를 받치고 지원했다. 제정 로마의 초대 황제 아우구스투스(재위 서기전 27~서기 14)가 이런 방식으로 라인강과 도나우강 너머의 게르만족을 통제하는 데 실패하자, 이 강들을 따라 '리메스(limes)'라는 경계선 방어가 개발됐다. 1세기 말부터 이 방어선은 두 강의 상류 너머로 확장돼, 경계선이 영토 안쪽으로 휘어져 들어오는 위험한 상황을 막고 약간의 비옥한 지역을 손에 넣게 됐다. 그 자취는 오늘날에도 볼 수 있다.

2세기 중반 직후, 경계는 이른바 '상(上)게르마니아-라이티아 리메스'에 의해 정해졌다. 나무 말뚝 울타리로 이루어진 550킬로미터의 긴 직선 장벽이다(사진 참조). 다만 마인강을 따라 40킬로미터 구간은 예외적으로 튀어나와 있다. 말뚝 울타리는 나중에 라이티아에서는 돌 성벽, 상게르마니아에서는 해자와 흙 둔덕으로 대체됐다. 300~800미터마다 망루를 설치했고, 후방으로 10~30킬로미터 떨어진 곳에 60개 가까운 요새를 두어 뒤를 받쳤다.

장벽은 지형을 충분히 활용한 것은 아니었고, 언제나 전략적으로 유리한 위치에 있지도 않았다. 군사적 방벽은 더 튼튼하게 설계되고 견고한 요새가 돼야 하지만, 이곳은 그렇지 않았다. 이 때문에 일부에서는 로마 제국으로 넘어오는 사람들을 통제하는 경계선에 가깝다고 주장한다. 경계 밖의 인구 조밀 지역에 세관이 많았다는 사실은 경제적 통제 또한 한 가지 요인이었음을 시사한다. 다만 교역 문제만으로는 방벽을 쌓는 데 드는 막대한 노력을 정당화할 것 같지는 않지만 말이다. 로마 역시 습격을 막기 위해 바로 앞의 지역에 대한 감시를 유지했다는 증거는 충분하다. 안전이 최우선 목표였음을 분명히 보여준다. MP

더 읽을거리: Breeze 2011; Klee 2006; Reddé 2014.

사산 제국의 성벽

사산 제국(224~651)의 카스피해 너머 지역에 대한 방어선은 엘부르즈산맥에서 캅카스산맥으로 이어진다. 카스피해 동남쪽에서 시작하는 고르간 장성은 길이가 약 200킬로미터이고 40개 가까운 요새가 있는데, 고대 말 세계에서 중국 서쪽의 가장 견고한 장벽이었다.

수로로 물을 공급받은 수천 개의 벽돌 가마의 도움으로 5세기에 지어진 이 성벽은 놀라운 공사 능력을 보여준다. 사진에 보이는 제4요새의 기단 위에 있는 네 개의 긴 흙 둔덕은 길이 200미터가 넘는 허물어진 두 채의 병영이다. 한때는 아마도 각기 500명의 병사들이 생활했을 것이다. 그 남쪽으로 고르간 평원에 600미터 남짓의 가브리칼레 요새(위 사진)가 있다. 90여 개의 망루로 보강했다. 이것은 4~5세기에 이 지역에 세워진 몇몇 거대한 요새 가운데 하나일 뿐이다.

카스피해 서쪽으로는, 카스피 성벽이 다리알 협곡을 막았다(아래 사진). 그리고 더 동쪽으로 데르벤트 성벽이 캅카스산맥과 카스피해 사이의 해안 회랑을 막았다. DN, ES, HOR, JN

더 읽을거리: Gadjiev 2008; Sauer 2017; Sauer et al. 2013, 2016.

스텝 민족들은 대체로 영구 정착지가 없고 정주 농경을 하지 않기 때문에 남쪽의 '문명' 민족들로부터 야만인 취급을 받았다. 그들은 고대 문명의 적이었다. 이런 관념은 대개 다른 것, '타자'에 대한 공포 때문에 생긴 것이었다. 로마 역사가 암미아누스 마르켈리누스(330?~400?)는 이렇게 썼다. "그들은 오두막도 없고, 쟁기를 사용하는 데도 관심이 없다. 날고기와 풍부한 우유를 먹으며, 수레에서 산다. 수레는 나무껍질로 만든 둥근 덮개로 덮으며, 끝없이 널린 황무지 위를 지나간다. (…) 가축의 먹이가 다 떨어지면 그들은 곧바로 자기네 '도시'(우리식으로 표현하자면)를 수레에 싣고 이동한다." 《역사(Res Gestae)》, 31.2.18) 한쪽에서만 그런 차이를 인식한 것은 아니었다. 중국 역사책들은 후돌궐(682~744)의 군사 지도자이자 카간의 조언자였던 톤유쿠크(646?~726?)가 중국 문화를 수용하는 데, 특히 도시를 건설하고 불교로 개종하는 데 반대했다고 적었다.

스텝 지역의 기후 변화는 비교적 취약했던 생태계에 상당한 압박을 가했다. 정착민과 목축민 사이의 긴장은 단지 문화 규범 차이 때문에 생긴 것이 아니라, 기본적인 자원 경쟁 때문이기도 했다. 예를 들어 마르켈리누스

가 살았던 4세기 말에 스텝 전역에 큰 가뭄이 들자 훈족이 서쪽으로 이동했다. 생존을 위한 자원을 찾아 나선 것이었다. 카일 하퍼(Kyle Harper)는 흉노족을 "무기를 들고 말을 탄 기후 변화 난민"(2017: 192)이라고 꽤 감명 깊게 묘사했다. 나무 나이테를 보면 가뭄은 783년에서 850년까지 거의 70년이나 계속돼 동부 스텝 지역을 괴롭혔다. 여기서 위구르족은 이웃 지역으로 밀려나는 대신에 자기네 입지의 장점을 살려 경제적 변신을 꾀했다. 남쪽의 중국에 말을 팔고 그 대신 비단을 받아 그것을 서쪽의 소그드인 상인들에게 판 것이다.

스텝의 경관은 그 생태 및 기후와 함께 실크로드의 흥망성쇠를 좌우한 주요 요인이었다. 다양한 복합사회를 만들고 유지시켰으며, 그들이 남쪽의 정주 사회들과 교류하는 데 영향을 미쳤다.

더 읽을거리: Christian 1994; Cunliffe 2015: Harper 2017; Shahgedanova 2003; Taaffe 1990.

땅속에서 발견된 금

세르게이 미냐에프

금만이 적갈색 땅속에서 캐내
왕관을 장식하는 유일한 광석이다.
학자가 자신의 지식을 전수하지 않으면
그의 지혜는 오랫동안 숨겨져 빛을 발하지 않는다.

- 유수프 하스 하집 (1019?~1080?), 〈지식에 관하여〉

유라시아 스텝의 광활한 지역을 차지하고 살던 사람들의 역사와 문화에 대한 지식은 오랫동안 빈약한 지리적·민족지적 정보로 제한돼 있었다. 그리스 역사학자 헤로도토스(서기전 485?~425?)와 이슬람 지리학자들, 그리고 13세기부터 몽골 카간을 방문한 사절들이 남긴 것들이다.

상황이 변하기 시작한 것은 16세기 중반에 들어서면서부터다. 볼가강 유역의 카잔 카간국을 정복한 이후 러시아인들에게 동쪽으로 향해 전진하는 길이 열렸다. 우랄산맥을 넘어 시베리아로 들어가는 것이다. 그들이 이 드넓은 지역으로 이동한 주요 목적은 금광과 은광을 찾는 것이었다. 그러나 그들은 때로 고대의 봉분(쿠르간이라고 부르기도 한다)을 광산으로 착각했고, 그런 곳들을 파고 들어가 많은 양의 금·은 공예품들을 찾아냈다. 그들은 공예품들을 녹여버렸고, 그 바람에 막대한 양의 옛 보물들이 사라졌을 것이 분명하다.

그러나 그 보물들 중 일부는 그 예술적 가치를 알아본 시베리아 관리들에게 팔려 당시 제정 러시아의 수도였던 상트페테르부르크로 보내졌다. 그런 작품들은 유럽 외교관들의 관심을 끌었다. 대표적인 사람이 네덜란드 학자 니콜라스 비천(1641~1717)인데, 그는 1664년부터 1년간 러시아에 머물며 그 역사를 공부하고 수집품을 모았다. 1692년 암스테르담에서 출간된 그의 책《북부 및 동부 타타르(Noord en Oost Tartarye)》에는 시베리아에 대한 최초의 과학적인 지도와 함께 스텝 지역에서 발견된 금 공예품 일부에 대한 스케치도 들어 있었다. 공예품들은 시베리아 총독 마트베이 가가린(1659~1721)이 구매해 상트페테르부르크의 표트르 1세(재위 1682~1725)에게 보내지기도 했다.

1718년 표트르는 독일 과학자 다니엘 메서슈미트(1685~1735)를 대장으로 하는 첫 번째 시베리아 과학 탐사대를 파견했다. 탐사대는 1719년부터 1727년 사이에 톰스크에서 바이칼호까지 시베리아를 조사하며 중요한 역사 및 민족지학 자료를 수집하고, 이 광대한 지역의 식물 및 동물에 대한 정보도 수집했다. 1722년 메서슈미트는 러시아에서 첫 번째 고고학 발굴을 했다. 오늘날의 아바칸 부근에서 스키타이 시대(서기전 9세기~서기전 3세기)의 고분을 발굴한 것이다.

이 탐사가 성공을 거두자, 1725년 표트르 1세의 명령으로 설립된 러시아 과학원(RAS)은 시베리아와 중앙아시아, 동아시아 탐사를 계속했다. 이후 수십 년 동안 당대의 유명 과학자들(러시아인도 있고 다른 유럽인도 있었다)이 이끄는 대규모 학술 탐사대가 여러 차례 조직됐다.

금 공예품들의 발굴은 고대, 그리고 러시아 남부 스텝 지역의 고대 유적지에 대한 흥미를 자극했다. 특히 스키타이 고분이 주된 관심의 대상이었다. 이 지역에 대한 연구의 시작은 1763년 노보로시야(우크라이나 남동부 지역을 가리키는 역사적 명칭_옮긴이) 총독 알렉세이 멜구노프(1722~1788)가 주도한 드네프르강 우안의 로토이(Lotoy) 고분 발굴로 거슬러 올라간다. 이때 다수의 금·은 공예품들이 발굴됐다. 그런 발견물에 대한 관심은 점차 동유럽의 스키타이 유물들에 대한 체계적인 연구로 이어졌고, 그 뒤 더 많은 발굴이 이루어졌다.

1859년 제국고고학위원회가 설립돼 러시아의 유적지들에 대한 고고학적 연구를 좀 더 체계적으로 할 수 있게 됐다. 19세기 말~20세기 초에 드

미하일 그라즈노프가 1929년 파지리크 무덤 발굴을 이끌고 있다.

1929년 파지리크 무덤 발굴 현장.

네프르강 유역과 교역로가 지나는 북캅카스에서 스키타이 귀족들의 무덤이 다수 발굴됐다. 더 최근에는 6~8세기의 무덤들에서 잘 보존된 피륙이 나왔다(114, 117쪽 상자글 참조).

20세기 전반기에 스텝 지대의 아시아 지역에서 중요한 고고학적 발견들이 이루어졌다. 첫 흉노 고고학 유적지는 1896년부터 1903년 사이에 바이칼호 동쪽인 자바이칼 지역에서 율리안 탈코그린체비치(1850~1936)에 의해 발견됐다. 1924~1925년 몽골 노용올에서 표트르 코즐로프(1863~1935)에 의해 몇몇 흉노 귀족들의 무덤이 발견됐고, 여기서 2천 년 된 중국 비단과 자수품, 기타 피륙과 함께 금·은·옥 제품이 나왔다(72, 80, 98쪽 상자글 참조). 알타이산맥에서는 1924년 파지리크 계곡에서 서기전 6~3세기 무덤들이 발견됐고, 1929년에는 미하일 그라즈노프(1902~1984)에 의해 발굴됐다. 이 작업은 1947~1949년 세르게이 루덴코(1885~1969)가 이끄는 팀이 이어받았다.

같은 시기에 남부 시베리아 고분들에 대한 체계적인 발굴이 세르게이 테플루호프(1888~1934)에 의해 이루어졌다. 그는 발굴 자료들에 근거해 이 지역의 고고학 문화를 분류해냈다. 그것은 오늘날에도 타당성을 인정받고 있다. 더 서쪽에서, 보리스 그라코프(1899~1970)는 후대 무덤들을 발굴했고, 그는 이것이 사르마티아 문화에 속한다고 판단했다. 이 문화는 흑해에서 볼가강에 걸친 지역에서 4세기까지 이어졌다. 13~14세기 몽골 제국의 유적들은 1940년대에 오르혼강 유역에서 발견됐다.

유라시아 스텝 지역의 고고학 유적지에 대한 연구는 오늘날에도 계속되고 있다. 흉노족, 훈족, 튀르크족 제국들과 몽골족의 무덤 및 정착지들이 계속 발굴되고 있다. 유럽과 중앙아시아 각국, 몽골·중국과 그 밖의 스텝 지대의 여러 나라 고고학자들도 이 작업에 활발하게 나서고 있다.

더 읽을거리: Frumkin 1970; Gryaznov 1929; Kiselev 1965; Rudenko 1953, 1970; Teploukhov 1929.

유목 스키타이인과 그 밖의 스텝 목축민들

대니얼 워

몽골 기병의 전투 장면 그림. 라시드 알딘의
《역사 집성》에 나온다.

우리는 유목 스키타이인들을 만났다. 그들은
쟁기질도 모르고 씨 뿌리는 것도 몰랐다.
그들의 나라에는, 그리고 힐라이아를 제외한
이 지역 전체에는 나무가 거의 없었다.
그들의 땅은 동쪽으로 14일 거리까지 뻗어 있었다.

- 헤로도토스(서기전 485?~425?), 《역사》

실크로드에 대한 전통적인 역사는 흔히 유라시아 대륙 양쪽 끝에 있는 정주 문명들을 강조한다. 중국의 한(漢, 서기전 202~서기 220)과 로마 제국(서기전 27~서기 395)이다.

그러나 사실 유라시아 교역의 주연 배우들은 스텝의 목축민 등 그 사이에 살던 사람들이다. 스텝과 산악 지역 사람들은 수송을 담당했으며, 큰 정치체를 형성한 이후에는 육상 교통로를 장악했다. 문화 간 교환의 가장 두드러진 몇몇 사례들은 스텝과 정주 사회들 사이의 교류 지역에서 일어났다. 더구나 스텝 민족들은 동물 관리의 전문성과 군사적 재능을 갖추어 정주 국가들에 고용되는 경우가 많았고, 거기서 권력의 자리에 오르기도 했다.

스텝 목축민들은 흑해 북쪽에서 태평양까지 이르는 북부 및 중앙 유라시아 대륙 각지에 펼쳐진 광대한 초원 지대만 차지했던 것이 아니라, 인근 산맥의 아래 구릉지와 계곡도 차지하고 있었다. 장거리 이주는 그들 역사의 일부였지만, 가장 일반적인 유형은 아주 국지적인 계절 이동이었다. 겨울 주거지와 여름 주거지 사이, 저지 계곡과 산악 목초지 사이의 이동이다. 목축민 사회들이 연결된 것은 수송 및 청동 야금술과 관련된 기술의 확산 덕분이었다(188~193쪽 참조). 심지어 밀 같은 중요한 식용 작물의 전래도 아시아 심장부의 목축민 사회와 연결될 수 있다.

목축민에게는 기동성과 함께 가축 떼에게 먹일 사료와 물을 얻는 것이 생존에 핵심적인 요소였다. 낙타와 말 같은 가장 중요한 수송용 동물의 사육은 더 큰 정치체 형성을 위한 전제조건이었다. 또한 지도자가 값비싼 장

신구와 피륙 등 정주 사회의 물건들을 획득하고 분배하는 능력도 있어야 했다. 목축민과 정주 사회들 사이의 관계는 때로 험악했기 때문에, 정주민인 초기 문헌 자료의 저자들은 스텝 민족들을 미개한 약탈자라고 불렀다. 그러나 관계는 사실 공생적이었다. 목축민들은 이웃 정주민들의 군대와 귀족들에게 꼭 필요한 말을 공급하고 있었기 때문이다(88~95쪽 참조).

목축민들의 노력이 개입돼 있는 유라시아 대륙에서의 장거리 육상 교역은 멀리 청동기시대, 어쩌면 그 이전 시기로까지 거슬러 올라갈 수 있다. 서기전 제1천년기에 이란 계통의 스키타이인들은 흑해 북쪽에서부터 알타이 산맥의 오늘날 몽골 서쪽 경계에 이르는 드넓은 스텝 지역을 차지하고 있었다. 그들은 다른 어느 곳에서 발견된 것과 비교해서도 가장 놀라운 금 세공품들을 만들어냈다. 부분적으로 폰토스 스텝의 그리스인들과 교류한 결과다. 이웃 정착민들 사이에서 군대에 말을 들여와 기병대를 만드는 일이 흔해진 것 역시 아마도 스키타이인들의 시대였을 것이다.

실크로드의 역사에 결정적인 영향을 미쳤던 사건은 서기전 3세기 이후 중국 북쪽 국경 너머에서 스텝 민족의 연합체가 등장한 일이다. 이들은 지금 흉노라고 불린다. 흉노 제국(서기전 209~서기 91)은 전성기에 서쪽으로 멀리까지 세력을 떨쳤다. 한 왕조 군대는 말을 흉노로부터 공급받고 있었고(70~75쪽 참조), 그들은 흉노의 힘과 위험성을 알고 있었다. 이에 따라 한 왕조는 더 서쪽에 있는 다른 목축민들과의 동맹을 모색하게 됐으며, 서기전 1세기 무렵에는 중앙아시아 및 서아시아와 교역하는 데 박차를 가했다. 몽골 스텝의 흉노 무덤들은 목축민들에게 문화적 교류가 중요했음을 보여준다. 거기서 중국산 비단과 청동 거울, 칠기류 등이 출토된 것이다(72, 103쪽

금과 옥 머리 장식

흉노와 중국 제국들의 경계 지역에 있던 시거우판(西溝畔)은 오늘날 중국의 오르도스고원 동북쪽 끝에 있다. 황하가 남쪽으로 꺾어 흐르기 시작하는 곳이다. 1979년 이곳에서 무덤들이 발견되어 발굴됐다. 귀족 여성의 무덤인 4호 묘에서 정교한 머리 장식이 나왔다. 이것과 다른 무덤들은 본래 서기전 2세기의 것으로 추정됐지만, 더 최근의 연구에 따라 일부에서는 서기전 1세기 말에서 서기 1세기의 것이라고 주장한다. 앞의 주장에 따르면 이곳은 흉노 제국의 일부였지만, 뒤의 주장대로라면 이 일대는 남흉노 동맹이 장악하고 있었다.

이 머리 장식은 국제적인 귀족 표지 양식을 보여준다. 중국 귀족의 전형적인 요소들이 스텝의 흉노 귀족들의 특징적인 장신구와 결합되고 통합돼 있다. 이는 사용된 재료들을 살펴보면 알 수 있다. 옥 펜던트가 달린 유리 및 호박 목걸이, 금박 띠줄, 자개를 박은 장신구 같은 것들이다. 이것은 머리띠와 금으로 된 매달린 부분, 복잡한 목걸이와 귀고리(여기 보인 것은 현재 내몽골박물원(內蒙古博物院)에 보관돼 있다) 등 양식이 중앙아시아 틸랴테페 6호 묘의 관과 비슷하다(110쪽 상자글 참조). 이는 북부 중국과 스텝 지역, 그리고 중앙아시아 귀족들 사이에 어떤 연결이 있었음을 입증한다. 이 귀족들의 연결망은 남성과 여성 모두에게서 보이는데, 그들은 자기네 신분을 어떻게 드러낼 것인지에 대한 공통된 생각을 갖고 있었다. UB

더 읽을거리: Miller 2015; Pan 2011; Whitfield 2018.

상자글 참조).

흉노의 부상은 또한 중앙아시아 다른 지역으로의 민족 이동을 촉발했다. 두드러진 사례가 월지(月氏)다. 그들은 지금의 중국 서북부인 하서주랑에서 일리강 유역을 거쳐 우리가 박트리아라고 알고 있는 지역으로 이주했다. 아프가니스탄 북부를 중심으로 한 지역이다. 그들의 후예는 쿠샨(貴霜) 제국(30?~375?)을 세웠다. 쿠샨은 영토를 확장해 산악 지역에서 번영했고, 때로 '아시아의 교차로'라 불린 지역에 걸쳐 있었다(136~143쪽 참조). 쿠샨은 알렉산드로스 대왕(재위 서기전 336~323)의 후예들이 가져온 헬레니즘의 유산을 흡수했으며, 불교가 남아시아에서 오늘날 중국의 서북부 지역인 타림분지로 확산되는 데 도움을 주었다(144~151쪽 참조). 쿠샨 역사의 초기와 겹치는 것이 또 하나의 중앙아시아 목축민 집단인 파르티아 제국(서기전 247~서기 224)의 이란 광역권 지배다(76~81쪽 참조).

대립과 화해의 양상은 다른 지역과 이후 시기에도 찾아볼 수 있다. 본래 시르다리야강 부근에서 이동한 사르마티아인(서기전 300?~서기 375)은 멀리 헝가리 평원까지 진출했고, 일부는 더 나아가 서유럽과 아프리카에도 정착했다. 그 뒤를 훈족(350?~545?)이 이었다. 이들의 정체에 대해 흉노의 후예라는 주장이 자주 제기되지만, 아직도 논쟁은 끝나지 않고 있다. 이들 또한 서쪽으로 이동해 로마 제국의 변경을 위협했다(82~87쪽 참조). 중국 북쪽 변경에 있던 반(半)유목민인 선비족은 북위 왕조(北魏, 386~534)를 세웠고, 이들의 치하에서 불교가 융성했다.

6세기에서 8세기 초 사이에, 동부 스텝 지역에서 온 튀르크족의 다양한 연합체들이 중국 국경 지역에서 잇달아 제국을 세웠다. 위구르 카간국(744~840)이 대표적이다. 다른 튀르크 집단들은 서쪽으로 이동해 이란과 유럽 쪽으로 갔다. 위구르 치하에서는 주요 불교 중심지들이 발전했을 뿐만 아니라 마니교도 널리 퍼졌다(356~363쪽 참조). 카스피해 북안의 하자르 카간국(650?~969)은 유대교를 받아들였고, 반면에 북쪽에서 볼가강으로 내려오는 교역로를 장악하고 있던 그 북쪽의 튀르크계 볼가르인들은 이슬람교를 받아들였다.

이방인을 짓밟는 말

한 무제(재위 서기전 141~87)의 신하인 젊은 장수 곽거병(霍去病, 서기전 140~117)은 중국의 이웃인 스텝 목축민 흉노 연합을 상대로 여러 차례 승리를 거둔 것으로 유명하다. 그는 서기전 117년 황제 능 부근에 위치한 거대한 무덤에 묻혔다. 커다란 화강암 거석들이 무덤 봉분을 덮었고, 그 양식은 스텝 지역의 무덤을 연상케 한다. 현재 16개 정도의 거석이 남아 있는데, 대략 사람과 말·코끼리·호랑이 같은 동물 모양으로 만들었다.

서기전 2세기에 돌은 중국 기술자들에게 여전히 새로운 재료였다. 이전에 그들은 옥 조각을 했고 가끔 대리석도 다루었지만, 석공 기술은 서기전 3세기 말에야 도입됐다(200~205쪽 참조). 곽거병 묘의 화강암 조각과 무제가 상림원(上林苑)에 세운 3개의 석조물을 보면 석공의 경험 부족이 드러난다.

위 오른쪽 사진에 보이는 것은 높이가 1.68미터인데, 거의 완전한 3차원 조각품이다. 말의 다리 사이에 등을 대고 누워 있는 한 남자의 모습이 묘사돼 있다. 남자는 수염을 기르고 있는 것으로 보아 중국인이 아니며, 활을 들고 있다. 이는 통상 곽거병이 흉노를 무찌른 일을 찬양하는 것으로 해석됐다.

말이 적을 짓밟고 있는 모티프는 사산과 로마의 경우에서도 발견된다. 위 왼쪽에 보인 프랑스 아그노역사박물관(R192a)에 보관돼 있는 2세기 로마 조각이 한 예다. 말을 탄 신이 앙귀페데(신화 속의 동물로 페르시아에서 기원한 것으로 보이며, 발이 뱀의 모습을 하고 있다)를 짓밟고 있는 모습이다. LN

더 읽을거리: Howard et al. 2003; Segalen 1923-24; Zhu 2014.

에프탈족 격퇴

이란의 민족 서사시 《샤나마》는 이란의 시작부터 그들이 아랍에 정복될 때까지의 역사를 그리고 있다. 이란 동북부 투스 출신의 아볼카셈 피르다우시(940?~1020)가 1010년에 완성했다. 이 시는 50명의 신화 또는 역사상 군주들의 치세와 이란 민족 영웅들의 승리 및 패배를 기록하고 있다. 그 가운데 하나가 수흐라(?~493)의 에프탈 제국(백흉노, 440?~567?) 격퇴다. 오른쪽 그림은 메트로폴리탄미술관(1970.30.67, f595b)에 보관돼 있는 16세기 사본이다.

수흐라는 484년부터 493년까지 사산 제국의 재상을 지냈다. 그는 샤 페로즈 1세(재위 459~484)의 죽음에 대한 보복에 나서 에프탈에 심각한 패배를 안겼다. 페로즈는 에프탈과의 이전 전쟁에서 살해당했고, 에프탈은 그 전쟁에서 헤라트와 메르브를 점령하는 데 성공했다(219쪽 상자글 참조).

에프탈은 450년 무렵 중앙아시아에 등장했다. 그들은 스텝 지역에서 밀려온 이주 파도 중 하나로서, 아르메니아·아랍·페르시아·동로마·중국·인도 등 여러 민족의 문헌에 기록됐다. 그들은 기마 궁술로 유명했으며, 458년부터 사산 제국 동부를 계속 침입해 상당한 영토를 획득했다. 그들은 사산의 왕권 다툼에 휘말렸다. 페로즈를 승계한 발라시(재위 484~488)로부터 카바드 1세(재위 488~496; 498~531)가 권력을 빼앗는 데 도움을 준 것이다. 그들은 수흐라에게 패한 뒤 사산과 평화협정을 맺었지만, 그들의 제국은 565년 무렵 사산과 돌궐의 협공으로 종말을 맞았다. 그럼에도 불구하고 그들은 줄어든 영토를 계속 보유하고 있다가, 이슬람 세력이 중앙아시아로 확장해 들어올 때 완전히 사라졌다. AO

더 읽을거리: Canby 2014; Ferdowsi 2016; Kurbanov 2010; Whitfield 2018.

이러한 스텝 민족들의 역사의 정점은 몽골 제국의 등장이었다. 그들은 13세기와 14세기의 비교적 짧은 기간 동안에, 그 이전이나 이후의 어느 정치체보다도 넓은 유라시아 땅을 지배했다. 그들은 오늘날의 몽골 지역의 본향에서 나와 먼저 중국 북부를 정복하고는 중앙아시아와 동유럽, 그리고 서아시아로 이동한 뒤 마지막으로 중국 남부를 정복했다. 그들이 장악한 영토의 운명은 가지가지였다. 일부는 초기의 침공으로 쑥대밭이 됐고, 어떤 곳은 새로운 지배자 밑에서 번영을 누리게 됐다.

몽골인들은 국제 교역을 장려하고 유라시아 대륙을 가로지르는 여행을 용이하게 했다. 베네치아의 마르코 폴로(1254~1324) 가족이 그 덕을 본 대표적인 사례다. 일한국(1256~1353) 치하의 이란에서 문화 간 교류를 가장 잘 보여주는 일부 사례는 이 나라 재상 라시드 알딘 하마다니(1247~1318)의 책 《역사 집성(Jami al-Tawarikh)》에 실려 있다.

더 읽을거리: Allsen 2008; Barfield 1992, Di Cosmo & Maas 2018; Fitzhugh et al. 2013; Golden 2010; Spengler et al. 2014.

아프라시압 사신청 서벽의 7세기 벽화에 그려진 소그디아나의 튀르크족 경비병(284쪽 상자글 참조).

(위 왼쪽) 박트리아 문자가 새겨진 디나르 은화. 알콘 훈의 지배자 킹길(재위 455?~484?)의 모습이다.

(위 오른쪽) 서기전 400~350년 폰토스 스텝의 스키타이 기병의 모습을 담은 금제 장식판.

(아래) 신장 베제클리크의 9세기 벽화에 나오는 위구르 공주.

스텝과 중국 세계

우르줄라 브로세더

전통적으로 중국과 스텝 지역 사이의 교류와 영향은 어떤 단일한 경계 지역에서 정착 농경 세계와 이동하는 목축민 세계 사이의 충돌을 통해 이루어져왔다.

때로 스텝 사회들은 더 발전한 중국 여러 나라의 문명과 비교해 열등한 것으로 생각돼왔다. 목축민들은 이에 따라 이웃인 중국의 정치체제나 농업경제 등에 의존해야 했다는 것이다. 이러한 오해는 그들의 역사를 재구성하는 데 참고할 수 있는 문헌 자료가 중국 측에 압도적으로 많기 때문에 생긴 것이다. 스텝 세계의 상당 부분은 자신들에 관한 문헌 자료를 별로 가지고 있지 않다.

그러나 스텝 지역의 고고학 유적들은 발달한 목축민 사회가 있었다는 강력한 물리적 증거를 제시한다. 최근의 연구는 이제 문헌의 한계를 넘어서 중국과 스텝이라는 대등한 세력 사이의 상호 교류를 보여주는 데로 나아가고 있다. 제국들이 나타나기 훨씬 전인, 서기전 4세기 말부터 서기전 3세기 초까지 형성된 남부 시베리아 파지리크 고분들에서 볼 수 있는 것처럼 중국에서 들여온 위신재(威信財)가 스텝 지도층인 귀족 무덤으로 들어갔고, 이와 동시에 중국의 몇몇 왕국은 기병 장비와 기마에 적합한 복장을 받아들였다.

심지어 한 왕조(서기전 202~서기 220) 초기에도 스텝 지역의 황금 허리띠 장식판이 위신재로서 중국 중심부의 한나라 귀족 무덤에 부장돼 있었다. 같은 시대 흉노 귀족들이 매던 띠와 같은 것이었다. 한과 흉노 제국 사이의 교류는 다층적이었고,

중국의 폴로 경기자들. 706년 건설된 중국
시안에 있는 당나라 장회태자 이현의 무덤
벽화의 일부다.

스텝 지역의 중국산 비단

많은 중국산 비단이 셀렝가강 유역의 노용올에 있는 흉노 무덤군에서 발견됐다. 서기전 1세기에서 서기 1세기 사이의 것들이다. 여기에는 네 가지의 직조 및 자수 유형을 보여주는 사례들이 들어 있다. 이 유적지는 표트르 코즐로프(1863~1935)가 이끄는 러시아의 몽골-티베트 탐사대가 1924~1925년에 발굴했다. 사진에 있는 경면 평직(經面 平織, 한자로는 '금(錦)'으로 표현된다. 316~323쪽 참조)과 비슷한 비단의 잔편들이 6호 쿠르간(분묘)에서 다수 발견됐다. 가장 큰 것은 길이 176센티미터, 폭 46센티미터이며, 현재 러시아 예르미타시미술관

(MR1330)에 보관돼 있다.

비단은 사진에서 볼 수 있듯이 반복적인 디자인으로 돼 있다. 종교 의례에 쓰이는 '마법적' 또는 환각적인 버섯구름 같은 것들이거나, 틀림없이 인간 세계와 천상의 영적 세계 사이의 연결을 나타내는 나무와 산 같은 것들이다. 기술적인 측면에서 보자면 이 비단은 두 가지 특이한 요소를 지니고 있다.

첫째는 날실의 비율인데, 그것은 무늬를 만들기 위해 사용된 색깔의 총수다. 그 수는 4개에서 6개이며, 어떤 부분에서는 날실이 센티미터당 최대 240개까지 촘촘히 들어간다. 둘째, 무

늬는 날실 방향으로 약 53센티미터마다 반복되며, 센티미터당 씨실이 26.5개다. 이 직물을 짜기 위해서는 잉아로 들어올리는 무늬 막대 350개를 가진 매우 정교한 직조기가 필요하다는 말이다(316~323쪽 참조). 현재 우리가 알 수 있는 한 이것은 죽롱기(竹籠機)처럼 무늬본이 적은 유형이었다고 생각된다. ZF

더 읽을거리: Lubo-Lesnichenko 1961, 1994; Whitfield 2009.

사회의 여러 수준을 망라한 것이었다. 이전에 중국 여러 나라가 점령했던 북쪽 지방의 상당 부분은 흉노가 정복했고, 나중에 한 왕조가 도전장을 내밀었다. 한과 흉노 지배자들 사이에 협정이 맺어져 일종의 결혼동맹이 이루어지고, 중국은 스텝 제국에 많은 공물을 바치게 됐다. 또한 중국은 흉노 지배자들에게 공주를 시집보내야 했다.

그러나 전쟁과 외교 외에, 흉노 지배자 휘하의 장수와 조언자가 된 중국인도 많았다. 또 중국인들이 자주 습격대에 붙잡혀 노예가 되기도 했고, 자발적으로 한나라 요새를 벗어나 흉노의 스텝 지역에 가서 살기도 했다. 때로는 흉노 지도자들이

스웨덴 시빅의 서기전 1400년 무렵 왕릉의 석벽에 조각된 쌍두마차 그림.

온 집안을 이끌고 한에 항복해 오기도 했고, 또 때로는 스텝의 기병대가 한나라 장수 밑에서 복무하기도 했다. 조공 사행(使行)과 함께 국경 시장은 여러 가지 물건이 양국 땅으로 흘러 들어가는 중요한 통로였다.

1세기에 흉노 귀족 일파가 황하가 북쪽으로 굽이쳐 흐르는 지역에 남흉노라는 독립 정치체를 세웠다. 한 왕조의 명목상 속국이었는데, 중국과 스텝 사이에 위치해 혼종의 복합 문화를 전파하고, 때로는 독자적인 경제적·정치적 이익에 따라 행동하기도 했다(66쪽 상자글 참조).

한나라와 흉노 사이의 이런 교류와 혼합 방식은 이후 시기에도 더욱 복잡한 형태로 반복됐다. 남흉노 이후에 스텝 지배자들은 중국 북부에 북위(386~534) 등 여러 왕조를 세웠다. 스텝과 중국의 혼종 황제인 북위 효문제(재위 471~499)는 북쪽 스텝 지역 병사들을 중국식 근위병으로 썼다. 중국 전통과 스텝 전통의 혼합은 돌궐 카간국(552~744)과 당 왕조(618~907) 시기에 더욱 확대됐다. 예를 들어 튀르크 계통의 피를 이어받은 당 황제 태종(재위 626~649)은 스텝 지역에 기원을 둔 텡그리카간, 즉 '천가한(天可汗)'이라는 칭호로 불렸다. 세력 간의 협정도 다시 구축됐다. 결혼 약속이나 양측이 만날 때의 의례 같은 것들을 통해서다. 양측은 경제적·정치적 이해관계에 따라 협력했고, 이런 긴밀한 관계는 오늘날 몽골의 중심부에 있는 당 왕조 양식의 두 무덤에 가장 잘 드러나 있다. 스텝의 기병들이 다시 중국 군대의 중요한 요소가 됐고, 중국인 포로들이 돌궐 경제를 위해 사역에 동원되었다.

중국 안양의 쌍두마차 무덤. 서기전 1300년 무렵의 것이다.

중국 시안의 진시황제 능에서 나온 기병의
말과 마부. 서기전 210~209년의 것이다.

요(916~1125)와 금 왕조(1115~1234) 동안에 현재의 중국 동북부 지역에 있던 거란족과 여진족이 중국 북부와 몽골 스텝, 러시아 극동 지역에 펼쳐져 있는 넓은 영토를 지배했다. 그후 몽골 제국 시대에 중국 전역이 원 왕조(1271~1368)라는 외국의 지배 아래 들어갔다.

이 모든 것은 사람과 사상, 기술과 물건들이 쌍방향으로 교환되는 다양한 맥락들을 보여준다. 이들 왕조 시기에 종종 사용됐던 '실크로드' 모델은 사치품과 물자, 종교사상과 사람들이 제국들 사이에서 동서로 줄줄이 이동하도록 촉발한 중요한 기폭제로 거론된다. 그러나 이는 중국과 스텝 세력들 사이의 교류를 충분히 설명하지 못한다. 상품 및 사상이 남북으로, 그리고 제국들 사이가 아니라 제국들 안으로 광범위하게 흘러가는 것에 대해서도 마찬가지다.

실크로드를 단순히 상업적인 여행자단이 지배하는 동서 간 '고속도로'로 보는 대신에, 우리는 아프로유라시아 대륙의 광대한 지역을 아우르는 관계망을 수많은 남북 및 동서 방향의 핏줄로서 좀 더 정확하게 나타내야 한다. 이들은 처음에는 외교적 교류에 사용됐고, 나중에서야 정치 세력들의 대리인 역할과 상업적·경제적 이익을 동반하게 됐다. 이렇게 유라시아 대륙의 연결망은 비단을 나르는 중국 상인들이 아니라 여러 집단들에 의해 만들어졌다. 이른바 실크로드의 길목은 때로는 중국인이 장악하고, 때로는 스텝 집단들이 장악하고, 또 때로는 소그드인 같은 중앙아시아 집단들이 장악했다. 따라서 스텝 세력들은 이 대륙을 넘나드는 유명한 교역망을 따라 교류를 유지하고 촉진한 중요한 행위 주체로서 중국과 동등하게 간주돼야 한다.

더 읽을거리: Bemmann & Schmauder 2015; Di Cosmo 2002; la Vaissière 2005; Skaff 2012; Stark 2009.

8세기 중국의 여성 폴로 경기자가 '외국인의 옷', 즉 호복을 입고 있다.

스텝과 이란 세계

투라지 다리어이

유라시아 세계의 변함없는 모습이 있다. 우랄산맥 부근과 스텝 지역에서 남아시아 및 서아시아로 민족들이 이동하는 모습이다. 서기전 제2천년기 인도이란어를 사용하는 민족들이 남아시아와 이란고원으로 이동한 이래 꾸준한 이주의 물결이 이어졌다.

그중 일부는 제국을 세웠다. 아케메네스(서기전 550~330), 파르티아 또는 아르사케스(서기전 247~서기 224), 사산(224~651) 같은 왕조들이다. 스키타이인 같은 다른 일부는 기마 목축민의 생활방식을 유지하면서 중앙아시아와 서쪽으로는 캅카스 지역으로 이동했다. 내처 동유럽으로 가기도 했다.

이란고원에 역대 제국을 세운 사람들은 자기네 북쪽 경계로 정착하리 들어오려는 다른 스텝 목축민들을 상대해야 했다. 5세기에서 13세기 사이에는 훈족, 에프탈족, 튀르크족, 몽골족 등이 그런 부류였다. 이들은 모두 자기네 제국을 세웠다. 그러나 실크로드가 형성되면서 스텝 세계를 자기네 제국과 연

결시키기 시작한 것은 파르티아인들과 중국인들이었다. 이전에 볼 수 없었던 거대한 세계 체제를 구축한 것이다.

목축민들이 정주민의 땅으로 계속 이주하고 그들이 제국을 세우면서 중대한 결과가 나타났다. 스키타이인들은 이 교역로를 통한 교역과 교류의 초기 담당자였다. 금제품이 그들의 가장 유명한 상품이었고, 중국산 제품을 동유럽에 팔았다(103, 106쪽 상자글 참조). 스텝 지역의 훈족, 에프탈족(68쪽 상자글 참조), 튀르크족 때문에 사산 제국은 카스피해와 산맥들 사이에 성벽을 쌓아야 했다. 고대에 가장 길게 이어진 성벽이었던 고르간 장성(59쪽 상자글 참조)이 대표적이다. 이는 훈족과

여타 목축민들로부터 로마와 페르시아 모두를 보호하기 위한 것이었다. 이 성벽들은 스텝 민족들이 사산 제국 영토 안으로 들어오는 것을 막기 위한 목적이 아니라 그들의 이동을 관리하기 위한 것이었다. 그들은 교역과 정치적 술수의 측면에서도 유용한 존재였다.

초기 이란 문헌에서는 성벽 밖에 사는 사람들이 부정적으로 그려졌지만, 그럼에도 불구하고 에란샤르('이란인들의 제국'이라는 뜻이며, 아무다리야강에서 유프라테스강까지 뻗어 있는 것으로 인식됐다)에 정착한 주민들은 스텝 민족들과 계속해서 교류했다. 교류는 이슬람교가 등장한 뒤에도 계속됐는데, 이슬람교도들은 동쪽으로 계속 밀고 나아가 8세기에는 중국 국경에까지 다다랐다(256~267쪽 참조). 이슬람 정복은 동방과의 교역과 접촉을 확대하는 결과를 낳았다. 육상과 해상로 모두를 통한 것이었다.

(76쪽) 튀르크족 출신의 노예였던 가즈나 제국 지배자 세북테긴의 아들 마흐무드(재위 998~1030). 라시드 알딘의 《역사 집성》에 나온다.

(오른쪽) 하트라의 파르티아인 왕 사나트루크 1세(재위 서기 140?~180?). 이 조각상은 최근의 전쟁 동안에 파괴됐다.

아바스 칼리파국(750~1258)이 통치하는 동안에 이슬람교와 유대교·기독교·마니교·조로아스터교를 믿는 상인들은 아프로유라시아 대륙을 아우르는 교역망을 발전시켰다. 그들은 수요가 많은 여러 가지 상품들을 육로와 해로를 통해 바그다드(336쪽 상자글 참조)와 그 너머에까지 실어 날랐다. 노예와 모피를 포함한 많은 상품들이 북유럽에서 강을 통해 스텝 지역으로 왔고, 그 뒤에 이란 동부의 사만 제국(875~999)을 통해 바그다드로 실려 왔다. 그 교역의 규모는, 그런 교역을 통해 얻은 사만 제국의 주화를 저장한 보물창고가 유럽에서 다수 발견됨으로써 드러났다(308쪽 상자글 참조). 스텝을 가로질러 동

네이샤부르에서 나온 사만 제국의 접시. 아마도 사마르칸트에서 만들었을 것이다. 아랍어로 '축복, 번영, 행복, 기쁨'이라고 쓰여 있다. 10세기 말에서 11세기의 것이다.

곡과 마곡: 전설 속의 성벽

곡(Gog)과 마곡(Magog)은 기독교 성서 구약의 〈창세기〉 및 〈에제키엘〉과 신약의 〈요한묵시록〉에 나오는 이름이다. 〈창세기〉에는 마곡만 나오는데, 야벳의 아들, 즉 노아의 손자다. 〈에제키엘〉에는 마곡 땅의 곡이 하느님 백성의 적으로 묘사된다. 그리고 〈요한묵시록〉에서는 둘 다 사탄의 동맹자 이름이다.

이들은 이슬람 성전인 쿠르안에도 나온다. 야주즈와 마주즈다. 쿠르안 18장에는 둘카르나인('뿔이 둘 달린 자')의 여행 이야기가 나오는데, 그는 알렉산드로스 대왕인 것으로 생각되고 있다. 이 이야기에 따르면 둘카르나인에게 어떤 사람이 찾아와서 도움을 청했다. 야주즈와 마주즈에게서 압제를 받고 있다는 것이었다. 둘카르나인은 그들에게 쇠를 불리고 그 위에 녹인 구리를 부어 두 낭떠러지 사이에 성벽을 만들라고 명령했다. 세계의 마지막 때 그들이 해방되기까지 그들을 보호해줄 성벽이었다. 이런 장면은 피

르다우시(940?~1020)의 《샤나마》 16세기 사본(68쪽 상자글 참조) 같은 필사본들에 자주 나오는 이야기다. 여기 제시한 사본은 영국국립도서관(IO Islamic3540, f.390r) 소장품이다.

842년, 아바스의 칼리파 알와시크 빌라흐(재위 842~847)는 꿈을 꾸었다. 곡과 마곡이 성벽을 뚫었다는 것이었다. 그는 자신의 튀르크어 통역 가운데 한 사람인 살람을 보내 조사하도록 했다. 살람은 캅카스로 갔으나 성문을 찾지 못했다. 더 동쪽으로 가서 튀르크족의 하자르 제국을 지나고, 그런 다음 역시 튀르크인들이 지배하고 있던 타림 분지 북부로 갔다. 그는 돌아와서 자신이 이구(현재 중국 서북부에 있는 하미로 보기도 한다)에서 500킬로미터 떨어진 곳에서 알렉산드로스의 성벽이 온전한 것을 보았다고 알와시크에게 보고했다. AO

더 읽을거리: Stoneman et al. 2012; Van Donzel & Schmidt 2010.

스텝 지역의
파르티아산 피륙

카우칭(실이나 코드를 천 위에 놓고 작은 스티치로 고정하는 자수법_옮긴이) 기법으로 수를 놓은 이 양모 피륙 잔편은 길이 약 60센티미터, 폭 약 44센티미터의 크기다. 현재 예르미타시미술관(MR1953)에 보관돼 있는데, 노용올 흉노 고분 유적지 6호 쿠르간에서 발견된 것이다(72쪽 상자글 참조).

이것은 묘실 남쪽 외벽의 얇은 비단 위에 매달려 있었는데, 화벽 구실을 하고 있었다. 그림은 흰 말을 탄 기사의 모습인데, 안장과 굴레, 머리 장식, 5개의 물방울무늬가 있는 장미 매듭을 보여주는 원반 모양의 장식이 있다. 기사와 그 뒤에 있는 사람은 각기 꼭 맞는 챙모자 안에 머리칼을 집어넣었는데, 머리칼 나머지 부분은 목 뒤쪽으로 말려 내려가 있다. 그리고 튜닉을 걸치고 바지에 장화 차림이다. 그들의 자세와 승마 및 복장의 세부 내용을 보면 파르티아 양식임을 알 수 있다. 다만 아래 장식 띠에서 드러나듯이 헬레니즘의 영향도 받았다. 2006년 20호 쿠르간에서 발굴된 비슷하게 수놓은 양모 피륙 잔편에 사용된 염료를 분석한 결과, 염료는 지중해와 인도에서 왔고 시리아의 팔미라(지금의 타드모르, 217쪽 상자글 참조) 및 두라에우로포스에서 나온 모직물과 비슷하다는 사실이 드러났다. 그러한 자수품들이 서부 파르티아(오늘날의 시리아)에서 생산되었다는 가설이 가능하다.

아마도 흉노족은 이 잔편을 죽은 사람에게 걸맞은 존경의 표시로 용도를 바꿔 부장한 듯하다. 죽은 사람은 그들의 지배자 오주류약제(烏珠留若鞮) 선우(單于, 재위 서기전 8~서기 13)일 것이다. ASh

더 읽을거리: Lubo-Lesnichenko 1994; Rudenko 1962; Trever 1932; Whitfield 2009.

이란 솔타니예에 있는 일한국 지배자 올제이투(재위 1304~1316)의 능묘.

쪽으로 향하는 교역로는 페르시아의 물건들을 멀리 한반도의 왕국들과 더 나아가 일본으로까지 전달했다(426쪽 상자글 참조). 사산 유리가 신라 왕릉에서 발견된 것이 그 증거다.

　　스텝 민족들은 기술이 전파되는 데도 중요한 역할을 했다. 유라시아 대륙의 전쟁에 엄청난 혁신을 가져온 말등자 같은 것들이 대표적이다. 그들은 또한 말도 꾸준히 공급했다(88~95쪽 참조). 페르시아와 이슬람 군대의 병력은 튀르크 노예들의 비중이 점점 더 높아졌다. 습격에 나가 잡아 오거나 전쟁 때 포로로 잡은 자들이었다. 이들 가운데 일부는 높은 자리에 오르기도 했다. 그 결과 맘루크로 불린 튀르크 전사들이 서아시아 일대에서 지배적인 세력이 됐고, 10세기에서 13세기 사이에 지중해에서 카슈가르에 이르는 광대한 땅을 통제하게 됐다(36~37쪽 참조). 몽골족과 그 후예들은 13~14세기에 자기네의 어휘와 세계관을 가져왔고, 그것은 곧 페르시아-이슬람 체계 및 중국식 체계와 융합됐다. 몽골족은 페르시아어의 확산을 촉진했고, 거꾸로 튀르크어 및 몽골어 어휘가 페르시아 어휘 목록에 들어갔다.

더 읽을거리: Bivar 1972; Di Cosmo & Maas 2018; Green 2017; Laing 1991.

스텝과 로마 세계

발렌티나 모르드빈체바

그리스-로마 전승에서 스키타이인이라는 이름으로, 그리고 그 후에는 사르마티아인으로 알려진 스텝 목축민들과 지중해 문명 사람들이 만난 것은 제정 로마(서기전 27~서기 395)가 등장하기 훨씬 전이었다.

그리스인들은 서기전 7세기 말에 흑해 북안에 식민지를 건설했다. 그곳은 유럽의 해로가 끝나고 스텝 지역이 시작되는 곳이었다. 이곳이 스텝 세계나 그 너머와의 상업 및 문화 교류의 중심지가 됐다. 케르치 해협 양쪽의 가장 강력한 그리스계 도시들은 서기전 438년 무렵에 연합해 보스포루스 왕국을 세웠다. 판티카파이온(현재의 케르치)을 수도로 삼은 이 왕국은 스텝 지역 깊숙한 곳까지 영향력을 뻗어 나갔다.

보스포루스 왕국을 비롯한 흑해 연안의 많은 그리스 식민지들은 나중에 미트리다테스 6세(재위 서기전 120~63)의 지배 하에 폰토스 제국(서기전 281~서기 62)으로 통합됐다. 이것이

전체 흑해 지역이 한 지배자 아래 통일된 처음이자 마지막 사례였다. 미트리다테스는 서쪽으로 더 뻗어 나가려 했고, 이에 따라 그는 공화정 로마(서기전 509~27)를 위협하는 존재로 떠올랐다. 언어와 문화적으로 이란계인 스텝 민족들이 그에게 파견 부대를 보냈다. 미트리다테스는 스키타이인들의 도움에 대한 보답으로 딸들을 시집보내고 많은 선물을 주었다. 스텝 지역 귀족들의 분묘에서 나온 놀라운 고급 분묘 부장품들은 이들의 관계를 보여주는 고고학적 증거다(96~103쪽 참조). 로마에 패배하자 포로가 되고 싶지 않았던 미트리다테스는 판티카파이온의 자기 궁전에서 경호병을 시켜 자신을 죽이도록

했다(87쪽 상자글 참조). 폰토스 제국과 보스포루스 왕국은 로마의 속주가 됐다.

서기전 1세기가 되자 두 개의 새로운 제국이 이전의 그리스 세계를 지배하게 됐다. 서쪽의 로마와 동쪽의 파르티아(서기전 247~서기 224)다. 두 제국은 모두 동맹 위성국들로 둘러싸여 있었다. 이란계 언어를 사용하는 파르티아인들은 스텝에서 남쪽으로 이동해 내려왔다(76~81쪽 참조). 로마 제국과 파르티아 제국은 모두 적극적인 외교정책을 펴서 각자의 영토와 영향권을 서로에게로 확장했고, 새로운 교류망을 형성했다. 무역과 외교 양 측면에서의 교류망이다. 여러 차례의 충돌을 거친 후 두 제국 사이의 경계는 유프라테스강을 따라 형성됐다.

보스포루스 왕국과 다른 흑해 지역의 그리스 식민지들은 로마가 스텝 귀족들과 교류하는 데 중개 역할을 했고, 그들이 충성을 바친 대가로 많은 선물을 받았다. 1세기 중반 이후 스텝 지역에 대한 로마의 수출은 큰 폭으로 늘었다. 이 시대 스텝 귀족들의 무덤에는 로마의 청동 그릇, 은제 식기류, 무기와

(위) 폰토스 스텝 케르치반도의 판티카파이온에 있는 보스포루스 왕국의 서기전 2세기 스타필로스의 묘비.

(83쪽) 폰토스 스텝 케르치반도의 그리스계 도시 판티카파이온의 관청 격인 프리타네이온. 서기전 2세기의 것이다.

되르네의 투구

1910년 네덜란드 되르네의 한 늪에서 발견된 이 투구는 로마 군대의 정예 기병부대 장교의 것이었다. 아마도 320년 무렵에 거기에 떨어졌을 것이다(일부러 버린 것인지 사고에 의해 떨어진 것인지는 알 수 없다). 도금을 한 이 은제 외측 투구는 지름 20센티미터, 높이 28.5센티미터인데, 원래는 가죽을 댄 내측 철모자가 있었다. 새겨진 글로 '6사단'이라는 소속 기병부대와 제작자 이름, 그리고 사용된 은의 양이 500그램임을 알 수 있다.

이러한 투구는 장교를 위한 장비를 전문적으로 만드는 공장에서 금실과 금박 기술자인 바르바리카리이가 만들었다. 이 투구의 디자인은 사산 양식의 영향을 받은 것으로 생각된다. 그런 양식은 콘스탄티누스 1세(재위 306~337) 시대의 로마 제국에서 보편화됐다. 이 투구는 315년에서 319년 사이의 것으로 추정되는 동로마 주화(통상적으로 병사 급료로 지급되었다)와 구두, 그 외 여러 가지 작은 물건들과 함께 발견됐다. 그러나 사람이나 말의 유해는 없었다.

이 투구는 현재 네덜란드 레이던의 국립고대박물관(RMO, K1911/4.1-5)에 보관돼 있다. SW

더 읽을거리: Aillagon 2008; Granscay 1963; Van Driel-Murray 2000.

폰토스 왕국의 왕 미트리다테스 6세(재위 서기전 120~63)의 모습이 새겨진 주화.

이국적인 물품들이 부장돼 있었다(96~103쪽 참조). 로마가 스텝 세력들과 관계를 맺은 것은 군사적 충돌 시의 충성을 담보하려는 목적 외에도 스텝 지대를 따라 중앙아시아까지 뻗어나가는 장거리 교역을 지원하기 위한 의도였다. 이렇게 해서 파르티아와 로마에 적대적인 세력이 장악하고 있는 영토를 피하려는 것이었다.

이 교역로를 통해 중앙아시아와 그 너머 중국 등의 상품들이 유럽으로 들어왔다. 이 가운데는 비단 같은 사치품도 있었다. 유라시아 대륙을 가로지르는 이 북방 교역로의 존재는 흑해 북안 지배층의 무덤에서 발견된 중국산 칠기류와 거울(103

부상당한 파르티아인. 162~165년 로마가
파르티아를 격파한 것을 축하하는 기념물
의 일부로, 본래 에페소스에 있던 것이다.

쪽 상자글 참조), 옥 제품, 비단옷(114, 117쪽 상자글 참조) 등이 입증해준다.

2세기에 제정 로마는 전성기에 도달했다. 로마의 번영은 대체로 유라시아 대륙을 아우른 안정적인 정치적·경제적 교류망에 바탕을 둔 것이었다. 지배층들은 부유해졌고, 자원과 교역의 지배권을 놓고 경쟁하기 시작했다. 로마의 속주 주민들에게는 로마 시민권이 주어졌고, 그들이 제국의 최고위직에 진출할 수 있는 길이 열렸다. 그것이 영토와 권력과 재산에 대한 경쟁을 더욱 가열시켰다.

395년 제정 로마가 멸망한 뒤에도 스텝 지역과 그 이웃들 사이의 관계는 지속됐다. 알란족, 아바르족, 불가르족, 킵차크족 등 스텝 민족들은 각기 유력한 왕국을 형성해 흑해 연안의 동로마 제국(395~453)과 교류했으며, 슬라브족과 기타 민족들은 동유럽의 경계로 밀고 나아갔다.

제1천년기 말이 되자 튀르크어계 민족들이 유라시아 대륙 일대의 스텝을 지배했지만, 그들 역시 13세기 초 동쪽에서 온 또 다른 집단인 몽골족에 정복당하고 흡수됐다. 단명에 그쳤던 몽골 제국의 분열된 후예들 가운데 킵차크 카간국(1240~1502)이 서부 스텝을 지배하게 됐고, 그들이 유럽에 새로이 영향력을 미쳤다.

더 읽을거리: Aillagon 2008; Braund 2018; Kozlovskaya 2017; Mordvintseva 2013; Mordvintseva & Treister 2007.

금과 석류석으로 만든 새

석류석은 칠보 세공 기법으로 만들어지는 금 장신구에 흔히 사용되는 붉은 돌이다. 4세기에 스텝의 훈 제국과 그 이웃들 사이에서 인기가 높았다. 그것은 스텝과 유럽 각지의 무덤에서 발견되며, 장신구나 옷 장식으로도 쓰였다. 석류석은 아마도 인도의 광산에서 수입됐을 것이다. 그것이 스리랑카나 나중에는 중부 유럽에서 발견되기도 했지만 말이다.

아래 사진의 새 모양 장식은 높이 6.5센티미터로, 1812년 지금의 루마니아 동북부에 있는 프루트강 부근의 4세기 무덤에서 발견된 것이다. 현재 예르미타시미술관(2160/39)에 보관돼 있다. 무덤은 아마도 스텝 지역에서 싸우다 죽은 군 지휘관의 것으로 보인다. 아치형의 돌 덮개가 무덤을 덮고 있으며, 말과 은제 투구 및 무기, 많은 양의 금제품들이 부장돼 있었다. SW

더 읽을거리: Adams 2003; Aillagon 2008; Granscay 1963; Van Driel-Murray 2000.

튀르크인들의 날개, 말(馬)

수전 휫필드

실크로드의 가장 대표적인 동물로 낙타가 자주 거론되지만, 말도 교역·외교·전쟁·미술·신화·문화에서 같은(어쩌면 더 중요한) 역할을 했다. 말은 스텝에서 살아가는 데 필수였다. 말을 사육하기 시작한 것은 아마도 서부 스텝 지대에서 적어도 서기전 제4천년기까지 거슬러 올라가는 것으로 보인다.

청동기시대 유럽 변경의 사람들이 몽골, 타림분지, 인도로 이동했던 것도 말이 있었기에 가능했다. 말은 또한 두 바퀴 수레를 끄는 데도 이용됐다. 그렇게 함으로써 전쟁의 모습을 바꾸고, 스텝 사람들이 메소포타미아에서 알타이 산지에 이르는 지역에서 캐내는 광석을 통제할 수 있게 됐다. 이 광석들은 마구(馬具)를 만들고 장식하는 데도 쓰였고, 흔히 그 주인과 함께 묻히던 말은 고대 그리스에서 인도에까지 이르는 유라시아 대륙 전역에서 신화와 미술의 소재가 됐다(96~103쪽 참조).

말의 사육과 함께 중요한 사료인 자주개자리, 즉 알팔파 재배도 이루어졌다. 누에를 기르면서 동시에 뽕나무를 심는 것과 비슷한 방식이다(310~315쪽 참조). 재배되기 시작한 알팔파는 먼저 이란고원으로 퍼지고, 서기전 8세기 무렵에는 메소포타미아와 그리스로 퍼졌다. 그런 다음에 동쪽을 향해 인도로 스며들고, 서기전 2세기에 중국에까지 도달했다. 그럼에도 불구하고 말 사육 프로그램은 중앙아시아, 서아시아 및 고대 그리스 등지에서는 성공적이었지만, 중국과 인도에서는 기대에 훨씬 미치지 못했다. 이에 따라 이들은 승용마의 상당 부분을 교역에 의존해 공급했다. 그 원인 중 하나는 적절한 목초지의 부족이었을 것이다. 중국 북부와 인도의 평원은 농경에 사용됐기 때문이다.

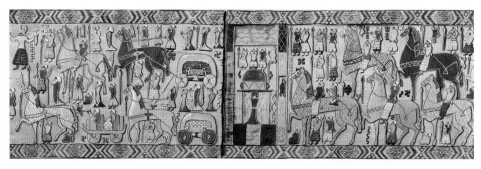

바이킹의 태피스트리

가로 17~23센티미터, 세로 30센티미터의 양털로 짠 이 태피스트리 잔편은 말, 수레와 함께 행진하고 있는 사람들의 모습을 담고 있다. 1904년 노르웨이 오세베르그의 바이킹 배가 나온 무덤에서 가브리엘 구스타프손(1853~1915)이 발견한 두 점 가운데 하나다. 834년의 것으로 판정됐다. 두 점 모두 현재 오슬로대학 박물관(Cf25057_I_B)에 보관돼 있다.

이들은 양털 날실과 두 가닥의 씨실(아마도 양털과 아마인 듯하다)을 이용해 폭 1.8센티미터로 수막 짜기를 한 것으로 평판(平板)을 이용해 짠 다음 꿰맸다. 이들은 또한 수직 직조기에서 수평으로 짠 듯하다. 870년경에 건설된 덴마크 헤데뷔 정착지에서 발굴된 것과 같은 직조기다. 위에 보인 두 점의 복원물 중 오른쪽에 나타나는 것처럼, 인물들은 간결하게 묘사됐다.

예를 들어 눈은 붉은 점으로 찍고, 옷은 성별을 구분했다. 여자는 외투 밑에 긴 원피스를 입고 가슴에 장식 핀을 꽂았으며, 남자는 튜닉과 바지 위에 조끼를 걸쳤다. 남자들의 창이나 방패나 칼은 그들이 전사임을 나타낸다. 불교의 무한 매듭인 시리바차(반장) 문양은 바이킹들이 은과 비단 등을 거래하면서 중앙아시아 및 불교와 접촉했음을 드러낸다. 이는 스칸디

나비아에서 여러 개의 사만 제국 주화 저장소가 발견되고(308쪽 상자글 참조), 스웨덴 헬예에서 6~7세기 중앙아시아산의 작은 붓다 청동 좌상이 발견된 사실로써 더욱 뒷받침된다. 이 잔편들은 희귀한 작품으로, 프랑스 바이외 태피스트리보다 수백 년이나 앞선 것이다. ASh

더 읽을거리: Davidson 1976; Helle 2003; Merrony 2004.

이들은 계속해서 중앙아시아의 스텝과 산악 지대로부터 많은 말을 구입했다. 바다를 통해서 들어오기도 했다. 예를 들어 12세기부터는 남부 아라비아가 인도에서 필요로 하는 말의 주요 공급원이었다. 강인한 스텝 조랑말에서부터 우아한 귀족의 군마에 이르기까지, 말들은 외양과 지구력에 주안점을 두고 사육됐다. 서기전 2세기의 한 중국 관리는 중앙아시아의 말을 칭송했다. 그는 "산을 오르내리고 협곡과 급류를 건너는" 흉노의 말을 중국에서 기른 말이 당할 수 없다고 말했다《한서(漢書)》권49 원앙조조전(爰盎鼂錯傳)).

지배층을 위한 말은 실크로드를 언급할 때 늘 나오는 이야기다. 이는 중국 황제가 월지 땅으로 보낸 특사 장건(서기전 164?~113)의 사행 이야기로 시작하는 것이 보통이다. 그는 중앙아시아 산악과 스텝 사이에 있는 풍요로운 오아시스 페르가나 분지의 대원(大宛)을 찾았다.

그는 여기서 중국의 것과는 전혀 다른 품종의 말을 발견했다. 그는 보고서에 이를 중국 전설에 나오는 '천마(天馬)'로 표현했다. 이는 니사이아(이란 서부의 자그로스산맥 남쪽에 있는 마을_옮긴이) 말 또는 아할테케 말로 추정돼왔다. 아케메네스 제국(서기전 550~330) 이래 아르메니아에서 페르가나까지 이르는 지역에서 사육된 말이다. 이 말은 그리스 역사가 헤로도토

(88쪽) 스텝의 기마인. 서기전 5~3세기 파지리크 고분의 아플리케 장식 펠트로 된 무덤 걸개 일부.

(90쪽 위) 페르시아의 옛 수도 파르사에 있는 아파다나 동쪽 계단의 돋을새김 벽화. 아케메네스 왕에게 말을 가져다주는 아르메니아인들(그들은 말을 기르는 기술로 유명했다)의 모습이다. 서기전 6~5세기의 것이다.

(위) 사우디아라비아 타이마 오아시스의 알나슬라 거석에 사람과 말이 그려져 있다. 서기전 제1천년기의 것이다.

(오른쪽) 승리의 여신 니케가 쌍두마차를 타고 있는 모습이 그려진 쟁반. 서기전 4세기의 것으로, 이탈리아에서 출토됐다.

(92~93쪽) 히말라야 피르판잘산맥의 5~6세기 무렵 유적지에 있는 말과 기마인(아마도 에프탈족인 듯하다) 석상들.

황제의 춤추는 말

높이 14.8센티미터의 부분 도금한 이 8세기의 은주전자는 아마도 중국에서 만들었을 것이다. 1970년 실크로드 중국의 중심 도시 장안(長安, 286쪽 상자글 참조) 교외 허자춘(何家村)에서 1천여 점의 금·은제품과 주화 더미 가운데서 발견됐다. 현재 시안의 산시(陝西)역사박물관(七一48)에 보관돼 있는데, 아마도 황실 보물이었다가 혼란스러운 시기에 안전하게 보관하기 위해 땅에 묻었던 듯하다.

이 주전자는 그 형태나 재질, 디자인 면에서 실크로드 교류의 전형적인 사례다. 형태는 말을 타고 다니는 중국의 이웃 스텝 지역 사람들이 흔히 가지고 다니는 가죽 물통을 모방했다(70~75쪽 참조). 도금한 은은 이 시기 중국 기술자들이 많이 사용하던 재료지만, 그것을 다루는 기술은 스텝 지역과 중앙아시아, 이란의 사람들이 처음 개발했다(104~111쪽 참조). 이 디자인은 당 현종(재위 712~756)의 춤추는 말 가운데 하나를 보여주고 있는데, 현종의 재상이었던 장열(張說, 667~730)이 당시에 〈무마사(舞馬詞)〉라는 시를 지어 후세에 남겼다.

"무릎 꿇고 잔을 물어 장단 맞추며 / 정성껏 잔 올려 만수무강 기원하네."

말과 포도주는 모두 중국으로 수입된 것이었다. 말은 또한 목 부근에 리본을 달고 있는데, 사산 미술에서 흔히 볼 수 있는 모습이다. SW

더 읽을거리: Hansen 2012; Kroll 1981.

스(서기전 484?~425?)도 칭찬했고, 유라시아 대륙 곳곳에서 볼 수 있었다. 7세기에 이슬람 칼리파국이 등장한 이후에는 아라비아 말도 이슬람 세계와 유럽에서 높은 평가를 받았다.

실크로드의 시대가 되자 말은 스텝 지역과 인접한 나라들에서 기병용으로 사용됐고, 이들 나라에서는 자기네가 독자적으로 말을 기르거나 아니면 이웃의 스텝 사람들로부터 구입해 와야 했다. 여기에 더해 말을 타고 사냥하는 것이 유라시아 대륙의 여러 제국이나 왕국의 군주들에게 하나의 생활방식이 됐다. 직물이나 은제품 등에 자주 묘사되는 대로다(320쪽 참조). 폴로 경기 역시 비슷한 역할을 해서, 아바스 칼리파

나 당나라 황제 등 제국 지배자들의 마구간에는 폴로 경기용 조랑말들이 줄지어 있었다. 서아시아, 북아프리카, 유럽에서는 말이 전차 경주를 위해 사육됐다. 대표적인 것이 콰드리가라는 말 네 마리가 끄는 전차인데, 아마도 2~3세기에 만들어진 듯하며 오랫동안 콘스탄티노플의 히포드로모스라는 전차 경주장에서 경기를 벌였다.

승마와 폴로 경기는 남성에게만 국한되지 않았다. 아랍 세계의 일원인 타누흐의 마비아 여왕(재위 375~425)은 4세기에 동로마 제국을 도와 고트족의 공격으로부터 구원한 것으로 유명하다. 그는 아라비아 말을 탄 병사들을 쐐기 대형으로 이

끌어 고트족 진영으로 돌격했다. 그로부터 300년 뒤 중국 궁중의 여성들은 거추장스러운 긴 옷을 버리고 '호복(胡服)', 즉 외국 옷을 입어 승마와 폴로 경기를 할 수 있게 됐다.

말은 계속해서 정착 사회와 스텝 세계 사이의 관계에서 중요한 역할을 했다. 11세기에 또 다른 중국 관리는 이렇게 썼다. "우리 북쪽과 서쪽의 적들이 중국에 맞서 버틸 수 있는 것은 바로 그들이 말을 많이 갖고 있고 그 병사들이 말 타기에 능숙하기 때문입니다. 이것이 그들의 강점입니다. 중국은 말이 부족하고 우리 병사들은 말 타기에 익숙하지 않습니다. 이것이 중국의 약점입니다." 튀르크계 위구르 카간국(744~840) 시대에 중국은 엄청난 양의 비단을 주고 수만 필의 말을 구입했다. 그것은 평화를 위한 대가였다. 그리고 말을 먹일 목초지를 찾는 일은 13세기에 몽골 군대가 서아시아와 유럽으로 퍼져나간 중요한 요인이었다. 그들은 낙타를 이용해 사료를 날랐다.

말은 또한 문학, 신화, 미술, 종교의 소재가 됐다. 죽은 소그드인을 천국으로 태우고 갔다는 날개 달린 말 모티프는 유라시아 대륙 곳곳에서 발견된다. 이 시기의 유명한 말 가운데 하나가 인도로 순례 여행을 떠난 7세기의 중국 승려 현장(602~664)의 말이다. 그것은 1천 년 전 인도에서 붓다가 아버지의 궁궐에서 나올 때 타고 있던 칸타카와 비슷한 회색 말이었다. 칭기스칸(1206~1227)의 전설에도 '흰' 말 이야기가 나온다. 그리고 10세기 페르시아 서사시 《샤나마》에 나오는 로스탐의 종마 라흐시도 있다. 그 말은 "샛노란 바탕에 장미꽃잎이 뿌려진" 색으로 묘사됐다.

더 읽을거리: Allsen 2006; Creel 1965; Fragner et al. 2009; Schiettecatte & Zouache 2017; Sinor 1972.

2~3세기 무렵 콘스탄티노플 히포드로모스에서의 전차 경주를 위해 만들어진 사두마차.

스텝의 돌들: 매장 풍습

일제 팀페르만

유라시아 스텝 지역의 무덤 혹은 쿠르간이라 불리는 고분은 반드시 이동하는 목축민들의 존재와 연관돼 있다. 흑해 및 카스피해 지역에서부터 몽골·만주 스텝까지 광대한 지역에 뻗어 있던 그들은 서기전 제5천년기 무렵에 처음 등장했고, 서기전 제1천년기에 두드러진 존재로 떠올랐다. 이때 강력한 사회문화적·경제적 변화가 일어나고 기동성과 교류가 증대하면서 음산한 풍광을 바꿔놓았다.

거대한 고분은 스키타이 지배자들이 부상해 스텝 지대 상당 부분에서 전략적인 지점들과 값비싼 상품들의 흐름을 통제했음을 보여준다. 무덤의 부장품 가운데는 금 제품이 많고, 그리스 및 아케메네스(서기전 550~330)의 영향과 함께 스키타이-시베리아 동물 모티프도 보여준다(60~63쪽 참조).

말 희생, 구상미술, 재갈과 재갈 막대기, 굴레와 안장, 그리고 스텝 무덤들에서 나온 단도와 장검, 사냥 도구, 바지와 허리띠 장식판 등에 대해 초기 고고학자들은 전사의 이상을 나타낸 것으로 보았다. 말이 의식과 신성 의례에서 차지하는 지위는 말을 희생으로 바치는 일이나 순록 뿔로 장식하는 일에서 떠올릴 수 있다. 아르잔, 파지리크, 베렐 등에서 볼 수 있는 대로다. 말을 함께 묻는 매장 풍습은 역사 시대 내내 계속됐다.

그러나 최근의 학술 논쟁으로 농목축 사회에서의 전사의 이상과 성 역할에 대한 견해가 바뀌고 있다. 예를 들어 우랄산맥 남쪽의 포크롭카에서 발견된 사르마티아 여성은 승마와 활쏘기, 사냥과 전쟁 훈련을 하고 철검과 단도를 다루었는데, 이는 스텝 사회에서 예외적인 것으로 보이지 않는다. 반대로 부장품은 피장자가 생전에 그 물건들을 사용했기 때문에 묻힌 것이 아니라 그것이 매장된 사람의 권력과 지위를 드러내 주기 때문이었을 듯하다(66, 106쪽 상자글 참조).

낙타는 사막과 연관된 동물이지만, 목축민 지배층에게도 사회경제적 중요성을 지닌 것이었다. 아조프해 부근의 다치에서 발견된 왕이 사용하던 칼집에 그려진 그림(249쪽 상자글 참조)과 투루판 분지 및 톈산산맥에서 확인된 낙타 희생이 그것을 보여준다. 낙타는 사막의 이동을 용이하게 해서 스텝을 연결하고, 새로운 교류망을 형성할 수 있게 했다.

서기전 200년 무렵부터 우랄산맥 남부의 사르마티아인과 동쪽의 흉노 연합의 영향력이 커지면서 스텝 지역의 문화가 바뀌었다. 두 세력은 중개자로서 목축민 사회와 파르티아·로마·중국 사이의 교류를 촉진했다(70~87쪽 참조). 이 시기 이

후의 분묘와 위신재의 전파는 복잡한 교류망을 드러내고 스텝 전역의 여러 지역 교역망을 연결했다.

이동하는 목축민들이 목초지와 중요한 교차로의 통제권을 놓고 경쟁하던 빠르게 변화하는 세계에서, 매장 방식은 집단의 정체성을 드러내고 영역을 표시하는 중요한 수단이었다. 이에 따라 스텝과 정착민 지역 사이의 경계인 부하라와 사마르칸트 오아시스, 페르가나 분지, 그리고 크림반도에 목축민들의 분묘가 들어선 것은 목축민과 도시화된 사회 사이의 공생적이고 때로는 긴장된 관계를 보여준다.

크림반도의 우스트알마 유적지에서 한나라의 칠기와 로마

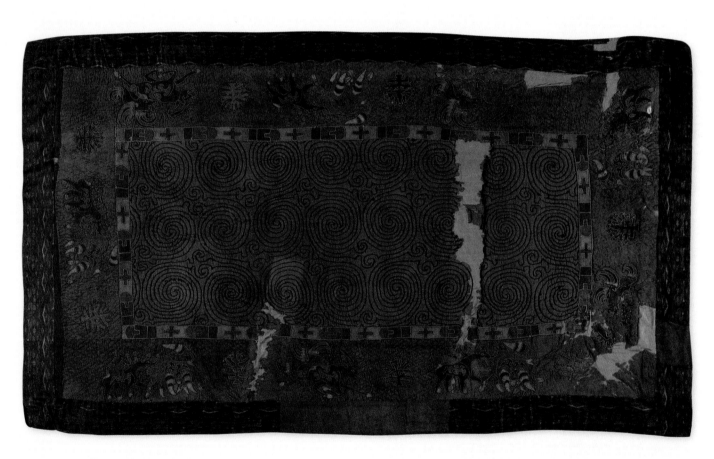

펠트: 스텝 지역의 피륙

노용올의 흉노 무덤들에서 발견된 1세기의 펠트 융단은 이 시기 유라시아 대륙의 각 지역들이 광범위하게 연결돼 있었음을 보여준다. 가장 훌륭한 융단은 6호 쿠르간의 묘실 바닥에서 발견됐는데, 현재 예르미타시미술관(108)에 보관돼 있다. 낙타 털로 짠 펠트로 만든 것인데, 여기 보인 융단 전체의 크기는 가로 260센티미터, 세로 195센티미터다. 가운데 부분은 나선

형의 자줏빛 양털 줄무늬와 기하학적 도형으로 장식했고, 융단 가장자리는 비단으로 둘렀다.

상상 속의 동물들 사이의 싸움과 그리폰(독수리의 머리와 날개, 사자의 몸통을 가진 그리스 신화의 괴수_옮긴이)이 와피티사슴(엘크)을 공격하는 모습을 그린 펠트 아플리케(바탕천 위에 다른 천이나 가죽 따위를 오려 붙이는 수예_옮긴이)가 사진에서 보이는 것처럼 상징적인 나

무에 의해 분리돼 융단의 둘레를 따라 발견된다. 아시아 미술의 전형적인 신목(神木)과 시베리아의 전형적인 동물인 와피티사슴처럼 양식적으로 상이한 요소를 조합한 것은 이 융단이, 서아시아 장인이 흉노 미술의 미학을 참작해 만든 것임을 시사한다.

흉노 귀족 무덤에서 발견된, 같은 구성의 또 다른 융단 몇 점은 이 조합된 모티프가 아마도 흉노에게 성스러운

의미를 지녔을 것임을 보여준다. 신화에 나오는 자연계의 여러 힘들 사이의 투쟁을 상징하는 것이다. SM

더 읽을거리: Eregzen 2011; Kulikov et al. 2009; Lubo-Lesnichenko 1994; Whitfield 2009.

(96쪽) 중앙 스텝 이시크쿨에 있는 튀르크인들의 쿠르간 비석 발발(balbal).

(맨 위) 서기전 1200~700년 조성된 몽골 우르트불라긴의 스텝 무덤 유적에는 50만 개가 넘는 돌이 사용됐으며, 중앙 돌무더기는 1700개의 주변 돌무더기에 둘러싸여 있다.

(위) 폰토스 스텝 우스트알마에 있는 무덤에서 발견된 1세기의 중국산 옻칠 상자.

의 유리 및 청동제품, 사르마티아의 무기 및 장신구가 나란히 발견된 것은 여러 사회들이 서로 활발하게 교류했다는 사실을 드러낸다. 또한 사마르칸트 북쪽 콕테페와 돈강 하류의 코뱌코보, 아프가니스탄 북부 셰베르간 오아시스의 틸랴테페, 우즈베키스탄 베슈켄트 계곡의 툴하르, 페르가나 분지의 무덤 부장품 목록을 봐도 마찬가지다. 틸랴테페에서 발견된 많은 금제품은 1세기 중반의 것으로 추정되는데, 그리스·로마·인도·쿠샨·박트리아·한(漢)·파르티아·사르마티아·스키타이·흉노의 영향을 보여주고 있어 스텝 지역에서의 목축민의 힘을 짐작하게 해준다(109, 110쪽 상자글 참조).

교류와 이주는 새로운 매장 방식의 전파와 차용, 적응이라는 복잡한 과정을 만들어냈다. 증거에 따르면 대략 서기전 200년에서 서기 100년 사이에 횡혈묘(橫穴墓)를 사용하는 강력한 지배자들이 우랄산맥 남부와 일리분지, 하서주랑 동부에서 흩어진 뒤 동부 톈산 지역과 투루판분지, 그리고 페르가나 및 베슈켄트 계곡의 전략적 요충지를 확보했던 것으로 보인다. 그러한 무덤 양식이 전파돼 다른 무덤 양식과 나란히 있었다는 것은 목축민 집단 사이의 동맹을 시사한다.

매장 풍습은 예니세이강에서 바이칼호, 오르도스, 만주에 이르는 지역을 장악하고 있던 기마 민족들의 연합인 흉노의 깃발 아래에서 상당히 다양했다(66쪽 상자글 참조). 새로운 집단이 흡수되면 새로운 매장 방식이 들어왔다. 횡혈묘도 그중 하나였다. 서기전 1세기 말 이후 돌로 만든 상부구조와 곁무덤을 갖춘 거대한 계단식 무덤들이 흉노 지배자들의 등장을 알렸다. 그들은 자바이칼, 몽골, 투바 등지에서 스텝을 가로지르는 장거리 교역에 종사했다. 유적지로는 노용올, 골무드, 도르릭나르스, 타힐틴호트고르, 차람, 오르고이톤 등이 있다. 입구가 경사진 계단식 통로, 숯으로 덮은 목곽, 네 잎 이음쇠를 단 옻칠한 관, 칠기,

청동과 금을 함께 쓴 파지리크 문화의 가죽 굴레. 동부 스텝의 바샤다르 2호 무덤에서 나온 서기전 6세기의 것이다.

수레, 비단, 거울, 한자로 된 묘지명과 오수전(五銖錢) 등 한나라 지배자들 무덤과의 유사성은 흉노가 그 이웃 중국과 교류했음을 확인해준다(70~75쪽 참조). 노용올은 또한 그리스계 박트리아의 영향도 보여준다. 반대 방향으로는 혁신적인 활쏘기 장구와 허리띠 장식판이 흉노 땅에서 유라시아 대륙을 가로질렀다.

중세의 무덤은 때로 옛날 매장지를 다시 써서 과거의 장례 방식을 답습하기도 했다. 6세기 중반에서 8세기 사이에 튀르크인들은 화장을 하거나 매장을 했다. 의례 구조는 돌무지와 열석(列石, 그 가운데 일부는 의인화된 것이었다)이 있는 네모난 판석 울타리, 즉 아그랏카(ogradka)가 특징이었다. 말 무덤이 딸린 수혈묘(竪穴墓) 및 횡혈묘가 많았고, 철제 마구와 등자, 갑옷과 칼, 활쏘기 장구, 허리띠 장식, 악기 등이 부장됐다. 피륙, 은그릇, 진주, 금에 박은 보석, 주화, 거울 등은 소그드인과 사산, 흑해 지역 민족들, 그리고 중국과의 교류를 시사한다(103쪽 상자글 참조).

더 읽을거리: Brosseder 2015; Brosseder & Miller 2011; Kubarev 2005; Linduff & Rubinson 2008; Parzinger 2017; Timperman 2016.

돌로 표시된 튀르크인들의 무덤 단지. 동부
스텝 웅구트에 있는 5~8세기 무덤들이다.

중국산 거울

지름이 19센티미터인 이 거울은 아조프해 부근의 폰토스 스텝 코뱌코바에 있는 10호 쿠르간 봉분에 여성과 함께 묻혀 있었다. 연대는 서기전 1세기에서 서기 1세기 사이로 추정된다. 이 거울은 터키옥을 박은 금목걸이, 금관, 팔찌, 향수병, 금 장식판이 달린 옷, 구슬 장식 신발, 금박 장식이 달린 마구(馬具), 사슴·새·나무 모티프의 금박 장식 등과 함께 발견됐다.

뒤에 4개의 꼭지가 있고 중심 부분을 장식하는 4개의 S자형 소용돌이무늬가 있는 이런 디자인의 거울은 이 시기 중국에서 시작된 것이다. 다만 보통은 좀 더 작아서 지름이 10센티미터 정도다. 중앙의 꼭지를 둘러싸고 있는 4엽 무늬는 한나라와 흉노의 장의(葬儀) 미술의 공통적인 모티프로서, 중국 원형을 현지에서 모방한 것이라고 할 수 있다. 이것이 중국에서 온 것이든 현지 모방품이든, 이 거울이 서부 스텝 지대에서 발견된 것은 장거리 교역망이 존재했고 그것이 영향력이 있었음을 보여준다.

비슷한 거울이 사마르칸트 부근 콕테페의 목축민 군주 무덤과 자바이칼 지역에서도 발견됐다. 동부 스텝 지대의 흉노 무덤들에서 발견된 거울들 중에는 때로 고의로 깨뜨린 흔적이 보이는데, 이 경우 물리적 힘을 가하거나 가열 또는 냉각의 과정을 거친 것이다. 쿠뱌코바 거울에서는 그러한 흔적이 전혀 보이지 않아, 이 스텝 사회의 장의 관습에는 이런 거울 파괴의 풍습이 없었음을 시사한다. IT

더 읽을거리: Brosseder 2015; Miniaev & Sakharovskaia 2007.

도금한 은제 그릇에 사산 황제 샤푸르 2세
(재위 309~379)가 멧돼지를 사냥하는 모
습이 그려져 있다.

금띠, 금 단검, 금귀고리: 스텝의 사치품들

우르줄라 브로세더

18세기 초 러시아 표트르 1세의 수집품이 유라시아 스텝에서 나온 동물 양식 금속 공예품에 대한 관심을 고조시킨 이후, 이 물건들은 학자들 사이에서 그 기원과 제작 기법을 둘러싸고 많은 관심과 열띤 토론을 불러일으켰다.

서기전 4세기 이후의 금으로 만든 사치품들은 스텝 지역에서 기원한 모티프들과 중앙아시아에서 이룬 기술 혁신이 초기 중국의 금속을 이용한 사치품 산업에 기여했음을 보여준다. 특히 전한(前漢, 서기전 202~서기 8) 시기에 금제품은 주형(鑄型) 압착, 돋을무늬 세공, 조립(造粒), 선조(線條) 세공 같은 외국의 제작 기법을 이용했음을 보여준다.

서기전 제1천년기 말에 중국에서 흑해까지 스텝 전역에서는 허리띠 장식판이 지위와 위신의 상징이었다. 커다란 허리띠 장식 패션이 중앙 유라시아 전역에서 공유됐을 뿐만 아니라, 여러 가지 특정 모티프들 역시 서로 밀접하게 이어진 스텝

지역에서 널리 확산됐다. 동물의 싸움 장면과 특정 야생 또는 상상의 동물들, 늑대·호랑이·맹금류 들은 유라시아 대륙 목축민들 사이에서 공통의 기호와 세계관을 자극했다. 서기전 2~1세기에 동부 스텝의 흉노족들 사이에서 특히 많이 만들어졌지만, 다양한 동물 주제의 청동 장식판들이 동일한 표현으로 미누신스크 분지에서부터 중앙 몽골 스텝과 중국 북부 지역에 이르기까지 넓은 지역에서 발견됐다. 다만 흉노족들 사이에서 허리띠 장식판은 주로 나이 많은 여성의 무덤에서 발견된 데 비해, 유라시아 대륙의 다른 지역에서는 남성의 무덤에서 많이 발견되었다.

금제 허리띠 장식판

이 금제 허리띠 장식판은 중국의 전
국시대(서기전 475~221) 말기 남성 귀
족 전사의 것이다. 이 전사는 동부 스
텝 오르도스 지방의 동북쪽 황하 굽이
에 있는 시거우판에 묻혔다. 순금으로
만들어진 이 장식은 독특한 작품이지
만, 흔히 볼 수 있는 이른바 동물 싸움
모티프를 묘사하고 있다. 이 경우에는
호랑이와 멧돼지 간의 대결이다. 동
부 스텝에서 발견된 다른 허리띠 장식
판과 달리 동물 묘사가 매우 섬세하고
사실적이다. 이 작품은 현재 내몽골박
물원(M2)에 보관돼 있다.

이 장식판은 피륙·밀랍 거푸집을 이
용해 주조됐는데, 사진에서 볼 수 있
듯이 뒷면에 직조한 피륙 무늬가 있
다. 뒷면에는 또한 무게와 재료를 한
자로 기록했다. 이런 부분을 보면 이
작품은 중국 기술자가 만든 것으로 보
이는데, 그럼에도 불구하고 정확하게

어떤 상황, 어떤 장소에서 만들어졌으
며 어떻게 그 전사에게 전해졌는지는
알 수 없다. 가장 그럴듯한 생각은 그
것이 전국시대 중국의 한 왕가에 딸린
작업장에서 만들어졌고, 그 뒤 정치적
인 이유로 스텝의 전사에게 선물했다
는 이야기다. 제작한 나라는 진(秦, 서
기전 9세기~221)일 가능성이 있다. UB

더 읽을거리: Bunker 1997; Whitfield
2018.

헝가리 퇴르텔의 무덤에서 나온 훈족의 가마솥. 4~5세기의 것이다.

어떤 모티프들은 상대적으로 널리 퍼지지 않았다. 두 황소의 대결 모티프(대부분 미누신스크 분지에서 발견됐다) 같은 것들이 그렇다. 그러나 또 어떤 것들은 대륙 전체에 퍼졌다. 때로 양식이나 재료에서 중대한 전환이 있기는 했지만 말이다. 이에 따라 아마도 중국에서 기원한 것으로 보이는 용 비슷한 동물이 흑해 지역의 작품에도 나오고, 낙타 같은 다른 모티프들이 중앙아시아에서 들어오기도 했다. 이런 금속 제품들에서 볼 수 있는 이 시기 중앙 유라시아 미술의 주제와 양식은 유라시아 대륙 주변부 정착 사회들에서 독립적으로 발전한 스텝 일대의 강력한 연결망과, 남북 및 동서 방향의 교류 통로를 보

여준다(70~87쪽 참조).

스텝 지대에서 나온 대부분의 청동 제품은 현지에서 제작됐다. 금속 허리띠 장식판의 성분을 분석한 결과, 심지어 동일한 모티프의 것조차도 합금 비율이 서로 다르게 나타났다. 중앙에서 만들어 퍼뜨린 것이 아님을 보여준다. 예를 들어 때로 조잡하게 주조된, 남부 시베리아와 몽골에서 발견된 장식품들은 미누신스크 분지와 몽골 양쪽에서 제작됐는데, 미누신스크의 것은 합금에 비소가 더 많이 들어갔고 몽골의 것은 합금에 납과 주석, 비소가 모두 들어갔다. 그러나 중국 북쪽 스텝 지대의 허리띠 장식판은 이 지역에서 만들어진 다른 금

(맨 위) 북부 중국에서 나온 허리띠 장식판 주조 모형. 서기전 2~1세기의 것이다.

(위) 중국 쉬저우 톈치산(天齊山)의 한나라 무덤에서 나온 금제 허리띠 장식판. 서기전 2세기에서 서기 2세기 사이의 것이다.

속 제품에 특징적인 납·주석 합금으로 만들어졌다.

몽골과 중국 사이의 경계 지대에서는 현지 스텝 민족들의 기호에 따라 모티프가 뒤섞였다. 상상의 스텝 생물과 거북이 같은 중국의 숭배물이 결합한 것이다. 더구나 25개의 도자기 모형이 나온 시안 부근의 공예가 무덤에서 볼 수 있듯이, 중국 도예가들은 동물 양식 제품을 스텝 목축민용과 중국인용으로 모두 만들 수 있었다. 그리고 중국의 일부 나라에서는 말 타기에 적합한 스텝 양식의 옷을 채택했을 뿐만 아니라, 서기전 3세기 말에서 2세기 초 이후에 조성된 중국 왕릉에서는 스텝 양식의 허리띠가 때로 중국의 전통적인 단추와 함께 발

견됐다(88~95쪽 참조). 두드러진 예 중 하나가 쉬저우(徐州)의 초왕(楚王) 무덤에서 나온 금제 허리띠 장식판이다. 여기서 나온 한문 묘지명과 피륙·밀랍 거푸집을 이용한 제작 기법은 진정한 혼종 사치품의 존재를 입증하고 있다. 비슷한 작품이 시거우판의 스텝 무덤에서도 발견됐다(106쪽 상자글 참조).

1세기가 되면 스텝 일대의 위신재는 이전의 청동 제품과는 완전히 다른 제작 유형을 보여준다. 흉노 지배 귀족들의 무덤에서 나온 고급 마구는 철물 바탕에 금·은박을 입히는 것 같은 스텝의 기술과, 수은 아말감 도금법 같은 중국 기술의 혼합을 보여준다. 장식의 경우도 마찬가지다. 용, 불사조, 구름 모티

원형장식 허리띠

이 금제 허리띠는 9개의 원형장식이 꼰 사슬로 연결된 것인데, 틸랴테페에 있는 귀족 전사 무덤에서 발굴되었다. 현재 아프가니스탄 국립박물관(04.40.384)에서 소장하고 있다. 연대는 1세기 말로 추정된다.

이 원형장식의 틀 역할을 하는 맞물린 심장 모양의 칸들에는 본래 터키석이 박혀 있었던 듯하다. 틸랴테페 특유의 양식이다. 각 원형장식은 따로따로 주조됐으며, 포효하는 사자 등에 올라탄 한 여성을 둘러싸고 있다. 부드러운 제작 솜씨는 스키타이-시베리아 미술

을 연상시키며, 틸랴테페 주민들의 스텝 목축민 유산을 반영하고 있다. 두 다리를 모아 탄 자세는 그리스-로마 전통에서 술과 풍요의 신 디오니소스가 표범을 탄 모습에서 가져왔다. 이 인물은 튜닉과 반장화(끈으로 묶고 발가락 부분이 트인 장화다) 차림이다. 사냥과 달의 여신 아르테미스의 차림새와 비슷하다. 머리칼은 그리스-로마식으로 뒤로 모아 틀어 올렸다. 이런 머리 모양은 파르티아의 도시 니사에서 발견된, 그리스 영향을 받은 미술품에도 나타난다. 이 여성은 이란과 중앙아시

아의 달의 여신 나나를 나타낸 듯하다. 나나는 왕권과도 밀접하게 연관돼 있는데, 아프가니스탄 라바탁에서 발견된 쿠샨 제국(1~3세기) 시기 박트리아 비문에 나타나고 쿠샨 주화에도 등장한다.

비슷하게 상감을 한 1세기 무렵의 금제 원형무늬 장식이 파르티아와 박트리아 달베르진테페(현 아프가니스탄)에서도 발견됐다. 게다가 이 틸랴테페 사례를 닮은 온전한 원형장식 허리띠도 이라크 하트라에 있는 2세기 조각상(대부분 파르티아 왕들의 모습이다)에

등장한다. 허리띠는 이란의 제국들과 나아가 흑해에서 몽골 스텝에 이르는 스텝 문화 전역의 지배자들 사이에서 위신을 세워주는 소지품이었음이 분명하다. SP

더 읽을거리: Peterson 2011-2; Sarianidi 1985.

'용사(龍師)' 신전의 펜던트

여기에 제시된 양면 펜던트는 1세기 후반 틸랴테페에 묻힌 화려한 차림의 귀족 여성이 쓴 관에 달려 있던 것이다. 펜던트에 묘사된 것은 남성 신이다. 눈초리가 올라가 있고 '신분 표지'가 있으며, 정면을 바라보고 선 자세다. 양손에는 날개 달린 용 같은 것을 잡고 있다. 그는 짐승들을 완전히 통제하고 있는 '수사(獸師)'다. '수사'는 고대 서아시아와 이란 미술에서 오랫동안 유행했던 테마다. 그는 아마도 아케메네스(서기전 550~330)에서 기원한 듯한 관을 쓰고 있다. 이런 디

자인은 도시를 의인화한 그리스의 여성 모습에도 나타나기는 하지만 말이다. 그는 허리띠가 달린 크로스재킷을 입고 있다. 스텝과 이란의 기병에게서 흔히 볼 수 있는 차림이다. 하체는 통상적인 바지를 입지 않고 동부 그리스 세계에서 신적인 것과 연관된 아칸서스 잎 장식의 치마로 덮었다.

용들은 눈에 띄는 말린 뿔을 자랑하고 있다. 수사의 다리우스(재위 서기전 522~486) 왕궁이나 '옥수스의 보물'(19세기 후반 옥수스강, 즉 아무다리야강 부근에서 발견된 수백 점의 아케메네스 시

대 금속 세공품과 주화 컬렉션. 현재 영국 국립박물관 등에 보관돼 있다_옮긴이)에 들어 있는 아케메네스 사자들에게서 발견되는 것을 연상시킨다. 그러나 그들의 구부러지고 뒤틀린 하체는 스텝 지대 미술 특유의 것이다. 알타이의 이시크에서 나온 날개와 뿔 달린 말이나 표트르 1세의 시베리아 컬렉션에 나오는 다른 짐승들에게서도 볼 수 있다(132~135쪽 참조).

여러 문화의 예술에 바탕을 둔 화상을 사용하는 것은 틸랴테페의 경우가 전형적이다. 금에 터키석을 많이 박고

금으로 된 원반을 많이 사용하는 것 역시 특징이다. 현재 아프가니스탄국립박물관(04.40.109)이 소장하고 있다. SP

더 읽을거리: Francfort 2011; Sarianidi 1985.

프 같은 일부 요소는 분명히 중국에서 들여온 것이고, 다른 주제들은 스텝 전승의 동물과 신화 속 짐승들을 끌어온 것이다.

수백 년 뒤 돌궐 제국 시대에도 여러 개의 끈 장식이 달린 허리띠가 동유럽에서 중국까지 유라시아 대륙 전역에 걸쳐 지위의 상징으로 여전히 사용됐다. 돌궐의 고위 관리의 모자는 중국과 중앙아시아 원형의 영향을 받은 다양한 모델을 보여준다. 아마도 돌궐에 살던 중국이나 중앙아시아의 기술자들(아마도 소그드인)이 제작했을 것이다. 마구와 허리띠 장식 또한 같은 시대 당(618~907)과 나중의 요 왕조(916~1125) 시기에 핵심적인 위신재로 간주되었다. 이때 물건들은 중국 황궁 작업장에서 제작됐다.

그러나 전체적으로 우리는 아직 동부 스텝 지역에서의 금속제 및 기타 위신재의 생산에 대해 알고 있는 것이 아주 적다. 스텝 지대의 광업과 광석 채굴에 관해서는 거의 알지 못한다(188~193쪽 참조). 하지만 스텝 제국들의 작업장이나 도시 중심지에 공예품 제작자들과 그 기술을 들여와 스텝 양식의 제품과 함께 외국 제품을 모방한 것들도 제작했다는 증거는 매우 많다. 일부 금 예비 분석 결과 흉노 현지의 금광석이 그들의 위신재를 제작하는 데 사용됐음이 밝혀졌다. 오늘날의 몽골과 더 나아가 유라시아 스텝 일대에 금과 기타 귀금속 광물이 풍부함을 감안할 때, 이런 방향으로 더욱 연구를 진행하면 틀림없이 스텝 지역 내 사치품 작업장의 존재와 수준 높은 기술을 사용한 사치품 생산의 흔적을 밝혀낼 수 있을 것이다.

더 읽을거리: Bemmann & Schmauder 2015; Brosseder & Miller 2018; Liu 2013; Liu 2017; Miller & Brosseder 2013; Stark 2009.

서부 스텝에서 나온 1~3세기 사르마티아인의 환두(環頭) 단검.

카프탄: 실크로드의 패션

앤 헤데거 크라그

유행은 스텝 지역과 다른 문화 사이의 교류에서 매우 중요한 부분을 차지했다. 가장 분명한 사례 중 하나가 소매 긴 옷 카프탄의 유행이다. 카프탄은 본래 중앙아시아 특유의 옷이었는데(남녀 구분 없이 입었다), 제1천년기에 유라시아 대륙 전역에서 널리 입는 옷이 됐다.

아마도 서아시아에서 시작된 것으로 보이는 이 옷은 페르시아와 동로마에서 '외국인의 옷'으로 받아들여졌다. 북캅카스에서 러시아 스텝, 중부 유럽, 스칸디나비아에 이르는 지역에서도 마찬가지였다. 어떤 지역에서는 카프탄이 귀족들이 입는 국제적인 옷을 대표했다. 중국에서는 당나라(618~907) 때 남녀 불문하고 '호복(胡服)'이라 불린 외국인의 옷이 유행했는데, 스텝 지역의 옷을 모방해 말을 타는 데 아주 적합했다(88~95쪽 참조).

카프탄과 비슷한 겉옷이 유프라테스강 부근 두라에우로포스의 유대교 회당 벽화에 보인다. 3세기의 것으로 추정된다.

바지와 함께 입었던 이 페르시아 기병용 카프탄은 스카라그마니온이라고도 불렸으며, 자줏빛과 금빛 등 여러 가지 색깔로 만들어졌다. 동로마 황제 콘스탄티누스 7세(재위 913~959)의 대관식 기록에는 콘스탄티노플의 이른바 기나이케이아(여자들의 처소)에서 비단 스카라그마니온이 만들어졌다는 언급이 나온다(442쪽 상자글 참조).

카프탄은 또한 타림분지에 있는 3~4세기의 귀족 무덤에서 시신을 덮는 용도로도 사용됐다(229쪽 상자글 참조). 이 무덤은 아마도 중앙아시아, 특히 아무다리야강 부근의 도시들을 지배한 이란계 민족인 소그드인의 무덤이었을 것이다. 그의 양

비단 카프탄

러시아 고고학자들은 1900~1901년과 1905년, 오늘날의 압스니(압하지야)에 있던 서북 캅카스의 모셰바야발카로 알려진 알란족 묘지 유적들을 발굴하기 시작했다. 가장 최근에는 1968년부터 1976년까지 발굴이 이루어졌는데, 300점가량의 비단을 찾아냈다. 그 대부분이 현재 예르미타시미술관에 보관돼 있다. 이 무덤들의 연대는 600년에서 800년 사이로 다양하게 추정되며, 건조한 환경 덕분에 완벽하게 보존된 16벌의 비단 카프탄이 나왔다. 이 옷들은 1970년대에 안나 예루살림스카야가 분석했다. 비단의 약 60퍼센트는 소그디아나산이었고, 20

퍼센트는 중국산, 20퍼센트는 동로마산이었다. 이들 지역과 북캅카스 사이에 긴밀한 접촉이 있었음을 보여준다. 이 비단에 대해서는 이 지역에서 관세 지불 수단으로 쓰였다는 가설이 제기되었다.

위 사진의 카프탄(K3-6584)은 좋은 통비단에서 잘라내 다람쥐 털로 안을 댄 것으로, 알란족 지배자를 위해 만든 것이 거의 확실하다. 비단은 길이 140센티미터로 금실을 섞어 짠 것이며(316~323쪽 참조), 초록색 바탕의 원형장식 안에 사산에서 기원한 신화 속의 동물 시무르그(개의 머리와 사자의 발톱을 가졌다)가 그려져 있다(192~193

쪽 상자글 참조). 동로마, 중국, 소그디아나산 비단 조각들이 가장자리를 두르고 단을 보강하는 데 사용됐다. 중심 비단의 모티프와 무늬는 프랑스 랭스의 레미기우스 성인의 수의 유물에서도 볼 수 있는 것이다. 이것의 연대는 9세기에서 11세기까지 다양하게 추정되고 있는데, 이후 유럽의 유물들을 싸는 데 사용된 많은 다른 비단들처럼 아마도 외교적인 선물이었을 것이다(320쪽 상자글 참조). AHK

더 읽을거리: Ierusalimskaja 1978; Muthesius 1997.

(113쪽) 카프탄을 입은 태양의 신과 달의 신. 아프가니스탄 폰도케스탄의 불교 석굴 사원에 그려진 7세기 벽화의 수채 사본이다.

(아래) 두라에우로포스 유대교 회당의 3세기 중반 벽화. 구약 〈에스델서〉에 나오는 페르시아 왕 모르데하이를 묘사하고 있다. 모르데하이는 카프탄을 입었고, 네 명의 구경꾼은 그리스풍의 옷을 입었다.

털 카프탄은 심홍색으로 무릎까지 내려오고 오른쪽 섶이 위로 가는 형태였는데, 아마도 중앙아시아에서 만든 것인 듯하다. 거기에는 비단 허리띠가 매여 있었고, 허리띠에는 향내 나는 약초를 담은 비단 주머니가 매달려 있었다.

　카프탄은 때로 바지와 함께 입기도 했다. 그러한 바지의 가장 멋진 사례는 역시 타림분지에 있는 삼풀라의 무덤에서 나온 것이다. 서기전 1세기의 것으로 추정된다. 이 모직 주단 바지는 창을 든 파란 눈의 남자 모습과, 그리스 신화에 나오는 반인반마의 괴물 켄타우로스를 묘사한 무늬장식 띠로 꾸며져 있다. 이 크고 화려한 디자인은 바지가 본래 서기전 3~2세

기에 만들어진 벽걸이 장식용이었음을 시사한다. 이
집트의 기독교 사회에서 만들었던 것 같은 것이다. 이
주단은 아마도 박트리아에서 만들어진 것인 듯한데
(디자인이 헬레니즘의 영향을 드러내고 있다), 나중에 바
지로 재활용됐다.

비단 카프탄은 또한 서북 캅카스의 모셰바야발카
에서도 발견됐다(114쪽 상자글 참조). 그곳의 무덤들
은 7~9세기의 것으로 추정되는데, 이때는 비단 생산
이 아프로유라시아 대륙 전역으로 확산된 시기였다
(310~315쪽 참조). 허리띠는 전체 옷차림에서 지위를
상징하는 역할을 했으며, 금제 허리띠 장식판과 버클
은 스키타이 시대 스텝 지역에서 일반적인 것이었다
(106, 109쪽 상자글 참조). 비단 허리띠도 사용됐으며,
따라서 모셰바야발카에서 나온 비단 허리띠의 작은
잔편 두 점은 그 사람이 이 지역 군대에서 높은 지위
에 있었다는 것을 입증한다(117쪽 상자글참조).

그리스 신화에 나오는 반인반마의 괴물 켄
타우로스가 그려진 바지. 벽걸이 양모 태피
스트리로 만들었다. 신장 삼풀라의 무덤에
서 나온 것으로, 서기전 3~2세기의 것으로
추정된다.

직조 허리띠

평판을 이용해 짠 비단 허리띠 몇 점이 모셰바야발카 공동묘지에서 발견됐다. 매장 당시인 600년에서 800년 사이에 튀르크계인 불가르족은 캅카스 서북쪽 지역에서 가장 인구가 많은 집단이었다. 이 허리띠 잔편은 이 스텝 지역과 동로마 제국(395~1453) 사이의 긴밀한 관계를 보여준다. 여기 보인 허리띠 잔편은 8~9세기 콘스탄티노플에서 만들어졌고, 각기 네 가닥의 실이 있는 37개의 평판을 이용해 짰다. 편물 잔편에는 다음과 같은 그리스어 글이 들어 있다. "축복합니다. 영예로우신 프로토스파타리오스 이바네스 각하! 젊은 시절을 잘 보내소서. (…) 용기를 가지소서."

프로토스파타리오스(protospatharios)라는 칭호는 동로마 제국이 718년에 설치한 군 고위직이다. 이바네스는 아마도 동로마 황제가 제국 변경인 모셰바야발카에 파견한 사람이었던 듯하다. 720년대 아랍이 북캅카스를 침공하던 시기였을 것이다. 그래서 알란족·아디게족·불가르족 병력 증강이 필요했다. 평판을 이용해 짠 허리띠가 여러 지역에서 발견된 점으로 보아, 여러 민족들에 분배됐을 것이다. 가장 큰 것은 크기가 길이 42센티미터, 폭 1.1센티미터로 현재 스타브로폴지역 박물관(O.ф29164)에 보관돼 있다. 사진에 보이는 작은 것은 길이 4.5센티미터로 예르미타시미술관(Kz7777)에 보관돼 있다. 비슷하게 평판을 이용해 짠 허리띠들이 바이킹 무덤에서도 발견되는데, 실크로드를 따라 옷과 유행이 전파된 또 다른 사례다. AHK

더 읽을거리: Bibikov 1996; Hedeager Krag 2010; Ierusalimskaja 1996.

본래 이런 유형의 허리띠를 맸던 실크로드 지역의 문화 집단에서는 이것이 그 사람의 신분을 상징하고, 동로마와 중국에서는 예복의 일부가 됐다는 분명한 표징이 있다. 카프탄과 허리띠는 여러 그림과 조각품에 묘사됐다. 아프가니스탄 폰두케스탄에 있는 7세기 불교 사원의 벽화가 그 한 예다.

더 읽을거리: Hedeager Krag 2004; Ierusalimskaja 1978; Jäger 2007; Schlumberger 1952; Peck 1969; Wagner et al. 2009.

중국 궁정의 여인들. 두 사람은 전통적인 복장을 입고 있으나, 한 사람은 당시 유행하던 '외국 옷', 즉 호복을 입었다. 중국 시안 부근 태자 이현의 묘(706)에 그려진 것이다.

산과
고원

산과
고원

(118~119쪽) 중앙아시아의 와한 파미르에서 야크들과 길을 따라 걷는 일행.

(왼쪽) 7~8세기에 세워진 파미르의 칸시르 요새.

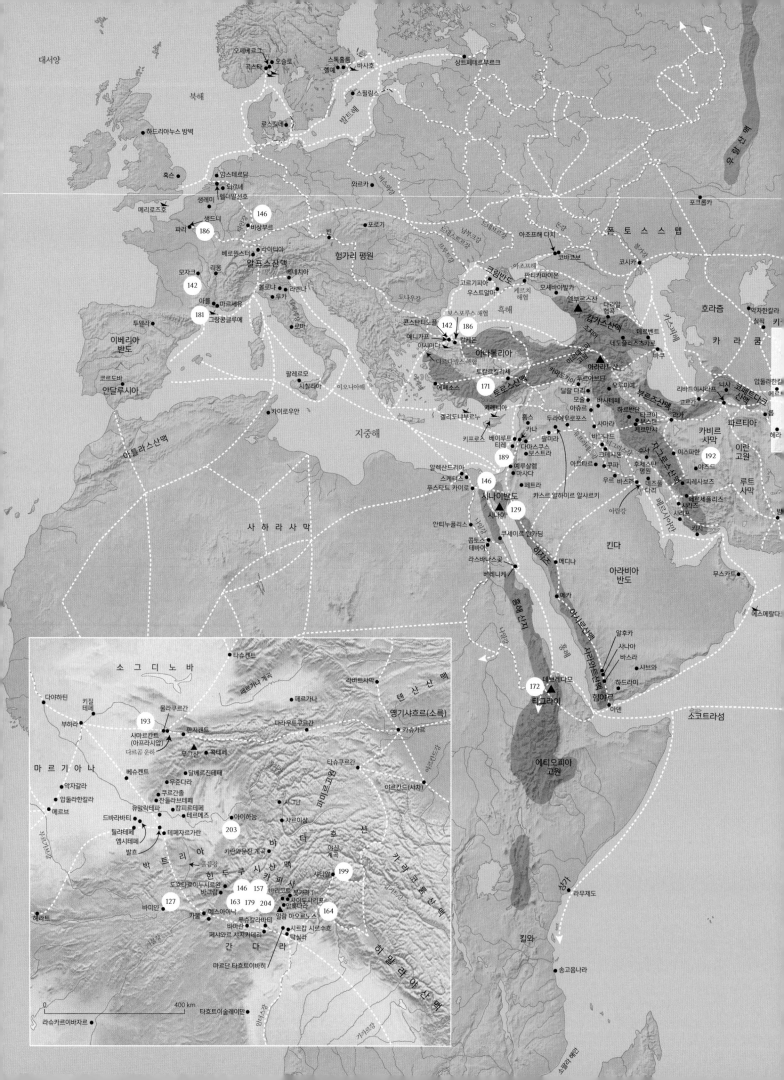

시베리아

예니세이강

톰스크

미누신스크분지

아바칸

바이칼호

자바이칼

아르잔 투바

파지리크

베렐 알타이산맥

타힐틴호트브고르

오르고이톤

젤렝게1호2

차람

도르릭나르스

골무드

노용올

중가르
평원

몽 골 스 텝

투르판 코초

151

하미

카라호토

고비사막

만주

백두산 ▲

투루파2?

일리강

투주사이
알마티

차사

롭사막

158

카라샤흐르(언기)

한반도

텐산산맥

쿠체(쿠자)

157

잉판

138 146

둔황

시거우판

원경

호류지 고후

카슈가르

악수강

타림강

주취안

하서주랑

오르도스

180

나라

후지산 ▲

파미르고원

투무슈크

타클라마칸사막

유물락쿰

카라동

단단윌리크

미란

양관

치롄산맥

우웨이

장예

옌안

쉬저우

다자이후

오사카

니푸로

아이하눔

호탄

도모코

카다타

삼풀라

바저우

구위안

193

장안

궁셴

양저우

힌두쿠시산맥

붓카라

신주쿠체

쿤룬

자군룩묘지

체르첸

라오관산

롱먼 & 낙양

북중국
평원

비마란

바리코트

티베트
고원

청두 싼싱두이

항저우

키리고룸

쓰촨분지

펀자브
평원

히 말 라 야 산 맥

취안저우

델리

마투라

비르코트

후저우

타르사막

조드푸르

버탈리푸트라

펑텐

조자르

이본

구자라트

후글리강

파드마강

광저우

난하이 1호

캄베이

바루칸차

아잔타 석굴

파간

안남

카바프라

준나르

하트라

하이난섬

130

칸헤리

데칸고원

아마라바티

남중국해

태평양

필리핀
제도

망갈로르
말라바르

상가나칼루

벵골만

차우탄

무지리스
코둥갈루르

아리카메두
푸두체리

꾸카오통

방산

콜람

반돈따팻 아유타야

파놈수린

앙코르

만타이

끄라 지협

옥에오

스리랑카

카오삼깨오

콜롬보

메콩강
삼각주

안다만
제도

술라웨시

고다바야

말레이반도

인도양

사무데라파사이

트로르나테섬
티도레섬

반다
제도

말라카

헬더말선호

158

벨리퉁

팔렘방

바타비아

푼줄하르조

수마트라

소순다제도

반텐 자바

티모르

정착지

침몰 지점

강

산 ▲

주요 교역로

상자글 쪽수 ◯

0   1000 km

기본 지도 ©Maps in Minutes™ 2003
지도 제작 ML Design, London

세계의 지붕

팀 윌리엄스

길은 울퉁불퉁하고 눈 덮인 고개 드높은데
험한 골짜기엔 도적 떼 들끓는다네.
새는 날아오르다 깎아지른 산에 놀라고
나그네는 좁은 다리 건너기 힘겹구나.
평생에 눈물 훔친 적 없건만
오늘 천 줄기 눈물을 쏟는다.

道荒宏雪嶺 險澗賊途倡
鳥飛驚峭嶷 人去難偏樑
平生不捫淚 今日灑千行

- 혜초(慧超, 704~787), 〈봉한사입번약제사운취사(逢漢使入蕃略題四韻取辭)〉,《왕오천축국전》

(오른쪽) 캅카스의 전략적인 통로인 다리알 협곡.

아프로유라시아 대륙의 산들은 여기저기서 번성한 공동체와 사회와 제국들을 만드는 데 결정적인 역할을 했다. 산은 물리적 장벽으로서 경계를 짓고 분리하고 보호했다. 결정적으로 산은 가장 중요한 물의 원천이기도 했다. 눈이 녹고 빗물이 고이고 배수가 된 물이 모여 강과 개울의 원천이 되고, 그것이 낮은 곳으로 흘러 숲이 우거진 골짜기와 넓고 비옥한 삼각주와 사막의 오아시스를 만들었다. 이런 것들이 없었다면 실크로드의 사람들은 살아남지 못했을 것이다. 정말로 장거리 교역로의 연결망은 존재할 수조차 없었을 것이다.

중앙아시아와 남아시아에 솟아 있는 산줄기들은 실크로드의 산 가운데 가장 높은 것들이며, 세계에서 해발 7천 미터를 넘는 산들은 모두 이곳에 모여 있다. 가장 잘 알려진 산맥들로는 서쪽으로부터 동쪽으로 코페트다크·힌두쿠시·파미르·카라코룸·쿤룬·히말라야·치렌·친링산맥이 있고, 더

북쪽으로 톈산·알타이산맥이 있다. 이들이 함께 대륙의 중심부를 굽어보고 있다. 이들이 기후와 생태계와 인간의 주거를 만들어낸다. 산들은 또한 중앙아시아를 남쪽 대양의 장맛비로부터 막아준다. 거기에 더해 고지 위에서는 고기압이 형성되어 중앙아시아의 대부분 지역에는 비가 거의 내리지 않고, 이에 따라 고원의 불모지가 만들어진다. 아무다리야강, 인더스강, 황하 등 사방으로 뻗어 있는 강들은 전체 지역의 농경과 정착을 좌우한다.

타클라마칸사막의 남단인 쿤룬산맥은 티베트고원의 북단이 된다. 티베트고원은 드넓게 솟아 있는 고지로, 남북으로 약 1천 킬로미터, 동서로 약 2500킬로미터나 뻗어 있다. 평균 해발고도는 무려 4500미터를 넘어, 이 고원은 '세계의 지붕'이라 불린다. 이 고원과 히말라야산맥을 지나 남아시아와 동남아시아로 가는 경로는 산길을 가로질러야 하는데, 그것이 상품과 사람, 문화와 사상과 기술의 교류 통로였다.

동쪽에는 일본열도와 한반도에 몇 개의 웅장한 산맥이 있다. 아시아의 중앙 산괴(山塊)만큼 높지는 않지만, 대단한 중요성을 지니고 있다. 한반도 동해안을 따라 뻗어 있는 산들은 백두대간을 이루고 있고, 여기에 좀 더 낮

힌두쿠시산맥 동북쪽의 쿠나르강 계곡.

(128쪽) 5세기에 세워진 아르메니아의 호르비랍 수도원. 뒤에 아라라트산이 있다.

중앙아시아의 불교 석굴 사원 바미얀

힌두쿠시산맥 바미얀 계곡의 널찍한 벼랑에 자리한 불교도들의 바위 조각과 석굴은 그것이 만들어질 당시 불교의 가장 인상적인 예술적 성과 중 하나라고 할 수 있을 것이다. 벼랑 한쪽 끝에는 돌을 파고 만든 높이 약 55미터나 되는 붓다 입상이 있다. 1.5킬로미터쯤 떨어진 다른 쪽 끝에는 약 35미터 높이의 거대한 인물상이 있다. 그 사이에는 벼랑이 벌집처럼 파여, 바위 조각과 석굴 사원으로 쓰였다. 그곳에는 현재 아프가니스탄국립박물관에 있는 것(오른쪽 사진) 같은 불교의 장면들이 그려져 있었다. 석굴 사원은 수도원 공동체의 거주자들이 사용했을 것이다. 대부분의 사원들은 아마도 5~6세기의 것인 듯하다. 다만 이 유적지에 대한 최근의 고고학 연구에 따르면 9세기까지도 예술가들이 그곳에서 활동한 흔적이 있다. 바미얀의 불상은 그 양식이나 문화의 뿌리가 불교의 본향인 인도에 있음을 시사한다. 그것이 북쪽과 동쪽으로 중앙아시아 교역로가 지나는 지점에 위치한다는 사실은 특히 그곳 절에 있는 불상과 그림들이 불교와 불교 미술을 타림 분지와 동아시아로 전파하는 데 영향을 미쳤을 가능성을 제기한다.

2001년 3월 탈레반은 바미얀에 있는 두 개의 불상을 다이너마이트로 폭파해 완전히 파괴해버렸다. 그 불상들은 사라졌지만, 파괴 이후 이 유적지에서 새로운 고고학 연구가 이루어져 50개의 석굴 사원이 추가로 발견됐고(일부에는 그림이 남아 있었다), 길이 19미터의 기울어진 불상 잔해도 발견됐다. SH

더 읽을거리: Ball 2008; Japan Center 2005; Klimburg-Salter 1989; Morgan 2012.

카타리나 성인: 시나이산의 기독교 수도원

3~4세기 사이에 지중해 동안 지역에서 개인의 새로운 생활방식이 생겨났다. 도시와 농촌의 주민들이 고대의 세속 사회에서 벗어나 기독교적인 경건과 청빈의 생활을 열망했다. 내세에서 개인적인 구원을 받을 수 있는 방법이었다. 그러한 생활을 하기에는 풍요로운 들판이나 바쁜 도시보다는 메마른 사막이 더 적합했다.

시나이반도 남쪽의 산들이 성스러운 고행의 장소로 떠올랐고, 구약에 나오는 모세의 생애와 연관 지어졌다. 그래서 그곳은 기독교와 이슬람교, 그리고 나중에는 유대교 공동체들에게 성스러운 장소가 됐다. 에게리아라는 기독교 순례자는 383년 이곳을 방문했는데, 그곳 은자의 안내로 모세가 불붙은 떨기나무를 보았다는 전승 속의 장소에 가보았다.

나중에 은자들의 공동체가 많아졌고, 순례자의 물결이 흘러넘쳤다. 550년대가 되자 제국이 나서서 은자와 순례자들을 보호하고 통제하려 했다. 유스티니아누스 1세(재위 527~565)의 명령으로 불붙은 떨기나무가 있었다는 골짜기에 성채(오른쪽 사진)를 건설하고 그 안에 바실리카 교회를 지어 성스러운 가시나무를 향하게 했다.

시나이산 정상에는 또 다른 교회가 들어서 구약에 나오는 다른 장소들을 보호했다. 바위를 깎아 만든 수천 개의 계단이 진짜 구약 '테마파크'의 탐방로 양쪽 끝을 연결했다. 이 성채는 곧 수도원이 됐고, 오늘날까지 남아 있다. 그 수호성인인 카타리나(알렉산드리아의, 287?~305?)의 보호 덕분이었다. GM

더 읽을거리: Egeria 1971; Kalopissi-Verti & Panavotidi 2010; Manginis 2016.

서가트산맥의 석굴 사원

위에 보인 레냐드리의 외딴 수도원은 서력기원 초 몇 세기 사이 준나르 부근 서가트산맥의 바위 벼랑을 깎아 만든 10여 개의 불교 수도원 가운데 하나다. 이런 수도원에 거주하는 비구와 비구니들은 오른쪽 사진에 보이는 베드사의 차이티아(남아시아의 사리탑 역할을 하는 아치형 건물_옮긴이) 같은 훌륭한 그림과 조각품이 많은 바위굴 속에서 나날을 보냈다. 웅장한 기둥의 차이티아 법당은 경배하는 장소로 쓰였고, 안뜰의 비하라(精舍) 동굴은 개인 및 집단생활 공간이 됐다.

이런 사원들은 절벽을 깎아 만들었다. 계곡 아래의 생활에서 벗어나 시원한 그늘 속에서 수도할 장소를 마련한 것이다. 비슷한 석굴 사원은 남아시아 여러 곳에서 볼 수 있지만, 불교, 자이나교, 힌두교의 석굴 건축이 대거 몰려 있는 곳은 인도 서해안과 나란히 달리는 서가트산맥 일대다. 준나르 레냐드리와 베드사, 칸헤리, 카를라 등

이 지역에 있는 불교 사원들은 대개 서기전 2세기에서 서기 9세기 사이의 것으로 추정된다.

수도원은 고대 도시와 항구, 산악의 교역로 가까이에 위치했다. 비구와 비구니들이 고립적인 생활을 하지 않았다는 얘기다. 실제로 거대한 비문들은 이들이 더 넓은 사회와 연결돼 있었음을 입증하고 있고, 저수지·동굴·땅 등을 기증받은 사실을 기록하고 있다. 기증자는 금속 세공사와 상인, 왕족은 물론 비구와 비구니도 포함돼 있었다. GR

더 읽을거리: Dehejia 1972; Michell & Rees 2017; Nagaraju 1981.

은 몇몇 파생 산맥들이 이와 거의 직각으로 한반도를 가로지르고 있다. 이 산맥들 덕분에 신라·백제·고구려 같은 주요 왕국들은 비교적 안전하고 지리적으로 구분된 지역에서 발전할 수 있었다.

중앙아시아에서 서쪽으로 가면서, 자그로스·캅카스·토로스산맥이 중요한 방벽을 형성해 제국들의 경계를 이루고 그 그늘에서 살고 있는 사람들의 삶을 규정했다. 그곳을 통과하는 길들은 교역과 여행을 좌우지했고, 이웃들이 서로 간에, 그리고 더 넓은 세계와 연결하는 방식에도 영향을 미쳤다.

예를 들어 캅카스산맥은 흑해에서 카스피해까지 1200킬로미터 가까이 뻗어 있고, 흔히 동유럽과 서아시아의 경계로 인식되고 있다. 높이 5642미터의 엘브루스산 등 여러 개의 높은 산들이 우뚝 솟아 있는 이 산맥에는 전략적으로 중요한 고개들이 지나가고 있다. 그 중앙에 있는 다리알 협곡을 로마 지리학자 스트라본(서기전 64?~서기 24)은 '포르타 카우카시카(Porta Caucasica)'라 불렀다. '캅카스 관문'이라는 뜻이다. 역대 제국들은 여기에 요새를 쌓아 국경을 통제하고 사람과 물자의 이동을 보호하거나 제한했다. 알란인, 로마인, 사산인, 서돌궐인, 우마이야인 등이 드나들었다(59쪽 상자글 참조).

자그로스산맥은 캅카스산맥에서 페르시아만 입구 쪽을 향해 남쪽으로 뻗어, 동쪽의 이란고원과 서쪽의 메소포타미아 사이의 자연적 경계를 이루고 있다. 이 산맥을 가로지르는 것이 고대부터 있던 '호라산 가도'다. 이른바 '자그로스 관문'을 통과하는 길인데, 이 관문은 타크이가라로 불리기도 하며 파타그 고개에 만들어졌다.

히자즈산맥, 아시르산맥, 사라와트산맥은 아라비아반도의 서쪽 끝을 이루고 있다. 홍해 건너에는 동아프리카지구대가 땅을 밀어 올려 동아프리카에 에티오피아고원을 만들었고, 홍해 산지가 북아프리카와 시나이반도까지 이어진다.

실크로드 지역에 있는 이러한 거대한 산맥들은 여행자에게도, 교역에도 엄청난 장애물이다. 산길은 계절에 따라 통행이 제한적이고, 그 통로를 지나가려면 야크 같은 짐 나르는 동물이 필요하다. 계절에 따른 특성을 이해하고 각 계절에 따라 얻을 수 있는 기회도 알아야 한다. 오솔길을 만들고 유지하려면 창의성과 공사 기술이 필요하다. 때로는 순전히 바위뿐인 곳에 길을 내야 하고, 여름철 호우로 위험한 곳에는 협곡과 강을 건너는 다리를 놓아야 한다(194~199쪽 참조).

따라서 많은 산들이 지역 공동체들에서 상징적이고 신비적이며 때로는 영적인 존재로 각인됐다는 것이 결코 놀라운 일은 아니다. 예를 들어 일본의 후지산은 오늘날의 일본인들에게 특별한 중요성을 지닌다. 국민성의 상징이고, 영적인 장소이며, 예술적 영감의 원천이다. 한국인과 만주족은 모두 백두산이 자기네 조상의 기원지라고 생각한다. 파키스탄 스와트 계곡의 일람산은 불교도, 힌두교도, 이슬람교도 모두에게 순례지였다. 힌두교, 자이나교, 불교의 우주론에서는 모두 성스러운 수미산(須彌山)이 세계의 중심이며, 일부에서는 그 산이 파미르고원에 있다고 생각한다. 오늘날 터키 동부에 있는 휴화산 아라라트산에 대해 많은 사람들은 기독교 설화에 나오는 노아의 방주가 머물렀던 곳으로 생각하고 있으며, 아르메니아인들 사이에서는 성스러운 산으로 여겨지고 있다. 그리고 모세가 십계명을 받은 곳이라는 전승이 있는 시나이산은 유대교도, 기독교도, 이슬람교도에게 성스러운 곳이다(129쪽 상자글 참조).

종교 집단들은 또한 신전이나 사원을 건설하기 위해 산악 지역을 활용했다. 기독교도들은 카파도키아와 동아프리카에서 바위를 깎아 교회와 수도원을 지었으며, 불교도들은 남아시아·중앙아시아·동아시아에서 산속에 절을 짓고 석굴 사원을 만들었다(127, 130, 138, 157, 171쪽 상자글 참조). 때로 뚝 떨어져 있는 극적인 무대가 장소를 선택하는 데 도움을 주기도 하지만, 그러한 신전과 사원의 상당수는 교역로 부근에 위치했다. 그들은 그런 곳에서 지나는 순례자나 상인들에게 위로를 베풀고 그 대가로 기부를 받아 번성했다(144~151쪽 본문, 160~175쪽 본문, 129, 171쪽 상자글 참조).

산은 또한 원자재의 공급처이기도 하다. 금속과 보석용 원석, 청금석과 옥 등이 가공 또는 미가공 상태로 실크로드 전역에서 거래됐다(182~193쪽 참조). 산은 건설에 필요한 나무와 돌을 제공하고, 그 비탈에는 견과류와 과일을 재배할 수 있었다(364~367쪽 참조). 이렇게 실크로드 지역의 산들은 사람들이 지나고 상품 거래가 이루어지는 통로가 됐을 뿐만 아니라, 때로는 바로 그 상품의 공급처이기도 했다.

더 읽을거리: Bernbaum 1997; Merzlyakova 2002; Price et al. 2013.

박트리아 보물창고와 발굴 보물들

루카 올리비에리

우리는 틸랴테페('금의 언덕')로 알려진 별것 아닌
언덕을 파 들어가다가 여섯 기의 고분을 발견했다.
(…) 그리고 우리는 유골과 함께 그들이 내세로
가지고 가려 했던 귀중품들을 발견했다. 2만 점이
넘는 공예품이었는데, 대부분 금과 준보석들로
만든 것이었다. 이 보물들은 예술성과 표현력이
매우 뛰어나, 그 먼 시대를 이해하는 출발점으로
삼기에 충분했다.

- 빅토르 사리아니디, 1985: 50

시바르간(틸랴테페)의 러시아 및 아프가니스탄 고고학자들. 1978~1979년 빅토르 사리아니디의 지휘 아래 발굴했다.

문화적으로 산은 나눔보다는 합침의 요소다. 정치가 때로 그런 통합을 방해하기는 하지만 말이다. 산맥들을 연결하는 문화적 연결망의 존재는 멀리 거슬러 올라가 선사시대에도 나타난다. 예를 들어 북방 신석기 문화 복합체는 스와트(그리고 아마도 동부 파미르의 일부)와 카슈미르가 공유했고, 더 동쪽으로는 히말라야산맥 너머 땅과 멀리 북중국 평원까지 연결돼 있었다.

북방 신석기에 관한 연구는 최근 수십 년 동안 침체돼왔다. 이 지역의 정치적 관계가 냉각된 데 따른 것이다. 이 문제는 또한 고대 교역로상의 이 동쪽 끝의 역사시대에 관한 연구에도 영향을 미쳤다. 예를 들어 파키스탄-독일 팀이 1980년 이래 카라코룸에서 생산한 엄청난 양의 자료는 당분간 인더스강 상류 지역에서 이룰 수 있는 가장 중요한 세계적인 성과다. 2013년에 인도 영토 쪽에서 프랑스-인도 팀이 연구에 착수했지만 말이다.

히말라야산맥 서쪽 끝에서 고고학자들은 힌두쿠시산맥 남쪽과 북쪽 지역 사이의 관계에 대한 새로운 주장을 제기하고 있다. 현대에 들어 이 지역은 정치적 경계선을 따라 나뉘었고, 이에 따라 1990년대까지 서로 다른 고고학 팀들이 큰 규모의 분석 대신에 국지적이고 지역적인 연구를 수행하지 않을 수 없었다. 그러나 국경이 개방되고 고고학의 접근방법도 다양해지면서, 문화적인 질문과 역사적 관점이 급격하게 확대됐다.

최근의 연구는 서로 다른 지역 사이에 강력하고 지속적인 교류가 있었음을 보여준다. 이런 추세에는 명백한 시간적인 제한은 없으며, 이는 후기 청동기시대와 초기 철기시대 고고학에 의해 확인되고 있다. 이제 같은 문화적 배경(그리고 유전자 빈도)을 폭넓게 공유하고 있는 집단들이 힌두쿠시산맥과 카라코룸산맥 기슭을 따라 점차 남쪽으로 멀리 박트리아와 지금의 투르크메니스탄 동부인 마르기아나, 그리고 간다라까지 이르는 땅들을 점령하고 공유했음이 분명해졌다. 이 지역의 도시화가 주로 아케메네스 제국(서기전 550~330) 시대에 시작됐다고 결론짓기는 아직 이르다 하더라도, 도시의 역할이 서기전 마지막 몇 세기 동안에 커졌고 그러한 상태가 250년 무렵의 쿠샨 제국 멸망 때까지 이어진 것은 사실이다(163쪽 상자글 참조).

도시화에 대한 첫 연구는 소련과 프랑스의 탁월한 고고학자들과 20세기의 정치적 경계 양쪽(인도와 파키스탄)에서 작업한 팀들에 의해 시작됐다. 보리스 마르샤크(1933~2006)와 빅토르 사리아니디(1929~2013)를 비롯한 소련 고고학자들은 타지키스탄의 판자켄트와 박트리안 보물창고인 아프가니스탄 틸랴테페 유적지 발굴로 유명해졌고(109, 110쪽 상자글 참조), 그들의 작업은 소련 시대가 마감된 뒤에도 이어졌다. 그들의 새로운 견해와 자료는 최근 들어 지표 및 지역 연구가 늘면서 보강됐는데, 아케메네스 시대에 새로운 도시 중심지가 만들어졌음을 입증하고 있다. 우즈베키스탄-프랑스 팀이 수행한 사마르칸트 부근 콕테페 및 아프라시압 추가 발굴(284쪽 상자글 참조)과 러시아인들에 의한 아프가니스탄 틸랴테페 및 엠시테페 발굴에서는 이를 뒷받침하는 증거들이 나왔다.

그리스인들의 정착에 관한 프랑스의 연구는 1920년 박트라, 즉 오늘날의 발흐에서 알프레드 푸셰(1865~1952)에 의해 시작됐지만, 중앙아시아에서 헬레니즘의 흔적을 찾을 수 있다는 프랑스인들의 기대는 1960년대에 아이

하눔에서 '진정한' 그리스 도시가 발견되고서야 실현됐다(203쪽 상자글 참조). 프랑스 고고학자들의 노력은 최근 다른 여러 국제적 연구 결과로 뒷받침됐다. 테페자르가란에서 헬레니즘적 요소들이 발견됐고, 북부 박트리아였던 테르메즈 인근의 캄피르테페, 쿠르간졸, 우준다라, 잔들라브테페, 그리고 최근에는 키질테페와 바시테페 등에서 현지 조사 결과들이 나왔다.

중앙아시아에서 헬레니즘적 요소가 닿지 않은 곳은 없었다. 우즈베키스탄-프랑스 팀이 발굴한 사마르칸트(아프라시압 유적지)에 있던 이 지역 대도시 마라칸다 외에, 최근에는 카라칼팍-오스트레일리아 팀이 우즈베키스탄 악차한칼라에서 헬레니즘 유적층과 유물들을 발견했다. 갸우르칼라(에르크칼라)에 있는 헬레니즘 유적 역시 투르크메니스탄-영국-러시아 팀이 1992년부터 연구하고 있다. 이것은 아마도 마르기아나의 안티오키아일 것이다.

이 지역 일대의 헬레니즘 연결망은 적어도 상층부에서는 굳건하게 확립된 현상이었다. 그리스계 도시들의 주거 지역에서는 고급 식탁용품이 나왔는데, 그것은 박트리아에서 간다라까지 모두 획일화된 것이었다. 이는 서기전 300년에서 250년 사이에 이미 스와트 계곡의 바리코트에서 물고기 문양 접시와 동부 헬레니즘풍 주발을 독자적으로 생산한 데서 드러난다. 당대의 현지 양식은 지배층의 조각상 상징보다는 더 오래가게 마련이지만, 자세한 것은 여전히 오리무중이다.

쿠샨 제국(1~3세기)이 중앙아시아 일대에서 담당했던 세계 차원의 역할에 대해서는 여기서 설명할 필요가 없을 것이다. 그러나 강조해야 할 것은 불교를 장려하고 뒷받침하는 데서 그들의 역할이 가져온 부수 효과다(152~159쪽 참조). 자기네 종교의 확산과 예술 교류를 위해 하나의 제국을 사실상 통째로 개창한 것은 도시 생활과 교역의 성장에 큰 영향을 미쳤다.

이때가 바리코트 같은 다문화의 중심지가 정말로 세계로 나아가는 순간이다. 도자기의 형태와 기술은 갠지스 세계의 영향을 강하게 받았지만, 조개껍데기로 만든 장신구와 팔찌는 구자라트와 멀게는 남인도에서 수입됐다. 더 효율적인 지중해의 회전식 맷돌 같은 새로운 제분 설비들이 인도 남쪽 항구들에서 들어왔고, 그것이 뒤늦게 인도 전통 방식의 저항을 무너뜨렸다. 마지막으로, 바리코트는 전형적인 간다라 불당과 사리탑 외에 기둥 베란다가 있는 문화적 용도의 건물들도 받아들였다. 중앙아시아의 선례가 반복된 것이다.

쿠샨의 권력 체계에서 교역과 도시 생활이 중요했음은 나라가 붕괴한 뒤 일어난 변화에서 유추할 수 있다. 최근의 광범위한 연구 결과는 간다라에서 본 것처럼 도시들이 사산계 쿠샨 왕국(3~4세기에 사산 제국이 쿠샨 세력을 밀어내고 현재의 파키스탄 북부 일대를 차지한 뒤 반독립적으로 운영됐던 왕국_옮긴이)의 첫 단계 동안에 이미 내리막길을 걷기 시작했고 그 이후 급속히 버려졌음을 보여주었다. 같은 시기에 불교 수도원은 위기를 견뎌냈다. 모든 곳이 그렇지는 않고 정도의 차이가 있었지만 말이다(160~167쪽 참조).

더 읽을거리: Bendezu-Sarmiento 2013; Lindström et al. 2013; Lindström & Mairs 2017; Lo Muzio 2017; Mairs 2011, 2013-2018; Narasimhan et al. 2018.

(왼쪽) 아프가니스탄의 타파칼란(하다)에서 발견된 불상. 1927~1928년 쥘 바르투 팀의 발굴 과정에서 촬영했다.

(위) 1965년 아프라시압 사신청 발굴 현장에서 보리스 마르샤크, 발렌티나 라스포포바, 알렉산드르 벨레니츠키와 동료들.

(중간) 알프레드 푸셰가 이끈 1924~1925년의 발흐 발굴.

(아래) 1978~1979년 러시아-아프가니스탄 팀의 틸랴테페 발굴에서 나온 금제 허리띠(109쪽 상자글 참조).

스텝 출신의 정착민들: 쿠샨, 에프탈, 기타 제국들

프란츠 그레네

봉헌물을 바치는 숭배자들을 그린 타지키스탄 칼라이카피르니간 사원의 벽화. 5~8세기의 것이다.

에프탈족은 실제로나 이름으로 보나 훈족 계통이다.
그러나 (…) 그들은 다른 훈족들처럼 유목민이 아니며,
오랫동안 좋은 곳에 정착해 살고 있다. (…) 그들은
한 왕이 다스리고 있으며, 합리적인 법을 가지고 있기
때문에 그들끼리 또는 이웃들과의 거래에서 권리와
공정성을 준수한다. 로마인이나 페르시아인에 결코
뒤질 것이 없다.

— 프로코피오스(500?~570?), 1.3:2-8

살아남는 것이 가장 중요한 중앙아시아의 계곡과 오아시스를 규정짓는 세 가지 지리적 환경은 스텝과 사막과 산인데, 그 하나하나는 각 유형의 궁극을 표상한다고 한다. 이는 산에 대해서는 확실하게 들어맞는 얘기다. 이곳의 산은 지구상에서 가장 높다.

알렉산드로스 대왕(재위 서기전 336~323)의 원정 기간과 그 이후에 그리스인들은 히말라야산맥에서 가지를 쳐 서쪽으로 뻗은 힌두쿠시산맥을 아시아의 핵심 분계선인 연속되는 산줄기의 일부로 생각했다. 토로스산맥에서 시작해 캅카스산맥과 코페트다크산맥으로 이어지는 줄기와 연결시킨 것이다. 힌두쿠시는 넘기가 거의 불가능하다는 명성을 얻었고, 그래서 페르시아어로는 파라우파리사에나('독수리 위에 있는')라 불렸다. 그것이 그리스 이름 파로파미소스로 이어졌다. 히말라야산맥 북쪽 가장 가까이에는 조금 낮은 쿤룬산맥이 있는데, 그것이 티베트고원을 타클라마칸사막과 갈라놓는다. 사막 북쪽으로는 톈산산맥과 알타이산맥이 중가르 평원을 감싸고 있다. 톈산산맥은 알라타우·투르키스탄·히소르산맥 등 서쪽 가지가 길게 뻗어 연속적인 산악 지대를 이루고 있으며, 그것이 아무다리야강·제라프샨강·시르다리야강 등의 상류를 이루면서 페르가나 평원을 둘러싸고 있다.

지리는 중앙아시아의 역사에서 중심적인 역할을 했다. 기병들이 지나갈 수 있는 유일한 동서 간 회랑은 중가르 평원과 일리강 유역이어서, 이 지역은 반복되는 스텝 민족들의 침략에 시달려야 했다. 파미르고원 주위의 산

악군은 언제나 서쪽과 동쪽 지역을 가르는 장벽이 됐다. 산의 통로를 장악하는 것은 정복자나 서쪽 산맥들의 남북 양쪽에 걸쳐 있는 제국들에게도 매우 중요했다. 알렉산드로스 대왕은 아케메네스 제국(서기전 550~330)의 동부 지방에 도착했을 때 힌두쿠시산맥 중심부를 통과하는 길목을 확보하기 위해 상당한 노력을 기울였다. 그리고 서북쪽의 히소르산맥에서 '바위'를 처치하느라 2년이 걸렸다. 그는 더 이상 산맥을 넘어 동쪽으로 나아가지 않았다.

알렉산드로스 이후에 산맥 북쪽 아무다리야강 남북의 두 왕국(북쪽의 소그디아나, 남쪽의 박트리아)은 히소르산맥을 다른 방식으로 처리했다. 그들에게 이 산맥은 자기네 왕국에 통합되지 않은 스텝 목축민 연합과의 경계 역할을 했다. 이에 따라 그들은 거대한 방어선을 구축했다. 수백 년 뒤 그것은 쿠샨 제국(1~3세기)에 의해, 그 뒤에는 사산 제국(224~651)에 의해 보강됐다(59쪽 상자글 참조).

산은 몇몇 중앙아시아 제국들에게 초기 세력 기반이었다. 쿠샨 제국은 하서주랑에서 온 월지족의 다섯 부족을 중심으로 건설됐다. 그들은 스텝에서 온 흉노의 습격으로 서쪽으로 쫓겨나 서기전 2세기 말에 히소르산맥과 아무다리야강 사이의 계곡에 정착했다. 중국 사절 장건(서기전 164?~113)이 그들을 만난 곳이 바로 여기였고, 그들은 9만 명의 기마 궁수 병력을 보유한 것으로 평가됐다. 200년 뒤 그들은 쿠샨의 이름 아래 중앙아시아 산악 지역 상당 부분을 통제하고 인도 쪽으로 뻗어나가기 시작했다. 5세기에는 역시 스텝 지역에서 온 에프탈(440?~567?)이 박트리아 동남부의 산기슭에

둔황: 하서주랑의 불교 석굴 사원

오아시스 도시 둔황 부근에 있는 모가오(莫高) 석굴은 4세기에서 14세기 사이의 것으로 추정되며, 중앙아시아와 중국 사이의 교역·순례로 중간에 있는 타림분지 및 하서주랑의 여러 불교 석굴 사원 유적지들 가운데 하나다. 현존하는 735개의 동굴에는 4만 5천 제곱미터의 벽화와 2천여 점의 이소(泥塑) 즉 채색 점토 조각이 있다. 벽화의 사례로는 159호 석굴의 8세기 것이 있다(위 사진). 〈유마경(維摩經)〉의 한 장면인데, 비말라키르티 좌상 아래에서 티베트 황제가 자신의 측근과 이웃 나라에서 온 고관 등 수행원들을 거느리고 있다. 오른쪽 사진은 채색 점토의 사례로, 45호 석굴에 있는 붓다와 제자들을 묘사한 7세기 작품이다. 이런 미술 작품들은 여러 세대에 걸쳐 후원이 이루어졌고 동굴에서 작업하던 예술가들이 있었음을 증언한다.

그 시설과 미술품들은 이 교역로를 이

용한 여러 문화들 사이에서 일어난 교류와 동화의 산물인데, 인도·간다라·이란·중국·티베트·위구르·탕구트 등의 영향을 받았다(146, 158쪽 상자글 참조).

이 유적지의 비밀 동굴, 즉 장경동(藏經洞)에서 1900년에 발견된 비장 필사본들과 초기 인쇄 문헌에서도 그와 동일한 다양성을 찾아볼 수 있다. 이 자료들은 4세기에서 11세기 초의 것들로 추정된다(333, 350, 404쪽 상자글 참조). 더 최근에 발견된 구약 〈시편(詩篇)〉의 시리아어 역본 같은 후대의 필사본들도 마찬가지다. WXD

더 읽을거리: Fan 2013; Thurman 1976; Whitfield et al. 2015.

서 독립 국가로 첫 발을 내디뎠다. 그 지배자들은 여기서 목축민의 생활방식을 유지했다. 10세기 말에는 가즈나 왕조(977~1186)가 튀르크족이 포함된 혼성 병력으로 출발해 힌두쿠시산맥 남쪽에 나라를 세웠다. 그리고 구르 왕조(879?~1215)는 당초에는 힌두쿠시산맥 서쪽의 보잘것없는 산악 지배자였다.

위험한 시기가 지난 뒤에 여러 오아시스에는 산기슭에서 온 새로운 정착민들이 모여들었다. 그들은 독자적인 도자기 양식을 선보였다. 4세기에 소그디아나에 침입한 뒤에 그랬던 것처럼 말이다. 패배한 민족들이나 소수 종파 사람들은 때로 위쪽으로 밀려나기도 했다. 소그디아나 문명이 아랍 칼리파국에 정복당한 뒤 그들의 마지막 정치적·문화적 피난처는 제라프산강 상류와 그 지류 유역이었다. 주력 부대는 하류의 판자켄트에 정착했다. 8~9세기 이 지역의 마지막 독립 세력은 오스루샤나였다. 11~12세기 힌두쿠시산맥의 서쪽 계곡에서 기록된 많은 유대교도 주민들은(적어도 그 일부는) 사산 제국 메르브(219쪽 상자글 참조)의 유대인 사회에서 왔을 것이다. 수백 년 전 아랍의 정복 때문에 산으로 밀려난 것이다.

아랍 칼리파국은 동아시아와 서아시아 양쪽으로부터 와서 중앙아시아 산악 지역을 정복한 여러 세력 중 하나일 뿐이었다. 그들 이전에 아케메네스와 사산이 여기에 관할구를 설치했었다. 동쪽에서는 당 제국(618~907)이 멀리 야신 계곡에 있는 왕국에까지 손을 뻗쳤다. 그곳은 파미르고원과 힌두쿠시산맥 사이에서 남북 간 통로 역할을 하고 있었다. 그들의 지배는 상당 기간 동안 티베트 제국, 즉 토번(618~842)이 도전해 전복시켰다. 이 시기의 산악 요새는 군사 활동의 흔적이다.

그러나 군사적인 연결망이 반드시 상인들에게 장벽은 아니었고, 때로는 교역로를 보호해 상인들이 안전하게 지나다닐 수 있도록 도왔다. 고대의 지리학자 프톨레마이오스(100?~170?)는 중앙아시아 산악에 있는 '석탑'에 대해 이야기한 바 있는데, 그곳은 동과 서에서 온 상인들이 물건을 거래하는 곳이었다. 그곳이 어디인지에 대해서는 다양한 설이 있다. 오늘날 키르기스스탄의 다라우트쿠르간과 타흐트이술레이만, 중국 신장의 타슈쿠르간 등이 후보로 거론된다. 헤라트 서쪽의 고대 도시 롭에서 발견된 박트리아 필사본 보관소의 자료에 따르면, 박트리아는 때로 사산과 에프탈 사이의 교류를 통제하는 힘을 행사했다(241쪽 상자글 참조). 6세기에는 그 남쪽의 바미얀 왕국이 번영을 누렸다. 힌두쿠시산맥을 넘는 주된 길목이 바뀐 덕분이

박트리아인들이 낙타를 끌고 아케메네스 왕에게 가는 모습. 아케메네스 수도 파르사의 건물인 아파다나의 동쪽 계단에 새겨진 것으로, 서기전 6~5세기의 것이다.

(위) 박트리아 문자가 새겨진 쿠샨 왕 카니슈카 1세(재위 127?~150?)의 금화. 배화단에 희생을 바치는 모습이 보인다.

(140~141쪽) 조로아스터교 사제와 희생으로 바칠 동물들. 대략 650년 무렵의 것인 소그디아나 아프라시압 사신청 벽화의 모사본이다.

었다.

산과 고원은 오아시스 나라들에 자원을 제공했다. 특히 물을 이용할 수 있는 골짜기의 땅은 가치가 높았다. 농민들은 사육하는 동물들을 산의 목초지로 올려 보내 풀을 뜯게 했다. 그리고 무그산에서 발견된 소그드어 필사본에 보이듯이, 동물 가죽은 판자켄트 경제에 중요한 요소였다. 소그디아나 상인들은 4세기에 이미 사향노루를 찾아 티베트고원으로 갔다. 거기서 얻는 사향은 금보다 가치가 높았다.

이 지역의 모든 광물 자원은(강물에 쓸려 내려온 금과 옥을 제외하고) 산에 있었다. 때로는 매우 높은 고도에 있었다. 힌두쿠시산맥의 청금석 및 홍첨정석 광산과 파미르고원 서쪽 시그난에 있는 은 광산이 대표적이다(182~193쪽 참조). 중요한 정착지 메스아이낙은 2세기에서 8세기 사이에 카불 남쪽의 구리 광산 부근에 만들어졌다. 높은 산속의 나무들, 특히 노간주나무가 집을 짓고 꾸미는 데 사용됐다. 최근 소그디아나 도시 아프라시압(사마르칸트)의 한 집에서 발견된 7세기 벽화는 목축민의 축제 장면을 그린 것이다. 높은 산의 여름 목초지에서 돌아와 어린 양을 희생으로 바치는 소녀들의 모습이다. 이런 축제는 1930년대에도 산악 지역의 타지크인들에게서 여전히 볼 수 있었다.

더 읽을거리: Burjakov 2006; Foucher 1942, 1947; Fray et al. 2015; Klimburg-Salter 1989; Rapin 2013; Sims-Williams 2007, 2012.

사냥 장면이 묘사된 동로마 비단

이 비단 잔편은 아마도 8세기 또는 9세기 콘스탄티노플의 동로마 제국 황실 작업장에서 짠 것으로 보인다(442쪽 상자글 참조). 직조 방식은 세이마이트라는 위면(緯面) 능직(綾織)이며, 왼쪽 꼬임의 날실(하나는 묶고 하나는 중심이 된다)을 사용했다(316~323쪽 참조). 씨실은 꼬이지 않은 것으로 청색, 적갈색, 황색, 담청색 물을 들였다. 이 시기에 유럽의 비단 생산은 이슬람 치하의 에스파냐에만 국한돼 있었지만, 그럼에도 불구하고 비단은 북쪽 지방에서, 특히 궁정과 기독교 성직자들 사이에서 매우 소중하게 여겨졌다. 그것은 가볍고 들고 갈 수 있어서 외교적 선물로 안성맞춤이었다. 디자인이 증여자의 권력을 나타내고 있다면 더욱 그랬다. 이 작품의 경우 군주의 사냥 장면을 그리고 있다.

이 잔편에 대한 첫 기록은 아우스트레모니우스 성인의 유물을 볼빅(현재 프랑스 퓌드돔)의 교회에서 동쪽으로 6킬로미터쯤 떨어진 모자 수도원으로 옮겼음을 언급하는 자료다. 그 이전 작업은 아마도 아키텐의 페팽 2세(재위 838~864)의 후원 아래 이루어졌는데, 그는 유물을 싸도록 비단 한 폭을 제공했다. 그는 묶음에 자신의 옥새를 찍은 뒤 이를 가지고 새로 모실 곳으로 옮겼다. 페팽은 이 비단을 콘스탄티노플에서 온 사절로부터 선물로 받았을 가능성이 있다.

16세기에 유물을 넣기 위한 목제 유물함이 만들어졌다. 이탈리아 화가가 열두 사도 그림을 그려 장식을 했다. 이 비단은 20세기 초에 여러 조각으로 나뉘어 팔렸고, 이 조각은 리옹의 직물박물관(MT27386)에서 구입해 지금까지 보관하고 있다. SW

더 읽을거리: Allsen 2016; Desrosiers 2004; Durand 2014; Muthesius 1997; Whitfield 2018.

6세기 중국에 살던 소그디아나 상인의 대리석 장례용 침상에서 나온 장식판. 상인과 그의 아내, 그리고 아래에 악단과 소그드인 무용수가 보인다.

실크로드의
불교와 기독교

루이스 랭커스터

불교와 기독교의 수도원 전통은 유라시아 대륙의 역사와 세계 문화 교류에서 경제적·사회적·종교적으로 중요한 요소였다. 서기전 5세기의 역사 인물로서의 붓다, 즉 샤카무니(석가모니)가 살아 있을 때 북인도의 그의 제자들은 떠돌아다니는 고행자들이었다. 그러나 장마철이 되면 그들은 한곳에 머물러 있지 않을 수 없었고, 서기전 2세기에는 이미 인도에 불교의 수도(修道)시설이 있었다는 사실이 고고학적 증거로 드러났다.

수도원 생활을 하기 전에 불교에서 처음으로 만든 영구적인 시설은 샤카무니를 화장한 뒤 남은 유골을 묻은 흙무덤이었다. 스투파라 불린 이 무덤은 벽돌로 덮이고 시간이 지나면서 울타리와 출입구, 그리고 붓다 생전의 사건들을 묘사한 돋을새김 조각 등의 특징이 더해졌다. 한동안 유골 숭배는 불교 신자들에게 중요한 관심사였다. 떠돌아다니는 고행자건 재가 신자건 마찬가지였다(176~181쪽 참조). 시간이 지나자 일부 무덤 부근에 건물이 세워졌고, 그곳은 고행자들이 명상하는 장소로 사용됐다. 붓다의 유골이 있는 곳은 성스러운 기운이 감도는 것으로 생각됐기 때문에, 고행자들이 그런 곳으로 몰려드는 것은 놀라운 일이 아니었다. 유골을 모신 가운데 명상을 하기 위해 만들어진 임시 거처들은 고고학적으로 영구적인 거처가 만들어지는 첫 징조였고, 그것은 곧 수도원으로 발전하게 된다(164쪽 상자글 참조).

문헌 증거들은 남녀 신도 집단이 어떻게 일상 사회로부터 자신들을 분리해냈고 시간이 지나면서 그런 방식의 삶을 살기로 선택한 사람들에게 필요한 행동 규범을 만들어냈는지에 대한 진행 과정을 알려준다. 비나야(律)라는 이 계율은 처음에는 구두 암송으로 전달됐지만, 곧 산스크리트어와 팔리어로 적히고 나중에 한문과 티베트어로 번역됐다.

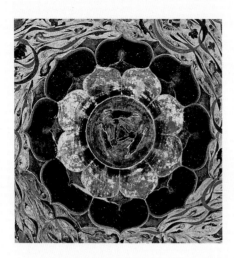

토끼 세 마리

세 마리 토끼가 서로 귀 하나씩을 공유해 가운데에서 삼각형을 이루며 돌아가는 구성의 세 마리 토끼 모티프는 여러 문화권이 공유한 상징이다. 서아시아와 중앙아시아는 물론 유럽에서도 널리 확인된다.

현재까지 알려진 가장 이른 사례는 불교의 것이다. 6세기 말 하서주랑 둔황의 몇몇 석굴 천장에 그려진 연꽃 한 가운데에 있다. 위 왼쪽 사진은 407호 석굴에 그려진 토끼다. 불교적 맥락과 함께, 세 마리 토끼는 의례용 또는 가정용 물품에 장식으로 나타난다. 이슬람 미술에서도 세 마리 토끼 모티프가 나타난다. 위 가운데 사진은 이집트나 시리아에서 나온 유약 바른 도자기 잔편 중 하나다. 제작 연대는 12세기에서 13세기 초로 추정되며, 현재 카이로의 이슬람미술박물관(6939/1)에 보관돼 있다. 이 모티프는 또한 1281/2년 오루미예에서 주조된 일한국 주화에도 나타난다. 나중에 이 모티프는 유럽의 기독교 및 유대교 건축에서도 나타난다. 유럽에서는 14세기 이래 세 마리 토끼가 교회에서 발견된다. 지붕 장식과 타일, 스테인드글라스 등에서 볼 수 있다. 위 오른쪽의 사진은 대략 1300년 무렵의 것으로 추정되는 프랑스 비상부르 교회의 지붕 장식이다. 17~18세기부터는 독일의 목조 유대교 회당에서도 세 마리 토끼가 나타난다. 이 모티프는 불멸과 번영, 영적 부활 등 여러 가지 의미를 지니고 있지만, 별의 세계와의 상징적인 결합을 의미한다. 그 본질적이고 영원한 모습을 나타낸 것이다. 불교 이전의 우파니샤드 문헌들에는 달을 가리켜 '샤신(śaśin)'이라고 했다. '토끼 같은 것'이라는 뜻이다. 그리고 불교의 욕심 없는 토끼 이야기인 〈샤샤자타카(Śāsa jātaka)〉에서는 토끼가 기꺼이 자기희생을 하려는 너그러운 마음을 가져 샤크라(제석천)가 보상을 해준다. 달에 토끼 표시를 그려 그의 기특한 행동을 영원히 기억하도록 한 것이다. 토끼를 달과 연관시키는 것은 불교와 함께 중국으로 전해졌다.

이런 배경에서 특히 관심을 끄는 것이 둥근 테라코타 장식판(아래 사진)이다. 스와트 계곡의 바리코트에서 발견된 것이다. 지름 7.9센티미터의 이 작고 별것 아닌 물건은 카불 샤히 왕조 시대인 7~9세기의 것으로 추정된다. 구슬로 장식한 틀 안에 돌아가는 세 마리 토끼가 보인다. 이 사례는 이야기의 복잡성을 한 차원 더 높인다. 성격을 알 수 없는 제례 공간에서 나온 것이기 때문이다. AF

더 읽을거리: Filigenzi 2003; Greeves at al. 2017; Schlingloff 1971; Whitfield & Sims Williams 2004.

이 공동체들이 현재 비구와 비구니라 부를 수 있는 대상이다. 머리칼을 밀고, 성관계를 하지 않으며, 특수한 옷을 입고, 재산을 포기한 채 음식을 얻기 위해 매일 구걸을 하는 사람들이다. 이런 공동체는 며칠이고 몇 달이고 정신을 집중해 특별한 깨달음에 이르기 위한 방편으로 시작된 것이었다. 그러나 수도원은 개인적인 노력과 영적 성장을 위한 장소로서뿐만 아니라, 사회적 기구이자 물리적 건물의 집합체로서도 발전해나갔다. 그리고 그것은 불교가 그 탄생지인 동북 인도 갠지스강 평원에서 다른 곳으로 확산되는 데 중심적인 역할을 했다.

상시 거주하는 수도원이 규모를 늘려가자 음식과 옷, 건물 신축을 위해 상당한 규모의 자금이 필요해졌다. 이에 따라 이런 일을 담당할 제도적인 조직을 갖출 필요가 있었다. 주요 후원자는 지배자와 상인들이었다. 그리고 불교가 여러 나라로 전파되면서 상인들이 관여하는 일이 많아졌고, 수도원이 국가 간 교역에서 점점 더 중요한 역할을 하게 됐다. 수도원 시설은 여행자들을 재우고, 아이들을 교육시키고, 돈 거래나 의료 시설로 쓰이고, 귀중품을 안전하게 보관하고, 질병과 강도로부터 영적 보호를 받는다는 확신을 안겨주었다. 중앙아시아의 교역로를 따라 들어선 이 수도원들은 여행자 숙소 같은 곳으로 변했고, 지나는 여행자들에게 필요한 것을 제공해주었

(145쪽) 인도 산치의 서기전 2세기 대형 사리탑. 초기의 반구 양식을 보여준다(179쪽 사진 참조).

(아래) 비구니 절에 들어가기 직전 삭발을 하고 있는 여성. 둔황 모가오(莫高) 445호 석굴에 있는 8세기 그림이다.

다(152~159, 244~255쪽 참조).

기독교 수도생활의 내용도 불교의 경우와 비슷하며, 역시 고행자들로 거슬러 올라간다(168~175쪽 참조). 기독교의 경우에 고행은 3~4세기 이집트 나일강변의 사막에서 찾아볼 수 있었다. 개인들은 주로 독신 수행자로서 동굴에서 살거나 독방을 지어 생활했다. 이런 수행 활동이 한창일 때, 그런 장소 수천 군데가 사막 곳곳에 자리 잡고 있었다. 지중해 동안과 사해 부근에는 1세기에 에세네파 같은 선구자들이 있었다. 그들은 가난과 독신과 복종의 삶을 살았으며, 영적 완전성을 추구했다. 한 집단을 이루었던 그들은 유대교의 사독 사제 계급에서 갈라져 나온 것으로 추정된다.

그러나 기독교 수도사들의 집단생활을 처음 조직한 것은 4세기 이집트 테바이의 콥트교도인 파코미우스(292~348)였다. 테바이는 중요한 교역 중심지였다. 홍해로 실려 온 상품들이 사막을 건너 나일강에서 배에 실려 하류로 내려갔다. 수도원의 집단생활 방식은 지중해 동안과 메소포타미아로 퍼져나갔다. 이 지역에서 교회는 시리아 서부의 야콥파와 시리아 동부의 네스토리우스파로 나뉘어 있었는데, 기독교의 수도원 문화를 실크로드 너머의 중앙아시아와 중국에까지 전파한 것은 네스토리우스파였다(151쪽 상자글 참조). 이 집단은 흔히 기독교의 이단으로 간주되는데, 그리스도의 본질에 대한 그들의 교리가 431년 에페소스 공의회에서 받아들여지지 않았기 때문이다. 그 결과로 네스토리우스파 교회는 소수 분파로 여겨졌다. 그러나 실제로 이 분파는 수백 년 동안 동쪽 지역에서 지배적인 종교였고, 상당한 힘을 가진 지위를 차지했다.

3세기의 또 다른 종교는 마니(216~274/277)의 가르침이었다. 그들의 활동은 부분적으로 기독교의 영향을 받았는데, 교역로를 따라 타림분지와 중국으로 스며들어갔다(356~363쪽 참조). 마니교 수도원의 생활 관습 대부분은 인도의 불교 수도원으로부터 힌트를 얻었다.

더 읽을거리: Dunn 2003; Gernet 1998; Rousseau 1999; Schopen 1997.

(오른쪽 위) 아라비아사막 주바일에 있는 한 교회. 4세기에 세워졌다.

(148~149쪽) 483년 예루살렘과 사해 사이의 사막에 세워진 기독교 수도원 마르사바. 삽바스(439~532) 성인의 수도처였다.

(아래) 파키스탄 타흐트이바히의 불교 수도원. 1세기에 세워졌다.

중앙아시아의 기독교 수도원

지금 우리에게 알려진 소그드 문자로 쓰인 기독교 문서는 거의 모두가 한 유적지에서 나왔다. 바로 타림분지 투루판에서 북쪽으로 조금 떨어진 곳에 있는 불라이크의 한 허물어진 수도원이다. 이 지역의 통상적인 필사 매체인 종이에 시리아 문자의 변형인 소그드 문자로 쓴 불라이크 필사본은 주로 시리아어 문헌의 번역본으로 이루어져 있는데, 금욕주의와 종교 생활에 관한 문서가 특히 강조되고 있다.

특히 중요한 단편 더미는 E28로 알려진 것인데, 한 필사자가 직접 쓴 글 모음이다. 그 필사자가 번역하거나 베끼고자 선택한 내용은, 그가 기독교 수도생활의 실태와 전통에 관심이 있었음을 분명하게 보여준다. 이집트 사막의 은자와 수도자들인 '사막의 교부들'로부터 시작됐고, 전승에 따르면 마르 아우긴(?~363), 즉 에우게니오스 성자에 의해 메소포타미아와 이란고원으로 이식된 전통이다.

이 모음에는 아우긴의 전기와 함께, 시리아 수도사들의 영성에 관한 기본 문헌에서 일부 발췌한 내용과 그에 대한 해설이 들어 있다. '사막의 교부들'의 이야기와 금언들, 그리고 니네베의 이사악(613?~700?) 및 아바 이사야(4세기 말)의 저작 등이다. 여기 보인 부분은 7세기 시리아의 수도사인 셰몬 드타이부테흐의 '어록선집'이다. 현재 베를린 투루판 컬렉션(E28/1, n148R)에 보관돼 있다. NSW

더 읽을거리: Sims-Williams 2009, 2017.

불교와 교역: 간다라에서 중국으로

류신루

왕실에서 불교를 후원하는 것은 오래된 전통이다. 마우리아 제국(서기전 322?~180?)의 아소카 왕(재위 서기전 268?~232?)은 붓다의 유골을 보관하기 위해 인도에 8만 4천 개의 사리탑을 건립하라고 명령한 것으로 기록돼 있다. 그런 곳에서는 불교 신자들이 모여 경배할 수 있었다. 그러나 비구와 비구니를 위한 수도원 시설이 크게 발달한 것은 중앙아시아의 쿠샨 제국(1~3세기) 시대였다.

이 시기에 남아시아에서 중앙아시아 및 동아시아로 가는 교역망 역시 성장했고, 인도의 항구에서 출발하는 해상 교역도 활발했다. 수도원은 교역에 편의를 제공했다. 상인들이 묵으며 여행길의 안전을 기도하는 쉼터를 제공한 것이다. 예를 들어 나르마다강 남쪽 산의 기슭에 줄지어 있던 석굴 수도원들은 면화를 서인도 콩칸 해안의 항구들로 운송하는 상업활동에 편의를 제공했다. 면화는 중·남인도 데칸고원의 산물 가운데 가장 유명하고 수요가 많은 품목이었는데, 이 항구들에서 인도양을 건너 로마 제국으로 수송됐다.

상인들은 석굴 사원을 세우고 벽화와 조각으로 장식하는데 도움을 주었다. 가장 유명한 이 시기의 유적지로는 아잔타의 석굴 사원들, 돌 조각이 있는 아우랑가바드의 사원들, 그리고 서가트산맥의 사원들이 있다. 절과 수도원에 대한 상인들의 후원은 길을 따라 중앙아시아까지 이어졌는데, 그곳에서는 높은 산길을 지나 여행하는 데 상당한 위험이 뒤따랐다(194~199쪽 참조).

대부분의 수도원에서 가장 눈에 띄는 중앙 사리탑은 중요한 순례처가 됐는데, 마투라와 탁실라에 있는 사리탑이 대표적이다. 그러나 불교의 영향은 더 멀리까지 미쳤다. 탁실라에서 서북쪽으로 1천 킬로미터나 떨어진 메르브에도 이 시기의 사리탑 유적이 있다(219쪽 상자글 참조). 중앙아시아 산악에 있는 수도원들은 쿠샨 제국의 쇠락 이후에도 살아남아, 실크로드 여행자들과 상인들에게 표지 시설 역할을 했다. 바미안에 있던 거대한 불상이 목격했듯이 말이다.

상인들과 수도원의 관계는 불교가 교역로를 따라 타림분지에 있는 왕국들로 전파되면서 계속 이어졌다. 호탄 왕국 같은 곳들이 대표적이다(221쪽 상자글 참조). 사리탑 유적은 남쪽에서 이르게는 2~3세기의 것도 발견된다. 때로 간다라로부터 영향을 받았음을 보여주는 벽화로 장식된 것도 있다. 석굴 사

(152쪽) 5세기 북인도 아잔타 불교 석굴 사원 가운데 하나인 26호 석굴 내부.

(오른쪽) 붓다가 설법을 하고 있는 모습을 그린 9~10세기의 벽화. 타림분지 쿰투라에 있는 불교 석굴 사원 가운데 하나인 43호 석굴에 있는 것이다.

(아래) 한국 경주 남산에 있는 칠불암 마애 석불. 8세기의 것이다.

원은 적어도 4세기부터 타림분지 북쪽 곳곳에 산재해 있었고, 쿠처, 투루판, 둔황 주변의 산들에도 많은 유적지가 있다.

불교 수도원과 석굴 사원은 북위(386~534)의 통치 기간에 북중국 평원으로 전파됐다. 불교는 국가 종교가 됐고, 황제의 명령으로 수도 교외의 윈강(雲岡)에 석굴 사원을 만들었다. 460년대에 만들어진 5개의 거대한 불상은 북위 황제의 다섯 조상을 나타낸 것으로 받아들여졌다. 466년에 황실 수도원인 영녕사(永寧寺)를 지었고, 490년대에는 수도 안에 100개 정도의 수도원이 있었다는 기록이 있다. 수도는 494년 남쪽 황하 유역의 낙양(洛陽)으로 옮겼고, 황제의 후원으로 또 다른 석굴

사원이 룽먼(龍門)에 만들어졌다. 중앙아시아 상인들은 이미 이곳에 와서 살았고, 불교는 흥성했다. 북위 말년에 낙양에는 1천여 개의 수도원이 있었다.

중국 불교 선교사들이 한반도의 고구려(서기전 37~서기 668)와 백제(서기전 18~서기 660)에 도착한 것도 이 시기였다. 7세기 말에 신라(서기전 57~서기 935) 왕국이 한반도를 통일한 후 불교 수도원이 국가 기관으로 설치됐다. 불교는 아마도 이 이전에 일본열도로 전파된 듯하다. 한반도에서 건너간 이주민들과 함께 간 것이다.

6세기에 일본 왕실도 불교를 후원하기 시작했다. 붓다의 유

북중국 윈강에 있는 5~6세기 불교 석굴 사원.

골을 안치하기 위한 사리탑도 건립됐다. 7세기 나라(奈良)의 호류지(法隆寺) 같은 곳이 대표적이다(180쪽 상자글 참조). 불교는 또한 바다를 통해 동남아시아로도 전파되었다.

더 읽을거리: Brancaccio 2011; Gordon et al. 2009; Hansen 2012; Hawkes & Shimada 2009; Liu 1988.

(오른쪽) 초보 신도들이 인도식의 책에 경전 내용을 베끼는 모습. 타림분지 카라샤흐르 부근 호르추에 있는 7~9세기 불교 석굴 사원에 있는 그림이다.

(아래) 타림분지 미란의 사리탑 M-III 벽화가 헬레니즘 양식을 보여준다. 3~4세기의 것이다.

불교 미술: 스와트에서 타클라마칸사막으로

간다라 불교 미술은 1세기 초 북쪽의 스와트 계곡에서 이른바 '소묘' 양식으로 시작됐다. 양감보다는 선을 중시하는 것으로 분명히 구분 지을 수 있으며, 당대 인도의 시각적 전통을 따르고 있다.

붓카라 I지구에서 처음 입증된 이 양식은 사이두샤리프 I지구의 거대한 비문인 중앙 사리탑에서 가장 완숙한 모습을 드러냈다. 위 오른쪽 사진들과 아래 왼쪽 사진이 1세기 중엽의 것으로 추정되는 이 탑의 일부분이다.

동시에 이 비문은 '자연주의' 양식으로 가는 이행을 알리고 있다. 이 양식은 보다 분명하게 헬레니즘적인 특징을 보이며, 1세기 후반에 전성기를 맞았다.

이 비문은 현재까지 밝혀진 것 가운데 가장 이른 간다라 시가(詩歌)일 뿐만 아니라, 우리가 알고 있는 한 그렇게 큰 것으로는 유일하다. 둘레가 42미터이고, 본래 가로 41센티미터, 세로 51센티미터의 판 약 65개로 구성돼 있었다.

이 비문은 그 독창성뿐만 아니라 가장 유명한 불교 성지 가운데 하나를 대표하는 만큼 오랫동안 감탄과 놀라움을 자아냈을 것이다.

이 비문의(또는 적어도 비슷한 작품의) 명성은 중국 신장의 미란에 있는 후대의 그림들에 영향을 미쳤음에 틀림없다. 이 그림들은 2~4세기의 것으로 추정되는데, 동쪽으로 산을 넘어 천여 킬로미터 떨어진 타림분지 남부의 오아시스 왕국 크로라이나에까지 영향을 미친 것이었다.

미란 사리탑 둘레를 장식한 벽화들(위 왼쪽과 아래 오른쪽 사진)은 사이두샤리프의 시각적 미학과 유사성을 보이고 있다. 골상학적 특징과 복장, 태도와 자질, 구도와 배경 등의 측면에서다. 틀림없이 미란의 미술가들은 특정한 선례를 생각하면서 작업을 했을 것이다. 사이두샤리프의 비문은 인도 국경 밖의 불교 세계에서 그것을 모방하는 예술가들에게 권위 있고 성스러운 모델이 되었을 것이다. 이로써 스와트는 고대 간다라와 타림분지 사이의 문화

적 연결을 이루어낸 것이다. AF

더 읽을거리: Bussagli 1979; Faccenna 2001; Filigenzi 2006, 2012; Stein 1921.

동남아시아의 바드라사나 불상

붓다가 다리를 포개지 않고 앉아 있는 바드라사나 자세의 모습을 묘사한, 제1천년기의 것으로 추정되는 작품들을 여러 아시아 불교 국가들에서 볼 수 있다. 여기 제시한 채색 소상과 동상 같은 것들이다. 바드라사나 자세의 불상은 통상 두 가지 무드라(수인) 가운데 하나를 보여준다. 한 손으로 가리키는 모습의 비타르카무드라(안위인)나 양손으로 '법의 바퀴를 돌리는' 몇 가지 모습의 다르마차크라무드라(전법륜인 또는 설법인) 가운데 하나다. 그러나 이 두 가지 형태는 따로따로 전파된 듯하다.

한 손으로 가르치는 모습의 붓다 좌상은 동남아시아의 육지와 해안 지역에서 흔히 볼 수 있다. 특히 7~8세기 무렵 오늘날 타이의 드바라바티나 수마트라섬의 스리위자야, 그리고 동아시아 등에서다. 그러나 남아시아에서는 이를 쉽게 볼 수 없다. 반대로 양손 제스처의 붓다 좌상은 주로 남아시아와 동남아시아의 해안 지역에서 볼 수 있지만, 동남아시아 대륙과 동아시아에서는 보기 어렵다. 이렇게 두 가지 양식의 불상이 별도로 전파된 것에 대한 한 가지 가설은, 한 손 제스처의 바드라사나 불상이 동남아시아로 전파되는 데 동아시아 모델이 중요한 역할을 했다는 것이다.

이런 추정은 동남아시아에서 불교 도상이 만들어지기 시작하던 시기에 바다를 통해 여행한 의정(義淨, 635~713)과 다른 여러 중국인 불교 순례자들의 영향에 관한 흥미로운 문제를 제기한다. 붓다의 화상이 서로 다른 지역에서 거의 동시에 나타났다는 사실은 미술 양식과 모티프가 실크로드의 한 지역에서 다른 지역으로(육로와 해로 모두를 통해서) 비교적 빠르게 전파됐음을 말해준다.

모가오의 405호 석굴에서 바드라사나 자세의 채색 붓다 소상이 발견됐다(아래 왼쪽 사진). 6세기 말에서 7세기 초 사이의 것으로 추정된다. 모서리에 가리비 장식을 한 등 높은 보좌(붓다는 보통 다리를 늘어뜨리고 있다)는 중국의 불상에서 흔히 보이는 양식이지만 인도에서는 낯설다. 비슷한 등받이 보좌는 일부 동남아시아 화상에서도 볼 수 있다. 현재 암스테르담 열대박물관(TM2960-157)에 보관돼 있는 작은 붓다 동상(오른쪽 사진) 같은 것이다. 이 동상은 스리위자야의 수도 팔렘방에서 나온 것이라고 하며, 7세기 말이나 8세기 전반의 것으로 추정되고 있다. NR

더 읽을거리: Revire 2012; Rhie 1988; Woodward 1988.

중국식 종이 두루마리를 읽고 있는 불교 승
려. 둔황 모가오의 201호 석굴에 있는 그림
으로, 8세기 말에서 9세기의 것이다.

연결된 경제: 불교 수도원과 도시

루카 올리비에리

간다라의 불교 수도원과 마을들 사이의 상호의존에 관한 연구는 대체로 소홀했다. 푸슈칼라바티(샤이한데리)와 탁실라(시르캅 및 시르수흐)에 관해 기록된 많은 증거들이 있음에도 불구하고 이 고대 도시들과 그 주변의 부유한 수도원들의 관계는 다루어지지 않았다. 더구나 탁실라 계곡에서는 시르수흐 도시의 유적이 발굴조차 되지 않았다.

그러나 스와트에서는 1세기 이후 도시와 수도원들 사이에 긴밀한 경제적 연결이 있었다는 증거가 있다. 바지라(바리코트)는 커다란 저택을 가진 지배층들이 사는 곳이었고, 도시 기반시설과 방어시설을 갖추었다. 그곳은 또한 도공, 구리 가공인, 대장장이, 석공 등 기술자 조합과 기술자 공동체의 거점이었다. 처음에 이 도시에서 불교와 관련된 부분은 일부 공공 종교 지구와 지배층 저택의 개인 신전, 붓카라 I지구에 있는 것과 같은 교외의 대형 순례 중심지 등에 국한됐다. 수도원 공동체는 관개수로망과 농업을 통제하는 데 중요한 요소였다. 바리코트 배후 지역에서는 불교 시설 단지가 대략 1제곱킬로미터당 하나꼴로 있었다. 민족집단 역시 경제적으로 중요한 역할을 했을 것이다.

농업은 고대 스와트 경제에서 중요한 요소였다. 이곳의 국지 기후가 이모작을 할 수 있었기 때문이다. 저지 초원과 삼림에서는 각종 야생 산물을 얻을 수 있었다. 바리코트에서는 모든 지형이 이용됐음을 보여주는 식물학적 증거들이 있다. 논에서는 쌀을 수확했고, 산비탈의 계단식 지형에서는 곡물과 겨자 같은 것을 얻었다. 쌀은 과잉 생산돼 일부가 수출됐을 가능성이 있다. 겨자씨는 아마도 등유 생산에 이용됐을 것이다. 이 도시의 쓰레기장에서 나온 증거들을 보면, 조금 낮은 방목지

와 높은 목초지 모두에서 소와 양의 사육이 널리 이루어졌음을 알 수 있다. 사냥은 먹을 수 있는 사냥감을 잡기도 했지만, 맹수나 코뿔소 같은 먹을 수 없는 희귀 동물들을 잡기도 했다. 머루와 포도주는 고대 스와트에서 역시 경제의 한 요소였다. 그것은 수도원이 갖고 있던 시골의 외딴 변두리에서 발견된 포도 짜는 기계와 발효 통들로 입증된다.

　최근 연구는 단백질을 함유한 자원들이 아마도 늦가을에 콜라겐 생산에 쓰였음을 보여주었다. 건축에서 콜라겐의 중요성은 암룩다라의 사례가 보여준다(164쪽 상자글 참조). 그곳에서는 우기가 끝난 늦봄에 회반죽에 콜라겐을 섞어 그것이 더

단단하고 날씨에 덜 구애받게 만들었다. 콜라겐은 전색제(展色劑)로도 사용됐다.

　일반적으로 기부가 많이 들어오는 불교 수도원의 경제는 의문의 여지 없이 도시의 성장에 도움을 주었다. 도시와 수도원의 쇠퇴는, 암룩다라에서 볼 수 있는 것처럼 처음에는 같은 속도로 진행됐다. 그러나 시간이 지나면서 도시 지배층의 지속적인 쇠락의 반동으로서 도시에서 불교의 영향력이 커졌음을 목격할 수 있다. 전체 주거 단위가 종교 단위로 변모했다. 이는 또한 도시와 그 주변 모두에서 소유권이 점진적으로 변화하고 수도원 재산이 늘었음을 시사하는 일일 것이다.

(161쪽) 3세기의 돌기둥에 묘사된 하리티(鬼子母) 여신. 스와트 계곡 바리코트의 사원 B에서 나온 것이다.

(아래) 파키스탄 말라칸드 고개에서 바라본 모습. 스와트 계곡과 북쪽 통로로 이어진다.

간다라의 도시들: 불교의 심장부

바리코트에서 나온 서기전 제1천년기 중반이라는 새로운 연대 추정과 증거들은 고대 간다라를 재구성하는 데 중요한 영향을 미칠 것이다. 간다라의 2차 도시화 국면은 그곳이 아케메네스(서기전 550~330)의 지배를 받는 관할구가 된 서기전 6세기에 확산되기 시작돼 3세기 중반 쿠샨 제국의 종말 때까지 지속됐다. 도시 중심지들이 새로이 만들어진 것은 바로 이 시기였다. 중요한 남부의 지역 중심지인 칸다하르, 아크라와는 별개로, 간다라에 두 개의 주요 지역 중심지가 있었다는 것이 고고학 연구에 의해 밝혀졌다. 각기 인더스강 동쪽과 서쪽에 있던 도시 푸슈칼라바티와 비르(탁실라)다. 스와트 고지의 중요한 국지 교역 중심지는 바지라(바리코트)였다(사진).

간다라 관구가 만들어진 후 나타난 중요한 영향은 역내 교역의 확대였다. 채색 도자기 및 유리의 생산과 구리 제련, 철 단조(鍛造)와 관련된 전문화된 기술 분야가 일찍부터 나타났음은 바지라에서 입증됐다. 흥미롭게도 비르에서 이미 나타난 인더스-갠지스형 도자기가 푸슈칼라바티와 바지라에서 사용돼 현지의 전통을 극복하기 시작한 것은 이 시기에 접어들어서였다. 다른 한편으로 아케메네스 도자기의 특징인 이른바 '튤립형 주발'은 인더스강 바로 서쪽 지역과 탁실라에서 일상적인 것이 됐다. LO

더 읽을거리: Olivieri & Iori 2019; Petrie & Magee 2014.

암룩다라: 스와트 계곡의 불탑

암룩다라는 고대의 아오르노스인 일람산(엘룸가르) 발치에 있는 불교의 성소다. 스와트 계곡의 바리코트에서 동남쪽으로 약간 떨어진 곳이다. 암룩다라의 중심 사리탑은 평면도상으로 정사각형이고 북쪽 면에 두 개의 계단이 있으며, 본래 높이는 약 32미터였다. 2세기 무렵에 만들어져 7~8세기까지도 여전히 사용됐다. 이 유적지에 대한 고고학적 연구로는 1926년 아우렐 스타인(1862~1943)의 연구와 2012년 이탈리아 팀의 연구 등이 있다.

흙을 덮은 바닥 위에 세운 기단은 간다라-코린토스식 붙임기둥으로 장식했고, 그 위에 처마 까치발이 있는 기둥머리를 올렸으며, 맨 꼭대기에는 돌출한 판을 떠받치는 받침대를 얹었다. 탑의 각 층에 이면반곡(裏面反曲; cyma reversa) 받침대로 지지되는 갓돌 판의 처마 돌림띠가 있다는 사실은, 처마 돌림띠 아래의 모든 부분이 본래 색칠이 되어 있었음을 시사한다. 표면 전체는 회반죽을 발랐다.

이 사리탑은 계속해서 변형됐다. 본래는 청회색 편암으로 장식했는데, 3세기 중반 이후 칸주르(석회석)로 바뀌었다. 계단은 다시 만들어졌다. 아마도 지진이 난 뒤였을 것이다. 새로운 계단 층계는 부서진 것 위에 만들어졌고, 그래서 계단이 더 길어졌다. 경사도도 달라졌다. 7세기 무렵에 달개지붕이 있는 제단이 계단 한가운데에 만들어졌다. 이 중심 사리탑은 원래 층수의 절반 이상이 파묻힌 뒤에도 여전히 사용됐다. LO

더 읽을거리: Faccenna & Spagnesi 2014; Olivieri 2018; Stein 1930; Whitfield 2018.

도시들은 3세기 중반 북인도 일대에서 도시 자체가 쇠퇴의 위기에 빠진 것과 아울러, 사산(224~651)이 침입해 쿠샨 왕조가 붕괴한 이후 그 지배층이 몰락한 여파로 쇠락하기 시작했다. 전반적인 경제위기는 편암 채석장이 폐쇄된 사실에서 추론할 수 있을 것이다. 채석장의 폐쇄는 조각용 석재 생산에 큰 충격을 주었다(204쪽 상자글 참조). 또한 후기 쿠샨 주화의 금속 가치 하락과 현지에서 주조된 주화(이른바 '쿠샨 지역 주화')의 유포에서도 추론이 가능하다. 이 주화의 문제는 스와트강 상류 지역에서 채광 활동이 줄어 구리가 부족해진 현상과 연관이 있을 것이다.

이 기간에 수도원들은 도시 지배층에 비해 훨씬 부유했던 듯하다. 도시가 몰락하면서 아마도 땅의 소유권이 바뀌었을 것이고, 수도원들이 주요 지주이자 농업경제의 진정한 중심이 됐을 것이다. 이에 따라 불교 공동체들은 3세기의 보편적인 위기를 잘 헤쳐 나갔을 뿐만 아니라 산 위쪽의 땅들에 대한 소유권도 늘려 나갔다. 그럼으로써 지방도와 산길, 수원지, 여름 목초지, 삼림 등의 통제권을 손에 넣었다. 불교 공동체들이 점차 시골 부족들의 생태 공간으로 밀고 들어가기 시작한 것도 바로 이 시기였다. 암각화에서 볼 수 있는 바와 같이, 그들은 불교로 개종하지 않은 사람들이었다.

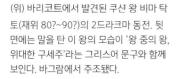

(위) 바리코트에서 발견된 쿠샨 왕 비마 탁토(재위 80?~90?)의 2드라크마 동전. 뒷면에는 말을 탄 이 왕의 모습이 '왕 중의 왕, 위대한 구세주'라는 그리스어 문구와 함께 보인다. 바그람에서 주조됐다.

(오른쪽) 성배와 자신에게 바쳐진 염소 머리를 들고 있는 신의 모습. 3세기의 것으로, 바리코트의 주거지 D에서 나왔다.

4~5세기부터는 불교 수도원들 역시 점차 쇠락하기 시작했다. 시골의 비(非)불교 공동체들은 아마도 목초지와 산길에 대한 통제권을 되찾기 시작했을 것이다. 이에 따라 농업에서 목축에 이르는 경제에 새로운 변화가 찾아왔고, 경관도 바뀌게 되었다.

더 읽을거리: Olivieri 2018a; Olivieri & Filigenzi 2018.

다르마라지카 사리탑 주변의 건물 터.

탁실라의 다르마라지카 사리탑. 2세기의 것이다.

아시아·아프리카의 기독교 수도생활

카를 이너메

기독교 수도생활의 기원을 콕 집어내는 것은 거의 불가능하다. 최근에는 4세기 이집트에서 시작됐다는 것이 일반적인 견해다. 이집트의 안토니우스(251~356)는 은둔적 수도생활의 창시자로, 파코미우스(292~348)는 공동생활을 강조하는 최초의 수도원을 세운 것으로 여겨진다. 그러나 이런 주장은 지나치게 단순화한 것이다. 수도생활은 처음부터 극히 다양했고, 여러 지역(특히 이집트와 지중해 동안 지역)에서 동시에 성행했음에 틀림없기 때문이다. 이는 '수도원 운동'이라고 하는 것이 더 정확할 것이다.

초기의 수도생활은 부분적으로 공통 요소라고 할 수 있는 여러 측면을 가지고 있지만, 그것이 실제로 어떤 것이냐에 대해 명확한 정의를 내리기는 어렵다. 사회로부터 물러나는 것과 고행은 그 두 가지 측면이다. 그러나 어느 것도 수도생활만의 전유물은 아니다. 고행과 금욕, 독신주의는 여러 저자들이 옹호해왔다. 기독교인이든 비기독교인이든 마찬가지다. 그리고 오리게네스(184?~253?)나 아타나시우스(297?~373) 같은 많은 사람들에게 그것은 미덕으로 생각됐다.

'물러남'을 뜻하는 그리스어 '아나코레시스(anachoresis)'는 종교적 은둔자를 뜻하는 영어 'anchorite'의 어원이다. 그러나

고대 말에 사회를 등진 사람들 모두가 영적인 이유에서 그렇게 한 것은 아니었다. 일부는 세금이나 죄에 대한 추궁을 피하려던 것이었고, 기독교도들은 때로 이런 방식으로 박해를 피하려 했다. 그러나 많은 사람들은 정말로 고독한 삶이 영혼의 구원에 이르는 유일한 길이라고 생각했다. 특히 콘스탄티누스 1세(재위 306~337) 치하에서 기독교 박해가 끝나고, 구원을 보장해주었던 순교가 더 이상 존재하지 않게 된 이후로는 말이다.

일부 은자들은 완전한 고립을 선호했지만, 또 다른 사람들은 느슨하게 연결된 공동체에서 살았다. 대부분의 시간은 동

굴이나 임시 거처에서 보내고 일주일에 한 번 예배에 나가 사람들을 만나는 것이다. 고립과 금욕의 정도는 개인의 선택에 달려 있었다. 일부는 기꺼이 재산을 남들에게 나눠주고 사회의 변두리에서 살며(이른바 마을 은둔자다) 공동체에 봉사하고자 애썼다. 또 다른 사람들은 극단적으로 행동했다. 사막에서 벌거벗은 채 생활하거나, 기둥 꼭대기에 쇠사슬로 자신의 몸을 묶고 추위와 더위와 비에 스스로를 노출시켰다. 시리아의 은자들은 그러한 극단적인 고행으로 유명했다.

사회와 약간의 끈을 유지한 마을 은둔자들을 제외하고는, 수도생활의 일반적인 이상은 '세상에서 사라지는' 것이었다.

그것은 가족이나 사랑하는 사람들과의 연을 끊는 것을 의미했을 뿐만 아니라, 아파테이아(apatheia: '냉철함')의 상태에 도달하기 위해 자신의 생물학적 기능을 최소한도로 한정하고 기쁨, 자만, 분노 같은 감정을 피하는 것이었다. 일부 은자들은 5세기 무렵의 것으로 추정되는 사막 교부들의 격언집인 《교부 금언집(Apophthegmata Patrum)》에 나오는 한 충고처럼 다른 사람들의 죄에 대해 판단하지 않으려 했다. 그 죄가 아무리 큰 것이라 해도 마찬가지였다. 그래야 내적 평화가 깨지지 않기 때문이다. 이는 경미한 규칙 위반에 대해서도 제재를 가했던 일부 수도원들과는 사뭇 대조적이다.

(168쪽) 조지아의 주바리 기독교 수도원. 6세기의 것이다.

(아래) 이집트 와디엘나트룬의 스케티스 기독교 수도원. 6세기의 것이다.

토칼르킬리세: 카파도키아의 기독교 동굴 교회

토칼르킬리세(Tokalı Kilise)는 9세기에서 11세기 사이에, 동로마 제국(395~1453) 카파도키아(지금의 터키 중부)의 화산암 지역을 뚫어 만든 커다란 수도원 단지의 중심 교회였다. 이 지역에는 4세기 이후 기독교 공동체들이 많았는데, 본래 바실리우스(카이사레아의, 330?~379)를 추종하던 은자들이 여린 바위를 뚫어 공간을 만들었다. 이후 수백 년에 걸쳐 작은 교회들이 들어섰으나, 이 지역이 제국의 변방에 있어 외부의 습격 대상이 됐다. 8세기에 확장해나가던 아바스 칼리파국(750~1258)의 침입을 받은 것이 대표적이다.

동로마 제국은 9~10세기에 이 지역을 차지하고 있었고, 이후 기독교 공동체들이 더욱 늘었다. 9세기에 만든 원통형 궁륭이 있던 원래의 작은 교회는 10~11세기에 더 큰 교회로 바뀌었다. 두 교회는 모두 프레스코 기법의 벽화로 벽을 채워, 콘스탄티노플의 대도시 양식의 영향을 받았음을 보여주었다. 새 교회(위 사진)는 중앙아시아에서 들여온 금박이나 청금석 안료 같은 값비싼 재료를 사용했다(182~187쪽 참조). 한 새김글에는 책임 미술가와 후원자의 이름이 나와 있다. 미술가는 니케포루스, 후원자는 콘스탄티누스와 그의 아들 레온이었다. SW

더 읽을거리: Epstein 1986; Ousterhout 2017; Rodley 2010.

데브레다모: 에티오피아고원의 기독교 수도원

동아프리카의 악숨 왕국(100~940)은 에자나 왕(재위 333?~356?) 치세에 기독교 국가가 됐다. 5세기 말 로마 제국 각지에서 온 9명의 기독교도가 이 나라에 도착했다. 451년 칼케돈 공의회 이후 우려되는 박해를 피하기 위해서였다. 그들 가운데 한 사람이 아라가위 자미카엘이다. 나중에 쓰인(그리고 때로 모순되는) 그의 전기에 따르면, 그는 동로마 황실의 자손이었다. 그는 14세 때 이집트에서 파코미우스(292~348)파의 수도사가 됐다고 이 전기는 전한다.

아홉 사람은 12년 동안 궁정에서 살다가 전도를 위해 나라 안으로 흩어졌다. 자미카엘은 어머니와 제자 마테오스와 함께 북쪽 에갈라로 갔다. 그곳에서 그는 절벽 위의 고원에 수도원을 세우기로 결정했다. 하지만 벼랑 위를 기어오를 수 없었는데, 그 위에 살던 뱀이 꼬리를 내려 그를 끌어올려 주었다고 한다.

수도원은 가브라 마스칼 왕(6세기 중반)의 후원으로 지어졌다. 건설 자재를 벼랑 위로 실어 나르기 위해 커다란 램프가 만들어졌지만 수도원이 완성되자 치워졌다. 이제 그 위로 올라가려면 위험하게 절벽을 기어오르는 방법밖에는 없었다. 자미카엘의 전기는 또한 그의 어머니도 공동체의 일원이 됐다고 전하고 있는데, 이는 거기에 수녀들도 있었음을 시사한다. 그러나 지금은 여성이 절벽을 기어오르는 것을 금지하고 있다.

1940년 무렵 이곳에서 중앙아시아 쿠샨 제국(1~3세기)의 주화가 대량으로 발견됐다(306쪽 상자글 참조). SW

더 읽을거리: Munro-Hay 2002; Phillipson 1998; Whitfield 2018.

은자인 오누프리오스 성인(왼쪽)의 모습이
담겨 있는 6~7세기 벽화. 이집트 사카라의
아파제레미아 기독교 수도원에 있다.

개별적인 은자 또는 파코미우스나 바실리우스(카이사레아의, 330?~379) 같은 창설자가 만든 규칙에 따라 거주 방식이었던 수도원 공동체들과는 별개로, 한 부류의 떠돌이 은자들도 있었다. 그들은 예수의 모범을 따르라는 '그리스도 본받기(Imitatio Christi)'의 의무를, 돌아다니며 설교와 기도를 하는 것으로 해석했다. 먹고사는 문제는 만나는 사람들의 호의에 맡겼다. 이들 탁발 수도사의 생활방식은 3~4세기 시리아 지역에서 특히 유행했는데, 이 시기 끝 무렵에는 이에 대한 비판이 점점 커졌다. 오직 기도만이 영혼을 구원할 수 있다고 주장하는 이단 메살리아파라는 의심을 받았던 것이다.

수도원 운동은 모든 수도원 공동체와 개별 은자들이 주교의 감독 아래로 들어간 451년의 칼케돈 공의회 때까지 사실상 성직자의 영역을 벗어난 평신도 운동이었다. 많은 사람들은 사제로 임명되기를 거부했다. 극도의 겸손과 평등주의적 태도 때문이었다. 칼케돈 공의회는 또한 수도사들의 이동의 자유를 제한했고, 이에 따라 동방 교회에서 수도사들이 자유롭게 탁발을 하던 일이 막을 내리게 됐다. 수도원 운동이 성직 구조 안으로 통합된 것은 수도원 공동체의 구성에도 영향을 미쳤다. 처음에는 시나이나 스케티스 같은 특정 지역이 다양한 배경의 은자들을 끌어모았지만(그리고 그런 이유로 이단의 온

상이 될 수 있다는 의심을 받게 됐지만), 칼케돈 공의회 이후에는 수도원과 수도 공동체가 점점 더 교회 당국에 의해 지배되고 통제됐으며 결국 그들의 감독 아래로 들어갔다. 그 결과로 대부분의 수도원은 한 특정 교파를 고수하는 수도사들로 채워지게 됐다.

기독교가 실크로드를 따라(육로와 해로를 통해) 동쪽으로 전파되면서 수도 문화도 그 뒤를 따랐다. 처음에는 은자형이었지만, 곧이어 공동체적이고 제도화된 유형의 수도 문화가 전파됐다. 동아프리카, 카파도키아, 투르아브딘, 아르메니아, 조지아와 마침내 과거의 로마 및 페르시아 경계를 넘어 중앙아시아가 수도원 활동의 중심이 됐다.

기독교 수도생활의 발상의 근원을 밝히기란, 그 탄생의 장소와 시간을 특정하는 것만큼이나 어렵다. 필론(알렉산드리아의, 서기전 25?~서기 50?)이 쓴 것으로 전해지는《명상의 삶(De Vita Contemplativa)》에는 알렉산드리아 부근에 살던 유대교 공동체 테라페우타이가 그런 생활을 한 것으로 언급돼 있다. 에우세비우스(카이사레아의, 263~339)는 자신이 쓴《교회사(Historia Ecclesiastica)》(2.16-17)에서 그들이 기독교 수도사라고 언급했으나 이는 잘못이며, 그들이 진정한 기독교 수도원 제도와 연결된다는 증거는 없다.

3~4세기에 불상과 붓다의 가르침에 대한 소문이 지중해 지역에까지 알려졌다. 히에로니무스(347?~420)의《요비니아누스에 대한 반론(Adversus Jovinianum)》(I, 42)과 클레멘스(알렉산드리아의, 150?~215?)의《잡록(Stromata)》(I, 15)에 나오는 구절들로 판단해볼 때 그렇다. 두 종교의 수도원 전통이 갖는 유사성에 대해, 이를 동방의 영향이 서방에 미쳤다는 간접 증거로 생각하는 것은 솔깃한 얘기다. 반복적인 기도와 주문 외우기나 호흡과 심장 박동 조절 같은 명상 기법들이 유라시아 대륙의 동쪽과 서쪽의 수도사들에 의해 비슷한 방식으로 사용됐다. 그러나 불교와 기독교는 더 많은 차이점이 있으며, 직접적으로 연관된 것 같지는 않다. 은둔과 사회로부터의 초탈, 금욕주의는 다양한 종교에 뿌리를 둔 태도다. 비슷한 목표를 위해 비슷한 방법을 사용한 것이다.

―

더 읽을거리: Caner 2002; Dunn 2003; Finn 2009; Laboa 2003; Rousseau 1999.

시리아의 시메온 기독교 교회. 은자인 '기둥 고행자' 시메온의 이름을 따서 475년에 봉헌됐다.

유골 모시기: 불교와 기독교의 유물 숭배

류신루

제1천년기 초에 불교와 기독교가 아프로유라시아 대륙 곳곳으로 전파되면서 선교사와 순례자들이 종교적 메시지와 필사본, 그리고 성스러운 유물들을 새로 개종시키려는 지역으로 가져갔다. 중앙아시아와 동아시아의 순례자들은 인도로 가서 붓다의 유물을 구했다. 반면에 기독교도들은 예수와 관련된 사건들의 유물(예수가 매달렸던 십자가 잔편 등)이나, 베드로 성인 같은 사도와 덜 알려진 순교자 등 여러 성인들의 유물을 유럽 곳곳으로 옮겼다. 두 종교 전통의 유물 숭배 의례는 놀라운 유사성을 보였다.

서기전 5세기의 실존 인물이었던 샤카무니인 붓다는 제자들에게 후계자를 지명하지 않았다. 상가(Samgha; 僧伽)라 불린 그 공동체는 샤카무니 화장 후 나온 유골을 묻은 흙 봉분인 사리탑 주변에 자주 모여 명상을 하고 교리나 수련 문제를 의논했다. 상가는 영주지가 없었기 때문에, 사리탑은 붓다의 가르침이 확산된 정도를 나타내는 척도가 됐다. 불교를 후원한 첫 군주였던 마우리아 제국(서기전 322?~180?)의 아소카 왕(재위 서기전 238?~232?)은 이 신앙을 자기 제국의 변두리까지 전파하기 위해 사리탑들을 세웠다.

제1천년기 초에 불교는 서북쪽으로 퍼져 나갔고, 사리탑이

힌두쿠시산맥과 파미르고원의 교역로를 따라 세워졌다(164쪽 상자글 참조). 여기서 불교는 타림분지의 오아시스 왕국들과 중국으로 전해졌다. 중국의 승려들은 인도로 순례 여행을 떠났으며, 7세기에는 숙박 시설을 갖춘 여행 일정표가 제시됐고 안내서도 얻을 수 있었다. 불교는 또한 남쪽으로 전파되고 바닷길을 통해 스리랑카와 동남아시아로까지 건너갔다(158쪽 상자글 참조). 스리랑카 산속의 한 수도원은 붓다의 치아 유물을 갖고 있었다.

불교 순례자들은 유물을 보고 만지기 위해 돈을 지불했다. 수도원에서는 유물함을 보석으로 장식했고, 사리탑에는

기부자의 이름과 화상을 담은 비단 띠를 걸쳐놓았다. 불교 서
적에는 붓다에게 기부할 일곱 가지 진귀한 물건인 칠보(七寶;
saptaratna)라는 표준 세트가 나열돼 있다. 유물함을 만들고 꾸
미는 데 사용된 칠보는 금, 은, 청금석(유리), 수정(파리), 라피
스, 마노, 홍옥수 같은 준보석이다.

  보석으로 장식된 황금 유물함들이 남아시아와 중앙아시아
에서 동아시아까지의 사리탑 유물실에서 발견됐다. 보석 대부
분은 중앙아시아 산악에서 채굴돼 육로와 해로를 통해 교역
됐다(182~187쪽 참조). 유물 숭배 역시 상인들과 함께 낙타와
배에 실려 전파됐으며, 유물 자체를 사고팔기도 했다.

(176쪽) 예수가 매달렸던 십자가 유물을 보
관한 림부르흐 십자가함의 뚜껑. 10세기에
콘스탄티노플에서 만들었으며, 도금한 은과
준보석을 사용했다.

(아래) 독일 할버슈타트 대성당 금고에 있
는, 세 성인의 유골을 담은 기독교 유물함
들. 1125년 무렵 도금한 은과 준보석으로 만
들었다.

비마란의 유물함

석류석을 박은 이 금제 유물통은 1833~1834년에 영국 탐험가 찰스 매슨(1800~1853)이 탁실라 서북쪽에 있는 비마란 마을의 2호 사리탑에서 발견한 것이다. 지금은 영국국립박물관(1900, 0209.1)에 보관돼 있다. 이 통은 글자가 새겨진 돌단지 안에서 발견됐고, 그 단지는 작은 유물실에 놓여 있었다. 돌단지에 쓰인 글에는 시바락시타라는 사람이 유물을 기증했다고 나와 있다. 통과 단지 안에는 준보석과 유기물질로 된 염주 구슬 여러 개와 금단추들, 도장반지 하나가 있었다. 통은 높이가 6.5센티미터였고, 뚜껑은 없었다. 거기에는 부처가 그려져 있고, 양옆에는 남아시아에서 중요한 두 신 브라흐마와 인드라(제석천)가 그려져 있다. 인드라 옆에는 알 수 없는 인물이 있는데, 숭배의 몸짓으로 두 팔을 들어올리고 있다. 네 인물은 모두 벽기둥이 떠받치고 있는 아치 아래 서 있는데, 각기 두 번씩 묘사됐다.

이 통의 연대는 일반적으로 돌단지 옆에서 발견된 주화 네 개를 근거로 해석되고 있다. 최근 이 주화들은 쿠샨 왕조 초기인 1세기 후반 이 지역을 통치했던 지방관 무자트리아의 것으로 추정된다. 통과 주화가 같은 시대의 것인지는 아직 논쟁이 끝나지 않았다. 만약 같은 시대의 것이라면 이 통은 붓다의 모습을 담고 있는 가장 이른 시기의 물품 중 하나가 된다(204쪽 상자글 참조). WKR

더 읽을거리: Baums 2012; Cribb 2019; Errington 2017.

사리탑 숭배를 보여주는 서기전 2세기의 돌을새김 조각. 인도 산치의 큰 사리탑에서 나왔다(145쪽 사진 참조).

로마 제국 치하에서 순교한 많은 초기 기독교도들이 성인으로 인정받았다. 콘스탄티누스 1세(재위 306~337)가 기독교도 박해를 멈춘 직후 후원자들이 마르티리움(순교자 성당)을 세우기 시작했다. 순교자의 무덤을 보호하거나 예수 생전의 사건을 기념하기 위해 지은 교회였다. 수십 년이 지나자 유물들을 어느 교회로 가져가는(또는 옮기는) 관행이 시작됐다. 기독교가 유럽 각지로 퍼져 나가면서 역대 교황들은 기독교 성서와 예복과 어떤 순교 성인의 유물을 갖춘 주교들을 파견해 새로운 교회를 세웠다.

어떤 기독교 공동체들은 지역 순교자를 독자적인 성인으로 만들기도 했고, 지중해 동안의 유적지로부터 유물들을 옮겨 오기도 했다. 유물은 거래하기도 했지만, 때로는 밀수하거나 훔치기도 했다. 성인의 동의를 받은 것이라고 변명하면서. 에티오피아의 마르얌세욘 교회는 기독교의 가장 유명한 유물인 '언약의 궤'(모세의 십계명 석판을 보관했던 나무 상자_옮긴이)를 가지고 있다고 주장한다.

기독교의 유물함 역시 귀금속으로 만들어졌다. 때로 금이나 은으로 만들고 보석으로 꾸몄다. 유물함 안에 든 유골 파편은 먼저 아마포로 싸고 다시 동로마 제국(395~1453)이나 더 먼 동방에서 온 고급 비단 조각으로 쌌다(142쪽 상자글 참조).

동로마의 비단은 예복이나 휘장, 교회 제단을 장식하는 현수막 등에 쓰여 유럽에서 수요가 많았다.

더 읽을거리: Benard 1988; Brown 1982; Greary 1991; Liu 1996; Stargardt & Willis 2018.

호류지: 일본의 불교 사찰

일본의 옛 수도 나라(奈良) 부근에 세워진 호류지(法隆寺)는 일본에서 가장 일찍 세워진 불교 수도원 중 하나다. 유물을 간직하고 있는 7세기 말의 사리탑인 오층탑(사진)이 서원가람(西院伽藍)에 자리 잡고 있다. 이 탑은 여러 전각으로 이루어진 수도원의 본당인 금당(金堂)과 동서 축으로 나란히 서 있다. 이런 배치는 흔치 않은 것이지만, 유물 숭배의 중요성을 드러낸다. 불교는 중국에서 한반도를 거쳐 일본으로 전해졌다.

이 사리탑은 목조 건축물로, 바닥부터 꼭대기 장식 끝까지 높이가 31.5미터다. 다섯 층이 처마의 층으로 뚜렷이 드러난다. 그러나 안으로 들어가면 중간 마루가 없는 구조다. 그 대신 전체 탑은 중앙 기둥이 떠받치고 있다. 바닥에 작은 공간을 파내어 유물들을 보관했다.

탑의 형태와 장식 얼개는 같은 전파 경로로 전해진 것이며, 비슷한 세부 건축술은 6세기 북중국의 석굴 건축에서도 볼 수 있다. 탑 안의 바닥 층에는 불교 우주관 속의 산인 수미산이 조각돼 있다. 네 정방향에 있는 그림들 중 둘은 붓다의 일생을 표현한 것이고, 둘은 불경의 내용을 그린 것이다. PPH

더 읽을거리: Mizuno 1965; Wong 2008.

카이사리우스 성인의 유물

장식판과 귀금속(보통 금과 은)으로 만들어진 버클이 달린 허리띠들이 스텝 지역 각지에서 발견됐다(106쪽 상자글 참조). 유라시아 대륙의 여러 제국들에서 귀중하게 여겼던 것들이다. 가죽 허리띠에 달린 가로 10센티미터, 세로 5센티미터의 이 상아 버클은 502년부터 프랑스 아를의 주교를 지낸 카이사리우스(470?~542)의 유물 중 하나다. 그가 라벤나에 가서 동고트 왕 테오도리쿠스(재위 475~526)를 만났을 때 선물 받은 것일 가능성이 높다.

이때는 서유럽이 불안정한 시기였다.

테오도리쿠스는 자기 민족 동고트족이 훈족을 최종적으로 멸망시킨 직후에 태어났다. 그는 475년에 왕이 됐고, 511년에 서고트를 격파했다. 그러나 그가 죽은 뒤 아를은 메로빙거 왕조의 프랑크족에게 점령됐다.

이 허리띠 장식판이 어디서 만들어졌는지는 알 수 없다. 버클의 포도 열매 디자인은 기독교적인 상징이지만, 이는 아프로유라시아 대륙 곳곳에서 다양한 맥락으로 사용됐다. 장식판 중앙에 예수의 무덤이 새겨져 있고, 양쪽 옆에 예루살렘 성문이 있다. 잠자는 병사들은 여자들이 예수의 무덤이 비어 있음을 발견하는 장면을 떠올리게 한다. 실크로드 각지에서 기술자들은 아프리카와 남아시아산 상아를 모두 사용했지만, 상아의 원산지가 밝혀진 경우는 드물다.

이 허리띠가 카이사리우스의 몸 가까이 있었다는 점은 그것이 중요시됐음을 말해준다. 허리띠는 그의 신발, 튜닉, 팔리움(어깨 장식띠)과 함께 발견됐다. 현재 아를고대박물관(FAN 92 00 2604)에 보관돼 있다. SW

더 읽을거리: Aillagon 2008; Hahn 2012.

금보다 귀한 것: 청금석

조지나 허먼

청금석은 그 특유의 진청색으로 쉽게 알아볼 수 있다. 때로는 금 부스러기가 얼룩덜룩 묻어 있지만, 그것은 사실 '바보의 금', 즉 황철광이다. 청금석은 광물이 아니라 암석이다. 주성분은 라주라이트이며, 푸른색은 그 성분 때문에 나는 것이다. 푸른색의 색조는 옅은 것부터 진한 것까지 다양한데, 이는 나트륨과 황의 함량 차이 때문에 생기는 것이다. 가장 높은 등급은 밝은 청색의 것이며 순수한 라주라이트로 이루어진 것이다. 청금석의 경도는 모스 척도로 6이며, 변성된 석회석 또는 대리석 지대의 광맥에서 발견된다.

청금석은 상당히 귀한 암석이다. 전 세계에서 10여 군데에서만 나온다. 그 산지 가운데 셋은 중앙아시아에 있는데 하나는 바이칼호에, 하나는 파미르고원에 있으며, 가장 유명하고 중요한 것은 힌두쿠시산맥에 있다. 1273년 힌두쿠시를 찾은 마르코 폴로(1254~1324)는 그곳의 청금석이 "세계 최고이며, 은처럼 광맥에서 얻는다"(Yule 1929: Bk.1, ch. 29)라고 말했다. 그곳의 환경은 엄혹하며, 가파르고 헐벗은 산과 깊은 계곡들로 이루어져 있다. 초목은 얼마 안 되는 평지에서만 자란다. 여기저기 흩어진 몇 안 되는 정착지는 바위투성이 산길로 연결돼 있는데, 그것마저 눈과 얼음 때문에 한 해의 절반 이상은 다니지 못한다. 캐낸 암석은 사람이 직접 나르거나 당나귀를 이용해야 한다.

힌두쿠시 키란와문잔 계곡에는 네 개의 광산이 알려져 있다. 고도 2천 미터에서 5500미터 사이에 위치한다. 물론 러시아와 아프가니스탄의 지질학자들은 연구를 통해 산맥의 대부분 지역에 청금석이 있을 것이라고는 했다. 고대에 개발한 산지는 사르이상('돌이 있는 곳')에 있었다. 콕차강 옆에 있는 가파른 계곡이다. 고대의 작업장은 계곡 바닥으로부터 330미터 위에 위치한 여러 개의 높다란 동굴들이다. 높이가 최고 50미터나 되며, 좁은 산길을 통해 연결된다. 이 인상적인 동굴의 벽과 천장에는 시커먼 그을음이 두껍게 덮여 있어, 옛날에 어떤 방식으로 작업했는지를 보여준다. 가시나무나 버드나무 가지를 바위 표면에 쌓아놓고 불을 붙이는 것이다. 바위가 달궈지면 거기에 찬물을 부어 균열을 만들고, 그런 뒤에 돌을 떼어내는

(위) '우르의 깃발' 일부. 나무 상자에 조가비와 붉은 석회석, 청금석을 박아 넣었다. 서기전 2600년 무렵 메소포타미아에서 만들었다.

(184~185쪽) 힌두쿠시산맥의 청금석 광부. 2008년 촬영.

동로마의 청금석 카메오

루브르박물관(OA MR 95)에 보관돼 있는 이 동로마의 조각 장식품 카메오(cameo)는 12세기 전반기의 것이다. 청금석으로 만들었고 금을 박아 선조 세공을 했다. 가로 6센티미터, 세로 10센티미터의 판은 은박이며, 진주와 터키석을 박아 넣고 밀랍으로 고정했다. 틀의 가장자리를 두른 고리는 본래 진주 목걸이 형태를 이루고 있었고, 꼭대기에도 고리가 하나 있어 목걸이에 달았던 것임을 알 수 있다.

이 작품은 동로마 미술에서는 이례적인 것이다. 사용된 재료도 그렇지만(청금석에 금을 박아 넣었다), 예수를 한

쪽에 넣고 마리아를 다른 쪽에 나란히 배치했다는 점에서도 그렇다. 이 청금석의 산지는 거의 틀림없이 중앙아시아의 힌두쿠시산맥일 것이다. 그리고 금과 이 귀한 암석의 조합으로 보아 콘스탄티노플에서 제작되었을 가능성이 높다(442쪽 상자글 참조). 어느 때인가 이 카메오는 프랑스로 옮겨졌다. 아마도 동로마의 사냥을 그린 비단 잔편의 경우(142쪽 상자글 참조)와 마찬가지로 동로마 궁정의 사절이 선물로 가져온 것이거나, 십자군 원정 때 약탈되었을 것이다.

이 카메오는 1501년 생드니 수도원 소

장품 목록에 이름을 올렸다.

진한 청색과 금·은이 어우러진 이 물건의 멋스러움은 기독교의 다른 맥락이나 불교 및 이슬람교 쪽에서도 나타난다. 그 사례 가운데 하나가 푸른 바탕에 금으로 쿠르안 구절을 새긴 '푸른 쿠르안'이다(264쪽 상자글 참조). SW

더 읽을거리: Evans & Wixon 1997.

작업을 했을 것이다.

암석이 일정하지 않아 결정적인 과학적 증거는 없지만, 사르 이상에 있는 광산은 고대에 알려지고 개발돼 매우 귀중한 이 암석을 메소포타미아와 이집트에 제공했던 듯하다. 이라크 남부 우르에 있는 왕릉의 무덤들에서는 막대한 양의 청금석이 발견됐다. 그것은 청금석·홍옥수·적금(赤金)이 아름답게 어우러진 장신구에 사용됐고, 도장·부적·소상(小像)·상감·그릇과 단도 손잡이 등에도 사용됐다. 청금석은 아마도 같은 산지에서 왔을 것이기 때문에, 일찍이 서기전 제5천년기 이후 그것의 존재 여부가 이 이례적인 장거리 교역의 상황 변화에 영향을 미쳤을 것이다. 코발트유리가 그 대체재로 쓰인 것을 볼 수 있는데, 아마도 값이 싸서 청금석을 구할 수 없을 때 그 대안이 됐던 것으로 보인다.

청금석은 문예부흥기 이탈리아에서 안료로 쓰인 것으로도 잘 알려져 있다. 이탈리아에서는 청금석을 갈아 군청색(ultramarine) 안료로 썼으며, 이 색은 예수의 어머니 마리아의 옷 색깔로 많이 사용됐다. 그것은 가장 비싼 그림 재료 중 하나였으며, 1832년에 와서야 인공 대체물이 사용되었다. 청금석은 또 기독교에서 봉헌물로 쓰이거나 제단을 장식하기도 했다(171쪽 상자글 참조). 또한 불교의 칠보의 하나로도 꼽혀, 불교 유물함에서 흔히 발견된다.

더 읽을거리: Finlay 2007; Herrmann 1968.

(왼쪽) 필리포 리피(1483~1484)의 〈성모자상〉. 이 시대에는 마리아의 옷을 표현하는 데 청금석으로 만든 군청색 안료를 사용하는 것이 대세였다.

(위) 힌두쿠시에서 캐낸 귀중한 청금석 덩어리.

산에서 나는 광석: 채굴과 야금술

드미트리 보야킨

야금술은 언제나 광범위한 인간 활동에 영향을 미쳐왔다. 야금술의 발전은 농업·직조·목공과 피혁·양모산업, 보석 세공과 광업의 발전을 촉진했다. 군사적 발전 또한 고품질의 무기에 의존했기 때문에 야금술이 높은 수준에 올라야 했다.

금속 가공은 금속 생산의 복잡한 구조에 의존하는 매우 조직적인 기술이며, 또한 다양한 기능공 집단이나 광부, 야금 기술자, 대장장이, 고객 등과의 연결이 필요하다.

불행하게도 현존하는 대다수 금속공예품들(고대 야금술과 철공술 연구의 토대다)은 부식이 심한 상태여서 때로는 그 형태조차 알아보기 힘들 정도다. 그럼에도 불구하고 실크로드 시대 중앙아시아 일대의 야금술과 철공술 수준을 가늠할 수는 있다.

중앙아시아의 산들에는 금, 은, 주석, 수은과 기타 비철금속이 많으며, 터키석 등 다른 광물들도 풍부하다. 이 점은 10세

기 지리학자 아부이샤크 알이스타흐리(?~957)가 지적한 바 있다. 철에 대해서 그는 "나라에 철광이 너무 많아 (철의) 공급이 수요보다 훨씬 많다"(2014: 312-13)라고 썼다. 지질학자와 고고학자들은 계속해서 작은 규모의 고대 시추 갱들을 발견했고, 대규모 생산에 사용된 큰 규모의 수갱과 갱도들을 더 발견했다.

원료 산지가 주요 제품 생산지 및 시장과 멀리 떨어져 있기 때문에 몇 가지 요소를 갖춘 기초적인 철 생산 공정이 만들어졌다. 그 요소들이란 원료의 산지(광산), 예비 가공 장소, 반(半)제품의 수송 경로, 그리고 대장장이의 작업장 등이다. 주요 최

종 산물은 철, 주철, 강철이었다.

주철은 녹인 금속을 거푸집에 부어 완성품을 만드는 과정을 거친 것인데, 중앙아시아의 금속 가공 전통에서 특별한 자리를 차지하고 있다. 석유등과 가마솥, 쟁기 날 등 많은 주철 제품들이 발견되면서 중앙아시아 기술자들이 주철의 물리적·화학적 속성을 통제하는 복잡한 방법을 알고 있었음을 보여준다. 최근의 연대 측정 작업에 따르면 중앙아시아에서는 제1천년기 초 이래 주철을 생산하는 거점이 있었다.

이는 중국 전한(서기전 202~서기 8)의 역사를 다룬《한서(漢書)》에 의해 뒷받침된다. 이 책에는 중앙아시아의 광업이 매우 발달했다고 언급돼 있다. 또한 금과 은이 중국에서 페르가나로 실려가, 거기서 공예품을 만드는 데 사용된다고 덧붙였다. 다만 주화는 만들지 않았다. 이 역사서에 따르면, 이 시기 페르가나 사람들이 철광석 가공법을 모두 알고 있진 않았다. 예컨대 주철을 만드는 데 필요한 기술은 알지 못했다. 그래서 중국 사절 장건(서기전 164?~113) 휘하의 사람들이 그들에게 그 방법을 가르쳐주었다.

중앙아시아와 동부 스텝 일대의 광범위한 지역에서는 주로 괴철로(塊鐵爐) 기술에 바탕을 둔 오래되고도 독특한 철 가공 전통이 있었음을 상기하는 것이 중요하다. 이 전통은 중국식 주철 기반 기술과 뚜렷이 대비된다.

로마의 히폴리토스 물병. '세우소 보물'에 들어 있는 4세기 말 또는 5세기 초의 도금한 은제 그릇이다(192쪽 상자글 참조).

최근의 한 가지 중요한 진전은 주철이 이른 시기부터 동부 스텝의 목축민 사회에서 사용됐음을 확인한 것이었다. 물론 규모도 작고 보충용이었을 뿐이지만 말이다. 이런 발견은 그러한 주철 제품의 기원에 관한 의문을 불러일으킨다. 그것은 자체적으로 생산한 것인가, 아니면 중국에서 수입한 것인가?

그에 대한 답이 무엇이든, 중앙아시아와 동부 스텝의 사회들이 주철의 존재와 그 속성을 통제하는 데 필요한 여러 가지 방법을 잘 알고 있었다는 것은 의심할 여지가 없다. 그들이 괴철로 기반 기술을 선호한 것은 기술적 능력이 모자라서가 아니라 의도적인 선택이었을 것이다. 그들의 사회적·정치적·생태적·인구학적·지질학적·과학기술적 환경과 오래전에 확립된 기반시설 등에 근거한 선택이었다. 중앙아시아의 주철 생산은 19세기에 이르기까지 거의 2천 년 동안 중단 없이 계속됐다.

중앙아시아에서 나온 주철 제품은 또한 금속 생산에 사용된 연료를 연구하는 데도 도움을 주었다. 최근까지는 숯이 기본적인 연료라고 생각됐다. 그러나 주철 제품의 구조 분석 결과 실제로 용융에 사용된 것은 주로 석탄이었다. 분명히 석탄은 아주 먼 옛날부터 알려져 있었다. "숯처럼 잘 타는 검은 돌"이라고 쓰인 기록이 부하라와 페르가나에서 발견됨으로써 입증된 사실이다(Mez 1973). 따라서 이제는 석탄이 희귀한 자연의 경이(驚異)가 아니고 중세의 기술자들이 금속 생산을 위해 사용한 자원이었음이 분명해졌다.

발견된 강철의 유형 가운데 레데부어 혼합물인 줄무늬 구조의 초탄소강이 있다. 이 강철은 남인도에서 서기전 6세기부터 알려졌고, 해로를 통해 시리아로 전해져 그 뒤에 다마스쿠스강(鋼)으로도 불렸다. 이 기술은 남아시아에서 중앙아시아로도 전해졌을 가능성이 있다. 이 강철이 일상적인 가정용품을 생산하는 데 쓰였음을 발견하는 것은 더욱 흥미로운 일이다. 카자흐스탄 알마티 부근의 중세 도시 탈가르에서 발견된 금속 제품들 중에 가위와 끌을 분석해본 결과, 이 단순한 도구들이 귀중하고 값비싼 합금으로 만든 것임이 드러났다.

스웨덴 로센룬드 무덤에서 발견된 10세기의 칼. 날에 '울프베르트(Ulfberht)'라 새겨져 있다. 이 이름은 북유럽의 몇몇 대장장이들이 사용하던 것인데, 이들 가운데 일부는 중앙아시아에서 수입한 강철을 사용하기도 했다.

중앙아시아의 금속 생산과 철공술의 발전을 크게 보면 그것이 매우 높은 수준이었음을 알 수 있고, 기술과 혁신이 주로 교역로를 따라서 얼마나 빠르고 널리 퍼질 수 있었는지가 드러난다. 이 기술들은 또한 이 광대한 지역 내의 역사 속 다양한 사회들이 각기 독특한 개성을 지녔음을 보여준다.

중앙아시아는 대륙의 주요 교역로가 교차했던 지역으로 알려져 있다. 그 길들을 따라 철제품과 무기, 그리고 반제품들이 이동했다. 자료들에 따르면 4세기에서 6세기 사이에 지역의 전체 경제와 군대는 알타이산맥의 광산 근처에 사는 튀르크(돌궐) 야금 기술자들에 의존했다. 그들은 캅카스의 아바르(567~822)에 철 원료와 철제품 모두를 제공했다. 6세기에 돌궐 궁정에 파견됐던 동로마 사절은 돌궐 카간이 동로마에게 자기네 철을 사가라고 제안했음을 보고했다. 돌궐은 광산과 용광로를 가지고 있고, 철을 제련하거나 반제품 및 완제품으로 철을 팔 수 있다는 것이었다.

아랍인들이 중앙아시아를 침공했을 때, 그들은 소그드인과 페르가나인, 차치(타슈켄트) 사람들, 튀르크인들의 무기와 갑옷의 품질에 감탄했다. 그리고 페르가나에서 생산된 철제 무기는 인기가 높아서 멀리 메소포타미아에까지 수출됐다.

더 읽을거리: Gavrilov 1928; al-Iṣṭakhrī 2014; Jettmar 1970; Linduff & Mei 2008; Masson 1953; Mez 1973; Papahrist 1985.

서기전 5~4세기의 도끼 주조용 거푸집. 1953년 북중국 평원의 싱룽(興隆)에서 발굴됐다.

실크로드 일대의 물병

과일인 배 모양의 은제 물병은 다양한 지역에서 발견된 것으로 보고됐다. 지중해 동안 세계, 사산 왕조의 이란, 박트리아·소그디아나의 중앙아시아, 중국 서부 등이다. 이렇게 지리적·문화적으로 다양한 지역에서 나타난 것은 교역로를 통한 사치품의 이동과 함께 문화권 사이의 형태 및 도상의 교류와 응용을 보여준다. 의미 있는 고고학적 정황이 없기 때문에 이런 그릇들의 연대표나 제작 장소 등을 확정하기는 어렵지만, 그것이 변화하는 모습을 보면 미술 양식이 새로운 문화적 맥락에서 어떻게 동화되고 의미를 찾았는지를 알 수 있다.

이 병들의 특징은 배 모양의 몸체, 목과 높은 굽다리 위의 쇠시리, 엄지손가락 자리까지 있는 끝이 화려한 곡선의 손잡이 등인데, 그 원형은 4세기 이후 로마에서 발견된 사례들이다. 189쪽에 보인 히폴리토스 물병은 부분 도금을 하고 호화롭게 꾸민 4세기 말 또는 5세기 초 로마의 그릇으로 현재 헝가리국립박물관('세우소 보물')에 부관돼 있는데, 실크로드 일대의 사례들에 영향을 미치게 되는 특색을 완벽하게 보여주고 있다.

이런 종류로는 가장 큰 축에 속하는 높이 57.3센티미터의 이 물병은 오크잎 화관 모양의 볼록한 목 쇠시리 등 특징적인 요소들을 갖추고 있다. 주둥이와 굽다리에 구슬선 장식을 했고, 누름단추는 사자 모양이다. 손잡이는 테두리의 암수 염소 머리 위에서 끝나고, 예술의 여신 무사가 바닥의 아칸서스 잎에서 올라오고 있다. 압착세공 돋을무늬로 장식하고 세 구역으로 나뉜 그릇의 몸체는 신화 속 켄타우로스의 사냥 장면, 전통적인 멧돼지 및 사자 사냥, 히폴리토스와 파이드라 이야기에 나오는 장면을 묘사하고 있다. 사냥 장면과 사랑 이야기, 그리고 신화 속의 영웅들은 로마 말기 은그릇에 자주 등장하는 디자인 요소다. 그런 소재들은 대중적인 이야기와 주제들을 암시할 뿐만 아니라, 문학적 전통에 대한 지식을 드러내고 고대 그리스-로마 시대와 연결해주었다.

6세기 무렵 사산 왕조 이란과 박트리아 및 소그디아나에서 로마 물병의 변종을 생산하고 있었음은 분명하다. 그런 그릇들은 로마의 양식을 조형(祖形)으로 한 것이지만, 이 특징적인 물병 모양을 처음 수용한 곳이 사산 왕조 이란이었는지, 아니면 박트리아 같은 그 동쪽의 이웃 지역이었는지는 분명치 않다. 그와 상관없이 그 특성을 공유하고 형태와 형상화에서 변형을 준 것은 이 지역에서 문화 접촉이 늘고 있었음을 입증한다.

오른쪽 사진의 은도금 물병은 6~7세기의 것으로 인정되는, 몇 안 되는 사산 제국 물병 가운데 하나다. 높이는 32.4센티미터다. 현재 뉴욕 메트로폴리탄미술관(67.10)에 보관돼 있다. 사산의 사례에서는 특정한 형태가 나타나 구별되고 있으며, 그들의 외형과 디자인이 표준화됐음을 시사한다. 히폴리토스 물병과 대조적으로, 장식은 몸체를 몇 개의 수평 구역으로 나누는 대신 그릇을 둘러싼 형태로 이루어지고 있다. 화려한 공 모양의 누름단추는 그릇의 높이를 넘지 않고, 손잡이 끝은 당나귀 머리로 처리했다. 이 물병은 여성의 모습으로 장식한 은도금 그릇의 유형에 속한다. 사산 세계의 잔치와 축제의 사회적·종교적 양상과 관련된 상징들을 집어넣었다. 역시 디자인은 지중해 세계의 발상을 따왔다. 특히 고양이가 병에서 마시는 모습 등 축하 의식 및 주연(酒宴)과 관련된 디오니소스 모티프 같은 것이 그렇다. 디오니소스의 광란하는 무녀와 로마의 축제 시즌의 표현은 여성을 묘사하는 데 영향을 미쳤다. 인도의 관능적인 귀신 약시가 그랬듯이 말이다. 그러나 그것들은 사산의 것이라고 알아볼 수 있는 모습으로 변형됐다.

그러한 모습은 박트리아 지역에서 끈질기게 살아남은 그리스-로마의 영웅 이야기 및 신과 관련된 모티프와 대조를 보인다. 이런 영향은 중국 서북부의 이현(李賢, 502?~569) 무덤에서 발견된 물병에서 찾아볼 수 있다. 193쪽 왼쪽의 이 물병은 높이가 37.5센티미터이며, 현재 구위안(固原)박물관에 보관돼 있다. 이 물병은 박트리아에서 생산된 것으로 보인다. 아마도 에프탈(450?~560?) 지배 기간 동안이었을 것이다. 이는 사산과 함께 로마와 그리스계 박트리아의 은제품을 모방한 물병의 유형에 속한다.

이 물병은 형태 면에서 사산의 물병과 비교될 수 있지만, 여러 측면에서 로

마 말기의 영향이 엿보인다. 목과 다리에 세로 홈이 있고, 다리 바닥에 구슬 장식이 있으며, 쇠시리와 사람 머리 모양의 화려한 누름단추도 마찬가지다. 192쪽의 선화에 보인 것처럼 장식 띠는 그리스 신화 속의 트로이전쟁의 한 장면을 보여준다.

이 물병은 셀레우코스 제국(서기전 312~서기 63)과 그리스계 박트리아 왕국(서기전 256~125) 이후 이 지역에 헬레니즘의 영향이 강했음을 보여준다. 그리스 신화와 문학이 유행한 것은 트로이 전쟁 이야기를 담은 그림에 반영됐다. 물론 도상과 양식에서는 차이가 있어, 그것이 제대로 이해되지 못했고 5~6세기 무렵에는 본래의 모습에서 멀리 벗어나 있었음을 보여준다. 손잡

이 끝부분은 쌍봉낙타의 머리로 장식돼 있다. 이는 중앙아시아의 영향을 반영하는 특성이며, 이런 양식 조합의 또 다른 사례다.

소그디아나의 한 은도금 물병(위 오른쪽 사진)에는 날개 달린 낙타가 그려져 있다. 털 달린 꼬리는 자연스럽게 곡선을 그리고 있고, 부풀어 오른 보자기가 다리에 걸쳐져 있다. 7세기 말 또는 8세기 초의 것으로 보이는 이 물병은 높이가 39.7센티미터이며, 현재 예르미타시미술관(S-11)에 보관돼 있다. 날개 달린 낙타는 승리의 신 베레스라그나와 연결시켜왔고, 왕권 부여나 행운을 상징하는 것이었다. 이는 날개 달린 동물(때로는 합성된 형태의 동물인 경우도 있다) 전통에 속하며, 여러 문

화적 맥락에서 찾아볼 수 있고 의미를 지니고 있다. 원형무늬 안에 날개 달린 동물이 들어가는 조합은 사산의 디자인을 반영한 것이다. 특히 사산 말기 은제 물병에 그려진 이란 신화의 날개 달린 새 시무르그 같은 디자인이 그렇다.

소그디아나 물병의 좀 더 둥글납작한 몸체는 4~5세기 이후 지중해 동안의 사례를 떠올리게 한다. 테두리에 손잡이를 붙인 방식은 히폴리토스 물병과 비슷하다. 이는 사산 및 박트리아 물병과 대조적인데, 이들 지역에서는 위쪽 손잡이가 몸체에 붙어 있다. 목은 둥근 구멍을 묘사한 배경에, 꽃무늬 모티프로 윤곽선을 그린 모습으로 장식했다. 이런 모습은 나중에 중국 당

나라(618~907)의 기술자들에게 수용되었다. 이 그릇이 사산조 이란과 그 조상 격인 서유럽 양식에서 가져온 모티프를 보여주고 있지만, 소그디아나 미술가들이 자기네 세계관에 맞는 독특한 양식과 서사를 개발했음은 분명한 사실이다. KMR

더 읽을거리: Carter 1978; Compareti 2006, 2016; Harper 1971, 2001, 2006; Juliano & Lerner 2001; Leader-Newby 2004; Lukonin & Ivanov 2003; Mango & Bennett 1994; Marshak 1971, 2004; Masia-Radford 2013.

(위) '라픽'이라 불리는 걸쳐놓은 길. 쿤룬
산맥 카라타슈강 위에 놓인 것이다.

(196~197쪽) 《관음경(觀音經)》에 나오는,
강도를 만난 상인이 보살에게 도움을 청하
는 장면을 그린 그림. 둔황 모가오 45호 석
굴 남벽에서 발견됐다.

위험한 길과 눈 덮인 정상: 산악 횡단

대니얼 워

중앙아시아 산악 지대를 통과하는 여행자들은 험준한 지형과 때로는 혹독한 기후를 만나리라고 예상할 수 있다. 심지어 오늘날에도 마찬가지다. 그러한 어려움은 치밀한 계획과 여러 가지 수송 방법에 관한 전문 지식, 그리고 어떤 경우에는 토목 공사의 도움이 있어야만 성공적으로 헤쳐 나갈 수가 있다.

실크로드의 어떤 부분에는 포장도로나 돌다리 같은 복합적인 기반시설이 있지만, 산악 지역의 길에는 그런 것이 없었다. 이동 중에 만나는 장애물을 극복하는 일은 상당 부분 전해 내려오는 지혜와 경험에 의존할 수밖에 없었다.

여행은 융통성이 있어야 했다. 애용하던 길이 자연재해나 산적이나 정치적 사건 때문에 막히면 다른 길을 찾아야 했다. 많은 정주민 관찰자가 보기에 산악 지대를 여행하는 것은 두려움이 따르는 일이었다. 그렇지만 그 길을 자주 다니는 사람들은 야생동물들이 강을 건너는 길목과 높은 고개를 넘는 길을 알고 있게 마련이었다. 아무 일이 없다면 그 길을 따라가면

되는 것이다. 예를 들어 남아시아에서 산을 넘어 중앙아시아로 가는 데는 몇 개의 경로가 있었음이 분명하다. 이는 바위에 조각된 것이나 그 밖의 상인 및 순례자들이 사용한 흔적이 있는 고고학적 증거들로 입증된다.

가장 힘든 길로 짐을 나르는 것은 짐꾼의 등에 의존해야 했을 것이다. 그러나 동물 역시 사용됐다. 특히 울퉁불퉁한 지면과 높은 고도, 궂은 날씨에 적응한 동물들이었다. 낙타는 힘든 산길을 넘는 데는 별 도움이 되지 못했다. 낙타는 사막용이었다. 그러나 고지에서 자란 조랑말은 산길에 잘 적응했다. 조랑말이 숨 쉬는 데 도움을 주기 위해 코를 째는 관습은 이 지역

아무다리야강 상류의 협곡. 아프가니스탄
와한 파미르 지역이다.

에서 아직도 행해지고 있다. 조랑말과 노새는 흔하게 이용됐
다. 노새 행렬은 현대에 들어서도 중국 서남부와 티베트고원
사이에서 차 무역에 중요한 역할을 하고 있다. 티베트고원에서
인도로 소금을 보낼 때는 양과 염소 등에 소금 부대를 실어
산을 건넜을 것이다. 가장 높은 지역에서는 힘이 세고 고지에
잘 적응하는 야크가 이용됐고, 낙타의 경우와 마찬가지로 야
크 털과 젖도 중요한 상품이 됐다.

협곡 위의 가장 가파른 비탈을 넘거나 강에서 물길이 좁아
건널 수 없고 산의 얼음이나 눈이 녹아 갑자기 물이 불어날
위험이 있을 때, 위에 걸치는 길을 만들고 유지하는 것이 필요
했다. 이런 구조물은 라픽(rafik)이라 불리는데, 틈새에 막대기
나 돌을 밀어 넣고 그 위에 나무나 돌로 다리를 만드는 것이
다. 그런 공사에는 복잡한 기술 지식이 필요하지 않지만, 무너
지기 쉽고 위험하다. 강을 건너는 것은 가장 걱정스러운 일 중

하나였다. 그래서 얕은 여울을 찾아내거나, 어떤 경우에는 좁
은 지점에 통나무와 돌을 가지고 외팔보 다리를 만들 필요가
있었다.

산길과 마찬가지로 여러 강의 협곡을 여행하는 것은 보통
특정한 기간에만 가능했다. 날씨가 괜찮아서 산길을 넘기가
비교적 쉬워 보이는 때에도 여행자들은 이전 여행자들이 만
났던 위험에 대해 인식하고 있었다. 어떤 사람들은 갑작스러
운 홍수로 물에 빠져 죽었고, 예상치 못한 폭설로 얼어 죽기도
했으며, 고산병으로 쓰러지기도 했다.

더 읽을거리: Ciolek 2012; Price et al. 2013.

샤티알: 상인과 여행자들의 새김글

중앙아시아 인더스강 기슭에 가까운 파키스탄 북부 샤티알의 바위들에 새겨진 수많은 암각화와 새김글 가운데 600건 이상이 소그드어로 쓰였다. 박트리아어와 중세 페르시아어, 파르티아어 등 다른 중세 이란어도 약간 있다. 이 새김글들은 매우 짧다. 통상 개인 이름이 있고, 조상 이름이나 성 같은 개인 정보는 있는 경우도 있고 없는 경우도 있다. 그럼에도 불구하고 이는 중요하다. 소그드인과 다른 여러 나라 사람들이 3~5세기에 이 지역을 지나갔음을 기록하고 있기 때문이다. 거의 틀림없이 그들은 순례자나 선교 사이기보다는 상인이었을 것이다. 오른쪽 사진의 소그드어 새김글(36:38)은 현재로서는 가장 길고 가장 정보가 풍부한 것이다.

"(나) 나리사프(의 아들) 나나이반다크는 10(10일 또는 10년)에 (여기) 왔습니다. 성스러운 곳 카르트의 신령님께

은혜를 비오니, 하르반단에 빨리 도착해 건강한 몸으로 즐겁게 (내) 형을 만날 수 있게 해주소서."

하르반단은 파미르고원에서 동쪽 타림분지로 가는 도중에 있는 중국 신장 타슈쿠르간의 옛 이름이다. 따라서 이 새김글은 소그디아나 상인들이 남아시아와 그 서북쪽에 있는 자기네 나라를 오가며 장사를 했을 뿐만 아니라, 남아시아에서 동북쪽으로 카라코룸산맥을 넘어 타림분지와 그 너머의 중국까지 왕래했음을 보여준다. NSW

더 읽을거리: Sims-Williams 1989, 1992, 1996 and 1997-8.

사람과 신의 조각: 유라시아 일대의 영향

루카스 니켈

서기전 제1천년기에 조각은 북아프리카, 유럽, 서아시아의 시각 환경에서 중심적인 요소였다. 이집트의 신전과 무덤들은 인간 또는 동물의 모습을 한 신들의 조각으로 꾸며지고 채워졌다. 그리스 도시들은 앞다투어 공공 장소와 무덤에 성상(聖像)들을 전시했고, 아케메네스(서기전 550~330) 지배자들은 자기네 권력의 정당성을 주장하기 위해 조각을 선택했다. 그러나 같은 시기 아시아의 상황은 달랐다.

이 지역의 모든 사회에서는 여러 가지 미술품들이 발달했지만, 신이나 사물을 의인화한 모습은 대체로 나타나지 않았다. 중국에서는 서기전 3세기 말까지는 조각이 거의 사용되지 않았다. 중국에서 고도로 발달한 청동기 문명을 다 뒤져도 조각품을 제작한 경우는 극히 일부였다. 황하 유역의 상(商) 문화나 쓰촨 분지의 싼싱두이(三星堆) 문화도 마찬가지다(둘 다 연대는 서기전 제2천년기 말 이전으로 거슬러 올라간다).

중앙아시아에서 조각은 헬레니즘 미술과 첫 접촉을 하기 이전에는 거의 보기 어려웠다. 그리고 우리가 아는 한 인도의 공예가들은 불교가 확산되기 전까지는 아마도 이 매체를 피

했던 것으로 보인다. 북부 스텝의 일부 민족들은 가끔 지위가 높은 사람들의 무덤 앞에 이른바 '사슴돌'(시베리아와 몽골 등지에서 발견되는 고대 거석 기념물_옮긴이)을 세우긴 했지만, 이 경우를 제외하고는 조각예술을 발전시킨 일이 없었다.

이런 상황은 알렉산드로스 대왕(재위 서기전 336~323)의 정복 이후에 변화한 것으로 보인다. 그는 박트리아와 소그디아나에 도착해 도시들을 건설했고, 이 도시들은 수백 년 동안 번성했다. 그리스인들과 헬레니즘 공예가와 조각가들이 군대의 뒤를 따라 들어왔고, 작업장을 만들었다. 서기전 4세기에 세워진 도시 아이하눔을 발굴해보니, 헬레니즘풍의 조각들이

(200쪽) 진시황제의 능을 지키고 있는 병사 조각상. 중국의 등신대 조각상의 가장 이른 사례다.

(왼쪽) 동부 스텝 우시긴 우부르 의례 단지의 사슴돌. 서기전 제1천년기의 것이다.

공공 장소와 사적 공간에서 널리 전시되고 있었다는 것이 드러났다.

비그리스계 지배층은 곧 이 새로운 미술 분야에 흥미를 가졌다. 서기전 3세기 초 이후에는 조각품이 아무다리야강 북쪽 타흐트이상긴 성채를 장식하고, 아소카 왕(재위 서기전 238?~232?)이 북인도 각지에 세운 기념비의 머리에 얹혔다. 조금 뒤에는 중국의 진시황제(황제 재위 서기전 221~210)가 조각으로 황궁을 꾸미고 황릉에도 수천 점이나 넣었다. 실크로드가 떠오르던 초기의 가장 두드러진 특징은 조각이 급속하게 동쪽으로 확산된 것이었다.

그리스에서 조각가들은 주로 청동이나 돌로 작업을 했는데, 지중해 동안 지역에서는 내화점토가 재료로 선택됐다. 중앙아시아에서는 많은 공예가들이 굽지 않은 점토와 치장벽토를 택했다. 이 지역의 건조한 기후에 잘 맞는 재료였다. 치장벽토는 석회와 모래를 물로 섞은 것인데, 때로는 동물의 털이나 식물의 섬유질을 더하기도 했다. 그것을 나무로 만든 뼈대에 붙이거나 점토 덩이에 붙였다. 작은 것은 틀을 이용해 만들기도 하고, 큰 조각품은 반건조된 재료를 깎아냈다. 일부 거대한 작품들은 여러 가지 재료를 조합했다. 아이하눔의 신전에 있던 높이 5미터의 제우스 조각상이 그랬다. 중국인들은 조각품

아이하눔: 중앙아시아의 그리스 식민지

우리가 그리스 식민지라고 생각하는 것에 완전히 합치하는 중앙아시아의 유일한 고고학 유적지가 오늘날 아이하눔이라고 알려진 곳이다. 아프가니스탄 동북부 타지키스탄과의 접경 지대에 있다. 이곳은 1964년부터 1978년까지 폴 베르나르(1929~2015)가 이끄는 아프가니스탄 파견 프랑스고고학대표단(DAFA)에 의해 발굴됐다.

고고학적 증거에 따르면 이곳은 거의 틀림없이 에우크라티디아다. 스트라본(서기전 64?~서기 24)이 그리스계 박트리아의 말기 왕 에우크라티데스 1세(재위 서기전 171?~145?)의 수도라고 했던 곳이다. 이곳은 290년 무렵에 셀레우코스(서기전 312~63)의 식민지로 건설됐다. 본래 이름은 알 수 없다.

이곳은 몇 가지 이점이 있어 선택됐다. 우선 아케메네스(서기전 550~330) 시대에 이미 관개시설이 된 드넓은 평원이었다. 또 북쪽에서 오는 침략군의 경로가 될 수 있는 계곡을 마주하고 있는 전략적인 위치였다. 콕차강(당시에는 다르고이도스강)을 통해 힌두쿠시산맥의 삼림과 광물자원에도 접근할 수 있었다(궁궐에서 막대한 양의 가공되지 않은 청금석(182~187쪽 참조)이 발견됐다). 양쪽이 강으로 보호되는 고원이고 한쪽에 높은 성채가 있어 방어에 유리하다는 이 지역의 이점은 애초부터 활용됐다. 방어벽 안의 지역은 총 135헥타르에 이르렀고, 북쪽 교외에도 거대한 건축물들이 있었다(아래 지도 참조).

거의 모든 건축물들이 흙벽돌로 지어졌으며, 그리스적 요소는 대체로 기념비, 벽기둥, 조각상 같은 웅장한 석제 장식물로 한정됐다. 저지 도시의 5분의 1은 궁궐이 차지했다. 중심 신전은 메소포타미아 양식으로 지어졌다. 제우스와 아르테미스를 숭배한 흔적이 있는데(아래 오른쪽 사진이 거대한 제우스 상의 발 부분이다), 아마도 둘 다 현지 신들과 융합된 형태였을 것이다. 다른 공공건물로는 역시 흙벽돌로 지은 체육관과 극장이 있었고, 무기고도 있었다.

비문은 그다지 많이 발견되지 않았다. 가장 유명한 것은 헌정시와 함께 나오는 델포이 신전의 격언을 베낀 비문이다. 그리스의 지적 중심지와 접촉이 있었음은 그리스 철학과 관련된 고문서 단편으로 입증된다. 여기에는 아직까지 알려지지 않은 아리스토텔레스와 그 학파의 저작이 들어 있다. FG

더 읽을거리: Bernard 2008; Francfort et al. 2014; Martinez-Sève 2015.

간다라의 불상

간다라의 조각가들은 인간의 모습을 한 불상을 아시아 미술에 도입했다 (179쪽 상자글 참조). 많은 양의 좌상 또는 입상이 현지의 잿빛 편암으로 조각됐다.

높이 52센티미터의 이 작품은 2~3세기의 것으로 보이며, 현재 베를린의 아시아미술박물관(MAK.I.74)에 보관돼 있다. 붓다는 사자 두 마리가 새겨진 옥좌의 방석에 책상다리를 하고 앉아 있다. 초기 페르시아 왕들의 초상을 떠올리게 한다. 없어진 오른손은 두려움이 없음을 나타내는 표시인 시무외인(施無畏印; Abhayamudra)을 보이고 있는 듯하며, 비슷하게 없어진 왼손은 아마도 입고 있는 옷의 단을 잡고 있는 듯하다. 주름이 잘 표현된 고부조의 옷이 양 어깨를 덮고 있다. 이는 헬레니즘과 로마 미술의 관행을 연상시킨다. 이런 유형의 붓다 좌상은 간다라의 후원자들 사이에서 인기가 있었고, 다양한 변형으로 조각됐다.

이 사례는 파키스탄 마르단 부근의 몇몇 산꼭대기에 퍼져 있던 대형 수도원 단지 타흐트이바히에서 발견된 것이다. 이 유적지는 1세기부터 7세기에 영향력을 잃을 때까지 성행했다 (160~167쪽 참조). 중국의 순례자였던 승려 현장(602~664)은 그 사리탑이 여행 중에 본 것 가운데 가장 인상적인 구조물이라고 했다. LN

더 읽을거리: Behrendt 2007; Ghose 2000; Härtel et al. 1982; Kunst 1985.

을 만들기 시작하면서 청동과 테라코타를 이용했으며, 두 재료 모두 수천 년 동안 성공적으로 활용했다. 처음으로 의인화한 석조 조각품은 서기전 2세기에 나왔다(67쪽 상자글 참조).

두 번째의, 아마도 더 강력한 조각 활동의 물결이 1세기 중반부터 중앙아시아 일대를 휩쓸었다. 쿠샨 제국이 등장한 이후다. 간다라에서는 부유한 한 불교 후원자 집단을 위해 일하던 공예가들이 로마의 조각 개념을 인도의 미술 관행과 융합시켜 새로운 전통을 만들어냈고, 그것은 수백 년 동안 활발하게 이어졌다. 간다라 조각가들은 쉽게 구할 수 있는 편암을 이용했다. 편암은 결이 고운 잿빛 돌인데, 새기기도 쉽고 윤을 내기도 쉽다는 점이 밝혀졌다. 일부 청동상도 있기는 하지만, 3세기 이후에는 치장벽토로 만든 작품들이 점점 더 늘었다. 그리스와 로마 세계에서도 그랬지만, 중앙아시아와 동아시아의 조각품들은 보통 선명한 색깔로 칠해졌다.

쿠샨 지배하의 간다라 작업장들은 붓다를 표현하는 작업을 채택했다. 물론 그의 생애와 관련된 물건이나 사건들도 묘사했다. 간다라의 붓다 작품들은 북인도와 타림분지 오아시스 도시들의 구상미술에 가시적인 영향을 미쳤다(138, 157쪽 상자글 참조). 2세기 쓰촨 분지의 무덤들에서 나온 것 같은, 알려진 가장 이른 일부 중국의 붓다 묘사에도 마찬가지였다.

타림분지의 오아시스 도시들과 하서주랑에서는 치장벽토의 가장 중요한 재료인 석회를 쉽게 구할 수 없었기 때문에 점토에 섬유질을 섞어 조각을 만드는 경우가 대부분이었다. 나무나 갈대로 만든 틀 위에 점토를 발랐고, 얇은 치장벽토 층

으로 덮은 뒤 색깔을 칠했다.

중국에서는 불교가 적어도 2세기 이후에는 알려졌지만, 5세기 중반 이전에는 불상으로 만들어 숭배하는 일이 많지 않았던 듯하다. 현재 우리에게 알려진 것들은 모두 전통적인 중국식 거푸집 주조법이나 납형법(蠟型法)을 사용해 청동으로 주조한 것들이다. 북위(386~534) 황제들이 460년 무렵부터 공개적으로 불교를 후원하면서 이 종교는 빠르게 제국 전역으로 확산됐다. 그들은 윈강과 룽먼 등 거대한 석굴 사원을 조성했고, 그 신하들은 크고 작은 도시들에 우후죽순처럼 생겨난 절과 수도원들에 수천 개의 불상을 기증했다.

중국 공예가들은 때로 타림분지의 사례를 따라 조각에 점토를 사용했다. 516년 낙양에 세워진 영녕사의 것과 북위 수도 유적지들에서 나온 다른 작품들이 그렇다. 거대한 조각상의 재료는 돌이었고, 통상 사암, 석회암, 대리석이었다. 나중에는 불상을 나무로 깎고 옻칠을 하거나 철로 주조하는 방식도 널리 퍼졌다.

더 읽을거리: Abe 2002; Bernard 2008; Huntingdon 2015; Nickel 2013; Rowland 1960; Xu 2001.

중국 중부 룽먼 불교 석굴 사원 단지의 대형 불상. 측천무후의 지시로 676년에 완성됐다.

사막과
오아시스

사막과 오아시스

(206~207쪽) 일한국 지배자 올제이투(재위 1304~1316)의 능묘. 지금은 사막의 마을이 된 옛 오아시스 도시 솔타니예에 있다.

(왼쪽) 몽골 알타이 산록 고비사막의 눈 덮인 명사산(鳴沙山)을 배경으로 길을 가고 있는 쌍봉낙타 행렬. 바람이 불면 모래언덕이 우는 소리를 낸다고 해서 '명사'라는 이름이 붙었다.

시베리아

예니세이강

톰스크

미누신스크분지

아바칸

바이칼호

자바이칼

오르고이톤

도르릭나르스

아르잔

투바

노용올

파지리크

알타이산맥

골무드

노용올

베렐

타실틴호트고르

중가르
평원

몽 골 스 텝

만주

투주사이
알마티

텐산산맥

쿠처(구자)

타림강

투루판

코초

위먼관

하미

카라호토

고비사막

왕하

백두산

그산

카슈가르

파미르고원

악수강

툼슈

229

롭사막

잉판

250

둔황

하서주랑

시거우판

환강

카라샤흐르(언기)

한반도

아이하눔

힌두쿠시산맥

215

유물락쿤
카라동

253

크로라이나
미란

주취안

우웨이

오르도스

호류지

교토

붓카라

252

221 240

삼풀라

239

카도타

247

자르첸

차오룽무지

양관

장예

쓰촨분지

후지산

나라

270

비마란
바리코트

도모군
단단윌리크

쿤룬

타클라마칸사막

티베트
고원

차 렌 산 맥

바저우

구위안

찬 링 샨 맥

장안

난징

쉬저우

북중국
평원

다자이후

니루르

오사카

펀자브
평원

델리

히 말 라 야 산 맥

라오관산
청두

롱먼 & 낙양

궁셴

양저우

항저우

타르사막

마투라

비르코트

파탈리푸트라

조드푸르

푸저우

취안저우

구자라트

나르마다강

후글리강

파드마강

취안저우

캄베이

바루칼차

아잔타 석굴

파간

펑텐

카바프라

준나르

하트라

데칸고원

아마라바티

벵골만

하이난섬

난하이 1호

광저우

칸헤리

엘레판타섬

망갈로르
말라바르

시 가 트 산 맥

상가나칼루

아리카메두
푸두체리

끄라 지협

차우탄

푸카오통

필리핀
제도

태평양

무지리스
코둥갈루르

콜람

만타이

스리랑카

반둔따뱃
피놈수린

이유타야

앙코르

옥에오

남중국해

메콩강
삼각주

메콩강
삼각주

콜롬보

고다바야

안다만
제도

카오쌈깨오

말레이반도

빙산

인도양

사무데라파사이

말라카

인도양

수마트라

자
바
해

헬더말선호

벨리퉁

팔렘방

술라웨시

반다
제도

트르나테섬
티도레섬

바타비아

반텐

자바

푼줄하르조

소순다제도

티모르

기본 지도 ©Maps in Minutes™ 2003
지도 제작 ML Design, London

정착지

침몰 지점

강

산

주요 교역로

상자글 쪽수

0   1000 km

모래로 이루어진 산과 계곡

팀 윌리엄스

시리우스의 나날들
열기가 찌는 듯하고
독사도 참지 못하고 온몸 비틀 때
펄펄 끓는 대지를
나는 똑바로 마주했다.
나를 가려줄 덮개도 없고
장막 따위도 없었다, 그저
너덜너덜해진 외투와
길게 자란 머리칼 외에는.

- 알샨파라(6세기), 〈라미야트 알아랍〉

(오른쪽) 타클라마칸사막의 단풍이 든 검은 포플러.

아프로유라시아 대륙의 사막은 그 많은 실크로드 여행의 상징적인 모습을 제공한다. 낙타 행렬이 모래벌판을 지나는 모습이다. 그러나 사막의 형태는 너무도 다양하다. 줄지은 산맥에 둘러싸인 고비사막이나 타클라마칸사막 같은 높은 고원의 사막도 있고, 카라쿰사막 같은 저지의 모래언덕 사막도 있다. 사하라사막 같은 광대무변의 사막도 있다.

이들 모두는 전혀 다른 생태계를 갖고 있고, 그 안이나 주변에 사는 사람들에게 서로 다른 문제를 안겨준다. 물론 실크로드 여행자들에게도 마찬가지다. 어떤 생명체도 살아갈 수 없는 사막은 그다지 많지 않다.

사하라사막 오아시스 주변의 단봉낙타들.

소금 덩어리의 저지대가 가장 극단적인 경우겠지만, 그렇지 않은 곳이라면 가장 황량한 사막이라도 때로 계절적인 식물들이 자라고, 다양한 동·식물이 서식한다.

그럼에도 불구하고 사막은 인간에게 지구상에서 가장 적대적이고 도전적인 환경을 들이민다. 여행자들은 먼 길을 돌아가야 하고, 아니면 사막을 건너기 위해 충분한 양의 물과 먹을 것을 준비해야 한다. 길을 찾는 기술은 언제나 필수였다. 그러나 충분한 준비를 갖추고 좋은 인도자가 이끄는 상인단에게 사막은 교류와 여행의 통로를 제공했다. 그리고 그런 길의 상당 부분은 비교적 빠르고 효율적이었으며, 특히 딱딱하고 자갈이 깔린 지표면이 있는 길은 더욱 그랬다.

사막은 그 중간중간에 있는 비옥한 오아시스를 동시에 떠올리지 않고는 생각할 수 없다. 오아시스는 물을 먹을 수 있는 작은 웅덩이부터 많은 사람들이 이용할 수 있는 너른 강의 삼각주에 이르기까지 다양하다. 여러 인간 사회는 또한 끊임없이 사막에 적응하고 도전해왔다. 우물과 지하수원을 창조적으로 이용하고, 카나트 또는 카레즈라 부르는 굴을 뚫어 물길을 열

케리야강:
타클라마칸사막을 건너는 물길

케리야강(오른쪽 작은 사진)은 쿤룬산맥에서 북쪽으로 흘러 호탄 동쪽을 지난다(221쪽 상자글 참조). 한때는 틀림없이 타클라마칸사막을 가로질러 흘렀을 텐데, 지금은 곧 사막 모래 속으로 사라져버린다. 강이 사라진 곳에서 멀지 않은 지점에서 20세기 초에 카라동이라고 부르는 오아시스 정착지가 발견됐다(222~225쪽 참조). 더 최근에는 고고학 발굴이 활발하게 이루어졌던 10년 동안 중국-프랑스 케리야 합동고고학 팀이 서북쪽 더 깊숙한 사막에서 더 많은 유적지들을 발견했다. 이 팀은 카라동에서 불교 사원(3세기 전반기의 것들이다)과 집들, 그리고 도시를 둘러싸고 있는 관개시설들을 발견했다. 불교 벽화와 기타 공예품들은 이 지역이 서쪽으로 파미르고원 너머 쿠샨 제국(1~3세기)과 교류했음을 보여준다. 발견된 피륙으로는 양, 산양, 앙고라염소, 염소, 송아지 털로 만든 모직물과 펠트, 그리고 비단과 무명 등이 있었다(324~329쪽 참조).

성벽을 두른 정착지와 묘지 등 청동기 시대 유적들(위 큰 사진)이 이후 더 서북쪽의 유물락쿰(Yumulak Kum; 圓沙)에서 발견됐다. 고대의 강줄기를 따라서 형성된 것이었다. IA

더 읽을거리: Abduressul 2013; Debaine-Francfort & Abduressul 2001; Desrosiers & Debaine-Francfort 2016.

페트라의 물

페트라는 남부 요르단의 가장 건조하고 가장 황량한 곳이었다. 그렇지만 수백 년 동안 아프로유라시아 대륙의 사치품 교역망에서 중심 도시로서의 명성을 얻었다. 그 비결은 바로 식수를 항시 공급할 수 있는 능력이었다. 이 도시에는 2만 명의 주민이 살았고, 대규모 상인 행렬이 오거나 가물 경우를 대비해 충분히 물을 비축해두어야 했다.

이 도시 중심부에 대한 고고학적 조사 결과 정교하고 규모가 큰 건축물들이 있었음이 드러났다. 수많은 무덤과 왕들의 능묘, 커다란 신전, 보물창고(아래 왼쪽 사진), 시장의 상품 진열대, 분수, 목욕탕과 극장이 있었고, 중심부에는 호수공원이 있었다. 모든 주요 구조물들은 정교한 배급망을 통해 개별적으로 물을 공급받고 있었다. 350여 개의 웅덩이와 저수지에 얼마 안 되는 빗물을 받고 공들여 쌓은 둑으로 빗물의 유출을 막았으며, 네 개의 큰 수원지에서 긴 도관(아래 오른쪽 사진이 그 일부다)을 통해 물을 도시 중심부까지 끌어오는 데 성공했던 것이다. 주목할 것은 이때 이미 정교한 수력공학 원리를 사용했다는 점이다. 아인무사(Ain Mousa) 관로에서 부분적인 한계 유량을 사용한 것이 그 한 예다. 수원지인 주라바 저수지에서 오는 물은 최고 유속을 유지하고, 수천 개의 연결점에서는 압력을 낮추어 내보내는 것이다. 시장과 왕궁, 의례 장소 등 중요한 지역에는 관로를 여러 개 설치해서 하나에 문제가 생기더라도 물 공급이 끊어지지 않게 했다. CO

더 읽을거리: Morris & Wiggert 1972; Ortloff 2003; 2009; 2014; 2014a.

고, 산에서 내려오는 얼음 녹은 물을 이용하기 위해 복잡한 관개시설을 개발하며, 강의 물길을 돌렸다. 이 모든 기술은 물을 이용하는 방법을 다양화하고 확대한 것이며, 이를 통해 정착지의 더 많은 부분이 유지될 수 있었다(236~243쪽 참조).

오아시스의 위치는 여행 경로를 결정하는 데 가장 중요한 부분이었다. 중계 지점과 여관, 샘터와 오아시스 등 기반시설이 잘 갖춰져 있으면 낙타가 상인 일행에 소요되는 물, 식량, 사료 대신 더 많은 상품을 실을 수 있었다. 그 결과 정치 세력들은 사막의 여로와 오아시스를 통제하고 수자원을 유지하며 여관을 짓는 데 상당한 자원을 투자해, 여행자들을 지원하고 통제하고 그들로부터 이득을 얻어냈다(244~255쪽 참조).

가장 큰 사막들 중 몇몇은 중앙아시아에 있다. 남쪽의 산맥들이 인도양의 계절성 강우를 막고, 북쪽과 서쪽에서도 스텝 초지가 필요로 하는 서풍에 의존하는 비를 막는다. 이 산들이 비가 적게 내리는 비그늘을 만들어, 대륙의 중심부에 커다란 사막 지대를 형성한다. 동쪽에서 서쪽으로 가면서 만나게 되는 고비, 롭, 타클라마칸, 키질쿰, 카라쿰사막 등이다.

동쪽에는 광대한 고비사막이 몽골 스텝과 북중국 평원 사이의 경계에 걸쳐 있다. 이 사막은 무시할 수 없는 장벽으로서, 여러 제국들의 한계선이었다. 이곳은 대부분이 모래땅이 아니라 노출된 바위다. 북쪽에 위치하고

대략 해발 900~1500미터의 높은 고원 환경이어서 극단적인 기후를 보인다. 겨울에는 사막에 얼음이 얼고 때때로 눈이 내리며 기온이 영하 40도까지 내려가지만, 여름에는 기온이 영상 45도까지 올라간다. 계절성 강우는 고비사막의 동남부에까지 미치며, 그 북쪽은 매우 건조하다. 그럼에도 불구하고 고비사막에는 선사시대부터 사람이 살았다. 대부분 목축민 집단이었다.

고비사막 서쪽이 타림분지다. 롭사막과 타클라마칸사막으로 이루어졌는데, 타클라마칸사막은 세계에서 가장 큰 축에 속하는 모래사막으로 면적이 32만 제곱킬로미터에 이른다. 바람에 날려 온 모래가 최고 300미터 두께로 쌓이고, 높이 30미터에서 150미터에 이르는 거대한 모래언덕을 이룬다. 피라미드처럼 솟은 일부 모래언덕은 높이가 200~300미터에 이른다.

타클라마칸사막 주위에는 높은 산맥들이 있다. 북쪽에는 톈산산맥, 남쪽에는 쿤룬산맥, 서쪽에는 파미르고원이다. 동북쪽으로 오아시스 투루판이 거대한 함몰지에 자리 잡고 있다. 면적이 5만 제곱킬로미터 정도이며, 지구상에서 가장 낮은 지점 가운데 하나다. 비가 거의 오지 않지만, 고대 이후로 농사가 잘되는 것은 톈산산맥에서 흘러내리는 물 덕분이다. 투루판은 장거리 교역의 주요 중심지가 됐다. 중국에서 서쪽으로 가고 중앙아시아에서 동쪽으로 가는 상인들에게, 그리고 북쪽 스텝에서 오는 상인들에게 중

팔미라: 사막 도시

시리아의 사막 도시 팔미라는 시시한 동네에서 출발했지만 1~3세기에는 지중해와 인도양 사이의 주요 상업 중심지가 됐다. 그 세력의 전성기에, 서양에 제노비아로 알려진 이 도시의 여왕 밧자바이(240?~274?)는 로마의 권력에 도전해 자기 아들을 로마 황제 자리에 올리려 하기도 했다. 그러나 팔미라는 273년 로마에 약탈당했다. 팔미라는 지역 중심지로 남았으나, 점차 쇠락해 결국 옛 바알 신전(218쪽 사진) 구역 안에 한 마을만 남았다.

팔미라는 외딴 위치 때문에 오랫동안 상대적으로 방치돼 있었다. 그러나 17세기 이후 유럽 여행자들이 이 유적지를 찾아왔고, 팔미라는 당연히 유명해졌다. 유적지(오른쪽 사진)의 장관과 미술 및 건축 측면에서의 가치 때문이었다. 그리스-로마와 메소포타미아, 이란, 시리아, 아랍의 전통을 조합해 분명하고 독특한 팔미라 양식을 만들어낸 것이다. 발굴은 19세기 말에 시작돼 2011년 시리아 내전이 일어나기 전까지 이어졌다(222~225쪽 참조). 팔미라는 자칭 '이슬람국가(IS)' 군대에 의해 두 번 점령당했다. 그들은 유물들

을 조직적으로 파괴했다. 유명한 바알 및 바알샤민 신전과 상징적인 장례탑 같은 것들이 포함됐다. EHS

더 읽을거리: Kaizer 2002; Schmidt-Colinet 1995; Seland 2016; Sommer 2017.

요한 경유지였다.

투루판 남쪽이 롭사막이다. 타림강이 끝나는 지점이다. 이 강은 서쪽의 카라코룸산맥에서 발원해 타클라마칸사막 북쪽 끝을 따라 흐르다가 동남쪽으로 꺾인다. 그 물 덕분에 한 줄기의 밀림이 형성되었고, 20세기 초까지 그곳에는 호랑이가 살았다. 이 강과 톈산산맥에서 발원한 아커쑤강이 오아시스 정착지들에 물을 공급했다. 타클라마칸사막의 평원은 남쪽에서 북쪽으로 기울어져 내려간다. 그리고 호탄강과 케리야강 등이 남쪽의 쿤룬산맥에서 흘러나와 사막 남쪽 지역에 여러 곳의 오아시스와 풍요로운 계곡을 만들어냈다. 오아시스 도시 호탄이 그 가운데 하나다(221쪽 상자글 참조).

더 서쪽으로 가면 오늘날의 우즈베키스탄과 카자흐스탄에 '붉은 모래'라는 뜻의 키질쿰사막이 있다. 아무다리야강과 시르다리야강 사이다. 그리고 아무다리야강을 건너면 오늘날의 투르크메니스탄에 '검은 모래'라는 뜻의 카라쿰사막이 있다. 멀리 카스피해까지 뻗어 있다. 두 사막은 모두 광대한 평원을 이룬다. 많은 함몰지와 고원도 있지만, 주로 모래언덕으로 이루어진다. 그러나 얕은 함몰지 타키르도 넓은 지역을 차지하고 있다. 계절적인 강우 때 범람한 무거운 진흙으로 가득 차는 곳이다. 이런 사막들은 실크로드의 큰 장애물이 됐을 수 있다. 그러나 큰 강들이 이 사막들을 가로지르고 메르브(219쪽 상자글 참조)나 부하라 같은 풍요로운 삼각주와 오아시스들이 있어 중요한 교역로가 발전했다. 물을 꼼꼼하게 관리하는 일은 이 교역로의 통제권을 확보하는 데 가장 중요한 일이었다.

남쪽으로 타르사막이 있다. 면적이 20만 제곱킬로미터다. 인더스강 유역의 남쪽에 있으며, 오늘날 인도와 파키스탄의 자연 경계를 이루고 있다. 이 사막은 주로 커다란 모래언덕으로 이루어져 있다. 그 언덕들은 장마철 전에 강한 바람이 불어 쉽게 이동한다. 몇 개의 계절적인 큰 짠물호수도 있다. 물이 적지만 이곳에는 사람이 많이 산다. 정착지는 오아시스나 단속적으로 흐르는 가가르-하크라강(이 지역을 양분하는 강이다) 같은 강 주변, 그리고 목축민 집단들이 사용하는 단속적인 연못 주위 등에 있다. 관개시설은 전략적으로 중요한 도시들의 발전을 촉진했다. 델리와 구자라트를 연결하는 조드푸르가 대표적이다. 이 도시들은 구리, 비단, 백단, 아편 무역에서 중요한 역할을 했다.

오늘날의 이란에 있는 두 개의 중요한 사막은 중앙아시아 및 남아시아를 서아시아와 이어주는 길들을 형성하는 데 결정적인 역할을 했다. '텅 빈 평원'(다시트이루트)이라는 뜻의 루트사막은 돌투성이의 광대한 황야와 모래 언덕이 펼쳐진 들판으로 이루어졌다. 그러나 강한 바람에 의한 대규모 침식 작용으로 야르당이라는 골 진 산마루들을 만들어낸다. 조금 북쪽에는 '낮은 평원'(다시트이카비르)이라는 뜻의 카비르사막이 있다. 모래와 자갈의 사막이다. 호수와 강은 계절에 따라 마르고, 기온이 매우 높아 극심한 증발이 일어나기 때문에 늪지대와 커다란 소금 표층이 만들어진다.

더 서쪽으로 시리아사막이 있다. 사실상 스텝과 칙칙한 사막의 조합이며, 간간이 계절적인 수로인 와디가 있다. 면적은 거의 50만 제곱킬로미터다. 팔미라(217쪽 상자글 참조) 같은 중요한 오아시스 도시들과 유프라테스강을 건너는 중요한 길목인 두라에우로포스 같은 곳들이 사막 횡단로상에서 발전했다. 시리아사막은 남쪽으로 아라비아반도의 사막들과 합쳐진다. 오늘날 예멘, 오만, 카타르, 바레인, 쿠웨이트, 사우디아라비아, 아랍에미리트연합(UAE)에 걸쳐 있고, 요르단과 이라크 일부도 포함된다. 이 사막들에는 오랜 세월 동안 베두인 부족들이 살았다. 그들의 전통적인 생활방식은 엄혹한

팔미라의 벨 신전. 1세기의 것으로, 헬레니즘과 현지 건축 양식의 융합을 보여준다. 2015년 파괴되기 전에 찍은 것이다.

메르브: 붉은 사막의 도시들

메르브의 도시들은 카라쿰사막의 남쪽 끝에 있는 무르가브강의 풍요로운 충적 삼각주에 자리 잡고 있었다. 가장 이른 것은 서기전 5세기 무렵의 것으로, 아케메네스고 제국(서기전 550~330)의 행정 및 교역 도시였다. 오늘날 에르크칼라라고 부르는 곳이며, 면적은 12헥타르 정도다. 서기전 3세기에 셀레우코스 제국(서기전 312~서기 63)은 방대한 팽창 계획을 추진했다. 에르크칼라는 요새로 전환되었고, 거대한 새 도시가 설계됐다. 안티오키아 마르기아나다. 지금은 갸우르칼라로 알려져 있으며, 폭이 거의 2킬로미터에 면적은 340헥타르 정도다. 이 도시는 이후 1천여 년 동안 발전을 계속했다. 파르티아(서기전 247~서기 224)와 그리스계 박트리아(서기전 256~125), 그리고 이어서 사산 제국(224~651) 등이 이 도시를 중요한 행정·군사·교역 중심지로 삼았다.

7세기 이슬람교가 탄생하면서 외래 이주민들을 수용하기 위해 옛 도시 동문 밖에 자족적인 성벽 도시 샤임칼라가 건설됐다(256~267쪽 참조). 8세기 중엽에는 옛 도시 서쪽에 새로운 도시 마르브앗샤히잔(오늘날의 술탄칼라)이 운하와 함께 개발됐다. 이 도시는 거대한 관청과 종교 시설이 들어선 중심가와 꼼꼼하게 관리된 물 공급 시설(매 구역마다 저수조를 설치했다)을 갖추어(236~243쪽 참조) '동쪽 땅' 호라산의 중심 도시가 됐다.

셀주크 시대(1037~1194)에 이 도시는 튼튼하게 성벽을 둘러쳤다. 둘레가 13킬로미터, 면적이 약 550헥타르였다. 그리고 성벽을 두른 요새 샤흐리야르아르크가 건설돼 궁궐 단지와 관청 건물, 지배층의 주거지를 보호했다. 이 시기에 메르브는 세계 최대급의 도시였다. 시장과 이슬람 사원 및 학교가 급증했고, 도시 안과 부근의 간선도로를 따라 카르반사라이가 우후죽순처럼 들어섰다(244~255쪽 참조). 또한 대규모 교외 공업 지구도 만들어져 금속 가공품과 유리, 도자기 등을 생산했다. 메르브는 1221년 몽골에 약탈당했다. 이때 많은 사람들이 학살당했다. 그러나 일부 연속의 흔적도 있다. 아마도 옛 요새 안이나 주변에 제조업 종사자들이 정착했던 듯하다. 15세기가 되자 옛 도시는 결국 버려졌다. 그리고 테무르(1370~1507)의 작은 계획도시 압둘라한칼라가 건설되었다. 남쪽으로 2킬로미터 되는 지점이었다. TW

더 읽을거리: Herrmann 1999; Williams & Van der Linde 2008.

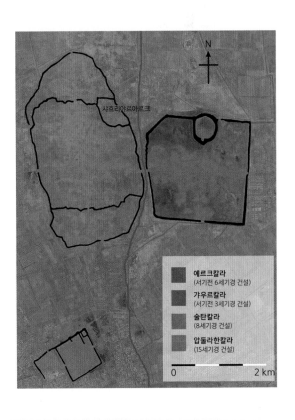

샤흐리야르아르크

에르크칼라
(서기전 6세기경 건설)

갸우르칼라
(서기전 3세기경 건설)

술탄칼라
(8세기경 건설)

압둘라한칼라
(15세기경 건설)

0   2 km

타림분지 투루판 부근의 야르골(교하). 차
사 왕국(車師, 서기전 108?~서기 450?)의
수도였다.

환경에 적응한(그리고 환경에 의해 규정된) 것이었다.

북아프리카의 사하라사막은 지구상에서 가장 크고 가장 고온한 건조한 사
막이다. 면적은 거의 900만 제곱킬로미터다. 이곳은 돌의 고원과 모래 바다
의 조합이다. 으레 떠올리는 모래언덕(높이 180미터를 넘는 것도 많다)은 전체
의 극히 일부밖에 안 된다. 사하라사막은 몇 개의 뚜렷한 생태 지구로 이루
어진다. 중앙 사하라는 너무 건조해 초목이 거의 자라지 않는다. 가장자리
는 초지와 덤불이 드물지만 물기가 모이는 와디에는 크고 작은 나무들이
있다. 목축민의 생활방식을 택한 것은 불가피한 적응이었고, 이동은 핵심
요소였다. 고대에 이 이동이 사하라사막 횡단 여행을 촉진했고, 이것이 사
하라이남 아프리카의 문을 여는 중요한 일을 해냈다. 오아시스는 여기서도
교역로를 만들고 통제하는 중요한 역할을 했다.

낙타는 최고의 사막 여행자다. 중앙아시아와 동아시아에서는 조금 큰 쌍
봉 박트리아 낙타가 주종이었다. 서쪽에서는 작은 단봉낙타가 이용됐다. 쌍
봉낙타는 추위와 갈증과 고산 지역의 희박한 공기에도 잘 견뎠다. 사람이

타는 경우는 거의 없었고, 상품과 양식 등을 나르는 것이 주된 용도였다. 반
면에 단봉낙타는 두 가지 용도 모두로 쓰였다.

사막은 또한 원자재의 원천이었다. 예를 들어 나일강과 홍해 사이의 사하
라 동부 사막은 고대에 건축용 석재와 광석, 그리고 보석의 산지였다. 키질
쿰사막 북부에는 금, 은, 구리가 많이 매장돼 있어 고대부터 채굴됐다. 그러
나 사막에는 위험 요소들이 산재했기 때문에 그 안에 살거나 그와 맞닥뜨
리게 되는 사람들에게 때로 상징적인 의미로 다가왔다. 여행자들이 사막에
서 귀신이나 신기루에 홀려 행로를 벗어난다는 이야기들이 많다. 그것이 이
드넓은 사막에서 길을 잃을지 모른다는 공포심을 더욱 자극했고, 실크로드
여행자들에게는 길을 찾기 위한 지식이 더욱 중요했다.

더 읽을거리: Bulliet 1990; Middleton 2009.

호탄: 타클라마칸사막의 왕국

호탄은 타클라마칸사막 남쪽 가장자리에 줄지어 있던 몇몇 오아시스 왕국들 가운데 가장 장수했다. 제1천년기 내내 번성을 누린 것이다. 이 나라는 쿤룬산맥에서 발원하는 강들을 통해 북쪽으로 흐르는 눈 녹은 물로 유지됐다. 그 강들은 호탄에 번영을 가져다 준 옥도 실어 날랐다. 강들은 수도를 지나 합쳐지며 타클라마칸사막을 건넜고, 북쪽의 왕국들과 그 너머의 스텝 지역으로 가는 길을 제공했다.

호탄의 초기 역사는 불분명하다. 그러나 전설에 따르면 이 왕국은 아소카왕(재위 서기전 238?~232?)의 추방으로 간다라에서 쫓겨 온 망명자들이 세웠다고 한다. 그들은 또한 불교의 사천왕 중 하나인 바이슈라바나(다문천왕)에게 의지했고, 호탄은 참으로 많은 수도원과 신전을 보유한 번성하는 불교 왕국이 됐다. 그 한 예가 신장 라와크 사리탑이다(아래 사진). 한자와 카로슈티 문자가 함께 쓰인 서력기원 초 몇 세기의 주화는 쿠샨과 중국의 영향을 보여주고 있지만(304쪽 상자글 참조), 호탄 왕들은 이란계의 이름을 가지고 있었다. 현지 언어인 호탄어는 동(東)이란어군에 속하며, 인도계 문자인 브라흐미 문자로 표기됐다(240쪽 상자글 참조). 미술 또한 이 봉헌 목판에서 보이는 것처럼 독특했다.

호탄은 서쪽과 북쪽에서는 튀르크의 영향을 받았고, 남쪽에서는 티베트의 영향을 받았다. 그리고 10세기에 동쪽 둔황의 왕국들과 긴밀한 관계를 구축했다. 지배 가문들끼리 혼인을 했고, 모가오(莫高)의 불교 석굴 사원 벽에는 호탄인 후원자의 모습이 그려졌다(227, 230쪽 그림 참조). 이 왕국은 1006년 무렵 카라한(840~1212)의 침입으로 종말을 고했다. SW

더 읽을거리: Hansen 2012; Whitfield 2018; Whitfield & Sims-Williams 2004; Zhang 1996.

모래 속에 묻힌 유적

존 포크너

그곳에는 고생한 우리 동물들을 위한 마른 갈대와
덤불 등 온갖 목초지가 풍성했고, 모닥불 재료로 쓰여
우리를 추위로부터 막아줄 커다란 포플러나무도 많았다.
(…) 내 마음을 신나게 한 것은 (…) 이제 이 사막에서
새롭고 흥미로운 작업을 할 수 있는 전망이 열린다는
확신이었다.

- 아우렐 스타인, 1912: 546

(오른쪽 위) 1934년 이집트 카스르 엘사가에 있는 신전 발굴장의 거트루드 케이턴 톰슨(운전하고 있는 사람).

(오른쪽 아래) 1908년 타클라마칸사막 남부 울루그마자르 발굴 팀 및 애완견 대시 II와 함께 있는 아우렐 스타인.

중국 서북방 영토에 대한 중국의 통제력이 약화되면서 힘의 공백이 생겼다. 이를 메우려는 러시아와 영국 두 제국의 경쟁으로 1860년대 이후 이 지역에는 많은 유럽인 탐험가와 연구자들이 밀려들었다. 러시아가 남쪽과 동쪽으로 움직여 투르키스탄의 카간국들로 확장해 들어가자 영국은 자기네 기지인 인도에서 중국 서북부 지역으로 상업적·정치적 영향력을 확대하려 했다.

이런 탐험과 전도의 행렬은 일차적으로 제국의 입지 강화와 상업적 이익을 노린 것이었지만, 이로 인해 타클라마칸사막과 롭사막 가장자리를 두르고 있던 교역로상의 버려지고 파묻힌 오아시스 정착지들의 연결망에 대한 증거들 또한 점점 더 많이 드러났다. 예를 들어 영국의 인도조사국 관리 윌리엄 존슨(?~1883)은 1865년 비밀리에 호탄을 방문했는데(221쪽 상자글 참조), 타클라마칸사막의 모래 속에 수백 개의 도시들이 묻혀 있다는 말을 들었다. 다만 그는 추가 조사는 하지 않았다. 10여 년 뒤에 러시아의 지리학자이자 탐험가인 니콜라이 프르제발스키(1839~1888)는 1876~1878년 탐험 도중 로프노르(크로라이나) 유적지를 발견했다. 그러나 그의 관심은 일차적으로 과학적이고 정치적인 것이었기 때문에 광범위한 발굴은 하지 않았다.

많은 저서를 남긴 스웨덴의 탐험가 스벤 헤딘(1865~1952)은 타클라마칸의 사막 지역에 대해 지도를 만들고 물리적 탐험을 하던 방식에서 그곳의 고고학에 좀 더 집중하는 쪽으로 초점을 옮겨간 괴도기의 인물을 대표한다. 헤딘은 1893년부터 1902년 사이에 이루어진 두 번의 탐험에서 타클라마칸사막 남부의 버려진 오아시스 정착지에 점점 더 흥미를 느끼게 됐다. 그리고 그의 보고서와 지도는 이후의 탐험가들에게 필수적인 것이 됐다.

서부 중국의 사막들에 거의 신비적인 매력을 느꼈던 사람들 가운데 아우렐 스타인은 아마도 그 비밀을 푸는 데 가장 큰 공헌을 한 사람일 것이다. 그가 1900년 생애 최초의 중앙아시아 탐험 제의를 받아들인 데는 조지 커즌(1859~1925) 인도 총독의 지원이 결정적이었다. 그것은 또한 고고학이 제국주의의 도구가 되어가는 데 대한 묵시적인 인정이었다. 스타인은 1900년에서 1916년 사이에 이루어진 세 차례에 걸친 대규모 중앙아시아 탐험에서 타클라마칸사막 가장자리에 늘어선 광범위한 유적지들을 발굴했다. 호탄, 카도타, 크로라이나 같은 사막 왕국들이었다(226~231쪽 참조). 그는 여행하면서 조사와 지도 작성을 병행했다. 1907년 초 그는 둔황에 도착했고, 거기서 세상을 뒤집어놓을 필사본과 그림들의 보관처를 찾아냈다. 그것이 그의 명성을 보장하게 된다(252, 333쪽 상자글 참조).

고고학과 제국의 긍지 사이의 친밀한 관계, 그리고 헤딘이나 스타인 같은 탐험가 겸 고고학자들에 대한 대중의 갈채는 당연하게도 다른 나라들을 중국 서부의 사막 유적지들로 끌어들였다. 20세기 초 중앙아시아에는 탐험대들이 잇달아 들어와 자기네 국립박물관에 전시할 보물들을 찾았다. 러시아의 표트르 코즐로프와 세르게이 올덴부르크는 탕구트의 도시 카라호토와 둔황 및 타클라마칸사막 북부를 조사했다. 알베르트 그륀베델과 알베르트 폰 르코크(1860~1930)가 이끈 네 명의 독일 탐험가들은 타클라마칸사막 북부 왕국들의 고대 도시들과 불교 석굴 사원들에서 막대한 양의 공예품들을 입수했다(226~231쪽 참조). 일본, 핀란드, 프랑스 탐험대들의 활동은 학자들이 이용할 수 있는 자료의 범위를 더욱 넓혔다.

1927~1935년의 중국-스웨덴 탐사대는 헤딘의 이력에서 징검을 이루었다. 그러나 그것은 또한 이 지역에서의 외국인들의 활동의 종말이기도 했다. 정치적 단속이 뒤따랐기 때문이다. 중국의 고고학자 황원비(黃文弼, 1893~1966)는 이 탐사대의 일원으로서 이 지역에서 작업을 수행했다. 그 이후에도 이 지역에서는 중국-일본, 중국-프랑스 합동발굴을 통해 여러 가

(맨 왼쪽) 1906년 이란과 중앙아시아 경계의 키키라바트에서 발굴 중인 스벤 헤딘.

(왼쪽) 1908년 둔황 장경동의 폴 펠리오.

지 새로운 발견을 이루었다. 대표적인 곳이 카라동이다(215쪽 상자글 참조).

다른 지역들도 타클라마칸사막처럼 국제적인 활동과 경쟁이 극심하게 집중되었더라면 실크로드 서쪽에 이어진 사막 지역들 역시 합당한 고고학적 관심을 받았을 것이다. 또 몇몇 특별한 유적지는 집중적인 연구의 대상이 됐을 것이다. 오늘날 투르크메니스탄에 있는 메르브 오아시스(219쪽 상자글 참조)에서는 이 지역이 러시아의 손에 들어간 직후인 1885년에 예비 발굴이 이루어졌고, 1890년 발렌틴 주콥스키(1858~1918)에 의해 다시 발굴됐다. 오늘날 이 도시는 1990년대 초 이래 이루어진 '고대 메르브 프로젝트'의 상세하고 지속적인 분석 대상이 됐다. 그리고 외국 고고학자들에게 타클라마칸사막이 닫힌 뒤 스타인은 1932년에서 1936년 사이에 이란과 이라크의 사막을 네 차례 탐험했다. 그는 또한 고고학 유적을 찾아내기 위해 항공사진을 사용한 선구자이기도 하다.

더 서쪽으로, 시리아의 큰 도시 팔미라(217쪽 상자글 참조)는 동쪽에서 오는 상인들과의 교역으로 부유해졌고, 팔미라 상인들은 실크로드 일대에 식민지들을 건설했다. 1400년 테무르에 의해 파괴되기는 했지만, 팔미라의 오랜 명성은 17세기 이후로 옛것을 찾는 사람들을 그 오래된 유적으로 끌어들였다. 현대 최초의 전문적인 발굴은 1902년 오토 푸흐슈타인(1856~1911)에 의해 이루어졌다. 이 지역이 프랑스의 위임통치를 받던 1932년, 이 유적지에 살던 사람들은 새로운 지역으로 옮겨졌다. 이에 따라 앙리 세리그(1895~1973)는 방해받지 않고 발굴을 계속할 수 있었다. 2011년 시리아 내전으로 작업이 중단되기까지 다양한 국제 팀이 팔미라에서 발굴을 주도했다는 것은 고고학 연구 과정을 결정하는 데 있어 과거 식민 종주국의 패권이 지속되고 있음을 드러낸다.

이와 대조적으로 예멘에서는 아라비아반도 남단에 있다는 전략적 위치 덕분에 향신료 무역을 장악했던 역대 왕국들의 고고학사가 20세기에 들어선 지 한참이 지난 후에야 지속적인 관심의 대상이 됐다. 이 지역에서는 19세기 중반 이후 여러 여행자들에 의해 비문들이 수집됐지만, 첫 번째 고고학적 발굴은 1928년 사나아 북쪽에 있는 알후카에서 카를 라트옌스(1887~1966)와 헤르만 폰 비스만(1895~1979)에 의해 이루어졌다. 그들이 발견한 것에 대한 소식은 《일러스트레이티드 런던 뉴스》에 '세바 여왕의 왕국에서'라는 제목으로 보도됐다. 거트루드 케이턴 톰슨(1888~1985)이 1937~1938년에, 웬들 필립스(1925~1975)가 1951년에 추가 조사를 함으로써 이 지역의 초기 역사에 대한 지식을 늘려주었다.

팔미라 같은 큰 도시 중심지에서부터 작은 오아시스와 동굴 사원, 신전과 사리탑까지, 서로 매우 다른 실크로드의 사막 유적지들은 150년이 넘도록 여행자들과 고고학자들을 매혹시켰다. 상당 지역은 현재 갈등이나 정치 불안으로 분열된 곳에 있어 추가 발굴과 발견에 어려움을 겪고 있다. 상황이 고고학 활동 재개를 허락할 때까지, 방대한 발굴 필사본과 기타 공예품들, 그리고 출판된 많은 자료들이 실크로드 사막의 생활과 여행을 이해하는 데 풍부한 자료를 제공할 것이다.

더 읽을거리: Diaz-Andreu 2007; Hopkirk 2011; Mirsky 1998; Trümpler 2008; Wood 2004.

(위) 1906년 타림분지 키질에서 알베르트 그륀베델, 알베르트 폰 르코크와 그들의 팀.

(중간) 1902년 팔미라를 처음 발굴한 오토 푸흐슈타인.

(아래) 아우렐 스타인이 1907년 타림분지 오아시스 왕국 크로라이나의 미란에서 불교 사리탑 M-III을 발굴했다.

타클라마칸사막의 오아시스 왕국들

룡신장

호탄은 쾌적하고 번영을 누리는 왕국이다. 인구도 많고
번성하고 있다. (…) 온 나라에 민가가 별처럼 널려 있고,
각 가정에는 문 앞에 작은 사리탑 하나씩을 가지고 있다.
가장 작은 것도 높이가 적어도 두 길(丈)은 넘을 것이다.
수도원에는 (…) 그곳에 오는 여행 승려들을 위한 방이
있고, 그들에게는 다른 원하는 것들도 모두 제공된다.

- 법현(法顯, 337~422), 〈불국기(佛國記)〉

(오른쪽) 타클라마칸사막 오아시스 왕국
호탄의 지배자 비샤삼바바(이성천, 재위
912~966). 이웃 둔황 왕국의 모가오 석굴
98호 기부자로 그려졌다.

아시아 깊숙한 곳 타클라마칸사막 가장자리에서는 북쪽의 톈산산맥과 남쪽의 쿤룬산맥에서 녹아내린 물이 오아시스를 만들고 여러 왕국들을 키워냈다. 정착지와 무덤들은 청동기시대의 것들까지 발굴됐지만, 제1천년기 초 무렵의 중국 역사 자료들은 36개 또는 55개의 왕국이 있었다고 다르게 전하고 있다.

병합과 이주를 거쳐 타림분지 가장자리를 따라 큰 나라들이 모습을 드러냈다. 북쪽에는 옝기샤흐르(소륵), 쿠처(구자), 카라샤흐르(언기)가 있었고, 남쪽에는 야르칸드(사차), 호탄(221쪽 상자글 참조), 카도타(239쪽 상자글 참조), 크로라이나가 있었다. 그리고 투루판분지 동북쪽에는 차사와 코초(고창)가 있었다.

지역 주민들 가운데는 동부 이란계 언어를 사용하는 사카족이 있었고, 인도유럽어의 서쪽 분파의 말을 하는 이른바 토하라족도 있었다. 일반적으로 말해서, 앞서 언급한 크고 더 강력한 왕국들의 초기 거주민들 역시 인도유럽어의 서로 다른 분파의 언어를 사용했다. 투루판이 주로 중부 중국 평원에서 온 이주자들에 의해 지배되던 4세기 이후 이곳에서는 한어(漢語)가 행정 용어가 됐고, 서쪽의 쿠샨 제국(1~3세기)에 뿌리를 둔 프라크리트어의 간다라형은 남쪽 크로라이나(그들의 지배권은 서쪽으로 카도타까지 확장됐다)의 행정 용어가 됐다. 8세기 중엽부터 9세기 중엽까지 타클라마칸사막 남부의 상당 부분을 티베트 제국이 지배한 뒤에는 일부 지역에서 티베트어가 국제 통용어 노릇을 했다.

타림분지 코초(고창) 부근에서 발견된 모시 현수막에 그려진 튀르크계 위구르 군주. 10세기에 만든 기념 초상화로 보인다.

모직 카프탄

이 고급 모직물은 1995년 타클라마칸 사막 남부 위리현(尉犁縣) 잉판(營盤)에서 발굴된 한 무덤(M15)의 주인인 남성이 입었던 바깥 카프탄(112~117쪽 참조)에 사용된 것이다. 연대는 4세기에서 5세기 사이이다. 이것은 적색과 황색의 날실과 씨실을 섞어 짠 평직이다. 디자인은 같지만 색깔이 다른 이중직이다. 색깔과 무늬 처리의 특징이 중앙아시아의 다른 지역에서 발굴된 복수의 씨실 색깔을 쓴 직물들의 경우와 동일하다(316~329쪽 참조).

이 무늬는 씨실 방향으로 반복된 여섯 그룹의 대칭적인 인물들(벌거벗은 모습이며, 고대 그리스의 신 에로스를 나타낸 것이다)과 대칭적인 뿔 달린 사육 염소가 석류나무를 사이에 두고 배치돼 있다. 나무 아래에 대칭적인 동물을 놓는 것은 사산 제국의 흔한 장식 주제

이며, 에로스는 간다라 미술에서 나타난다. 그 기술적·미술적 특성으로 판단해보자면 이 직물은 중앙아시아에서, 아마도 간다라나 호탄에서 기원했을 것이다(221쪽 상자글 참조). 이 무덤 주인의 옷은 화려한 모직 및 비단 직물로 된 것이 많은데, 일부는 아마도 현지에서 만들었겠지만 일부는 서쪽이나 동쪽에서 들여왔을 것이다. LWY

더 읽을거리: Lin 2003; Whitfield 2009; Zhao 2005.

둔황 왕 조연록(曹延祿)의 호탄 출신 왕비
와 가족들. 둔황 모가오 61호 석굴에서 발견
됐다.

작고 약한 왕국들은 때로 이웃의 큰 나라들로부터 침략이나 통제를 받았다. 그런 큰 나라들로는 북쪽 몽골고원에 흉노·유연(柔然)·돌궐·위구르 카간국이 있었고, 남쪽에 티베트 제국이 있었으며, 서쪽에 쿠샨·에프탈·카라한 왕조가 있었고, 동쪽에 한(漢)·당(唐) 왕조가 있었다. 이들 제국은 타림분지와 투루판분지의 오아시스 왕국들에 영향력을 행사하기 위해 다양한 방법을 썼다. 때로는 느슨한 통제 정책을 쓰기도 했다. 지위와 특권을 부여하거나, 결혼 동맹을 맺거나, 농경 기능을 갖춘 요새인 둔전을 설치하기도 했다. 작은 나라들은 침략을 면하는 대가로 공물과 세금을 바쳤다. 10세기 이후 이 지역은 점차 북쪽에 있던 자기네 제국이 멸망한 뒤 남쪽으로 내몰린 튀르크계 위구르족들에 의해 점령됐다.

서기전 2세기부터 서기 10세기까지 타클라마칸사막의 오아시스 왕국들은 사방으로 뻗어 있는 교역로로부터의 영향(그리고 물건들)을 받아 독자적인 문화를 발전시켰다. 이 지역에는 소그드인 상인 공동체가 많았고(250쪽 상자글 참조), 유대인 상인들이 활동했던 흔적도 있다(252쪽 상자글 참조).

타클라마칸사막의 초기 종교는 분명하지 않다. 그러나 불교가 실크로드 교역을 따라 들어왔고, 곧 모든 왕국들에 도입되고 권장됐다. 조로아스터교

공동체에 관한 증거도 발견됐고(346~355쪽 참조), 마니교(356~363쪽 참조)와 네스토리우스파 기독교인 경교(景敎, 168~175쪽 참조)도 마찬가지다. 나중에 이 지역 전체는 이슬람교 지역이 됐다(256~267쪽 참조). 먼저 튀르크계 카라한 왕조가 침공해 1006년 호탄으로 들어왔고, 그 뒤 14세기에 차가타이한국의 몽골이 침입한 이후 가속화됐다.

더 읽을거리: Hansen 2012; Whitfield 2015; Zhang 1996; Zhang & Rong 1998.

타림분지 키질 석굴 사원에서 나온 토하라인의 채색 점토 조각상. 6세기의 것이다.

وَكَادَ يَنْزِعُ الجِمَالَ الشَّمَرَ وَأَشَدَ
مَا الجِحَّ سَيْرَكَ تَأْوِيبًا وَادلاجًا وَلَا اعْتِيَاءَكَ أَجْمَالًا وَاجْمَالًا

الحَجَّ أَنْ تَقْصِدَ البَيْتَ الحَرَامَ عَلَى تَحْرِيلِكَ الحَجَّ لَا تَبْغِي بِهِ جَاجًا
وَنَطَوِي كَامِلَ الإنْصَافِ مُتَّخِذًا رَدْعَ الهَوَى هَادِيًا وَالحَقَّ مِنْهَاجًا

아라비아반도: 유향과 몰약의 땅

피터 웨브

타이마는 큰 도시이며, 그 나라의 크기는 16일의 여정이 필요한 규모다. 북쪽에 있는 산들이 도시를 둘러싸고 있다. 유대인들이 여러 큰 성곽도시들을 장악하고 있다. 그들에게는 이교도의 굴레가 씌워지지 않았다. 그들은 이웃이자 동맹자인 아랍인들과 협력해 먼 나라에 가서 약탈하고 전리품을 얻는 일에 나서고 있다. 이 아랍인들은 사막을 주거지로 삼으며, 천막에 산다. 그들은 집을 가지고 있지 않으며, 시나르와 엘예멘의 땅에서 약탈을 하고 전리품을 얻는 데 힘쓴다.

- 투델라의 벤야민(1130~1173)

(왼쪽) 낙타를 타고 메카로 가는 순례자들을 그린 야흐야 알와시티의 그림.
무함마드 알하리리의 《마카마(Maqāma)》(바그다드, 1237)에 실려 있다.

힘야르 왕국 사아드일랏 카르요트의 아들
이글룸의 설화석고 묘비. 1~3세기의 것으
로, "이것을 깨려는 자는 누구든 아트타르
신의 벌을 받을 것이다"라는 글이 사바아
방언으로 새겨져 있다.

서기 200년에 아라비아반도는 정치적·문화적·언어적·사회적 입장에 따라 조각나 있었다. 서북쪽에는 나바테아 왕국이 시리아에서 아라비아반도 남부에 이르는 교역을 장악하고 있었는데, 106년 로마에 패배했다.

지금의 요르단과 사우디아라비아 북부는 로마의 속주가 됐고, 오늘날 시리아와 요르단 경계에 있는 부스라가 통치의 중심지였다. 사산 제국 (224~651)은 이란고원에서 그 영향력을 아라비아반도 동북부로 뻗기 시작하고 있었다. 그들은 3세기부터 6세기 사이에 페르시아만 연안을 따라 전초 기지를 건설했다. 아라비아반도 남부는 여러 독립국들로 나뉘어 있다가, 300년 힘야르 왕국(서기전 110~서기 525) 아래 처음으로 통합됐다.

고대 아라비아반도의 가장 유명한 자산은 유향과 몰약이었다. 반도 남부에서 채취해 나바테아 땅을 거쳐 지중해 시장에 가서 많은 이문을 붙여 팔았다. 이 무역으로 반도 남부와 지중해 동안 사이의 교역로에는 부유한 도시들이 성장했다. 그러나 200년 무렵에는 교역이 점차 홍해 쪽으로 옮겨가고, 7세기 초 이슬람교가 나타나기 400년 전에 중대한 변화가 생겼다.

로마의 세력은 3세기에 꺾였고, 그 직접적인 통제력은 지중해 동안으로 위축돼 아라비아반도 북부 변경은 여러 부류의 속국 왕들의 손으로 넘어갔다. 대표적인 나라가 살리흐였고, 6세기에는 가산(220~638) 같은 곳이었다. 반도 남부의 힘야르는 북쪽으로 세력을 확장했고, 반도 중앙부의 킨다에 자기네의 속국 왕을 두었다. 또한 홍해 건너 동아프리카의 이웃인 악숨과 긴밀한 관계를 맺었다. 한편 사산 제국은 대리자인 라흠 왕국(300~602)을 통해 아라비아반도에 영향을 미치고자 했다. 이 시기 아라비아반도의 역사는 이러한 세 갈래 세력 사이에서 영향력과 충성이 왔다 갔다 했다. 반(半) 유목적 속국들이 경쟁하면서 다른 유목 또는 반유목 목축민 집단과 반도 내륙의 작은 농경 기반 오아시스 도시들을 압박했다.

이 시기 아라비아반도 주민들은 단순한 분류를 거부했다. 그들은 여러 가지 언어를 사용했고, 다양한 물질문화를 갖고 있었으며, 서로 다른 신들을 숭배했다. 기독교가 상승세를 보였지만, 유대교(특히 힘야르에서, 434~439쪽 참조)와 다른 일신교, 토착 신앙들도 합격점을 받았다. 이 지역을 뭉뚱그려 '아라비아'라고 부른 것은 이곳이 한 단위라는 잘못된 인상을 준다. 심지어 그 주민을 '아랍인'이라고 하는 것도 부정확한 듯하다. '아랍'이라는 말은 어떤 기록에서도 찾아보기 어렵다. 이슬람교가 등장하기 전의 이 지역 주민들은 자기네 사회와 소속을 나타내기 위해 서로 다른 이름들을 사용

했다. 그들이 사회적·정치적으로 여러 요소가 뒤섞인 존재였음을 나타낸다. 외부인들은 아라비아반도 목축민들을 각자 자기식으로 불렀다. 로마인들은 사라센으로 불렀고, 사산 제국에서는 타이야예로 불렸으며, 힘야르에서는 아랍이었다. 그러나 이는 일반화된 명칭일 뿐 어느 것도 하나가 된 민족집단을 의미하지 않았다. 농경 공동체들은 목축민들을 거북하게 대했으며, 목축민들은 또 그들끼리 서로 경쟁했다. 이런 다양성이 이 지역 일대에서 국지화되고 토막 난 사회 집단들을 만들어낸 것이다.

무함마드가 622년 메디나에서 새로운 종교 공동체를 만든 것은 전에 없던 변화의 시작을 알리는 것이었다(256~267쪽 참조). 처음으로 아라비아반도 중부의 한 활기찬 나라가 밖으로, 메소포타미아와 반도 남부를 향해 힘을 떨쳤다. 그리고 이슬람 세력의 정복은 아라비아반도에 기반을 두고 지역을 뛰어넘는 첫 제국을 만들어냈다. 이 시점에서 아랍어와 아랍 문자 또한 지역 일대로 퍼져 나가기 시작했다. 이슬람교가 등장하기 전 아랍어의 초기 형태는 문자나 문법 측면에서 훨씬 제한적이고 다양했는데, 무함마드가 죽고 50년이 지나지 않아 개개인들이 자기네를 '아랍인'으로 부르기 시작했다는 기록이 나온다. 이슬람교의 등장은 새로운 형태의 통합을 이룰 기회를 제공했으며, 아랍 민족집단 형성의 분수령이었다.

7세기에는 또 다른 변화도 일어났다. 메디나는 칼리파국이 획득한 지중해 동안과 메소포타미아의 영토에서 너무 멀리 떨어져 있었다. 그래서 650년대에는 정치 중심지가 다마스쿠스(259쪽 상자글 참조)로, 그리고 이어서 바그다드(336쪽 상자글 참조)로 옮겨갔다. 아라비아반도에는 아직 이슬람교의 성지인 메카가 있었고, 650년에서 800년 사이에 칼리파들은 대규모의 도로 건설과 건축 사업을 후원했다. 하지 순례자들에게 편의를 제공하고, 메카 성지와 메디나를 발전시키기 위한 것이었다. 메디나는 무함마드의 무덤이 있는 도시여서 신성시되었다.

9세기가 되자 칼리파의 하지에 대한 후원은 전쟁으로 인해 위축됐다. 텅 빈 금고와 이슬람 세력 정치 지도층의 변화로 칼리파의 권력도 줄어들었다. 칼리파의 마지막 순례는 803년에 있었다. 이후에는 순례길에 대한 관심이 줄었고, 중앙의 통제가 약해져 목축민들의 저항이 터져 나왔다. 목축민들은 개인들의 하지 행렬을 공격했으며, 930년에는 메카가 약탈되고 그곳의 카바 신전에 있는 성스러운 유물 '검은 돌'이 반도 동부의 분리운동 세력인 카라마티파에 의해 제거됐다.

10~13세기의 상당 기간 동안은 역사 기록에서 아라비아반도 북부가 사라진다. 이라크의 순례길은 사실상 사라졌고, 순례는 더 짧은 경로로 바뀌었다. 아니면 이집트에서 바다를 통해 갔다. 반도 남부에서는 계단식 농경을 하는 공동체들이 살아남았다. 그들은 무너져가는 칼리파와의 관계를 끊어버리고 독립국으로서 번영을 누렸다. 그러나 교역로는 불안정한 아라비아반도의 육로를 피했고, 페르시아만을 통해 바다로 몰린 무역은 오만 해안에 이득을 안겨주었다. 그곳에서 술탄국들이 나와 번영을 누렸다. 그들은 주류 이슬람교와는 다른 하리지파 신도들이었다.

더 읽을거리: Fisher 2015; al-Ghabban & Ali Ibrahim 2010; Landau-Tasseron 2010; al-Rashid 1980; Webb 2016.

(왼쪽) 아라비아반도 중부 킨다 왕국의 수도 카르야트 알파우에서 발견된 1~2세기 벽화.

수로, 카나트, 져수조: 사막 오아시스의 물 관리

아르노 베르트랑

실크로드 일대에 있는 큰 오아시스들은 사막의 경관에서 그저 고립된 지점이 아니다. 때로는 관개가 된 넓은 땅이 있어 중요한 요새 도시를 품은 왕국들이 들어서기도 했다. 8세기에 타림분지와 투루판분지의 오아시스 왕국들에는 수만 명이 살았던 것으로 추산된다. 제라프샨강과 박트리아 계곡에서는 30만에서 60만 명이 살았다.

적은 강우량에 대처하기 위해 효율적인 물 관리 체계를 구축할 수 있는 능력은 오아시스가 상업·종교·정치의 중심지로서 장수할 수 있는 관건이 됐다.

사막은 생명체다. 이는 특히 타클라마칸사막의 경우 사실이다. 그곳에서는 인간의 초기 정착 이래 많은 변화가 있었다. 고고학자들은 줄곧 타림분지의 사막화가 인간의 행위에 의해 가속됐다고 생각해왔다. 그러나 주요 요인은 타림 지각판이 인도판 밑으로 미끄러져 들어가는 것이었다. 그것이 수계(水系)의 변동을 초래했다. 그것은 다시 타클라마칸사막의 삼각주와 강의 이동으로 이어졌다. 한 가지 특별한 사례는 케리야

강 유역에서 찾아볼 수 있다. 그곳에서는 시간이 흐르면서 세 개의 삼각주가 잇달아 나타났다. 하나가 없어지고 다른 하나가 나타나는 식으로, 동쪽에서 서쪽으로 옮겨갔다. 중국-프랑스 고고학 팀은 카라동 서쪽에서 유물락쿰이라는 도시를 발견했다. 서기전 500년 무렵의 도시다. 다짐흙으로 성벽을 쌓아 도시를 보호하고, 들은 먼 옛날에 생긴 근처 삼각주에서 물을 끌어오는 수로로 관개를 했다.

관개는 고비사막에서도 이용됐다. 그곳에서는 150개의 고대 유적지가 발견됐다. 예를 들어 바저우(巴州)는 다짐흙으로 쌓은 성벽으로 둘러싸여 있었다. 서남쪽과 동쪽 강에서 범람

하는 물은 중심 수로로 돌려 가두어두었다가 들에 댈 수 있었다. 이것이 고비사막의 고대 정착지들의 일반적인 모습이었다. 강이 많은 비옥한 지역에 있는 상당수 오아시스들도 마찬가지였다.

모든 오아시스가 농사를 위해 물의 범람에 의존했지만, 강물의 양은 일정하지 않았다. 물을 통제하고 물길을 돌리는 효과적인 해법을 보장하기 위해서는 더 정교한 체계가 필요했다. 아라비아반도 남쪽에 있던 하드라마우트(서기전 13세기~서기 3세기)의 옛 수도 샤브와의 경우가 그랬다. 봄과 여름의 계절풍에 따른 폭풍우가 잇단 분류(奔流)를 만들어내 약 7제곱킬로미터의 땅에 흘러넘쳤다. 시간이 지나면서 여러 개의 관

개시설이 만들어졌다. 물은 남쪽에서부터 여러 개의 경로 전환 수로를 통해 흘러갔고, 들판에 도달했다. 서기전 2세기에 돌로 만든 커다란 수문이 물길을 통제하는 데 도움이 됐다. 특수한 지역에 물을 대기 위한 도관(導管) 수로도 만들어졌다.

샤브와의 수리 시설은 도시가 건설되기 전에 설계됐다. 도시의 유지는 수로가 제대로 작동하는 데 달려 있었기 때문이다. 이것이 유라시아 세계의 다른 지역에서 자주 볼 수 있는 저수조가 이곳에 없었던 이유를 설명해준다. 이들 지역에서는 경작지에 물을 대기 위해서뿐만이 아니라 가정이나 종교·여가와 관련된 일에 쓰기 위해 일정 기간 동안 물을 비축해둘 필요가 있었다. 한 가지 놀라운 사례가 요르단의 페트라에 있

(왼쪽) 카샨과 이스파한 사이의 지하 수로인 카나트.

(위) 나무가 줄지어 있는 이 사마르칸트의 저수지와 같은 것들이 오랫동안 오아시스에 존재했다. 사진은 1902년 위그 크라프트가 찍은 것이다. 2~4세기 카도타의 타칼라만 왕국의 비슷한 저수지에도 말라버린 포플러나무가 줄지어 있었다(239쪽 상자글 참조).

(236쪽) 아라비아사막 와디바니할리드 오아시스의 수원지에서 물을 분배하는 수로.

카도타: 포플러로 둘러싸인 수로

카도타는 타클라마칸사막 깊숙한 곳에 자리 잡고 있다. 오늘날 신장 민펑현(民豐縣), 즉 니야현에서 북쪽으로 약 100킬로미터 떨어진 곳이다. 2~4세기 말로 거슬러 올라가는 이 도시국가 유적은 니야강 줄기를 따라 폭 7킬로미터, 길이 25킬로미터의 길쭉한 땅에 펼쳐져 있다. 강은 쿤룬산맥에서 나와 남쪽에서 도시로 들어간 뒤 서북쪽으로 구부러져 서북쪽으로 흐르며 복잡한 관개망에 물을 공급했다.

저수조는 물을 저장해 민가 옆에 있는 들로 보내도록 설계된 것이다. 이 저수조는 모두 같은 모양으로 돼 있는데, 안쪽은 얇은 진흙층을 쌓고 포플라나무로 둘러쌌다. 그 일부가 아직 남아 있는데, 사진에서 볼 수 있듯이 지금은 마른 상태다. 이 나무들은 더운 날씨로 인해 물이 증발하지 않도록 보호하는 역할을 했다. 저수조는 한 변이 9미터에서 30미터 사이의 정사각형으로 크기가 다양하며, 깊이는

1미터에서 3미터 사이다. 이 저수조로 물이 들어오는 수로도 포플라나무로 둘러싸여 있었다.

카도타는 서쪽 파미르고원 너머의 쿠샨과 키다라에서 이주해오는 사람들이 대량으로 밀려들면서 발전했다. 이 이주민들이 저수조 시설을 도입했을 가능성이 있다. 이 기술은 중앙아시아 서부와 인도 전역에서 자주 사용되던 것이며, 오늘날까지도 사용되고 있다. AB

더 읽을거리: Bertrand 2012; Grenet 2002; Hansen 2004.

밤(Bam) 부근 루트사막의 지하 수로인
카나트 일부.

호탄의 법적 문서

상자 모양의 나무에 쓰인 호탄어 계약
서 사례 몇 개(221쪽 상자글 참조)가 타
클라마칸사막 호탄의 도모코 부근에
서 발견됐다. 8세기 전반의 것이다.
사건의 개요를 담은 뚜껑(또는 덮개)을
밀어서 벗기면 그 아래에 추가 내용이
나오는 형태다. 그 모양은 3세기 카도
타 왕국에서 사용된 쐐기 모양의 좀
더 단순한 나무 문서를 발전시킨 것으
로 보인다(226~231쪽 참조).

영국국립도서관(Or.9268A)에 보관돼
있는 이 이중의 나무 판은 가로 14센
티미터, 세로 23.4센티미터, 두께 7
센티미터다. 프라크리트어를 카로슈
티 문자로 썼는데, 같은 문서를 두 가
지 형태로 썼다. 겉판 안쪽과 아래 판
위쪽에 쓴 두 번째 것이 더 자세한 내
용이다. 이 문서는 호탄 왕 비샤다르
마(재위 728?~738?) 치세인 728년 또
는 731년(내용을 어떻게 읽느냐에 따라 달
라진다)에 쓰인 것으로 생각된다. 도모
코 지역의 한 마을인 비르감다라의 한
법적 회합에서 나온 어떤 사건에 대한
기록이다. 이는 파르샤, 즉 판사인 바
라와 브람갈라가 야구라는 사람에

게 페마의 연못에서 물을 대는 권리를
2500무라에 팔고 그 후 거둔 작물을
나누는 문제에 관한 것이다. 여기에는
바라와 브람갈라가 서명했으며, 문서
꼭대기 빈 도장 소켓의 진흙에 찍은
것은 아마도 그들의 도장이었을 것이
다. USW

더 읽을거리: Hansen 2017; Skjærvø
2002; Zhang 2018.

박트리아의 물 분쟁

영국의 미술품 수집가 나세르 할릴리 (1945~)의 소장품인 이 4세기 중반의 양피지 문서(Doc. 127, 약호 'bg')는 박트리아 편지의 가장 특징적인 모습을 보여준다. 필사자는 본래 왼쪽 여백을 넉넉히 남겨놓았는데, 공간이 부족하자 세로로 글을 써 채워 넣었다. 편지를 쓴 뒤에는 접어서, 아래쪽 끝을 따라 잘라 그 둘레에 감은 얇은 양피지 조각에 붙인 진흙 봉인으로 마무리했다.

이 편지는 부르즈미흐르 하흐란이라는 사람이 그의 주인 오흐르무즈드 파라간에게 보내는 것으로, 주인으로부터 편지를 받았음을 알리고 지시를 수행했다고 보고하고 있다. 분명하지는 않지만 그 내용은 유흐슈위를이라는 목초지의 소유권을 둘러싼 분쟁과 그곳에 물을 대는 개울의 사정 변동(물길을 막았거나 돌린 듯하다)에 대해 언급하고 있다. 결국 목초지와 개울은 모두 흐와데우와닌드 하라간에게 돌아간 것 같다. 그는 부르즈미흐르의 친척으로 보이는데, '성'인 하라간이 하흐란의 다른 형태이기 때문이다. 또 다른 박트리아 편지(약호 'ci')는 아마도 몇 년 뒤의 것인 듯한데, 같은 목초지에

대해 언급하고 있다. 이번에는 또 다른 지배자에 의해 나와즈 하라간에게 넘어갔다. 이 사람 역시 같은 집안의 또 다른 인물인 듯하다. NSW

더 읽을거리: Sims-Williams 2007, 2012; Sims-Williams & de Blois 2018.

다(216쪽 상자글 참조). 팔레스티나 가자에서 페르시아만으로 가는 교역로의 길목에 있는 이 큰 도시는 건설자들의 천재성 덕분에 존재할 수 있었다. 벼랑 위에 위치했지만 둑과 저수지와 도관을 이용해 물을 공급받았던 것이다. 여가 목적으로 물을 쓴다는 것은 안정의 표징이었다. 예를 들어 팔미라에서는 정원을 가꾸고 연못에 물을 채우기 위해 도관을 이용했다(217쪽 상자글 참조).

이란에서는 아케메네스 제국(서기전 550~330) 때 카나트라는 수리 시설을 만들었다. 굴과 수직 통로를 통해 지하 대수층(帶水層)의 물을 산에서 도시로 끌어오는 것이다. 파르사(페르세폴리스)의 경우가 대표적인 사례다. 이 물은 돌 벽돌로 만든 저수조에 비축됐다. 이런 방식은 타림분지에서부터 이집트와 에스파냐에 이르기까지 여러 지역에 영향을 주었다. 심지어 오늘날까지도 그렇다.

오아시스에 도시를 세우는 일은 우연으로 되는 경우가 없었다. 입지 선정은 현지 환경을 꼼꼼히 연구한 결과였다. 중앙아시아의 도시 아프라시압(284쪽 상자글 참조)의 경우가 특히 그랬다. 이곳에서는 서기전 6세기에서 2세기 사이에 길이 40킬로미터의 다르곰 운하가 제라프샨강의 물길을 바꾸어, 고원과 그 주변의 들이 물을 공급받을 수 있었다. 군건하고 강력한 지역 세력이 있어야만 이러한 시설들이 만들어질 수 있고, 오랫동안 통제되고 보호될 수 있다.

더 읽을거리: Briant 2001; Debaine-Francfort & Abduressul 2001; Gentelle 2001; Jing 2001; la Vaissière 2017.

(243쪽) 산에서 야즈드 부근 사막 마을 하라나크로 물을 끌어오는 데 쓰였던 도수관.

카스르 알하이르 알샤르키: 사막의 성채

카스르 알하이르 알샤르키는 10제곱킬로미터 이상에 걸쳐 있는 유적지의 일부를 이루는 커다란 복합 단지다. 팔미라 동북쪽 95킬로미터 지점에 있다(217쪽 상자글 참조). 풍요로운 유프라테스강 유역과 다마스쿠스 사이 반건조 지대의 중심에 있으며, 고대 교역로에서 중요한 상업적·전략적 위치를 차지하고 있다. 지금은 없어진 한 비문은 이곳을 마디나, 즉 도시로서 건설한 것이 우마이야 칼리파 히샴 이븐 압둘 말리크(재위 724~743)였다고 하는데, 공사는 728년에서 729년 사이에 홈스 주민들에 의해 이루어졌다. 이곳은 2개의 성으로 이루어졌다. 큰 것은 성벽 길이가 167미터이고, 작은 것은 성벽 길이가 70미터이며 궁궐로 조성된 것이다. 그리고 이 성을 포괄하는 바깥에도 담을 둘러쳤는데 전체 면적은 7제곱킬로미터다. 신도들을 위한 이슬람 교당, 올리브 압착 시설,

커다란 대중목욕탕 등이 있었다. 최근의 발굴에서는 북쪽과 남쪽에서 더 많은 구조물들이 발견됐다.

이곳은 농경의 뒷받침을 받는 도시 정착지로 해석됐다. 식물 자료를 보면 다양하고 풍부한 경작이 이루어졌음을 알 수 있다. 이 유적지는 복합적인 수리 시설에 의존했다. 그 핵심 요소는 궁궐에서 서북쪽으로 25킬로미터쯤 떨어져 있는 지하 수원지에서 물을 끌어오는 도관이었다. 유적지 북쪽에서 물방앗간도 발굴됐다. AO

더 읽을거리: Ettinghausen et al. 2001; Graber et al. 1978.

낙타와 여관:
사막 통과하기

폴 워즈워스

정규적인 장거리 교역망이 구축되면서 실크로드의 핵심 노선을 따라 여행의 편의를 도울 기반시설을 건설할 추동력이 생겼다. 특히 쉼터 역할을 할 도시나 마을이 적은 곳에서 더욱 그러했다.

사막 지역의 숙소는 잠잘 곳과 안정적으로 공급되는 물이 있어야 했다. 경우에 따라서는, 때로 위험할 수 있는 큰길을 따라 탈것을 바꿀 수 있는 체제도 필요했다. 이러한 여관은 페르시아어로 카르반사라이라고 하는데, 중세 페르시아어로 '여행자 무리'를 뜻하는 카르반과 '집, 궁궐'을 뜻하는 사라이를 합친 말이다. 이는 유라시아 대륙의 여러 지역에서 다양한 형태로 나타난다. 서로 다른 형태의 건물들이 서로 다른 시기에 교역로의 특정 지역에서 지어졌다. 당시는 기반시설을 만들고자 하는 욕구와 경제적 수단이 있어 투자를 촉진했다. 카르반사라이는 중세 이후로 실크로드의 여러 지역에 공통적으로

지어졌지만, 여기서 주목하려는 것은 사막에 만들어진 것들이다.

사막의 중간 기착지의 가장 이른 사례 가운데 일부는 개별 건물이 아니라 작은 정착지 형태로 나타난다. 제한된 강물 자원을 이용해 타클라마칸사막 가장자리에 풍성한 기지를 만들고 서기전 1세기 이래 번영을 누렸다(226~231쪽 본문, 221, 239쪽 상자글 참조). 마찬가지로 서아시아에서는 이슬람교의 아주 이른 시기에 '사막 궁전'이 있었다. 이는 호화로운 생활을 즐기기 위한 사적 공간이기도 했지만, 커다란 마구간과 손님 숙소를 제공한다는 측면도 있었다(242쪽 상자글 참조). 그러나 일반

다야하틴: 사막의 카르반사라이

다야하틴 카르반사라이는 카라쿰사막 동쪽 끝에 있다. 사막이 아무다리야강과 만나는 곳이다. 그것은 놀라울 정도로 잘 보존되어 있어, 중앙아시아의 셀주크(1037~1194) 카르반사라이의 가장 좋은 사례 중 하나로 꼽힌다. 여행자는 거대한 아치형의 정문 피슈타크를 들어서면 널찍한 마당을 만나게 된다. 건너가는 거리가 29미터나 되며, 벽돌을 오늬무늬로 깔았고, 화려한 회랑으로 둘러싸여 있다. 이 포장된 보도 건너에 숙박용의 작은 방들이 있고, 주 출입구 양편에 말이나 낙타 등을 위한 기다란 공간이 있으며, 오른쪽 구석방은 이슬람 사원이다.

사각형의 마당 구조와 네 귀퉁이의 탑, 그리고 기본 축에는 에이반이라는 트인 아치형의 베란다를 갖춘 이런 건물 형태는 11~12세기 셀주크 건축에서 전형적인 것이다. 얼핏 보면 분홍빛이 도는 황색의 내화벽돌로 지은 것처럼 보이지만, 바깥벽의 중심 부분은 흙과 잡석으로 채워졌다. 그럼에도 불구하고 이 웅장한 카르반사라이에서 한 가지 특이한 모습은 주요 겉면이 벽돌 쌓기 부조로 장식됐다는 것이다. 거기에 있는 판에는 초기 '정통' 칼리파들 [아랍어로 알쿨라파 라시둔('올바르게 인도된 대리인들')]의 이름이 바둑판무늬로 적혀 있다. PW

더 읽을거리: Pribytkova 1955.

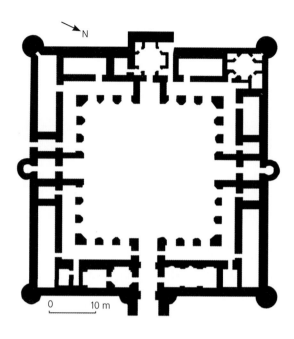

적으로 사막 여행이나 실크로드와 연결되는 건물은 카르반사라이였고, 당대 기록에서는 주로 한(khan)이나 리바트(ribat)라고 불렸다. 이런 시설들은 제1천년기 말 무렵에 이란고원과 중앙아시아 서부 일대에서 번창했다. 이들이 처음부터 정기적이고 신속한 우편 시스템 지원과 순례자 숙박, 비밀 정찰 등 다양한 목적으로 사용된 것 역시 분명하다. 카르반사라이와 연결되거나 따로 세운 밀이라는 탑의 존재는 이 시설이 때로 사막에서 길잡이 역할을 했음을 시사한다. 아마도 밤에 여행하는 사람들을 인도하는 불빛이었을 것이다.

사막의 카르반사라이로 볼 수 있는 초기 형태가 여럿 있지만, 현재 형태를 알아볼 수 있는 초기 사례는 대부분 10세기에서 12세기 사이의 것이다. 이때가 페르시아 세계에서 이런 형태의 건조물이 형성되던 시기다. 셀주크(1037~1194)와 그 동시대인 가즈나(977~1186) 및 카라한(840~1212) 치하에서 사막의 중간 기착지들은 분명한 토속성을 지닌 건조물로 만들어졌다. 이들은 대체로 정사각형 또는 직사각형 구조로, 주위에 하나 또는 때로 2개의 뜰을 갖추었으며 공터 양편으로 작은 방들이 줄지어 있었다. 사막의 사례들 가운데는 때로 강렬한 여름 햇볕을 막기 위해 마당 주위에 지붕을 덮은 주랑(柱廊)이 있는 경우도 있으며, 각 기본 축에는 에이반으로 알려진 아치형 천장의 공터가 있었다. 그 전형적인 모습은 오늘날 투르크메니스탄에 있는 카라쿰사막 가장자리의 다야하틴 카르

(244쪽) 톈산 타슈라바트의 석조 카르반사라이. 15세기의 것이다.

낙타 무늬

1985년 타클라마칸사막 남쪽 체르첸 부근에 있는 자군룩 1호 묘지에서 발굴된 이 양모 잔편은 크기가 가로 29센티미터, 세로 7.5센티미터다. 동부 실크로드 사막의 필수적인 짐꾼 동물인 쌍봉낙타가 그려져 있다. 대략 서기전 제1천년기 중반의 것으로 추정되는데, 실크로드가 떠오르기 전의 이 사막 왕국의 사람들을 보여주고 있다. 무늬는 갈색 평직 바탕에 왼쪽 꼬임 염색 양모 씨실을 가지고 손으로 뜬 사능직(四綾織)이다(316~323쪽 참조). 비슷하게 손으로 뜬, 낙타와 영양(뿔을 과장되게 표현했다)이 나비 모양의 이중 삼각형 가운데에 나타나는 더 큰 작품이 있다. 크기는 가로 86센티미터, 세로 53센티미터. 이 물품은 본래 침대나 몸에 두르거나 천막에 비치하는 용도로 쓰였던 듯하다. 이 유적지에서 나온 연장과 도기 등을 보면 사용자가 농경과 사냥을 겸하는 반농반목의 주민이었음을 확인할 수 있다. 이곳에서는 당시 양잠을 할 줄 몰랐으며, 유적지에서 비단 몇 조각이 발견됐을 뿐이다. 동쪽의 중국과 활발하게 접촉하지 않았다는 얘기다.

발견된 물건들은 현재 신장위구르자치구박물관(85QZM3:10)에 보관돼 있다. ASh

더 읽을거리: Wang et al. 2016.

사마르칸트와 부하라 사이에 있는 리바트이말리
크 카르반사라이에 물을 공급하기 위한 11세기 저
수조 사르도바 말리크. 제라프샨강으로부터 지하
수로를 통해 물을 공급받았다.

반사라이의 건축물에 잘 표현돼 있다.

건축 자재는 당연히 현지의 관습과 구할 수 있는 자원을 반
영한다. 초기 사례 대부분은 굽지 않은 흙벽돌이나 다짐흙으
로 만들어졌다. 그곳에서 구할 수 있는 흙을 이용해 현지에서
만들어진 큰 벽돌로 빠르게 두터운 벽을 쌓는 기술이다. 어떤
곳에서는 내화벽돌이 사용됐다. 이 경우 역시 현지에서 필요
한 대로 만들어졌다는 증거가 있다. 그 사례를 악자갈라에서
볼 수 있다. 여기서는 내화벽돌을 굽던 벽돌가마의 흔적을 지
금도 볼 수 있다. 물과 연료가 부족한 지역에서는 벽돌 제작
비용이 매우 많이 들기 때문에 이런 유형을 개발하는 데 상당
한 투자가 필요했을 것이다. 다른 지역, 특히 이란 서북부와 아

나톨리아반도, 그리고 톈산산맥 및 파미르고원과 가까운 지
역에서는 돌이 풍부해 건축 자재로 많이 쓰였다. 그 사례를 키
르기스스탄의 타슈라바트 카르반사라이에서 볼 수 있다. 그
러나 이 나중 사례는 좀 더 온화한 지역에 위치하게 마련이며,
형태도 많이 달라 겨울에 추위를 막아줄 차폐된 공간을 더
많이 제공하고 있다.

일부 사막 카르반사라이는 이 건물들이 어떻게 사용됐는지
에 대한 흔적을 보여주고 있다. 예컨대 낙타와 화물을 위한 바
깥뜰과 상인들의 숙박을 위한 안뜰로 나누는 식이다. 마찬가
지로 일부 큰 카르반사라이에서는 기도 공간인 미흐라브나 작
은 이슬람 사원 같은 시설들도 볼 수 있다. 예를 들어 이란의

단검 속의 낙타

이 짧은 무기는 말 타던 사람들이 지녔던 유형으로, 폰토스 스텝의 아조프 부근에 있는 다치의 도굴된 사르마티아계 알란족 무덤에서 발굴된 것이다. 이 무기는 금 자루가 달린 쇠날 단검과 칼집으로 이루어졌다.

칼집 전체에 걸친 고부조 장식은 맹금이 쌍봉낙타를 공격하는 장면을 보여준다. 네 개의 돌출부와 칼집 끝은 소용돌이 구도를 보이고 있다. 이는 표트르 1세의 시베리아 컬렉션에서 보이는 바와 같이 스텝 미술의 영향을 보여준다(60~63쪽 참조). 낙타 그림은 동방으로 가는 사막 교역로와 연결돼 있음을 드러낸다. 금에 박아 넣은 터키석과 홍옥수의 광범한 사용은 사르마티아와 알란족의 세공품에서 볼 수 있는 전형적인 특징이다. 이 보석들은 더 동쪽에서 얻었을 것이다. 무덤의 연대는 1세기 중후반으로 추정됐다. 칼집의 특징적인 네 개의 돌출부 모양 역시 동쪽의 카자흐 초원에서 기원했다. 서기전 3세기 이후 네 개의 돌출부가 있는 나무 칼집이 알타이산맥에서 발견됐다. 비슷한 유형의 금제 칼집이 흑해 북안 지역의 포로기, 코시카, 고르기피아 등 다른 사르마티아계

알란족 유적지에서 발굴됐다. 비슷한 단검을 찬 왕의 모습이 파르티아 주화와 콤마게네 왕국(서기전 163~서기 72)의 조각품, 노용올의 흉노 무덤에서 나온 피륙에 나타난다(72쪽 상자글 참조). 형태와 장식 개념 양 측면에서 가장 가까운 사례는 틸랴테페에서 나온 터키석이 박힌 단검 칼집이다. 다만 그것은 더 분명한 스키타이–시베리아 양식의 구불구불한 동물 모양으로 장식됐다. SP

더 읽을거리: Schiltz 2001, 2002.

버려진 아내

현재 영국국립도서관에 보관돼 있는 '고대의 편지들'은 중국에서 중앙아시아 일대로 수송하던 중에 잃어버리거나 압수된 것이다. 이는 현재 남아 있는 가장 이른 소그드어 종이 문서들이며, 연대는 대략 313년 무렵이다. 이 편지들은 지금의 중국 서북부에 있던 소그디아나 상인들이 쓴 것인데, 대체로 장사와 관련된 내용이다. 비단 등여러 가지 상품과 여러 중국 도시의 소그디아나 중개상 및 거류지 등을 언급하고 있다. 한 편지는 악화되고 있는 중국의 정치 상황을 상세하게 전하고 있다. 이 편지를 쓴 사람의 관심은 그것이 장사에 미칠 영향과 자기 자신이나 다른 외국 상인들에게 미치는 파멸적인 결과에 집중돼 있다.

편지 가운데 두 통은 미우나이라는 여성이 쓴 것이다. 여기 보인 사본 '편지 3'(Or.8212/98)은 남편인 나나이다트에게 보낸 것인데, 자신을 궁핍한 상태로 둔황에 버려둔 남편을 책망하며 화가 나서 이렇게 외쳤다. "당신 마누라가 되느니 차라리 개나 돼지 마누라가 되는 게 낫겠어!" 두 사람의 딸인 샤인은 좀 더 부드러운 어투로 쓴 추신에서 그들 모녀가 중국인의 종이 되지 않을 수 없었다고 말했다. 미우나이는 자신의 어머니 차티스에게 보낸 '편지 1(Or.8212/92)'에서 자신을 친정에 데려다줄 사람을 찾고 있다고 적었다. NSW

더 읽을거리: Sims-Williams 2005; la Vaissière 2005.

عند ذراعه ونحرّم وافك على وفك ان لبس الصفاقة وطبع الصدقة وقال اهل لك في

المصلحة الى السطحية لاصل اخرى مليحة فاسمت بالذي جعله مباركًا اينما كان ولم يجعله

بمن كان في خان لافكل ان نكاح حريين ومعاشرة ضربين ثم قول له هؤلاء المنطبع بطبا

الكامل له بصاعه وتكفني الاولى في نحرا فاطلب اخر للاخرى فسم من كلامي ودلف التزلاى

리바트이샤라프 카르반사라이 같은 경우다.

건조한 날씨를 극복하고 음료 및 위생용 물을 공급하기 위해 다양한 방법이 고안되었다. 가장 주목할 만한 것은 아마도 지하 저수조인 사르도바 또는 아브안바르의 개발일 것이다. 비나 눈이 오는 계절에 신선한 물을 모으고 증발을 막는 장치다. 이란고원과 중앙아시아에서 발굴된 몇몇 저수조는 그것이 적어도 11세기 초에는 사용됐음을 입증하고 있다. 표준화된 유형으로 잘 보존된 사례는 중앙아시아 북부에서 볼 수 있는데, 카르반사라이와 함께 운영되도록 건설됐으며, 14~15세기의 것으로 추정된다.

카르반사라이의 위치에 관해서는 하루 여행할 수 있는 거리, 즉 30~40킬로미터마다 하나씩 분포하는 것으로 추정됐다. 물론 실제 상황은 운송 형태와 지형에 영향을 받더라도 말이다. 고고학적 관점에서 보자면 카르반사라이의 간격은 더

(251쪽) 알와시티가 그린 카르반사라이의 여행자 모습. 무함마드 알하리리의 《마카마》(바그다드, 1237)에 나온다.

(위) 투르크메니스탄사막의 악자갈라 카르반사라이. 11~12세기의 것이다.

사막의 유대인 상인

영국국립도서관(Or.8212/166)에 보관돼 있는 이 상업용 편지는 이란 내 유대인의 언어인 지디어로 쓰였다(근세 페르시아어를 히브리 문자로 썼다는 얘기다). 고고학자 아우렐 스타인(1862~1943)이 이것을 입수했을 때는 심하게 구겨진 "갈색의 얇은 종이 뭉치"였다. 단단윌리크의 유적지 쓰레기더미에서 발견됐는데, 불교 수도원과 요새가 있던 단단윌리크는 8세기 말 무렵에 버려졌다. 이 시기에 관해서는 중국국가도서관이 같은 편지의 앞 장으로 보이는 문서(BH1-19)를 입수하면서 추가 확인이 이루어졌다. 편지는 카슈가르에서 티베트인들이 패배한 사실을 언급함으로써 좀 더 상세한 역사적 맥락을 제공했다. 그 일은 아마도 790년 무렵에 일어났을 것이다. 이 편지에는 양과 피륙 무역에 대한 언급이 들어 있고, 실크로드 일대에 유대인 상인 공동체가 들어설 가능성도 제기하고 있다.

이 단단윌리크 편지는 아마도 이슬람의 정복 이후 페르시아어의 첫 국면(8~12세기)인 초기 근세 페르시아어 문서로는 가장 오래된 것일 듯하다. 따라서 이것은 페르시아어 변천의 중요한 증거를 제공하고 있으며, 아울러 8세기 호탄의 역사를 기록하고 있는 문서다(221쪽 상자글 참조). USW

더 읽을거리: Hansen 2017; Margoliouth 1907; Yoshida 2016; Zhang & Shi 2008.

인도 융단

사막은 다른 곳에서는 금세 썩는 나무와 피륙 같은 유기물질을 보존하기 위한 최상의 조건을 제공한다. 타클라마칸사막 역시 예외는 아니다. 많은 피륙이 무덤과 사원에서 발굴됐다. 위리현 잉판(229쪽 상자글 참조)과 케리야(324~329쪽 참조)에서 나온 것들이 대표적이다. 다른 곳의 경우에도 2~4세기 카도타 왕국(니야) 터의 마른 과일나무와 포플러나무 가옥 골조가 현재 모래에 반쯤 묻혀 있다. 이런 곳들을 발굴하면서 많은 생활용품과 필사본 보관소들이 드러났다. 사막 왕국과 그곳의 관개시설에 대해 더 많은 것을 말해주는 증언자들이다(239쪽 상자글 참조).

이 융단 잔편은 평직 양모에 태피스트리 장식을 더한 것으로, 3세기 말에 버려진 카도타의 한 집에서 발견됐다. 이 융단은 거의 틀림없이 인도에서 만들었거나 카도타에서 인도인이 짰을 것이다. 간다라에서 이주해 이곳에 정착한 사람들은 자기네 언어와 문화를 가지고 왔다. 이 시기의 피륙은 인도 안에는 남아 있는 것이 없다. 따라서 이것은 우리가 번성했을 것이라 생각하는 인도 직물 전통의 희귀한 사례다. 홀치기염색을 한 무명 등 다른 인도 피륙 잔편도 카도타 동쪽의 카라동에서 발견됐다(324~329쪽, 215쪽 상자글 참조). SW

더 읽을거리: Crill 2015.

불규칙적이다. 남아 있는 흔적들을 보자면 서로 다른 시기의 것들이 동시에 사용됐고, 많은 건물들이 침식과 지형 변화로 오래전에 파괴되기도 했기 때문이다. 그러나 이 건물들은 분명 하나의 망으로서 함께 사용할 의도로 만들어졌고, 이는 사파비 왕조(1501~1736) 시절 카르반사라이에 상당한 투자를 하던 시기의 사례가 잘 보여준다. 그 가운데 상당수는 건조한 이란고원 일대에 아직도 보존돼 있다.

카르반사라이는 흔히 지배자나 부유한 개인들의 후원으로 지어졌으며, 많은 경우에 훌륭한 숙소 역할을 했다. 그러나 사막 여행자 모두가 카르반사라이를 이용한 것은 아니었다. 그리고 그들이 실크로드가 번성했던 시기와 대부분의 장소에서 이를 이용할 수 있었던 것도 아니다. 고고학적·역사적 증거는 우물 근처에 야영장이 줄곧 존재했던 사실 역시 확인해준다. 거창한 시설을 갖추지는 못했지만, 나름대로 중간 기착지 역할을 한 것이다.

더 읽을거리: Hillenbrand 1994; Kiani 1981; Kleiss 1996-2001; Wordsworth 2019.

(254~255쪽) 이란 네이샤부르와 메르브 사이의 교역로에 있는 리바트이샤라프 카르반사라이.

이슬람교: 실크로드의 새로운 신앙

피터 웨브

역사가들은 이슬람 세력이 부상한 때가 7세기 초 무함마드 (570?~632)의 전도부터라고 파악한다. 그러나 이슬람교의 자화상에서 무함마드의 예언은 이슬람교의 마지막 장의 시작을 나타낸다. 쿠르안은 이슬람교를 천지창조 이래의 진정한 신앙으로 제시한다.

아담에서 예수에 이르는 유대교와 기독교 성서의 주요 인물들은 잇달아 나타난 이슬람 선지자들로 그려지고, 무함마드의 임무는 '심판의 날'이 다가오고 있다는 그들의 메시지를 확인하는 것이었다. 무함마드 예언의 기원에 관해 이슬람 자료들은 그가 610년부터 쿠르안에 나오는 신의 계시를 받기 시작했다고 말하고 있다. 그가 마흔 살쯤 됐을 때다. 그리고 계시는 점점 늘어, 632년 그가 죽을 때 쿠르안 전체가 전해졌다는 것이다.

쿠르안에는 유대교와 기독교의 인물들이 들어 있기 때문에 일부 역사가들은 이슬람교가 기독교나 유대교에서 갈라져 나온 분파라고 주장한다. 반면에 또 어떤 사람들은 유대교와 기독교의 영향을 받은 아랍인들의 운동으로 보거나, 신을 라흐마난(쿠르안에서 신을 부르는 이름 가운데 하나가 라흐만이다)으로 파악한 아라비아반도 남부 유일신론에서 퍼져 나온 믿음이라고 말한다. 쿠르안의 표현은 초기 아라비아반도 남부 전례문(典禮文)과 약간 비슷한 구석이 있다. 그러나 그것은 또한 아라비아반도 북부의 지리에 대해서도 언급하고 있으며, 다른 양식적 요소는 그 자체로서 독특하다. 따라서 그것이 형성되는 데 외부에서 어떤 영향을 미쳤는지에 대한 탐구는 여전히 더 논의해봐야 할 문제다.

쿠르안은 시종일관 순수한 일신론의 메시지를 분명히 말하고 있다. 대체로 중보자(仲保者)나 장로, 사제를 배제한다. 심지어 무함마드의 역할마저도 제한적이다. 쿠르안에 그의 이름은 네 번밖에 언급되지 않는다. 그는 좀 더 소박하게 심부름꾼으로 그려진다. 구세주가 아니다. 그리고 아마도 초기 이슬람교도 가운데 일부는 그가 마지막 선지자라고도 믿지 않았을 것이다. 그러나 무함마드가 죽은 뒤 교리가 바뀌었고, 8세기가 되면 대부분의 이슬람교도들이 무함마드를 신의 마지막 심부름꾼으로 개념화했다. 물론 무함마드에 대한 존숭의 적절한 수준에 대해서는 지금까지도 논쟁이 계속되고 있지만 말이다.

일부는 그의 위상을 성인의 반열에 올려놓았고, 반면에 다른 사람들은 그를 추모하지만 그가 죽음을 피할 수 없는 존재였고 전능한 '신의 얼굴' 앞에 복종했음을 강조한다.

무함마드가 한 예언의 세부적인 부분은 7세기 초부터 아라비아반도에서 물적 증거 부족에 직면했다. 그러나 이슬람 문학 전승들은 그를 신앙 공동체의 지도자로 그리는 데 용의주도한 듯하다. 622년 메디나에서 만들어졌고, 그 뒤 무장을 하고 630년 메카의 의례 성지를 점령한 그 공동체. 무함마드의 선례는 헤지라의 원칙을 세웠다. 이슬람교도는 개종과 동시에 그들이 살던 지역을 떠나 이슬람교가 다수이고/이거나

(257쪽) 아부 하니파(699?~767)의 〈피크 아비 하니파〉에 나오는 메카 카바 신전의 순례자들. 1140~1141년 이스칸다르 술탄을 위해 만든 후대의 집성본에 포함됐다.

(아래) 사마라 이슬람 대사원의 첨탑. 847~861년. 이 나선형의 기원은 아직 밝혀내지 못했다.

다마스쿠스의 이슬람 대사원

다마스쿠스의 우마이야 이슬람 사원 (260~261쪽 사진도 참조)은 706년에서 715년 사이에 우마이야 칼리파 알왈리드 1세(재위 705~715)가 지었다. 아프로유라시아 대륙 일대의 많은 종교 건축물과 마찬가지로 이 사원의 역사도 이 지역의 신앙 변화를 반영하고 있다. 사원이 들어선 자리는 본래 토착 종교 신전이 있던 곳이다. 그것이 나중에 로마 황제 테오도시우스 1세 (재위 379~395) 치하에서 세례자 요한에게 헌정된 교회로 개조됐다. 634년 우마이야에 정복된 뒤 교회는 기독교도와 이슬람교도가 함께 사용했지만, 706년에 알왈리드가 사들여 철거해 버렸다.

단지의 북쪽에 자리 잡은 커다란 직사각형의 뜰은 세 면이 회랑이다. 커다란 박공 출입구가 있는 예배당은 남쪽 (예배 방향인 '키블라'다) 벽과 나란한 세 개의 회랑으로 이루어져 있고, 회랑들을 정확하게 둘로 나누는 반구형 날

개 회랑이 있다. 이런 배치는 '다주(多柱) 구조 이슬람 사원'의 원형이 됐고, 지중해 동안과 그 너머 지역에 영향을 미쳤다.

예루살렘 바위 돔에서 볼 수 있는 것 (262쪽 상자글 참조)과 비교되는 유리 모자이크는 한때 뜰과 예배실 위쪽 벽을 장식하고 있었지만, 지금은 일부만 남아 있다(오른쪽 사진). 고요한 강 풍광에 궁궐과 집들이 그려져 있고, 인물은 전혀 등장하지 않는다. 도상은 분명히 동로마와 고전기 말의 것을 채용했지만, 동로마 교회의 것과는 다르다(171쪽 상자글 참조). AO

더 읽을거리: Burns 2005; Flood 2001.

예루살렘: 바위 돔

예루살렘에 있는 바위 돔은 7세기 말에 지어졌는데, 이슬람 건축에서 첫 번째 대형 작업이었다. 그것은 한때 솔로몬 신전이 있던 탁 트인 넓은 터 한가운데에 자리 잡고 있다. 예루살렘의 첫 이슬람교도들이 예배 장소로 선택했던 곳의 바로 북쪽이다. 팔각형의 건물이 노출된 자연석 위에 지어졌고, 그 바위에는 동굴이 하나 있다. 거기에는 중앙의 반구형 지붕을 인 바위 위 공간이 있고, 기둥과 벽의 회랑으로 나뉜 팔각형의 복도가 이를 둘러싸고 있다.

안벽은 십자를 새긴 대리석 판자와 상상 속의 식물 장식을 묘사한 모자이크로 화려하게 장식돼 있다. 회랑 꼭대기에는 이슬람 서체인 쿠파체로 긴 글이 쓰여 있는데(오른쪽 사진), 쿠르안을 길게 인용한 뒤 692년에 해당하는 날짜로 끝맺고 있다. 바깥벽 역시 한때

모자이크로 장식돼 있었다. 그러나 16세기에(그리고 20세기에 다시 한 번) 매끈매끈한 타일로 교체됐다. 이 장소는 일반적으로 선지자 무함마드가 신비로운 밤의 여행('미라지')으로 승천한 것을 기념하는 곳으로 여겨지지만, 글에는 이런 언급이 없고 오히려 이슬람교와 기독교의 연관성을 강조하고 있다. JB

더 읽을거리: Graber 2006; Milwright 2016.

유일한 신앙인 새로운 지역으로 이주해야 한다는 원칙이다. 초기 이슬람교도들은 또한 '심판의 날'이 곧 닥칠 것이고, 그러한 '종말의 날' 예언과 이슬람교도들이 이끌어가는 공동체에 대한 열망이 무함마드 이후 이슬람교의 성장을 좌우했다고 생각했다.

신자들은 바깥으로 퍼져 나갔다. 아마도 예루살렘을 점령해 세상의 종말(262쪽 상자글 참조)을 촉발하겠다는 희망에서였을 것이다. 그들은 또한 북아프리카와 지중해 동안으로도 들어갔다. 아마도 전 세계가 종말을 준비하도록 하기 위해서였을 것이다. 그 정확한 동기는 분명치 않지만, 그 결과는 엄청났다. 무함마드가 죽은 지 채 20년도 안 되어 그의 추종자들은 이 지역에서 동로마 제국(395~1453)을 물리쳤고, 서아시아

에서 사산 제국(224~651)을 지워버렸다. 그들은 빠른 속도로 확장해 7세기 말에는 중앙아시아에 도달했다. 그리고 그들의 팽창은 8세기 초 절정에 달해, 이때 대체로 안정적인 통제선이 확립됐다. 이슬람 세력이 남아시아로 뻗어나간 것은 11세기에 이어진 별도의 정복을 통해서였다.

7세기의 정복에 이어 무함마드의 추종자들은 기존 도시 정착지의 경계선을 다시 긋는 새로운 헤지라식 공동체를 건설해 그 주요 도시의 기반을 형성했다. 카이로(285쪽 상자글 참조), 바스라, 모술, 메르브(219쪽 상자글 참조)와 나중에 건설한 바그다드(336쪽 상자글 참조) 같은 도시들이다. 그들은 북아프리카에서 중앙아시아에 이르는 영토를 칼리파국으로 조직화하고, 그들이 새로 건설한 '헤지라 도시'의 경영은 이슬람 군

(260~261쪽) 다마스쿠스 항공사진이 우마이야 이슬람 대사원을 보여주고 있다. 706년 로마의 테메노스(신에게 바쳐진 땅) 위에 건립된 것이다.

(위) 현존하는 가장 이른 것으로 추정되는 쿠르안. 버밍엄대학에 있는 두 책의 양피지는 탄소 연대 측정 결과 6세기 말에서 7세기로 밝혀졌지만, 글을 쓴 시기는 분명하지 않다.

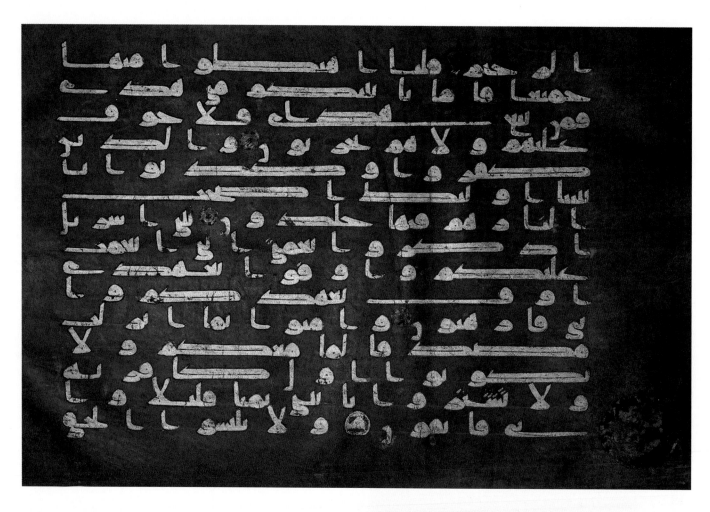

푸른 쿠르안

'푸른 쿠르안'은 남색 물을 들인 짙푸른 양피지에 금으로 쓴 필사본이다. 묶음은 풀어졌다. 20세기 초에 이스탄불에서 몇 장이 입수됐는데, 처음에는 9세기 초 이란 동북부에서 만든 것으로 생각됐다. 그러나 그 뒤 튀니지에서 여러 개의 낱장이 더 발견되자 다른 가능성들이 제기되었다. 9세기 바그다드 설(336쪽 상자글 참조), 10세기 북아프리카 또는 이베리아반도설 등이다. 북아프리카의 튀니지 카이로우안에 있는 이슬람 사원 도서관의 13세기 말 목록에 따르면 이 필사본은 그때 이미 이 도서관에 있었다.

본래의 필사본은 모두 7권으로, 각권은 90장 안팎이었다. 각 쪽의 크기는 가로 40센티미터, 세로 30센티미터이고, 15행씩의 글이 금박으로 쓰여 있다. 글자는 검은 잉크로 테두리를 했다. 절(節)은 은박 장식으로 표시했는데, 이는 나중에 검게 변색됐다. 금색과 청색의 이례적인 색채 조합은 그 기원과 의미에 대한 여러 가지 추측을 불러일으켰다. 다른 쿠르안 사본들도 금으로 쓴 경우가 있지만, 짙은 청색 바탕은 이례적이고 시각적으로 놀라운 것이다. 이는 때로 자줏빛 양피지에 금 또는 은으로 쓴 동로마 제국의 필사본들과 비교되기도 하지만, 남색 물을 들인 종이에 금으로 쓴 중국 불경과 더 가까이 닮았다. 오른쪽 사진은 둔황 장경동에서 나온 것의 일부다(138쪽 상자글 참조). 청색은 쿠르안에 딱 한 번, 그것도 부정적인 의미로 나왔지만, 청색 바탕과 금 글자의 조합은 바위 돔(262쪽 상자글 참조)으로부터 코르도바의 이슬람 대사원에 이르기까지 이슬람 모자이크에서 자주 볼 수 있다. 그리고 금과 청금석의 조합은 먼 옛날부터 유라시아 대륙 전역의 장신구와 기타 예술에서 나타났다. JB

더 읽을거리: Bloom 2015; George 2009; Whitfield 2018.

사 지도자들이 맡았다. 칼리파국은 이슬람 세력이 지배하는 나라였지만, 처음에는 이슬람교도가 지역 주민의 극소수에 불과했고 대부분의 사람들은 자기네 옛 신앙을 유지했다.

개종은 도시 환경에서 가장 빠르게 일어났다. 정복당한 주민들은 새로운 도시로 이주하고 개종했다. 그 이유는 분명하게 설명되지 않았지만, 이슬람 유일신론의 호소력, 이슬람교도에 대한 세금 우대, 칼리파국 국가 기관의 취업 기회, 그리고 동화되고자 하는 단순한 욕망 등이 복합돼 개종을 촉진했다고 추측해볼 수 있다. 개종을 하려면 신앙에 대한 지식이 필요했다. 그런데 일부 가르침은 페르시아어로 번역됐지만 이슬람교는 여전히 대체로 아랍어로 통했다. 이에 따라 서아시아의 아랍화와 이슬람화가 동시에 진행됐다. 10세기가 되자 대부분

우마이야 칼리파 압둘말리크의 디나르 금화. 695년(이슬람기원 76년)에 주조됐다.

사만 제국의 능묘

사만 제국(819~1005)은 아바스 칼리파들을 대신해 바그다드(336쪽 상자글 참조)에서 인도 사이 지역의 상당 부분을 다스리게 됐다. 수도 부하라에 있던 그들 왕가 능묘는 10세기 초에 세워졌는데, 내화벽돌로 만든 비교적 작은 정육면체(한 변이 10미터 정도다) 건물이다. 스킨치(모서리 아치) 위에 반구형 지붕을 덮었으며, 네 귀퉁이에 아주 작은 반구형 지붕이 또 있다. 사방

각 면의 중앙에는 안으로 들어가는 큰 반원지붕의 입구가 있고, 그 위에는 비슷한 모양의 축소판 모형 입구가 각 면에 열 개씩 외벽을 두르고 있다.

내부는 사만 왕가의 몇몇 가족들의 무덤이다. 약간 경사진 벽은 내벽과 외벽이 모두 벽돌의 위치와 간격을 달리해 만들어진 여러 가지 무늬로 장식돼 있다. 이 기법은 페르시아어로 하자르바프('천 번 짜기')라 하는데, 직조한 피

류의 무늬와 비슷해서 나온 이름이다. 이것은 반원지붕 정육면체 형태의 기념 건축물로서 현존하는 가장 이른 사례 중 하나다. 선지자 무함마드가 죽은 자의 무덤을 기념하는 일을 반대했음에도 불구하고 중국에서 북아프리카의 대서양 연안에 이르는 이슬람 세계 대부분의 지역에서 이런 건물을 흔히 볼 수 있다. 더 이른 사례는 알려지지 않았지만, 그 구조와 장식 기법의

숙달된 솜씨를 보면 더 이른 시기에도 이런 형식의 건축물이 존재했음은 분명하다. JB

더 읽을거리: Ettinghausen et al. 2001; Grabar 1966.

루제로 2세의 대관식 외투

노르만계 시칠리아 왕 루제로 2세(재위 1130~1154)가 대관식 때 입었던 외투는 1133/4년(이슬람기원 528년) 팔레르모에서 만들어졌다고 아랍어 헌사에 적혀 있다. 이 외투는 유라시아 대륙 각지에서 가져온 시각언어를 조합한 디자인과 장식으로 유명하다. 현재 오스트리아 빈의 미술사박물관(WS XIII 14)에 보관돼 있다.

이 혼종의 미의식은 넓은 범위의 신앙과 언어를 포괄하는 다양성의 왕국이었던 시칠리아 왕국의 자기표현에서 중심적인 것이었다. 학자들은 야자나무 양쪽 옆에 단봉낙타를 공격하고 있는 사자가 대칭으로 그려진 도상의 특별한 의미를 찾아내려 계속 고심하고 있다. 지배적인 견해는, 사자는 노르만인, 단봉낙타는 아랍 세계를 의미한다는 것이다.

길이 3.45미터, 폭 1.46미터의 이 외투는 무늬를 넣은 세이마이트 비단으로 만들었다. 켈메스 염료를 써서 진홍색으로 물들인 바탕에 적색·청색·백색 명주실로 수를 놓았고, 벌레 무늬 선조세공(線條細工)을 한 금과 칠보·진주·루비·사파이어·첨정석·석류석·유리로 장식했으며, 가장자리를 땋았다.

눈에 보이는 표현은 루제로 2세에게 매우 중요했다. 그는 1147년 테바이에서 비단 직조공들을 잡아왔다. 파티마식으로 차린 자신의 왕실 작업장에서 동로마 수준의 고급 피륙을 더 많이 생산하기 위해서였다. 이 외투를 만드는 데 필요한 다양한 재료와 기술은 이 옷 주인의 정치권력을 드러낸다. 루제로 2세와 그 후손들이 지중해 세계 왕국들로부터 그림과 글과 통치 방식을 가져오고 변형시켰지만, 이런 요소들은 시칠리아 왕국에서 구체적으로 노르만적인 맥락과 결합됐다.

외투의 붉은 아마포 안감에는 서로 다른 비단 세 조각을 붙였는데, 서로 다른 시간과 공간에서 얻은 것이었다. 태피스트리로 짠 본래의 안감은 다섯 조각으로 돼 있고, 가죽 바탕에 일곱 가닥의 색 명주 씨실과 질긴 재질의 금실로 만들어졌다. 이 작품들은 핵심 모티프에 따라 이름이 붙여졌다. 생명나무 옷, 용의 옷, 새의 옷 등이다. 초목 장식이 있는 13세기의 초록색 무늬 비단 안감과 꽃무늬가 있는 15세기의 장미색 이중 안감도 댔는데, 이는 이 외투가 수백 년에 걸쳐 재사용됐음을 입증한다. CD

더 읽을거리: Andaloro 2006; Dolezalek 2017; D'Onofrio 1994.

(위) 모술의 맘루크 지배자. 아마도 바드르
앗딘 룰루(?~1259)인 듯하다. 아부 알파라
지 알이스바하니(897~967)의 《노래의 책
(Kitāb al-Aghānī)》 후대 판본에 나온다.

의 도시는 이슬람 인구가 다수를 차지했다. 그러나 많은 지역
에서, 덜 아랍화된 시골은 여전히 이전 신앙을 유지했다. 이렇
게 이슬람교는 아라비아반도의 사막에서 일어난 것처럼 보이
지만, 그것이 성장해 오늘날의 형태로 발현된 것은 도시적인
현상이었다.

중앙아시아에서도 이슬람교는 마찬가지로 이슬람 지배자
들이 다스리는 도시에서 전도됐다. 교역을 통한 개종은 사실
상 입증되지 않았고, 이 지역에서 이슬람 인구가 다수를 차지
하게 된 결정적인 계기는 11세기 튀르크족이 도착하면서 만
들어졌다. 그들은 개종을 하고 이란고원으로 확장해 나가면서
토지 소유권과 정치적 경계를 재조정하고 사회 대부분의 계
층에 이슬람교를 심어 넣었다.

더 읽을거리: Donner 2010; Kennedy 1986; Robinson 2010;
Simonsohn et al. 발표 예정; Sinai 2017.

우드 연주자와 관객을 그려 장식한 이란의
유약 바른 사발. 12세기 말에서 13세기 초의
것이다.

류트, 비파, 우드: 현악기의 실크로드 전파

제임스 밀워드

현명악기(통상적으로 현악기라고 한다)는 조직화된 소리를 만드는 기술이자 뮤지컬과 그 밖의 예술의 매개체다. 세 가지 주요 유형의 류트가 먼 옛날부터 유라시아 대륙 일대에서 나타났고 그것들이 교류되고 혼합됐다는 증거는 현대 현악기의 형태와 연주 기법에 분명하게 남아 있다.

하프와 리라는 최초의 현명악기였다. 아마도 본래는 사냥용 활에서 유래했을 것이다. 줄을 손가락으로 눌러 조절하지 않고 진동이 저절로 멈출 때까지 그대로 두었다. 리라는 고대 메소포타미아와 고전기 지중해 지역에서 가장 높은 문화적 지위를 누렸고, '리라' 전통 또는 오르페우스 전통(신화 속의 시인이자 음악가인 오르페우스에서 유래한다)은 예술, 사랑, 영혼, 지성 및 자연과 인간의 상호작용과 관련된 다국적의 사상 복합체를 형성했다.

치터는 여러 가지 모양의 상자를 가로질러 현을 매어놓은 악기다. 현은 누르지 않거나, 일부 치터에서는 전체 현의 서로 다른 부분을 누르면서 연주한다. 치터는 유라시아 대륙 일대에서 독립적으로 발명된 사례들이 보인다. 동남아시아에는 대나무로 만든 관상(管狀) 치터가 있고, 더 서쪽에는 산투르와 프살테리온 같은 상자형 치터가 있으며, 중국에는 나무로 만든 길쭉한 고금(古琴), 즉 칠현금이 있다. 칠현금 가운데 하나가 악명 높은 중국의 첫 황제인 진시황제 암살 시도(실패에 그쳤다)에 등장했다. 중국 지식인들이 애용한 악기인 칠현금은 현을 누르는 치터로, 중앙아시아 하프에서 발전한 것이었다.

류트의 현은 드럼통 같은 공명상자 위에 매어 있고, 그것은 목 부분까지 이어진다. 결정적으로 각 현은 서로 다른 진동수의 음높이를 만들어내기 위해 목의 서로 다른 부분에서 누를 수 있다. 이것이 소리라는 물리 현상을 시각적으로 분명하게 볼 수 있도록 한다. 다른 어느 악기와 비교할 수 없을 정도다. 예를 들어 진동하는 현을 전체 길이의 절반이 되는 부분에서 누르면 아예 누르지 않을 때에 비해 두 배의 진동수를 만들어 낸다. 한 옥타브 차이다. 3분의 2 지점을 누르면 음높이는 누르지 않을 때보다 1.5배 높아진다.

이에 따라 류트에 관한 음악 이론이 서기전 제3천년기에 유라시아 대륙 일대에서 발달했다(이른 시기 중국에서 현을 누르는 칠현금이 이런 목적에 기여한 것으로 보인다). 피타고라스(서기전 570?~495?)는 메소포타미아의 전통 위에서 외줄 류트를 가지고 음악의 수리학을 체계화했다. 그는 또한 음악을 다른 개념들과 연결시켰다. 원소, 기관(器官), 유머, 계절, 감정, 천구(天球) 같은 것들이다. 이슬람 학자들은 류트 비슷한 우드라는 악기를 통해 피타고라스의 과학과 철학을 정교하게 다듬었다. 아부 유수프 야쿠브 알킨디(801?~873?)는 우드의 가장 높은 소리를 내는 현을 불, 보름달, 심장, 황담즙과 연관시켰다. 이슬람 세계의 류트 문화 속에서 배양된 오르페우스 및 피타고라스적 전통은 나중에 유럽으로 재수출됐고, 거기서 문예부흥

5현 류트

류트는 서기전 제3천년기 이후 유라시아 대륙 전역으로 전파됐고, 타원형 류트는 서아시아와 중앙아시아에서 인도와 중국으로 간 뒤 한반도, 일본, 동남아시아로 전해졌다. 이 8세기 타원형 류트(아마도 이 악기를 만든 것으로 보이는 중국에서는 비파라고 불렸다)는 그 품질과 상태로 보아 사절단이 일본 궁정에 선물한 것으로 보인다. 일본 황실 보물창고인 나라(奈良) 쇼소인(正倉院)에 보관돼 오늘날까지 그곳에 있다. 이 악기는 길이가 108.1센티미터이며, 백단이라는 나무로 만들었다. 자개를 박은 픽가드에는 야자나무 주위를 도는 새와 그 아래 낙타를 탄 음악가가 그려져 있다. 그려진 인물은 아마도 중앙아시아 또는 페르시아 사람인 듯하다. 이는 이 악기가 중앙아시아의 그 조상과 연관이 있음을 드러낸다. 중국 당나라(618~907) 궁중의 많은 음악가와 무용수들은 중앙아시아 출신이었다. SW

더 읽을거리: Shōsōin 1967; Smith 2002; Sotomura 2013; Zhuang 2001.

천상의 음악가가 류트를 연주하고 있다. 중국 수도 장안(시안)의 6세기 소그드인 공동체 지도자 안가(安伽, 518~579)의 무덤 상인방에 그려진 것이다.

(272~273쪽) 붓다의 탄생을 그린 석회석 돋을새김 조각. 천상의 음악가와 무용수들이 그려져 있으며, 그 가운데 타원형 류트 연주자가 있다. 인도 아마라바티, 2세기.

(왼쪽) 타림분지 키질의 불교 석굴 사원 벽화에 나오는 류트 연주자. 7~9세기.

(아래) 중국 윈강 불교 사원에서 나온 칠현금 연주자 조각상. 6세기.

의 음악적 상징을 자극해 류트를 '악기의 왕자' 자리로 끌어 올렸다.

류트는 실크로드 교류의 축소판이다. 한 지역에서 시작돼 아프로유라시아 대륙과 세계 전체로 전파된 것이다. 그 전파 하나하나는 또한 문화 이식이기도 했다. 이 악기의 기술적 특성은 다른 곳으로 옮겨가고 점진적으로 진화했다. 그리고 그 문화적 연관성은 이동하고 변형되고 전혀 새로운 의미로 대체되기도 했다.

예를 들어 메소포타미아 테라코타에 처음 묘사된 류트는 목이 길고 몸체는 작은 드럼통 같은 것이었다. 연주자들은 험

상긋은 눈에 이국적인 머리칼, 흰 다리, 그리고 때로는 도발적으로 성기를 드러낸 기괴한 사람들이었다. 그러나 서기전 1500년 무렵 전차부대 전사들인 힉소스인들이 류트를 가지고 서남쪽 이집트로 왔을 때 이 악기를 연주한 것은 주로 상류층 여성 예능인들이었다.

류트는 또한 나중의 메소포타미아와 페르시아의 작은 입상(立像)에서, 그리고 서력기원 전후 첫 몇 세기 동안 중앙아시아에서 여성의 악기가 됐다. 쿠샨 제국 시대 소그디아나, 박트리아, 간다라의 조형미술들은 여성 류트 연주자들을 그리고 있다. 때로는 종교적 맥락에서 쿠샨의 수호 여신 나나와 연관돼 있다. 나나의 특징적인 옆으로 누운 초승달(이 여신에게 헌정된 주화에 보인다)은 목이 짧고 타원형인 중앙아시아 류트의 울림 구멍 모양에 그대로 들어 있다. 같은 초승달은 제1천년기 말 아잔타와 아마라바티, 기타 인도의 불교 석굴 사원에 그려진 조금 긴 타원형 류트의 조각품에도 암시돼 있다(류트는 나중에

인도 도상에서 사라졌다가 12세기 이후 이슬람교 집단들이 다시 들여왔다).

타원형 류트는 중앙아시아에서 중국에 전해져 비파라는 이름으로 불렸고, 마침내 베트남, 한반도, 일본으로 전파됐다. 중국 당나라에서는 여전히 여성이 연주하는 것이 일반적이었다. 아마도 중앙아시아 전통이 이어진 것으로 보인다. 타원형 류트는 이란으로 전해져 바르바트로 불렸고, 안달루시아를 포함하는 이슬람 세계에서는 우드라 불렸다. 14세기가 되면 유럽 일대에 퍼지고 거기서 아랍어 '알우드'의 발음이 변해 류트라는 이름이 생겼다. 기타, 만돌린, 밴조와 바이올린 종류들이 실크로드 류트의 후예다.

더 읽을거리: Lawergren 1995/96, 2003; Millward 2012; Picken 1955; Sotomura 2013; Turnbill 1972; Zeeuw 2019.

편암에 새긴 천상의 음악가들. 파키스탄 스와트 계곡, 4~5세기.

강과
평원

강과
평원

(276~277쪽) 유프라테스 강변의
두라에우로포스 유적.

(왼쪽) 바라나시의 갠지스강.

대서양

북해

오세베르그
오슬로
곡스타
스톡홀름
첼예
바사호
스필링스
상트페테르부르크
308
로스킬레
발트해
하드리아누스 방벽
혹슨
암스테르담
닥르네
헬더말선호
생레미
메리로즈호
생드니
파리
비샤부르
빈
포르기
헝가리 평원
폰토스 스텝
베로윈스터
라이티아
알프스산맥
리옹
모자크
볼로냐
라벤나
베네치아
루카
아를
마르세유
그랑콩글루에
로마
투델라
이베리아
반도
코르도바
안달루시아
팔레르모
시칠리아
이오니아해
지중해
콘스탄티노플
메니카프
칼케돈
보스포루스 해협
아시다나
다르다넬스해협
298
크림반도
고르기피아
우스트알마
케르치
헤웸
흑해
아조프해 디치
아조프해
판티카파이온
모세바바빌카
코바코보
코시카
엘부르즈산
297
다리알
협곡
데르벤트
바쿠
카스피해
호라즘
악차한칼라
칠픽
키징
카
라
쿰
압둘라한칼
메트
아나톨리아
토로스산맥
애페소스
카레이아
젤리도나부루누
키프로스
베이루트
티레
다마스쿠스
홈스
카나
팔미라
보스트라
예루살렘
마사다
페트라
카스르 알하이르 알샤르키
알렉산드리아
스케티스
푸스타트 카이로
285
시나이
반도
시나이
안티누폴리스
328
쿠세이르 알카딤
콥토스
테바이
라스바누스곶
베레니케
헤자즈
메디나
메카
홍해
아덴 산지
나일강
306
에티오피아
고원
티그라이
데브레다모
킨다
아라비아
반도
알후카
사나아
바스라
샤브와
하드라미
힘야르
아덴
소코트라섬
아라라트산
카파도키아
투르아브딘
달랄 다리
모술
아슈르
하루반단
우르미예
부르즈산맥
바시테페
타크이 부스탄
케르만샤
340
다리
바그다드
300
336
348
289
이스파한
아즈드
354
카비르
사막
이란
고원
루트
사막
아트타르
쿠파
359
우르
바스라
351
351
시라프
키시
무스카트
허스메랄다호
라무제도
송고음나라
킬와
물라쿠르간
321
타슈켄트
소그디노바
다야하틴
키질
테페
부하라
사마르칸트
(아프라시압)
284
판자켄트
다르곰 운하
무그산
페르가나 계곡
페르가나
라바트사막
톈산산맥
영기샤흐르(소록)
카슈가르
마르기아나
악자갈라
압둘라한칼라
메르브
베슈켄트
우준다라
쿠르간촐
잔드라브테페
캄피르테페
유말락테페
달베르진테페
테르메즈
드바라바티
틸랴테페
엠시테페
발흐
테페자르가란
300
박트리아
한
두
쿠
시
산
맥
카피사
도호타르이두시르완
바그람
바미얀
카불
메스아이낙
바마란
푸슈칼라바티
페샤와르 샤지키데리
마르단 타흐트이바히
탁슈카르이바자르
간
다
라
시르캅 시르수흐
탁실라
바리코트
붓카라
샤티알
사이두샤리프
일람 아오르노스
타슈쿠르간
시그난
사르이상
아이하눔
타흐트이술레이만
400 km

시베리아

예니세이강
톰스크
미누신스크분지
아바칸
바이칼호
자바이칼
만주
아은진
투바
파지리크
오르고이툰
베렐
알타이산맥
차람
골무드
도르리나르스
타힐틴호트고르
노용올
백두산▲
중가르
평원
몽골 스텝
투주사이
알마티
투루판 코초 361
차사 불라이크
하미
카라호토
고비사막
일리강
카라샤흐르(언기)
텐산산맥
쿠차(구자) 350
렙사막
305 약수강 타림 분지
통슉 타클라마칸사막 둔황 307 333 하서주랑
위먼관 위먼관
주취안
시거우판 윈강
오르도스
황하
투두막간
룩그산
카슈가르
파미르고원
아이하눔
우무라쿰 카라동 카라둥 크로라이나
미란
양관
우웨이
지렌산맥
장예
한반도
320
호류지 고후
후지산▲
304 산주고개 두무진 삼풀라 자군룩 묘지
카도타 바저우
286
장안 궁셴
나라
히투쿠시산맥
붓카라
바리코트
비마란
카리코룸
쿤룬
구위안 룽먼 & 낙양
친 링 산 맥
344 쉬저우
양저우
다자이후
너무르
오사카
362
티베트
고원
랴오관샨 싼싱두이
청두
319 쓰촨분지
북중국
평원
항저우
펀자브
평원
히말라야산맥
델리
마투라
타르사막
비르코트
조드푸르
파탈리푸트라
후글리강 파드마강
푸저우
취안저우
평톈
구자라트
캄베이
나르마다강
반루칸차
타카바프라
아잔타 석굴
하트라
준나르 우저인
354 데칸고원
아마라바티
파간
광저우
난하이 1호
하이난섬
태평양
칸헤리
우파인
상가나칼루
망갈로르
말라바르
무지리스
코둥갈루르
아리카메두
푸두체리
안다만
제도
뱅골만
윈남
차우탄
필리핀
제도
끄라 지협
무카오롱
빈산
반돈따뺏 아유타야
파눔수린 앙코르
남중국해
콜람
만타이
298
스리랑카
콜롬보
고다바야
카오쌈깨오
옥에오
메콩강
상가주
말레이반도
인도양
사무데라파사이
말라카
트로르나테섬
티도레섬
술라웨시
반다
제도
수마트라
헬더말선호
벨리퉁
344
팔렘방
트로루나테섬
분줄하르조
바타비아
소순다제도
티모르
반텐
자바

정착지
침몰 지점
강
▲ 산
주요 교역로
상자글 쪽수

0   1000 km

기본 지도 ©Maps in Minutes™ 2003
지도 제작 ML Design, London

실크로드의 동맥

팀 윌리엄스

산꼭대기에서 물이 흘러 내려와 평원을 적시니 관개가 필요 없다. (…) 산허리와 평지를 장식하는 비옥하고 흙냄새 나는 들판은 보는 사람에게 상쾌함을 준다. 초목의 색깔보다는 덮여 있는 모습이 더 눈길을 끈다.

- 라자르 파르페치(5세기), 《아르메니아사》

(왼쪽) 유프라테스 강변의 마리 유적.

농경은 아프로유라시아 대륙의 강 유역과 평원에서 오랫동안 활발하게 이루어져, 많은 인구를 먹여 살리고 도시의 성장과 제국의 부상을 이끌었다. 이 비옥한 평원들은 실크로드에서 긴요한 부분이었다. 시장이 발달할 수 있게 하고, 그 길을 따라 수송되는 상품을 만들어 냈으며, 많은 여행자들의 경로 선택에 도움을 주었다. 이들 지역을 장악하는 것은 전략의 최우선 과제였으며, 강 자체는 제국들 사이의 경계이자 연결점 노릇을 했다.

높은 산에서 시작되는 동아시아, 중앙아시아, 서아시아의 강들(계절적으로 흐르는 강들도 있다)은 봄과 초여름에 얼음이 녹아내릴 때 수위가 최고조에 이르러 광대한 농경지에 물을 댈 수 있게 한다(236~243쪽 참조). 하지만 예컨대 아무다리야강이나 시르다리야강 같은 강들은 골이 너무 깊이 파여 관개가 쉽지 않았고, 댐과 수로 시스템이 개발되고 나서야 그 엄청난 잠재력을 이용할 수 있게 됐다. 사람들은 이른 시기부터 이런 문제를 알고 있었다. 예를 들어 이란에서는 카나트 시스템이 서기전 7세기부터 이미 사용됐던 것으로 보이며, 중국 평원에서는 수로 관개가 전국시대(서기전 481?~221)에 시작된 것으로 보인다. 복잡한 수력공학 지식이 이 이른 시기에 나타났던 것이다.

아무다리야강과 시르다리야강 삼각주(하구)의 수로 체계를 복원한 보리스 안드리아노프(Boris Andrianov)의 획기적인 연구는 서기전 4세기에서 서기 2세기까지가 발전의 시기였음을 밝혀냈다. 이 시기 두 삼각주에서는 200만 헥타르로 추산되는 농경지에 관개가 이루어졌다. 지금 이 지역에

아프로시압과 각국 사절 그림

아프라시압은 사마르칸트의 내성(內城)에 해당하는 고고학 유적지다. 서기전 6세기 말 아케메네스(서기전 550~330)의 정복 이후 건설되었으며 1220년 몽골 정복 이후 버려졌다. 그 뒤에 이 도시의 중심지는 평원으로 내려갔고, 그곳에서 나중에 테무르(재위 1370~1405)와 그 후계자들이 이 도시를 지기네 수도로 재건했다.

고고학 발굴은 1868년 러시아의 정복 직후에 시작됐고, 몇 차례 중단되었지만 현재까지도 계속되고 있다. 제라프산강 중류 유역의 중심 도시인 사마르칸트의 전신은 콕테페였다. 북쪽으로 26킬로미터 지점에 있는 초기 철기시대 및 아케메네스 제국 시대의 의례 장소다. 그러나 방어 측면에서는 아프라시압 고원이 더 유망했다. 이를 이용하기 위해 첫 건설자들은 그 변두리를 따라 거대한 흙벽돌 성벽(그리스의 정복 이후 유명무실한 성벽으로 대체됐다)을 쌓았다. 성안 면적은 220헥타르에 달했다. 고원에 물을 상시 공급해 준 다르곰 운하 역시 아마도 이 시기에 건설됐을 것이다.

서기전 329년에 알렉산드로스 대왕이 사마르칸트를 점령했다. 그리스 역사가들은 이곳을 마라칸다라고 불렀다. 발견된 주화를 보면 그리스의 점령은 디오도토스 1세(재위 서기전 250?~240?)의 치세 때까지 지속된 듯하다. 성벽 외에 아프라시압에서 발굴된 이 시기의 건축물은 거대한 곡물 창고가 유일하다. 이 창고는 스텝 지역에서 침입하는 적을 막는 군사 요새로서의 기능에 부합하는 것이다.

한동안 쇠락히던(이 시기에도 노시는 유지됐다) 이 고원은 조금 작은 규모로 다시 요새화됐다. 키다라(寄多羅, 320?~500?)와 에프탈(440?~567?)의 지배 아래에서였다. 이어지는 소그디아나 지배하의 '황금시대'는 〈사절도(使節圖)〉라는 걸작을 탄생시켰다(314쪽에 있다). 660년 무렵의 것으로 조로아스터교식 신년 하례를 보여주는 벽화다.

연이어 건설된 두 개의 궁전은 나중에 아랍 정권이 들어섰음을 입증한다. 그중 두 번째 것은 아바스 혁명(우마이야 왕조를 무너뜨리고 아바스 왕조를 세운 사건_옮긴이)의 선동자 아부 무슬림(718?~755)이 750년대에 세웠다. 12세기에는 그 폐허 위에 카라한 제국(840~1212)의 튀르크족 지배자들 치하에서 유락 단지가 들어섰다. 놀라운 그림 상식에는 사냥 장면과 정원의 새(페르시아 시가 곁들여져 있다), 경비병들, 그리고 옥좌에 앉은 왕 등이 그려져 있다. FG

더 읽을거리: Compareti 2016b; Grenet 2004; Karev 2005.

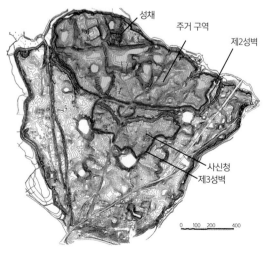

성채
주거 구역
제2성벽
사신청
제3성벽

0 100 200 400

신·구카이로

푸스타트, 즉 구카이로는 641년 아랍의 정복 시기에 나일강변에 건설됐다. 이곳은 칼리파국 병사들을 위한 기지이면서 도자기 같은 고급 공예품의 생산지이기도 했다. 번성을 누리던 이곳은 12세기에 불이 나서 도시 상당 부분이 타버렸다. 벤에즈라 이슬람 사원과 그곳에 있던 게니자(예컨대 439쪽에 있는 문서 같은 폐기문서보관소)는 불에 타지 않고 남아 성장을 이어갔다. 19세기 이곳의 발견은 중앙아시아 둔황의 장경동 발견(138쪽 상자글 참조)과 함께 실크로드학의 변모를 가져왔다. 그러나 12세기에 푸스타트의 행정 기능은 그 동북쪽에 있는 왕도 카이로로 옮겨갔다. 969년 파티마 칼리파국 (909~1171)이 건설한 도시다. 카이로는 파티마 치하에서 번영을 누렸고, 10세기의 알하킴 이슬람 사원(오른쪽 위 사진) 같은 건축물들이 세워졌다. 궁전과 관청이 있던 이 성곽 도시는 칼리파와 그 신하들을 위한 공간으로 남겨졌다. 그곳은 19세기에 이르기까지 중세 및 근대 도시의 중심 역할을 이어갔다.

살라흐 앗딘 유수프(재위 1174~1193)가 이끈 아이유브 왕조가 1171년 정권을 장악해 수니파 정통을 재천명했고,

1250년에는 맘루크가 정권을 장악해 카이로가 이슬람 세계의 문화, 종교, 지식의 중심지가 됐다. 오른쪽 아래 사진의 칼라운 단지는 13세기에 파티마 왕궁 터에 건설됐다.1260년 아인잘루트 전투에서 몽골군을 물리치고 아바스 칼리파국을 재건하면서 맘루크는 '이슬람의 수호자'로 공인받았다. 그들은 후원이 넘쳐나고 여러 종교 및 교육기관이 들어선 사회를 건설했다. 그러나 카이로는 1516년 오스만 제국에 점령당했고, 찬란한 역사에도 불구하고 지방의 벽지 같은 곳으로 전락했다. AO

더 읽을거리: Behrens–Abouseif 1989; Behrens Abouseif et al. 2012; Raymond 2002.

중국의 황도 장안

국제도시 장안(長安)은 중국 영토의 심장부에 있었고, 실크로드의 중요한 교역 중심지였다. 2천 년 동안 대부분의 중국 왕조들은 이 전략적인 위치에 수도를 건설했다. 이곳은 서쪽으로 가는 길목들을 통제하고 있었고, 북중국의 거대한 농경 평원에서 가까웠다. 수 왕조(581~618)의 첫 황제 문제는 582년에 새로운 수도를 건설하도록 명령했다.

그렇게 만들어진 직사각형의 성곽 도시는 동서가 10킬로미터, 남북이 8킬로미터였다. 이는 110개의 방(坊)으로 나뉘었는데, 동서 방향의 큰 도로 12개와 남북 방향의 큰 도로 9개로 나눈 것이었다. 폭 155미터의 주작대가(朱雀大街)는 북쪽으로 황성(皇城)의 남문인 주작문까지 이어졌고, 이 거대한 도시의 중심축 역할을 했다. 황성의 각 구역은 2~4개의 문을 가진 외벽으로 둘러쌌다. 각 방에는 대저택과 불교·마니교 등 여러 종교 사원들도 자리 잡고 있었다.

이 도시의 양대 시장 가운데 서시(西市)는 사방 1킬로미터 정도의 크기였고, 실크로드에서 온 상인들이 물건을 거래하던 곳이었다. 실크로드 교역의 전성기에 인구 200만 명에 육박했던 이 도시에는 수천 명의 외국 상인들이 몰려들었던 것으로 보인다. 이렇게 장안은 타의 추종을 불허하는 우주론적·정치적·종교적 중심지였으며, 당시 세계에서 국제적 중심지였다. PPH

더 읽을거리: Heng 1999; Huang 2014.

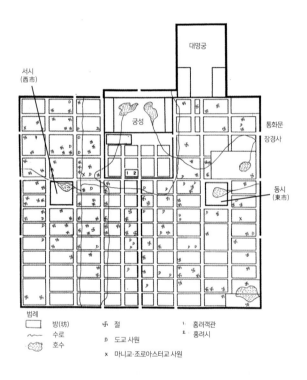

범례
방(坊)
수로
호수
절
도교 사원
마니교·조로아스터교 사원
1. 홍려객관
2. 홍려시

서 상시적인 관개가 이루어지는 면적의 네 배다. 이는 현지 조건에 잘 적응해 아프로유라시아 대륙의 도시들을 뒷받침한 사례 가운데 하나다. 그러한 농경 확대와 이에 따르는 인구 증가는 틀림없이 공예 전문화와 지배 계층의 발달, 그리고 교류 규모에 상당한 영향을 미쳤을 것이다.

동아시아, 중앙아시아, 남아시아의 큰 강들은 대륙의 분수령에 의해 형성됐다. 산맥의 산마루들을 따라 큰 강의 유역이 나뉜다. 티베트고원과 쿤룬산맥에서는 강물이 북쪽으로 흐르고 카라코룸산맥에서는 동북쪽으로 흘러 타클라마칸사막으로 들어간다. 중국 평원의 문명은 황하와 장강을 따라 형성됐다. 황하는 쿤룬산맥에서 시작되고 그 강물은 풍부한 황토를 실어 날라 집약 농업을 가능케 했으나, 또한 하류에 많이 침전돼 홍수 때 자주 인명 피해를 입혔다. 서쪽에서는 야르칸드강, 호탄강, 케리야강 등이 쿤룬산맥에서 흘러나와 타클라마칸사막 남부에 꼭 필요한 오아시스들을 만들어낸다. 북쪽에서는 악수강 등 여러 강들이 톈산산맥에서 남쪽으로 흐른 뒤 야르칸드강의 자취와 합쳐져 타림강을 만들어낸다. 타클라마칸사막의 이동하는 강인 타림강은 동쪽으로 흘러 과거에는 로프노르호로 흘러들어갔다. 이 호수는 옛날에는 커다란 추억의 호수였지만 지금은 사라지고 없다.

수많은 문명과 여행자들에게 꼭 필요했던 인더스강은 티베트고원에서 시작돼 남쪽으로 흐른다. 그 광대한 유역에는 히말라야산맥 측면과 카라코룸 및 힌두쿠시산맥 남쪽 비탈이 포함된다. 파미르고원에서 북쪽으로 흐르는 아무다리야강과 톈산산맥 중앙에서 시작되는 시르다리야강은 아랄해로 흘러든다. 이 산맥들에서는 더 작지만 엄청나게 중요한 여러 강들이 흘러나온다. 대표적인 것이 무르가브강이다. 이 강은 힌두쿠시산맥에서 시작되어 북쪽으로 흘러 고대 도시 메르브(219쪽 상자글 참조)를 유지하게 해준 크고 비옥한 삼각주를 만들어냈으며, 그런 뒤 카라쿰사막으로 사라져간다.

남아시아에서 가장 중요한 강은 갠지스강일 것이다. 히말라야산맥 서부에서 시작되는 이 강은 동쪽으로 흐른 뒤 후글리강과 파드마강으로 나뉘어 뱅골만으로 들어간다. 이 강은 특히 힌두교도들에게 성스러운 강이지만, 관개와 함께 강줄기를 따라 살고 있는 사람들의 일상생활에도 꼭 필요한 강이다. 거대하고 기름진 갠지스 평원은 늦어도 서기전 4세기부터 대규모 관개가 이루어졌으며, 마우리아(서기전 322?~180?)부터 무굴(1526~1857)에 이르는 여러 제국들의 발전에 매우 중요한 역할을 했다.

더 서쪽으로, 티그리스강과 유프라테스강 역시 메소포타미아로 알려진 지역에 중요한 문명이 형성되는 데 큰 기여를 했다. 아르메니아 고원에서 발원한 두 강은 시리아와 이라크를 거쳐 흐른 뒤 페르시아만으로 흘러 들어간다. 이 강들 덕분에 사막을 가로질러 이라크 중부에 광대하게 펼쳐지는 충적 평원이 형성되었다. 이 평원은 메소포타미아 문명의 발달과 함께 육상 교역에 필수적이었으며 이란고원에서 시리아사막으로 가는 여행을 가능케 했다.

북쪽으로는 유명한 볼가강, 돈강, 드네프르강 등이 북유럽을 중앙아시아 및 서아시아와 연결하는 주요 통로였다. 볼가강은 유럽에서 가장 긴 강이며, 그 유역은 넓고 비옥한 땅을 제공했다. 이곳은 고대에는 주요 도시가 발달한 터전이었으며, 이 지역에서의 사람과 물자의 이동을 지배했다. 역시 중요한 것이 이른바 '호박길'이었는데, 선사시대에 북해와 발트해 해안 지역에서 비스와강과 드네프르강을 거쳐 지중해까지 수송된 호박(琥珀)의 이동에서 가져온 이름이다.

황하와 북중국 평원.

북아프리카에서는 나일강이 이집트의 거의 모든 것을 규정한다. 가이우스 플리니우스(양부, 23~79)는 그 삼각주를 '사막 속의 삼각형 섬 거주지'라고 표현했다. 나일강은 이론의 여지는 있지만 세계에서 가장 긴 강이며, 문명 발전에 결정적인 역할을 했다. 해마다 되풀이되는 범람으로 생긴 토사 침전물이 광대하고 비옥한 평원을 만들어냈다. 이에 따라 막대한 농산물 수확이 가능했고, 카이로(285쪽 상자글 참조) 같은 큰 도시 중심지들을 유지할 뿐만 아니라 중요한 수출 상품을 제공하기도 했다. 곡물이 대표적인 수출품이었다.

강을 따라 이루어지는 수송은 교역망 발전에 필수적이었다. 곳에 따라서는 육로를 이용하는 것보다 훨씬 손쉬운 방법이 됐다. 예를 들어 301년 로마 황제 디오클레티아누스(재위 284~305)가 내린 물가 칙령은 물건을 강으로 수송하는 것이 도로를 통하는 것에 비해 훨씬 싸다는 것을 보여주었다. 그러나 실제로는 강의 수위가 계절에 따라 오르내리고 많은 강에서는 고도

의 변화가 급격했기 때문에 토목 공사를 하지 않으면 그리 쉽게 이용할 수 없었다. 겨울에는 북쪽 지방의 강들이 얼어 한 철 동안 빙판길로 여행할 수가 있었다.

강나루는 여행을 제한하거나 가능하게 하는 데 중요한 역할을 했다. 강은 때로 걸어서 건널 수 있을 정도로 얕거나 얼음으로 덮이기도 했지만, 대부분의 큰 강들은 건너는 데 나룻배나 다리가 필요했다. 현재 남아 있는 가장 오래된 다리 중 하나가 사산 제국 시절에 만들어진 이란 남부의 데즈풀 다리다. 260년 카룬강 양쪽을 연결하기 위해 샤푸르 1세(재위 240~270)의 명령으로 만들어졌다. 다리가 생기면서 남부 이라크와 이란을 가로지르는 교통로가 개발되었다. 이와 비슷하게 아바스 왕조 시절 하부르강 위에 놓인 달랄 다리는 이 일대의 북방 교역로를 열어주었다.

강은 장벽으로 작용하기도 한다. 제국의 경계를 짓고, 여행을 방해한다. 예를 들어 아무다리야강은 사산 제국(224~651)과 에프탈(450?~560?)을 나

데즈풀의 데즈강에 놓인 다리. 사산 제국
샤푸르 1세(재위 240~270) 때 로마인 전쟁
포로들이 건설했다.

다종교 도시 이스파한

이스파한은 이란고원에서 가장 중요한 중심 도시들 가운데 하나다. 유별나게 비옥한 땅들에 둘러싸인 그 전략적 위치로 인해 이곳은 교역 도시로 발전하는 데 이상적인 장소였다. 고원을 건너는 동서 교통로와, 자그로스산맥 동쪽의 남북 연결 모두에 중요한 곳이었다. 메디아 제국(서기전 678?~549?) 시절에 이미 자얀데강변에 가바이(나중에는 자이로 불렸다)라는 중심 도시가 발전했는데, 이 강은 이란 내륙의 어느 강보다도 수량이 풍부했다. 나중에 아랍 지리학자들은 이 지역을 낙원으로 묘사했다.

이 지역은 아케메네스 제국(서기전 550~330) 창건자들의 본향이었다. 그러나 초기 도시와 조로아스터 신전들의 흔적은 거의 남아 있지 않다. 사산의 페로즈 1세(재위 459~484)는 마을을 건설하고, 일반적으로 '유대인의 문'으로 알려져 있는 문 밖에 조로아스터교의 배화 신전을 만들었다. 이는 자이 서북쪽 약 3킬로미터 지점에 있던 야후디야의 유대인촌을 말한 듯하다. 사산 왕 야즈데게르드 1세(재위 399~420)의 유대인 왕비 슈샨데흐트가 건설했다고 하는 그곳이다. 두 도시는 점차 합쳐졌고, 야후디야가 중심지가 됐다.

642년 이슬람 정복 이후 이스파한은 지역 중심지가 됐으며, 수백 년 동안 번성했다. 그러나 이 도시는 1226년 몽골군에 약탈당했고, 1228년에 포위당했으며, 1240~1241년에 점령당했다. 1327년에 이곳을 방문한 이븐바투타(1304~1369?)는 이 도시가 거의 폐허가 됐다고 적었다. 그러나 이스파한은 사파비 왕조(1501~1736) 시절에 다시 중요한 위치를 되찾았다. 아바스 1세(재위 1588~1629) 치세에 국제적인 중심 도시가 됐고, 아르메니아인·튀르크인·중국인 도공들과 유럽의 선교사·상인들이 모여들었다. 여기에는 또한 조로아스터교 공동체도 많았다. 이스파한은 17세기 세계에서 가장 아름다운 도시 중 하나로 발전했다. 아래 사진의 자메 이슬람 사원 같은 기념물들은 오늘날 유네스코 세계유산으로 지정됐다. TW

더 읽을거리: Lambton & Sourdel-Thomine 2007; Matthee 2012.

누는 선이었고, 나중에는 메르브와 부하라 두 카간국의 경계가 됐다.

강은 힘과 중요성을 지닌 특별한 장소로서, 많은 사회의 우주관에서 중요한 자리를 차지하고 있다. 강은 신이거나, 신과 밀접하게 연관돼 있었다. 예를 들어 고대 이집트인들은 나일강의 범람을 태고의 혼돈으로부터 생명이 태어나는 것과 동일시했으며, 나일강의 정령에 대한 관념을 널리 공유하고 있었다. 로마 세계에서는 강의 신에 대한 묘사가 두드러졌다. 주로 로마의 테베레강과 나일강이었다.

많은 강들은 성스러운 것으로 생각됐고, 깊이 숭배하는 대상이었다. 정화 효과가 있었기 때문이다. 예를 들어 힌두교도들은 인도에 일곱 개의 성스러운 강이 있다고 생각했다. 모두가 시바 신과 연관돼 있었다. 갠지스강이 가장 중요한 강이었고, 히말라야산맥 기슭의 부탄과 인도 사이를 흐르는 마나스강은 힌두 신화의 뱀 신 마나사의 이름을 딴 것이다. 조로아스터교의 예배는 때로 수원지에서 열렸고(351쪽 상자글 참조), 동쪽에서는 불교 사원이 샘가에 위치하는 경우도 있었다. 통상 강을 건너는 지점은 의례 및 상징과 연관되기도 했고, 그런 곳에서 봉헌물을 올린 흔적이 고고학 조사에서 드러나는 일은 흔하다.

더 읽을거리: Andrianov 2016; Cunliffe 2015; Penn & Allen 2001; Pietz 2015; Sen 2019; Verkinderen 2015.

거대한 도시와
사원의 발굴

워릭 볼

박트리아 도시 아이하눔(203쪽 상자글 참
조)에서 서기전 2세기 코린토스식 기둥이
발굴됐다. 1964~1979년 폴 베르나르가 이
끈 프랑스 팀이 발굴했다.

그들은 발굴을 시작해 큰 방을 발견했다. (…) 벽에 프레스코화가 그려져 있었는데, 불행하게도 모두 무너졌다. (…) 나는 회반죽 파편을 들여다보고 있었고, 우리는 네 개 이상의 얼굴(대개 여자였다)과 아름다운 손을 발견했다. 거기에 많은 미확인품들이 있었는데, 아마도 의류였을 것이다. (…) 하나는 내가 보기에 라벤더 꽃의 만(卍)자 무늬를 정교하게 넣은 노란색 예복이었다. 정말 멋졌다.

- 수전 홉킨스, 1928년 12월 21일 두라에우로포스에서

1920년 영국에 점령된 이라크의 병사들이 프랑스에 점령된 시리아로 넘어 들어갔다. 반란군 무리를 추격해 들어간 것이었다. 반란군은 사막 끝 유프라테스강이 내려다보이는 벼랑 위의 폐허로 들어가 몸을 숨겼다. 이어 총격전이 벌어졌고, 모래가 떨어져나가자 놀라운 고대 벽화가 나타났다. 두라에우로포스 유적지가 모습을 드러낸 것이다.

이 엄청난 발견은 이 책이 탐구하고 있는 여러 가지 주제들을 요약하고 있다. 극적인 발견, 국제적인 탐사, 엄청난 발견물, 유대교·기독교와 토속 신앙들, 고대의 화학전, 그리스인·로마인·이란인, 그리고 서아시아 일대와 그 너머에까지 펼쳐진 교역망 등이다.

프랑스아카데미와 미국 예일대학의 두라에우로포스 공동 발굴은 1920년대와 1930년대에 걸쳐 이루어졌다. 이주 러시아인 학자인 예일대학의 미하일 로스토프체프(1870~1952)가 이끌었다. 그들이 발굴한 것은 서기전 300년 무렵 마케도니아의 군사기지로 건설되고 파르티아(서기전 247~서기 224)와 로마(서기전 27~서기 395)에 의해 확장된 도시였다. 그 건물들이 잘 보존돼 있어 '사막의 폼페이'라는 별명을 얻었다.

가장 극적인 건축물 가운데는 매우 다양한 종류의 종교 기념물들이 있었다. 영국 병사들이 발견한 놀라운 그림들에 나오는 팔미라 신들의 신전, 자라투스트라(조로아스터) 등 이란 신들을 묘사한 그림이 있는 미트라 신전(346~355쪽 참조), 그러한 시가로는 현재 남아 있는 가장 오래된 것인 구약의 장면들을 그린 그림이 있는 유대교 회당(434~439쪽 참조), 그리고 예수의 기적을 묘사한 그림이 있는, 세계에서 가장 오래된 기독교 교회(새김글에 231/232년이라는 구체적인 연대가 나온다) 등이다. 게다가 그리스 신 아르테미스·아폴론·제우스 신전과 로마의 유피테르 신전, 시리아 신 아타르가티스·아자나트코나 신전, 팔미라 신 벨·야르히볼·아글리볼 신전, 아라비아 신 아르수·아셰라·사이드 신전도 있었다.

헬레니즘 세계의 동쪽 끝에서 또 다른 유명한 강을 내려다보고 있는 또 하나의 헬레니즘 도시를 재발견한 이야기는 어떤 의미에서 더욱 신기하다. 1880년대 말 라호르의 《민군신문(Civil and Military Gazette)》에서 일하던 젊은 언론인 러디어드 키플링(1865~1936)은 동부 아프가니스탄 깊숙한 미지의 땅에 알렉산드로스(재위 서기전 336~323)가 건설한 그리스 도시가 버려져 있다는 소문을 들었다. 소문은 아마도 미국인 탐험가이자 용병인 알렉산더 가드너(1785~1877) 대령에게서 나온 듯하다. 이 버려진 그리스 도시는 여전히 신화 속을 벗어나지 못하고 있다가 어떤 왕에 의해 극적으로 발견되었다.

아프가니스탄 왕 무함마드 자히르 샤(재위 1933~1973)는 1961년 자신의 나라 동북쪽 끝에 있는 아무다리야강 부근에서 사냥을 하고 있었다. 이때 그는 완벽하게 보존된 코린토스식 기둥머리를 우연히 발견했다. 그는 곧바로 아프가니스탄에 있는 프랑스 고고학 탐사단에 알렸고, 1964년 폴 베르나르의 지휘 아래 발굴이 시작되었다. 이 작업은 1979년 소련의 침공으로 막을 내릴 때까지 이어졌다. 아이하눔으로 알려진 이 유적지는 아마도 고대의 에우크라티디아였던 듯하다. 에우크라티디아는 알렉산드로스의 정복 이후 그리스인들이 정착하면서 건설한 도시였다(203쪽 상자글 참조).

그리스 본토에서 그렇게 먼 중앙아시아에 그리스계 도시가 존재한다는 것은 그 자체로 이례적이다. 그 의미는 훨씬 더 크다. 헬레니즘에서 유래한 미술이 오랫동안 이 지역에서 알려져 있었는데, 이 간다라 미술은 통상 불교 건축에 표현됐다. 그러나 간다라 미술은 서기 첫 몇 세기 동안에 왕성했다. 알렉산드로스의 정복이 있은 지 4세기 이상 지난 시기다. 아이하눔은 헬레니즘 문화가 이 지역에 이식됐을 뿐만 아니라 뿌리도 내렸다는 구체적인 증거를 제시한 것이다.

(왼쪽) 1937년 바그람에서 발굴 작업을 하던 조제프 아캥이 그곳에서 발굴된 수천 점의 상아 평판 가운데 하나를 들고 있는 모습. 그의 아내가 촬영했다.

(아래) 두라에우로포스 발굴을 이끈 미하일 로스토프체프(오른쪽)가 프란츠 퀴몽(1868~1947)과 함께 1932년 미트라교 신전을 발견했다.

(오른쪽) 조제프 아캥의 1939년 바그람 발굴 모습.

아이하눔과 그리스 사이의 거리는 대략 5천 킬로미터나 되지만, 복잡한 연결망은 훨씬 더 멀리까지 뻗어 있었다. 이 지역의 헬레니즘 미술이 불교 신앙을 매개체로 해서 표현됐다는 사실은 이미 밝혀져 있는데, 불교는 인도 동북쪽 평원에서 시작된 것이었다. 1913년 발굴이 시작돼 아직까지 이어지고 있는 갠지스강변의 파탈리푸트라(지금의 파트나)는 마우리아 제국(서기전 322?~180?)의 수도가 됐고, 그 제국의 가장 위대한 왕 아소카(재위 서기전 238?~232?)는 불교를 인도 전역에 전파시켰다. 서기전 303년에 이곳을 방문한 그리스 사절 메가스테네스(서기전 350?~290?)는 이 도시에 대한 묘사를 남겼으며, 또 다른 그리스인 메난드로스 1세(재위 서기전 155?~130?)는 이곳을 잠시 자신의 그리스계 인도 제국에 편입시키고 불교도가 됐다.

서기전 2세기 이후 흉노(70~75쪽 참조)라는 스텝의 한 연맹체가 세력을 확장하면서 그 남쪽에 있던 월지 사람들이 하서주랑에서 밀려났다. 월지족은 마침내 중앙아시아에 정착했고, 쿠샨 부족의 지도 아래 통일돼 서기전 1세기에 이전의 그리스계 박트리아 왕국으로 쳐들어갔다. 쿠샨은 그들의 이전 수도였던 지금의 발흐에 자리 잡고 중앙아시아와 북부 인도에 걸치는 대제국을 건설했다. 북부 아프가니스탄 평원에 자리 잡은 발흐는 중앙아시아의 가장 큰 고고학 유적지 가운데 하나이며, 거대한 성벽으로 둘러싸여 있었다. 초기 아랍 지리학자들로부터 '도시들의 어머니'라는 별칭으로 불린 도시였다. 최근까지 그리스와 쿠샨 층위는 성공적인 발굴이 불가능해, 아프가니스탄에 파견된 프랑스 고고학 팀의 창설자인 알프레드 푸셰는 발흐에 '박트리아의 신기루'라는 별명을 붙였다. 그러나 2000년대 초 탈레반 정권이 붕괴한 뒤 프랑스 팀은 이 도시로 돌아와 그리스와 쿠샨의 유적들을 발굴했다.

훨씬 더 인상적인 유적이(그리고 더욱 놀라운 국제 관계가) 두 곳의 쿠샨 도시들에서 발굴됐다. 아프가니스탄 카불강 상류 부근의 코호이다만 평원에 있는 바그람과, 인더스강 및 그 지류들(카불강도 그중 하나다)이 흐르는 펀자브 대평원의 탁실라(163쪽 상자글 참조)다. 바그람이 처음으로 학문적인 관심의 대상이 된 것은 19세기 중반 영국의 찰스 매슨에 의해서였다. 그는 보기 드문 선구적 골동품 연구자이자 탐사가이자 모험가였다. 매슨은 바그람과 그 주변에서 주화와 기타 물건들을 잔뜩 모았는데, 현재 대부분 영국국립박물관에 있는 그것들이 우선 쿠샨에 대한 학문적 연구로 이어졌고 바그람이 고대의 카피사임을 밝히는 데까지 이어졌다.

이 유적지는 1937~1939년에 조제프 아캥(1886~1941)이 이끄는 프랑스 팀에 의해, 그리고 1941~1942년에 백계 러시아 이주민 로망 기르스망(1895~1979)에 의해 발굴됐다. 1931~1932년 베이루트에서 베이징까지 이어진 유명한 시트로엥 원정대에 참여했던 아캥이, 지금껏 발견된 것 가운데 가장 다양하고 인상적인 비장품들을 찾아낸 곳은 궁궐의 벽으로 막힌 두 개의 방이었다. 정교하게 조각한 인도산 상아 제품(상아 옥좌의 일부분 같은 것들이다), 헬레니즘풍의 청동 제품, 중국산 옻칠 제품, 로마 세계에서 온 복잡하게 만들어진 유리 제품 등이 있었다.

그리스-로마 예술의 외피를 쓴 불교는 쿠샨 제국의 치하에서 창의성을 폭발시키며 왕성한 활동을 보였다. 지금의 파키스탄에 있던 탁실라에서 그것은 최고조에 달했던 것으로 보인다. 대체로 1912년에서 1934년 사이에 이루어진 존 마셜(1876~1958)의 광범위한 발굴 덕분이었다. 마셜의 발굴로 격자 구조의 광대한 도시가 모습을 드러냈다. 도시 안과 주변 산에 사리탑을 갖춘 불교 사원 단지도 다수 있었다(163쪽 상자글 참조).

더 읽을거리: Ball 2008; Francfort et al. 2014; Hopkins 1979; Marshall 1960.

실크로드의 거대 제국들

투라지 다리어이

알하산 빈아므르는 자신이 만수라에서 하(下)카슈미르
출신의 사람들을 만났다고 말했다. 그들은 홍수가
났을 때 (…) 미흐란강을 내려온 사람들이었다. 그들은
300킬로그램 안팎의 곡식 부대를 타고 왔다. 곡식
부대는 송진을 칠한 가죽으로 싸서 물에 젖지 않았다.
그것을 한데 묶으니 뗏목이 됐다. (…) 그들은 40일 만에
만수라에 도착했는데, 곡식이 모두 온전했다.

- 부주르그 이븐 샤흐리야르(10세기), 《인도의 놀라운 일에 관한 책》

(오른쪽) 1221년의 인더스강 전투. 호라즘
기병대가 강을 건너 칭기즈칸의 군대로부터
달아나는 모습이다. 칭기즈칸 서사시를 엮
은 책에 나오며, 반와리 후르드와 다름 다
스가 1596~1600년에 그렸다.

아프로유라시아 대륙 곳곳의 큰 강들은 평원에 물을 공급해 부와 교역을 늘리고 제국을 성장할 수 있게 했다. 이러한 제국들 가운데는 황하와 장강의 물을 이용하는 중국 평원에 들어선 한 왕조(서기전 202~서기 220), 인더스강 유역과 중앙아시아에서 바다로 나가는 통로를 지배한 쿠샨 제국(1~3세기), 이란고원에 세워진 파르티아 제국(서기전 247~서기 224), 북아프리카를 포함한 지중해 일대의 로마 제국(서기전 27~서기 395) 등이 있었다.

파르티아인들은 스텝 변경에서 옮겨와 이란고원과 메소포타미아의 강가 평원에 정착하고 실크로드 교역망의 일부가 됐다. 그들은 사산 제국(224~651)에 밀려났고, 그 서쪽의 로마 제국은 둘로 나뉘어 동로마가 사산

(왼쪽) 파르사 부근 나크시에로스탐의 아케메네스 및 사산 공동묘지에 있는 바위 돋을새김 조각. 샤푸르 1세(재위 240~270)가 로마 황제 필리푸스(재위 244~249)와 발레리아누스(재위 253~260)에게 승리한 모습을 보여주고 있다.

(위) 콥트의 양모 및 아마포 각반 잔편에 새겨진 전투 장면. 중앙의 사산 황제 호스로 2세(재위 590~628)와 악숨 왕국 군대가 남부 아라비아 힘야르에서 벌인 전투 장면으로 잠정 비정한다.

캅카스에서 나온 사산 주화

5세기 말 이후 사산 제국 주화가 더 많이 캅카스 지역으로 들어왔다. 거의 대부분이 드라크마 은화였다. 흥미롭게도 이들은 사산 영토 전역의 주조소에서 만들어진 것이었다. 지금까지 2천 개 가까운 아르메니아 및 조지아에서 나온 표본이 공개됐다. 주로 주화 저장고에 있던 것이다. 7세기 초에는 상당한 양의 동로마 은화 역시 사산 드라크마와 함께 캅카스 지역에서 유통됐다. 조지아 데도플리스츠카로에서 대량으로 출토된 1385개의 사산 드라크마와 열 개의 동로마 은화가 그것을 잘 보여준다.

사산 제국은 또한 아르메니아와 조지아에 현지 주조소를 운영했다. 그곳에서 발행한 주화에는 파흘라비 문자로 ALM이나 WLC에 해당하는 주조소 표시가 들어 있는데, ALM은 아르민, 즉 아르메니아를 나타내고, WLC는 위루잔, 즉 조지아 중동부를 의미한다. 오른쪽 사진들은 호스로 1세와 아르다시르 3세의 주화다. 사산 드라크마가 현지 발행 통화들의 모델 노릇을 했는데, 현지 통화 대부분에는 아직 제대로 해독하지 못한 'ZWZWN'이나 'GWGWN' 같은 표시가 들어 있다. 드물게 나오는 일부 주화에는 조지아의 전승이 담겨 있는데, 그 연대에 대해서는 현재 논란이 있다. 이 주화들은 과거 6세기 말의 것으로 여겨졌으나, 8세기의 것일 가능성이 있다. 또 다른 일부(아마도 앞의 것들과는 다른 부류일 것이다)는 사산 주화에 있던 조로아스터교의 종교적 상징들을 십자가 같은 기독교의 도안으로 바꿔놓았다. 현지 기독교도 지배층의 문화적·종교적 정체성을 드러내고 있는 것이다. NS

더 읽을거리: Akbarzadeh & Schindel 2017; Moushegian et al. 2003; Tsotselia 2003.

과 접경한 지역을 통치했다. 한편 중국은 여러 왕국들이 이어가며 지배했는데, 그 가운데 몇몇은 스텝 출신의 튀르크족이었다. 그러다가 수(581~618)에 의해 재통일되고 이어서 당(618~907)이 들어섰다.

아무다리야강 남쪽의 박트리아인들은 실크로드를 통해 만들어진 연결망을 처음으로 잘 이용한 무역 집단 가운데 하나였다. 그리고 강 북쪽의 소그드인은 그 동쪽과 북쪽 상당 부분을 지배한 것으로 유명했다. 호라즘인들은 북쪽으로 카스피해 북안의 스텝과 볼가강 및 돈강 주변의 평원으로 가는 통로의 지배자였다. 스칸디나비아에서 온 루시인들은 여기서 무역을 하기 위해 남쪽으로 흐르는 유럽의 큰 강들을 이용했다. 고향을 떠난 파르티아인, 페르시아인, 유대인, 아르메니아인 상인들 역시 잇달아 여러 육상 및 해상 교역로를 장악하게 됐고, 그들의 관여는 이슬람교의 전파와 함께 확산됐다(256~267쪽 참조).

7세기 이후 아랍의 칼리파국들은 지중해 일대에서 세력을 확장하고 메소포타미아 및 이란고원을 지나 당 제국의 경계에 도달했다. 두 세력은 중앙아시아에서 충돌했다. 751년의 탈라스 전투였다. 여기서는 이슬람 세력이 이겼지만, 중앙아시아는 두 제국이 동원할 수 있는 병력의 한계를 시험하는 장소였다.

튀르크족이 스텝에서 이동해 이 지역 일부를 지배했지만, 중앙아시아에서 제국의 경계가 무너진 것은 몽골족이 스텝에서 나와 동남쪽으로 이동해 확장하기 시작한 이후였다. 몽골족은 북중국의 강가 평원을 점령했고, 그런 뒤에 스텝과 중앙아시아를 가로질러 이란고원과 메소포타미아, 그리고 멀리 유럽의 경계에까지 들어갔다. 그들의 지배는 전통적인 지리적 경계를 넘어 뻗어 나갔다.

(오른쪽) 동로마 황제 테오필루스(재위 829~842)와 그 옆의 두 경호병. 이들 경호병은 대체로 북유럽 출신으로 구성된 정예 바랑고이 경호대 소속이다. 그리스 역사가 요안네스 스킬리체스의 11세기 저술《역사 개요(Sýnopsis Istorión)》에 나온다.

남아시아의 동로마 주화

500개 가까운 동로마 금화가 남아시아에서 분명하게 확인됐다. 4세기 말에서 5세기 초에 모아진 것이며, 거의 대부분 인도반도 남부에서 발견됐다. 유스티니아누스 1세(재위 527~565) 치세 이후의 것은 매우 드물다. 구멍 난 것이 많은 것으로 보아(왼쪽 사진) 장식용으로 사용됐던 듯하고, 현지에서 모방품을 만들기도 했다.

이와 함께 4~5세기에 발행된 동로마 동전 수천 개가 심하게 닳은 상태로 발견됐다(오른쪽 사진). 주로 타밀나두에서였다. 많은 수의 주화가 또한 인도에서 스리랑가로 옮겨진 것으로 보이는데, 그 목적은 분명하지 않다. 5세기 말 스리랑카에서 이것들이 소진되자 그들은 잠시 현지에서 모방품을 만들었고, 이것 역시 진품과 마찬가지로 보관됐다. 귀금속 주화가 발견되는 경우는 많지 않으며, 이런 주화들은 스리랑카가 서부 인도양 교역로에 참여했다는 흔치 않은 증거물이 되고 있다. RD

더 읽을거리: Darley 2017; Turner 1989; Walburg 2008.

초기 이슬람 세계의 주화

무함마드(570?~632)의 고국인 히자즈 (아라비아반도 서쪽 홍해 연안 지역의 명칭_옮긴이)는 현지에서 주화를 만든 전동이 없었다. 그곳에서 유통된 낯시 않은 주화는 동로마(395~1453)와 사산 제국(224~651)에서 온 것이었다. 7세기 중반에 동로마와 사산 영토를 침략한 이슬람교도들은 지배자와 국가종교(각기 기독교와 조로아스터교다)를 강조한 전통적인 주화를 접하게 됐다.

이슬람교도들은 과거 동로마 지역에서 동로마 동전을 모방한 주화를 발행했는데, 거기에는 기독교의 상징이 그내로 늘어 있었다. 이슬람교식으로 바꾼 초기 사례는 드물게 보일 뿐이다. 우마이야 칼리파 압둘말리크 이븐 마르완(재위 685~705) 치세에 별도로 아랍 도상을 넣은 주화(위 왼쪽 사진)를 만들려는 시도가 있었다. 앞면에는 칼리파의 초상이 들어갔다. 그러나 발견

된 주화는 693년부터 696년까지 단 4년의 짧은 실험 단계의 것들이다. 동쪽의 사산 지역에서는 드라크마 은화에 기본적으로 조로아스티교 도상이 들어갔다. 아랍어로 짧은 종교적 문구를 추가했고, 사산 왕의 이름을 아랍 지배자의 이름으로 바꾸었다. 위 오른쪽에 보인 우바이달라 빈 지야드(?~686) 주화(위 오른쪽 사진)가 그 한 예다. 696~698년의 통화 대개혁은

그림 요소를 모두 제거하고 쿠르안의 내용을 쿠파 문자로 새기는 것을 바탕으로 하는 주화 유형을 창조했다. 이것이 이슬람 주화의 시작이었다. NS

더 읽을거리: Album & Goodwin 2002; Schindel 2009.

(맨 왼쪽) 호스로 2세로 보이는 사산 황제의 모습을 담은 비단 세이마이트. 7~8세기 사산 또는 중앙아시아에서 직조했다.

(왼쪽) 유리와 금박으로 만든 4세기 초의 원형장식. 여성과 아이의 모습을 담고 있으며, 로마 제국의 알렉산드리아에서 만든 것으로 보인다.

이 모든 제국들의 종교는 그 제국과 함께 확산됐다. 조로아스터교는 사산 제국(346~355쪽 참조)과 함께, 이슬람교는 아랍인들(256~267쪽 참조)과 함께, 기독교는 로마 및 동로마 제국(168~175쪽 참조)과 함께 확산됐다. 그러나 계속해서 살아남고 번성한 다른 종교와 신앙들도 여럿 있었다. 강의 신 와흐시 같은 신들을 가진 박트리아의 현지 종교미술에는 그리스·인도·이란의 종교적 도상이 섞여 있었다. 미술 전통은 때로 융합돼, 아프가니스탄 바미얀 북쪽의 도흐타르이누시르완 동굴의 니가르 벽화 같은 독특한 작품들을 만들어냈다. 이 그림에는 사산계 이란풍의 왕과 신들에 대한 묘사가 간다라의 불교·힌두교 예배용품과 표지물에 들어가 있다.

더 읽을거리: Daryaee et al. 2010; Hansen 2000; Rezakhani 2017.

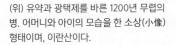

(위) 유약과 광택제를 바른 1200년 무렵의 병. 어머니와 아이의 모습을 한 소상(小像) 형태이며, 이란산이다.

(오른쪽) 장안에서 출토된 7~8세기 중국 귀족 부인의 소상. 산화코발트로 만든 암청색 유약은 7세기 후반에 들어서야 이란에서 중국으로 수입됐다.

돈과 주조소

로버트 브레이시

돈은 아주 오래된 것이다. 아마도 도시 문명만큼이나 오래됐을 것이다. 그러나 그 물리적 표현의 한 형태인 주화는 놀랄 만큼 새로운 것이다. 금속을 표준화된 단위로 표현한 돈은 서기전 제1천년기에 적어도 세 차례 이상 완전히 독립적으로 발명됐다. 터키 동부의 리디아와 중앙아시아, 중국에서다. 2700년 전 불과 몇 개뿐이던 주조소는 전 세계로 확산됐다.

1세기가 되면 지중해 연안, 서아시아, 이란의 일부, 중앙아시아 북부, 중앙아시아 동부의 오아시스 도시들, 북인도의 왕국들에 주조소가 있었고, 남인도 일부 왕국들에도 있었다. 주화 생산은 중국과 그 이웃 나라들에도 널리 퍼져 있었다. 그러나 북유럽과 스텝의 목축민 사회들(다른 측면에서는 발달한 사회들이었다), 그리고 동남아시아의 여러 왕국들에서는 주화를 만들지 않았다. 주화가 만들어진 곳이라 할지라도 시골에 사는 사람들은 그것을 사용할 기회가 거의 없었다.

주화를 만드는 방법은 비교적 단순했다. 서방에서는 쇠를 두드려 만들었고, 동방에서는 거푸집을 이용했다. 중앙아시아와 남아시아에서는 처음에 구멍을 뚫어 표시했다. 어떤 방법이 더 절대적인 이점을 갖지는 않았다. 주화 생산과 관련된 여러 가지 일들은 금속을 채굴·용융·제련하고, 주조를 관리하고, 주화를 유통시키는 데서 발생하는 온갖 문제들을 처리하는 일 등이 포함된다. 이에 따라 모든 주조소는 사회적·경제적·정치적 기반시설에 의존하는데, 역사가들은 대체로 그것을 보기 어렵다. 주조소가 존재하고 유지되려면 이런 구조가 필요할 뿐만 아니라, 무엇보다도 주조소(또는 거기서 만드는 주화)가 만들어지면 뭔가 이점이 있어야 한다.

인류 역사에서 아주 최근까지도 대부분의 거래에는 돈이

쓰이지 않았고, 더구나 주화가 쓰이는 일은 더 적었다. 예를 들어 중국은 실크로드 지역에 있는 수비대에 국가에서 주화를 지급했지만, 중요한 지불은 거의 비단으로 했다. 그러한 '실물화폐'를 사용하는 것이 일반적이었고, 심지어 국가의 권위 없이도 운용될 수 있었다. 인도 동북부에서 사용된 자패(紫貝)가 그런 경우다. 거래는 또한 현물로 이루어지거나, 신용으로 처리하거나, 개인적인 관계 안에서 돈 같은 것에 전혀 의존하지 않고도 이루어질 수 있었다. 사실 과거의 장거리 교역은 돈보다는 내재적 가치가 있는 상품에 더 의존했다. 돈이 더 널리 쓰인 곳에서는, 예컨대 중국에서 동아프리카에 이르는 서로 연결된 해로에서와 마찬가지로 자패 같은 실물화폐가 주화보다 더 중요시되는 경향이 있었다.

이런 오래된 거래 형태의 상당 부분은 지금도 여전히 사용되고 있고, 주화라는 형태의 돈으로 완전히 대체되지 않았다. 그러나 시간이 지나면서 주화는 분명히 더 흔해졌다. 서기 첫 몇 세기가 되면 대부분의 큰 나라들은 주화를 발행했다. 중국의 한(서기전 202~서기 220)과 이란의 파르티아(서기전 247~서기 224), 로마 제국(서기전 27~서기 395) 등의 도시 중심지에서는 주화가 화폐 거래의 주요 수단이 됐다. 이 주화는 아주 흔해져서 교역로를 따라 이동했으며, 때로는 잔돈으로, 때로는

(302쪽) 2013년부터 발굴된 일본 오키나와현의 12~15세기 성 가쓰렌성(勝連城)에서 2~4세기의 로마 동전이 나왔다. 중국을 통해 들어온 듯하다.

한자와 카로슈티 문자가 쓰인 호탄의 주화

1~2세기에 중앙아시아 오아시스 왕국 호탄(221쪽 상자글 참조) 왕들의 이름으로 동전이 발행됐다. 구르가, 구르가다마, 구르가모야(아래 사진), 이나바, …토가, 파냐토사나 같은 왕들이다. 앞면에는 말이나 낙타 등의 동물과 함께 카로슈티 문자로 쓰인 프라크리트어 새김글이 왕 이름과 칭호를 보여주고 있다. '이티라자'는 '호탄 왕'이라는 뜻이다. '마하라자 라자티라자 이티라자'는 '위대한 왕, 왕 중의 왕, 호탄 왕'이다. 뒷면에는 무게를 나타내는 한자 새김글이 있다. '육수전(六銖錢)'이나 '무게 24수 동전(重卄四銖銅錢)' 같은 식이다. 어떤 것은 사진에서 보듯 뒷면에 탐가 문양(유라시아 기마 민족들이 씨족 상징을 문자 비슷한 형태로 표현한 것_옮긴이)이 들어 있는 경우도 있다.

주화의 연대는 액면가 및 새김글과의 밀접한 관계를 이용해 1세기 간다라의 인도계 파르티아 왕들, 1~2세기 박트리아·간다라·카슈미르의 쿠샨 왕들 등으로 비정할 수 있다. 구르가모야 왕의 주화는 때로 바그람에서 들여온, 쿠샨의 첫 왕 쿠줄라 카드피세스(재위 30?~80?) 치세의 주화에 겹쳐 찍기를 한 경우도 있다. JC

더 읽을거리: Cribb 1984, 1985; Wang 2004.

타클라마칸사막 왕국들의 주화

타림분지와 몽골 스텝의 유적지에서 발견된 주화들은 중국이 이 지역에 강력하게 힘을 뻗치고 있을 때 중국의 주화도 함께 밀려 들어왔음을 보여주는 고고학적 증거다. 대부분은 한 왕조(서기전 202~서기 220)의 오수전(五銖錢) 유형(또는 모방품)과 621년 처음 발행된 당 왕조(618~907)의 개원통보(開元通寶, 아래 사진들) 유형(또는 모방품)이다.

관리와 병사들에게는 급료를 지불할 필요가 있었고, 주화와 군 장비들이 함께 수송됐다는 증거가 있다. 그러나 값싼 주화를 멀리까지 수송하는 비용과 물류 관리의 문제로 인해 현지, 특히 타림분지 북부 지역에서 주화를 생산하기 시작했을 것이다.

많은 양의 '중국식' 주화가 쿠처 일대에서 만들어졌다. '중국식'이란 구리 합금 주물이고 가운데 네모난 구멍이 있는 것이다. 처음에는 서기전 118년에서 서기 621년 사이에 발행된 오수전을 본떴는데, 현지에서 만들어진 주화는 때로 글을 새겨 넣거나 자기네 지역의 정체성을 주장하는 표시를 추가하기도 했다. 당 왕조의 주화 개원통보는 중앙아시아에서 한반도와 일본에 이르는 광범위한 지역의 유적지에서 발견됐으며, 이 시기부터 현지 모방품의 발행도 많아졌다. HW

더 읽을거리: Wang 2004, 2004a.

(맨 왼쪽) 중국 신(新)나라 황제 왕망(재위 9~23) 때의 청동 주화인 포폐(布幣). 모양이 삽을 닮아 '산포(鏟布)'로도 불렸다.

(왼쪽) 사자가 황소를 공격하는 모습이 그려진 리디아 왕국의 스타테르 금화. 크로이소스(재위 서기전 560?~546?) 시대에 리디아 수도 사르디스에서 주조됐다.

선물로, 또 때로는 재질이 되는 금속 자체로서 쓰였다. 주화를 받은 사람들은 이를 창고에 저장하기도 했다. 5세기 스리랑카에서처럼 가끔은 외국 주화가 현지 유통에 쓰이기도 했다. 이 경우에는 인도에서 수입된 로마 주화가 사용됐다. 중앙아시아에서 산발적으로 발견되는 은화 가운데는 유럽에서 만들어진 것도 있다. 또한 동로마의 금화가 중국에서 발견되기도 한다. 예컨대 장식품 같은 것으로 재활용된 경우다.

처음에 주화는 일차적으로 국가권력의 도구인 것처럼 보였다. 주화는 행정 비용 지불, 특히 군대의 급료 지불에 사용됐고, 이어 그런 지불을 받은

사람들로부터 세금을 거두는 데 사용됐다. 이런 순환은 사회의 중요한 부문을 국가에 묶어놓는 구실을 할 수 있었고, 수입을 창출할 수도 있었다.

주조소에서 어떻게 원자재를 공급받았는지 또는 주화가 어떻게 유통됐는지에 대한 증거는 별로 남아 있지 않다. 그러나 주화가 공익적인 것으로 인식됐다면 주조소는 많이 있어야 하고, 필요한 곳에 공급하는 데 적당하거나 원자재 생산지에 가까이 위치하는 것이 합리적이다. 하지만 그런 경우는 드물었다. 대부분의 국가에서 주조는 대개 중앙에서 이루어졌다. 흔히 정치적으로 중요한 위치에 있는 곳이었다. 실용보다는 통제가 더 중요했다.

중국은 초기에 국가에서 주화 생산을 분산시키려 시도했다. 한 문제(재위 서기전 180~157) 때 사주(私鑄)를 허용하는 실험을 했다. 하지만 이는 예외적인 것이었다. 주화 공급이 서민들의 수요를 충족시키지 못했다는 분명한 증거는 위조가 있었다는 사실이다. 일부 위조자들은 이득을 얻기 위해 비금속(卑金屬)에 금이나 은을 입혀 가짜 금화와 은화를 만들었지만, 위조 주화의 대부분은 가치가 낮은 것들이어서 이문이 그리 크지 않았다. 당연한 일이지만, 위조 주화는 국가에서 만든 것에 비해 조악했다. 위조자들은 원자재를 채굴·제련하는 능력이나, 만든 주화를 널리 유통시킬 능력이 없었다. 많은 경우 거푸집을 이용하는 방법에 의존했다. 심지어 금속을 두드려 만드는 것이 일반적인 지역에서도 마찬가지였는데, 독특한 도

6세기 중반의 악숨 왕 요엘의 구리합금 주화. 그의 이름이 그으즈어, 즉 에티오피아어로 새겨져 있다. 4세기 에자나 왕이 기독교로 개종한 이후 악숨의 주화 뒷면에는 십자가가 그려졌다.

아프리카의 쿠샨 주화 저장소

1940년, 2세기에서 3세기 초에 중앙아시아에서 만들어진 쿠샨 금화 105개가 오늘날의 에티오피아에 있는 고대 악숨 왕국(100~940)의 데브레다모 기독교 수도원 담장 아래에서 발견됐다. 현재 그 주화들이 어디 있는지는 알 수 없다. 그러나 그것을 발견한 이탈리아 고고학자 안토니오 모르디니(Antonio Mordini)는 그 주화들에 대해 조금 상세하게 묘사한 예비 보고서를 발표했다. 쿠샨은 1세기에서 3세기 사이 북인도에서 중앙아시아에 이르는

지역을 지배했고, 데브레다모에서 발견된 주화 대부분은 박트리아에서 만들어진 것이었다.

쿠샨 동전은 널리 유통됐고, 일부는 서아시아에서도 발견됐다. 상인이 지갑에 넣고 왔다가 그저 둔 곳을 잊어버렸을 수 있다. 그러나 금화는 쿠샨인들에게는 비교적 새로운 혁신이었다. 데브레다모 주화 가운데 가장 이른 것은 쿠샨 군주 비마 카드피세스(재위 90?~127?)의 2스타테르(고대 그리스의 화폐 단위_옮긴이) 금화(여기 보

인 것과 비슷한 것이다) 다섯 개인데, 이것이 처음 주조된 금화 가운데 일부일 것이다. 아마도 본래는 왕이 인심을 쓰는 용도로 사용했을 것이다. 데브레다모에는 카니슈카 1세의 주화(위 사진) 등 역대 왕들의 주화도 있었다.

이 시기에 악숨 왕국은 동아프리카의 중요한 왕국이었다. 그곳 상인들은 인도양과 남아시아를 누비며 무역을 했다. 그러나 이곳이 기독교를 믿게 된 것은 4세기에 들어서였고, 데브레다모는 6세기가 돼서야 건설됐다. 따라

서 이 주화는 아마도 본래 인도의 장식된 함에 담겨 외교적 선물로 주어졌거나, 높은 자리에 있던 여행자의 재물 창고에 들어 있다가 나중에 선물 또는 보관을 위해 수도원에 맡겨졌을 것이다. 아니면 수도원과는 전혀 관계가 없었을 가능성도 있다. RB

더 읽을거리: Mordini 1967; Whitfield 2018.

화폐 기능을 한 비단

피륙은 고대 중국에서 중요한 화폐 형태였다. 이 평견(平絹) 두루마리와 손으로 쓴 글씨가 들어 있는 평견 잔편들은 모두 중앙아시아 사막에 남아 있던 것으로, 그러한 비단이 한 왕조(서기전 202~서기 220) 동안에 통화로 사용됐음을 입증하는 데 중요한 자료다. 두루마리는 타클라마칸사막의 크로라이나에서 발견돼 현재 영국국립박물관(MAS 677a&b, L.A.I. 002)에 보관돼 있다. 잔편들은 중국 하서주랑 동쪽의 한 망루 밑에 있던 쓰레기 더미에서 나왔고, 현재 영국국립도서관(Or.8211/539(A&B))에 보관돼 있다. 그 가장자리는 두루마리의 것과 일치한다. 거기에 쓰인 내용은 이렇다. "고보(古父) 비단 1필, 임성국(任城國) 산(産), 폭 2척 2촌, 길이 40척, 무게 25량, 값 618전." 이 비단 두루마리의 가

격은 600전으로 보는 게 맞을 것이다. 600으로 해야 우수리가 없기 때문이다(3퍼센트인 18전은 흥정용으로 보인다). 길이 40척의 비단 한 필이 600전이라면 비단 1척의 값은 15전이다. 그리고 이 비단 한 필의 무게가 25량이니 무게로 따지면 비단 1량의 값은 24전이다.

비단이 돈으로 쓰인 사실은 당대의 여러 기록들이 언급하고 있다. 여기 보인 계약서는 북송 순화(淳化) 2년 11월 12일(991년 12월 20일)자로 돼 있는데, 비단을 빚진 데 대한 대가로 여자노예 한 명을 준다는 내용이다. 이 계약서는 현재 영국국립도서관(Or.8210/S.1946)에 보관돼 있다. HW

더 읽을거리: Hansen & Wang 2013; Wang 2004.

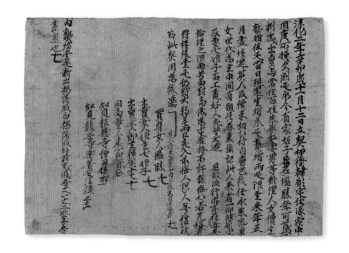

(오른쪽) 쿠샨 왕 카니슈카 1세(재위 127?~150?)의 금화 뒷면에 붓다가 새겨져 있다.

(맨 오른쪽) 파르티아 왕 볼로가세스 1세(재위 51~78)의 은화 뒷면. 옥좌에 앉은 왕이 도시의 여신 티케로부터 왕관을 받고 있다. 그리스어 새김글이 주조 장소는 셀레우키아, 연도는 55~56년임을 밝히고 있다.

스필링스의 보물: 노예를 팔고 받은 이슬람 세계의 디르함

북유럽 일대에서 다양하고 많은 디르함 은화(대부분 중앙아시아의 사만 제국에서 주조한 것이었다)가 발견된 것은 장거리 교역의 중요한 요소를 잘 보여준다.

북유럽 사람들은 남쪽의 흑해와 카스피해로 흐르는 도나우강, 드네프르강, 볼가강 등을 이용해 먼 거리를 여행하고 모피와 노예 등의 상품을 팔았다. 당대 이슬람 작가들은 이를 기록으로 남겼다. 그들은 이 상인들을 루시라 불렀고, 루시가 스텝 왕국들인 불가르와 하자르에서 교역한 사실을 적었다.

바이킹으로 추정되는 루시들은 멀리 콘스탄티노플까지 여행했다. 그곳에서 일부는 황제의 특수 경호대에 들어갔다. 이들은 그리스어로 바랑고이로 불렸다.

일부 추산에 따르면 10세기 북유럽에는 1억 2500만 개의 디르함 은화가 들어왔다. 스칸디나비아반도에서 지금까지 알려진 가장 큰 규모의 저장물은 스필링스 보물이다. 현재 스웨덴 고틀란드박물관(52803)에 보관돼 있다. 이것은 1999년 스웨덴 북부에서 발견됐으며, 본래는 바이킹들의 헛간 바닥

밑에 숨겨져 있었다. 여기에는 1만 4천여 개의 은화와 기타 은·동제품들이 포함돼 있었는데, 은의 무게만 67킬로그램에 달했다. 북방의 다른 여러 보물창고들의 경우와 마찬가지로 여기에도 진품과 모조 주화들이 함께 들어 있었다. 아래 사진은 그중 몇 점이다. SW

더 읽을거리: Noonan 1998;
Pettersson 2009.

스필링스의 보물: 노예를 팔고 받은 이슬람 세계의 디르함

안을 만들어내는 데 필요한 도구 없이도 주화를 베껴낼 수 있었기 때문이다. 위조 시설은 또한 관영 주조소에 비해 흔적들이 더 잘 확인되는데, 이는 위조범들이 사용했던 도구들을 파괴하는 데 관심을 덜 기울였기 때문이다.

　주화는 처음에 그것이 만들어진 곳 이외의 지역에서는 가치가 제한적이었고, 장거리 교역에서도 제한된 용도로만 쓰였다. 물론 좀 더 국지적인 거래를 촉진하는 데서는 주화가 틀림없이 상품을 이동시키는 데 한몫을 했다. 시간이 지나면서 주화 사용이 더 확산되자 이런 역할은 점차 커졌다. 이에 따라 제1천년기 말에는 이슬람 세계 곳곳에서 생산된 주화가 부하라에서 이베리아반도에 이르기까지 넓은 지역에서 통용됐다. 주화의 경제적·사회적 효용이 커져감에 따라 주조소도 급증했고, 생산도 증가했다.

더 읽을거리: Cribb 1983; Kakinuma 2014; Schaps 2004; Walburg 2008; Yang 2011.

중국의 무덤에서는 박트리아 낙타가 흔히 발견된다. 이것은 550~577년 사이의 것이며, 짐 속에는 상품 및 화폐용으로 쓰일 비단 등이 들어 있었다.

누에와 뽕나무:
실크로드의 정착자들

수전 휫필드

(위) 오아시스 왕국 호탄은 서력기원 초에
비단 생산지가 됐다. 중국 신장 단단윌리크
에서 발견된 이 7~8세기의 채색 나무 장식
판의 그림은 외국 왕에게 시집오면서 머리
장식에 누에씨를 숨겨온 비단 공주의 이야
기를 담은 것으로 해석되고 있다.

제1천년기 초 중국에서 중앙아시아로 가는 길이 열리면서 불가피하게 양잠과 뽕나무 재배가 중국 밖으로 퍼져 나가기 시작했다. 뽕나무(학명 *Morus*) 재배는 그 잎을 이용하려는 것이고, 양잠은 그 뽕나무 잎으로 누에(학명 *Bombyx mori*)를 쳐 그 고치에서 명주실을 얻으려는 것이다.

이 시기 이전에 중국에서만 명주실을 생산한 것은 아니었다. 인도에서는 서기전 제3천년기 중반부터 이미 멧누에고치에서 명주실을 생산하고 있었다. 멧누에고치 실은 서기전 2000년 무렵에 키프로스에서 발견된 것으로 보인다. 청동기시대 에게해 지역에서도 명주실의 흔적이 보인다. 중국 역시 멧누에고치 명주실을 생산했다. 그러나 이른 시기에 사육 누에를 전문적으로 번식시키고 길러 온전한 고치에서 실을 뽑아낸 강력한 증거는 유일하게 중국에서 나왔다. 현재까지 발견된 증거로 보아 이는 서기전 2700년 무렵에 이미 시작된 것으로 보인다.

실크로드의 시대가 시작됐을 때 중국은 시간이 걸리고 숙련된 기술을 요하는 양잠 기술을 개량해온 오랜 경험을 가지고 있었고, 흰뽕나무(학명 *Morus alba*) 잎을 먹는 사육 누에에서 나온 실로 강하고 품질 좋은 비단을 생산하고 있었다. 누에 애벌레는 엄청난 양의 뽕잎을 먹어치워, 한 달도 안 되는 사이에 체중을 최고 1만 배까지 늘린다. 바늘구멍 크기에 지

二眠

吳蠶一再眠竹屋下簾
幕拍手弄嬰兒一笑姑
不惡風來麥秀寒雨過
桑沃若日高蠶未起谷
鳥鳴百箔

초병정(焦秉貞)이 황제의 명을 받아 그린
〈경직도(耕織圖)〉(1696, 베이징)의 목판
인쇄본. 집 안에서 누에 기르는 모습을 보여
준다.

나지 않는 새로 부화한 누에에게는 뽕잎을 잘게 썰어 줘야 한다. 누에는 첫 하루 동안에는 뽕잎을 한 시간에 두 번씩 먹기도 한다. 누에가 자라면 뽕잎을 더 크게 줘도 되고, 먹는 횟수도 줄어든다. 그래도 여전히 품이 아주 많이 든다. 누에 채반에서는 끊임없이 배설물과 뽕잎 찌꺼기를 치워줘야 한다. 또한 누에의 감염 상태를 살피고, 따뜻하고 건조한 상태를 유지해 줘야 한다. 이런 과정이 4주에서 5주 정도 지속된다. 초기 중국 기록에 따르면 누에치기는 여성의 일이었다. 누에막은 따로 짓거나 농가를 그냥 이용하기도 했으며, 누에는 채반 위에 올려놓았다.

양잠에는 필요한 기술들 외에도, 신선한 뽕잎을 공급하기 위해 뽕나무를 많이 심을 뽕밭이 필요했다. 곰팡이나 각종 감염도 민감한 누에에게 해로웠다. 어린 뽕나무에서 제대로 뽕잎을 내려면 3년에서 6년이 걸렸다. 뽕나무는 특별히 취약한 편은 아니며, 무난한 기후, 고도, 습도, 빛, 그리고 비옥한 토양이 필요했다. 흰뽕나무 잎은 누에가 가장 좋아하는 먹이이며, 이것을 먹은 누에가 가장 좋은 명주실을 만들어낸다. 뽕나무의 원산지는 북중국이다. 그것이 중국의 양잠 기술이 앞섰던 이유 중 하나일 것이다. 중국 농민들은 또한 흰뽕나무를 접붙이는 기술을 개발했으며, 이에 따라 뽕나무 재배도 개선됐다.

검은뽕나무(학명 *Morus nigra*)는 다른 종이지만, 역시 누에에게 먹일 수 있다. 다만 생산하는 실은 좀 거칠다. 원산지는 서아시아 산악 지대인 듯하지만, 아주 이른 시기부터 중앙아시아 및 서아시아 일대에서 재배됐다. 서기전 제2천년기 중반에는 이집트에까지 전해졌다고 한다. 검은뽕나무 열매는 로마 제국 시대 유럽에서 인기가 있었으며, 이 나무는 로마 이전 시대에 이미 멀리 북유럽까지 전파됐던 것으로 보인다. 초기 흰뽕나무의 전파에 대해서는 기록이 분명하지 않으며, 현대에 들어서도 이 나무에 대한 혼란이 지속됐다.

서너 잠을 자고 난 누에가 고치를 지으면 질식사시키거나 추운 조건에서 더 성장하지 않도록 해야 한다. 그래야 나방이 생겨 고치를 깨는 일이 일어나지 않는다. 죽은 누에는 나중에 볶아 먹을 수 있다. 이 번데기는 오늘날 중국에서도 여전히 별미다.

그런 뒤에는 명주실을 자아야 한다. 또 하나의 전문적이고 섬세한 작업이다. 고치를 물에 삶으면 몇 가닥의 실마리가 잡혀 실이 풀려나온다. 가닥이 많으면 명주실이 무겁고 이에 따라 피륙도 무겁다. 실은 최고 900미터까지 나올 수 있다. 이 시점에서 실을 약간 꼬아준다. 날실은 더 많이 꼬아야 한다. 실 1미터당 2천 번에서 3천 번을 꼬아야 하며, 이를 위해서는

누에를 치고 뽕잎을 모으는 모습. 얀 반 데어 스트라트를 모방한 카렐 반 말레리의 그림. 1595년 무렵 안트베르펜에서 출판됐다.

축바퀴가 필요하다. 실을 꼬는 방식은 두 가지다. 오른쪽 꼬기(S-twist)는 꼬는 방향이 S자의 중간 부분과 같이 오른쪽을 향하는 것이고, 왼쪽 꼬기(Z-twist)는 꼬는 방향이 Z자의 중간 부분과 같이 왼쪽을 향하는 것이다. 즉 방향이 서로 반대라는 말이다. 오른쪽 꼬기 실은 중국 중부에서 생산된 실에서 더 전형적으로 나타나는 형태다. 그러면 명주실은 준비가 된 것이다. 그것으로 염색(324~329쪽 참조)을 하거나, 실 그대로 팔거나, 직조(316~323쪽 참조)를 한다.

더 읽을거리: Coles 2019; Muthesius 1997; Vainker 2004; Whitfield 2018.

7세기 중반의 것인 아프라시압 〈사절도〉의 수채 모사본에 보이는 튀르크 호위병(그림의 오른쪽)과 중국 사절(그림의 왼쪽). 왕에게 비단(고치, 실, 피륙의 세 가지 형태다)을 바치러 가는 모습이다.

비단 생산과 직조 과정을 그린 중국의 비단 두루마리 일부. 양해(梁楷, 12세기 중반~13세기 초)가 그린 것이라고 하며, 위에 여성 조작자의 모습이 보인다.

무늬 비단을 짜는 복합 직조기

자오펑

중국인들은 누에를 길들여 사육하고 그 누에에게 먹일 뽕나무를 재배하는 일을 처음 시작했을 뿐만 아니라 여러 색깔의 복합 직조가 가능한 발판과 무늬 직조기도 발명했다.

직조에는 두 유형의 직조기가 사용됐다. 평직 직조기와 무늬 직조기다. 평직 직조기는 전 세계에서 발견된다.

직조기 한쪽 끝의 피륙 말코와 다른 한쪽 끝의 날실 도투마리 사이에 날실을 늘어뜨리면 이 날실들 사이에 북이 드나드는 북길이 만들어진다. 가장 단순한 북길은 씨실이 날실 위아래로 번갈아 들락거리는 것이다. 이에 따라 날실은 두 패로 나뉜다. 홀수 번째는 한 잉아를 통해 당기고, 짝수 번째는 다른 잉아를 통해 당긴다. 잉아에는 잉앗대가 달려 있다. 한 잉앗대를 들어 올릴 때 홀수 날실이 위로 올라간다. 그것이 올라가지 않고 다른 잉앗대가 올라가면 짝수 날실이 위로 올라간다.

북을 사용해 북길에 씨실을 교차 삽입함으로써 씨실과 날실이 교직돼 피륙이 만들어진다. 가장 간단한 직조는 평직(平織)이다. 씨실이 한 날실 위로 갔다가 다음 날실 아래로 갔다가 하는 것이다.

직조기의 구성 요소들은 직조의 틀에 따라 조직되며, 그것은 수평, 수직, 사선이 가능하다. 때로 틀은 요기(腰機)처럼 직조자의 몸을 한쪽 끝으로 삼거나 매달기도 한다. 틀이 다 갖추어지면 손으로 북을 놀릴 수 있고, 또는 잉앗대를 조작하기 위해 발판을 추가할 수도 있다. 요기는 아프로유라시아 대륙 일대와 그 너머의 여러 초기 사회에서 흔히 볼 수 있었고, 오

攀華
時態尚新巧
女工慕精勤
心手暗相應
照眼華紛紜
殷勤抛錦字
曲折續回文
更將無限思
織作雁背雲

초병정의 그림 목판 인쇄본에 나오는 복합 무늬 직조기의 모습. 위에 여성 조작자가 있다. 황제의 명을 받아 그린 〈경직도〉(1696, 베이징)에 나온다.

늘날에도 여전히 쓰이고 있다.

지중해 연안의 유럽에서는 고드랫돌이 달린 직립 직조기가 일반적이었다. 고대 이집트에서는 두 유형의 직조기가 사용됐다. 수평(바닥) 직조기와 수직(직립) 융단 직조기다. 이른 시기 중국에서는 대체로 요기가 사용됐다. 나중에 발판이 있는 요기가 개발됐고, 이어 한 왕조(서기전 202~서기 220) 동안에는 빗각 날실과 북길을 통제하기 위한 발판을 갖춘 완벽한 설비의 발판 직조기가 더 일반적이었다. 그러한 발판 직조기는 중국에서 발명됐다. 그 초기 모습을 그린 그림들이 오늘날의 산둥, 허난, 쓰촨에서 발견됐다.

무늬 직조기에서는 무늬를 만드는 데 필요한 서로 다른 세트의 날실이 별도의 봉(棒) 위에 걸린다. 발판으로 들어올리는 잉앗대를 조작해 특정 무늬에 필요한 북길 조합으로 봉을 들어올린다. 전체적인 원칙은 이 북 놀림 정보를 보존하면서 북 놀림에서 변화의 수를 늘리는 것이다. 두 가지 유형의 주요 무늬 직조기가 개발됐다. 여러 개의 잉앗대가 있는 것은 날실 위의 잉앗대 수를 늘리고 이에 따라 서로 다른 조합의 북 놀림을 증가시킴으로써 무늬를 짜는 데 사용됐다. 다른 하나인 공인기(空引機)는 직조기에 맞춘 무늬 견본이 그 윗부분에 있고, 거기에 무늬 표출에 관한 정보가 저장돼 있다. 날실을 무늬 견

이집트 베니하산에 있는 크눔호텝(서기전 1897~1878) 무덤에 그려져 있는, 아마실을 잣고 바닥 직조기에서 직조하는 모습.

영국의 이집트 학자 노먼 드 개리스 데 이비스(1865~1941)가 모사한 것이다.

무늬 직조기 모형

중국 서남부 촉(蜀) 지역인 청두(成都)에 위치한 라오관산(老官山)은 진(秦, 서기전 221~206)에서 당 왕조(唐, 618~907)까지 경면 직조 구조인 다색 직조 비단의 생산 중심지였다. 이 지역은 중국 서북부 하서주랑과 긴밀히 연결돼 있어, 교역로를 따라 이 촉금(蜀錦)을 서쪽으로 쉽게 수출할 수 있었다.

넉 대의 무늬 직조기 모형이 라오관산 2호 묘 아래 방에서 발견됐다. 직조 도구들과 열다섯 점의 채색 나무인형도 있었다. 인형 가슴에는 각기 이름이 쓰여 있었다. 아마도 직조공과 그 밖의 일꾼들의 이름일 것이다. 무덤에는 만저노(萬氏奴)라는 쉰 살가량의 여성의 시신이 있었는데, 비단 공장 소유주로 보인다. 그 연대는 서기전 2세기 후반으로 추정된다.

이 모형들은 주로 나무로 만들었고 일부는 대나무가 들어갔으며, 진사(辰砂)로 염색한 명주실을 썼다. 이들은 구조와 크기에 따라 두 부류로 나눌 수 있다. 가장 큰 L186 직조기는 이동식 틀에 고리가 있고, 나머지 L189, L190, L191 직조기는 조금 작고 고리 막대가 있다. ZF

더 읽을거리: Zhao et al. 2017.

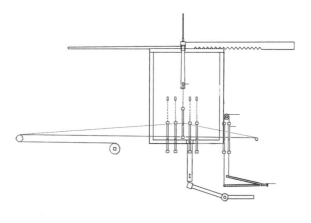

중국산 세이마이트 위의 페르시아 무늬

페르시아 비단은 여러 중국 필사본에 언급된다. 특히 투루판분지 아스타나 묘지의 6세기 무덤에서 발견된 필사본에 나오는 것이 대표적이다. 《수서(隋書)》는 585년 무렵 사산 사절이 수문제(재위 581~604)에게 금실로 짠 비단을 선물로 바쳤음을 기록하고 있다. 제국의 비단 공장 책임자였던 하조(何稠)라는 관리는 그 모방품을 만드는 데 성공했다. 이것이 아마도 중국에서 둥그런 진주 장식 안에 동물이나 새 모티프를 보여주는 디자인의 세이마이트(경면 능직)를 개발하는 데 영향을 주었을 것이다. 무늬는 날실과 씨실 두 방향으로 반복돼 중앙아시아 세이마이트와 구별된다. 이러한 당나라식 세이마이트는 오직 공인기를 사용해서만 만들 수 있다.

왼쪽 사진의 작품은 현존하는 당나라식 세이마이트 가운데 가장 복잡한 것이다. 7세기 후반의 것으로, 현재 일본 나라(奈良) 호류지(法隆寺)에 있다(180

쪽 상자글 참조). 전체 작품은 원형장식이 씨실 방향으로 세 번, 날실 방향으로 다섯 번 반복된 것이며, 원형장식은 지름이 각각 약 45센티미터다. 전체로는 폭 134센티미터, 길이 250센티미터다. 디자인은 사산의 바위 돋을새김이나 금속공예에 나오는 것 같은 전통적인 왕의 사냥 묘사를 따랐다. 그러나 또한 중국이 전형적인 사산의 진주 원형장식에서 당의 꽃 원형장식으로 변모하는 첫 발을 떼었음을 보여준다. ZF

더 읽을거리: Nosch, Zhao & Varadarajan 2014; Yokohari 2006.

(오른쪽) 둔황에서 발견된 8세기 중국산 비단 세이마이트 잔편. 불교의 현수막으로 썼던 것으로, 사산 특유의 원형무늬 디자인과 대칭적인 야생 염소 그림이 들어 있다.

본과 연결함으로써 견본의 정보는 날실로 전달돼 북 놀림 조합을 변경할 수 있다.

무늬 직조기는 고대 중국에서 매우 대중적이었고, 이는 역사 기록과 발굴물들에 의해 입증된다. 알려진 것 가운데 가장 이른 무늬 직조기 모형이 최근 청두 라오관산에서 발굴됐다(319쪽 상자글 참조). 현재 확실한 증거가 있는 가장 이른 공인기는 6~7세기 무렵으로 거슬러 올라간다. 조작자가 위에 앉아 무늬에 따라 날실을 끌어올리는 것인데, 이것이 가장 일반적인 무늬 직조기가 됐다.

중국의 피륙이 다른 지역에서 직조된 것과 구별되는 한 가

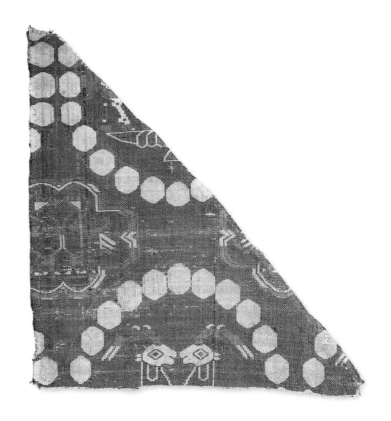

지 중요한 차이는 날실 방향으로 무늬가 반복된다는 것이다. 이는 사육 누에에서 나온 명주실을 사용함으로써 가능했다. 그것은 끝없이 긴 실로, 양모나 목화솜이나 아마 같게 자른 실에 비해 극단적으로 강해 매우 강한 날실과 더 긴 피륙을 만들 수 있었다. 무늬 직조기는 이란, 인도, 터키와 나중에는 이탈리아, 프랑스에서도 나타났으나, 이들은 날실이 아니라 씨실 위에 무늬를 만들었다.

온갖 종류의 피륙이 그런 직조기에서 만들어졌다. 일반 무늬와 합성무늬 직조가 모두 포함된다. 단층 무늬 피륙은 보통 단색이었다. 다마스크, 거즈, 새틴 같은 것들이다. 한자로 '금(錦)'으로 표현되는 다색 피륙의 구조는 매우 복잡했다. 최소 두 가지 색(보통은 다섯 가지 색깔)의 날실이 먼저 날실 도투마리와 피륙 말코 사이에 걸쳐진다. 무늬를 만들게 될 실은 직조하는 과정 동안에 피륙의 앞에 위치하고, 나머지는 모두 뒤에 위치한다. 이런 형태의 직조인 경면 평직은 중국에서 발명됐다(72쪽 상자글 참조).

경면 무늬 직조는 중국에서 서기전 1000년 무렵에 처음 나타났고, 서기 700년까지 여전히 유행했다. 그러나 2~4세기

아동용 비단 외투

바지와 함께 발견된 이 아이 겉옷에 사용된 겉감과 안감의 피륙은 실크로드 지역에서 비단 문화가 교류되고 융합됐음을 반영한다.

겉감에는 붉은색 바탕에 새들이 마주 보고 있는 모습을 진주 원형무늬가 감싸는 형태로 디자인이 돼 있다. 그 기본 구조는 당시 유행했던 세이마이트(경면 능직)다. 세 겹의 중심 날실과 한 가닥의 고정용 날실을 이용해 심하게 왼쪽 꼬기를 한 날실과 꼬이지 않은 씨실을 사용했다. 원형장식들의 구슬 수는 일정하지 않다. 어떤 것은 40개, 어떤 것은 41개다. 여기서 이 원형장식은 날실 방향으로는 정확하게 반복되지 않고 오직 씨실 방향으로만 정확한 반복을 보인다는 사실을 알 수 있다. 이는 이 피륙이 중앙아시아인(아마도 소그드인)들에 의해 직조됐음을 시사한다. 그러나 안감은 꽃무늬의 능직 이다. 전형적인 중국 피륙이다. 두 가지를 합쳐 이 겉옷과 바지를 만들었다는 것은 이 시기에 비단과 디자인, 그리고 기술의 지역 간 전파가 있었음을 보여준다. ZF

더 읽을거리: Heller 2018; Watt & Wardell 1997.

사이에 이런 유형의 무늬 만들기 구조의 원리는 모직에서 모방해 위면(緯面) 평직인 타케테 생산으로 이어졌다. 무늬를 90도 돌린 것이다. 가장 이른 사례는 서아시아 마사다에서 발굴된 서기전 1세기에서 서기 1세기 사이의 모직물 잔편이다. 북아프리카에서 발굴된 것도 있고, 중앙아시아와 티베트고원의 후대 유적지들에서 더 많은 양이 발견됐다. 이 구조는 더욱 진화해 위면 능직인 세이마이트가 됐다(320쪽 상자글 참조). 이는 처음 소그디아나에서 사용되고 뒤에 중국으로 전파됐을 가능성이 매우 높다.

더 읽을거리: Becker 2009; Kuhn 1995; Zhao 2014.

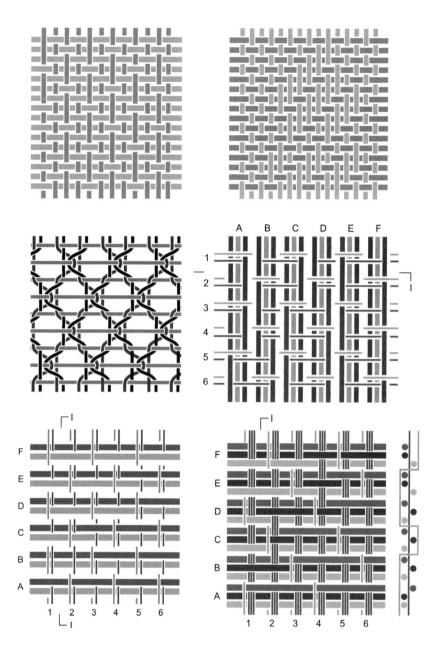

다양한 직조 방식을
보여주는 도해.

(위) 중앙아시아의 전통 비단 직조. 1973년
촬영.

(오른쪽) 〈욥기〉의 13세기 그리스어 필사본
에 나오는, 실잣기와 직조 모습.

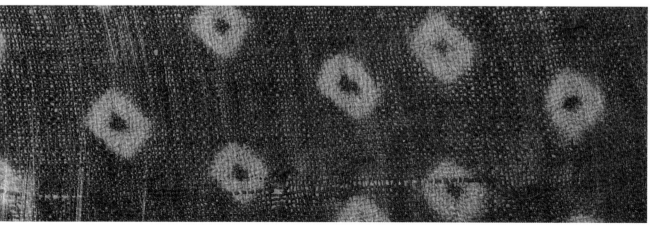

실과 피륙,
그리고 염료

소피 데로지에르

자연환경은 인간 생활의 여러 측면에 영향을 미친다. 피륙의 생산과 사용에 대해서도 마찬가지다. 예를 들어 그것은 식물 재배와 동물 사육에 영향을 미치며(거기서 섬유질과 염료를 뽑아낸다), 또한 옷이나 기타 가공품들도 거기에 맞춰야 한다. 환경이 다르니 지역적인 차이가 생기는 것이다.

개인과 사회는 원자재와 전문지식을 유통시키고 생물 종을 퍼뜨리며 그것들을 변화시키는 데 필요한 기술을 습득해 이를 보충하려 했다. 또한 피륙 완제품을 옮기고 현지에서 모방 제품도 만들었다. 이에 따라 때로 혁신이 이루어지기도 했다.

이와 함께 자연환경은 유기물의 보존을 매우 불공평하게 한다. 이에 따라 타클라마칸사막이나 시리아·이집트 사막 같은 건조한 조건에서 피륙이 더 많이, 더 온전한 상태로 출토된다. 이는 자재 산지에 대한 편견을 초래했다. 게다가 연구는 때로 고급스러운 피륙에 치우치기도 하고, 한때 존재했던 것들을 골고루 보여주려 애쓰기도 한다. 피륙을 기반으로 아프로

유라시아 대륙 일대의 공예품과 사람과 사상의 이동을 재구성하려는 시도는 복잡한 일이지만, 또한 놀라운 결과를 이끌어내기도 한다.

타림분지 케리야강 유역의 고대 유적지 카라동에서 발견된 49점의 피륙 잔편(215쪽 상자글 참조)은 이를 잘 보여주고 있다. 이 가운데는 수입품도 약간 있다. 타림분지 서쪽과 남쪽 지방에서 들어온 라크 염료와 앙고라염소 털 및 그것으로 짠 피륙, 중국에서 짠 듯한 명주실로 만든 호박단(琥珀緞), 인도와 간다라에서 들어온, 인디고로 무늬를 방염 염색한 무명 같은 것들이다.

카라동에 불교가 들어왔음은 여기서 발굴된 두 군데의 작은 신전이 보여주고 있다. 벽화에 그려진 붓다의 외투는 무명 피륙의 것과 같은 색깔이고, 비슷하게 방염 염색한 무늬가 있다. 이는 방염 염색 장식이 같은 유적지에서 발견된 양모 및 비단과 마찬가지로 인도에서 불교와 함께 들어왔음을 시사한다. 4세기 말에서 5세기의 것으로 추정되는 같은 무늬의 무명이 홍해의 항구 베레니케에서도 발견된 것은, 인도의 피륙이 바다를 통해 서쪽으로도 수출됐음을 보여준다.

카라동에서 발견된 피륙에 관한 연구를 통해 3세기에는 중국 이외의 지역에서도 누에를 쳤다는 사실이 확인됐다. 이는 케리야 동쪽 니야에서 누에고치와 뽕나무가 발견되면서 이미 제기됐던 가설이며, 중국의 공주가 호탄 왕과 결혼하기 위해 먼 동쪽에서 올 때 머리 장식에 누에씨를 숨겨왔다는 전설로 더욱 뒷받침됐다(221쪽 상자글 참조). 이곳의 명주실은 중국의 것처럼 고치에서 끊어짐 없이 뽑아낼 수 없었고, 대체로 중간중간 끊어지는 형태여서 무명실이나 양모와 같은 방식으로 자아서 실을 만들어야 했다. 일부 사람들에게 끊어짐 없는 명주실보다 품질이 낮은 것으로 여겨졌던 그런 명주실의 존재는 생명을 존중하는 불교 교리의 영향 때문이라고 설명될 수 있을 것이다. 나방이 부화할 수 있도록 하기 때문에 그 고치에

(324쪽과 아래) 타림분지 카라동의 3~4세기 불교 사원에 있는 붓다 벽화와, 역시 카라동에서 나온 방염 염색한 비단 잔편. 붓다의 외투와 같은 디자인이다.

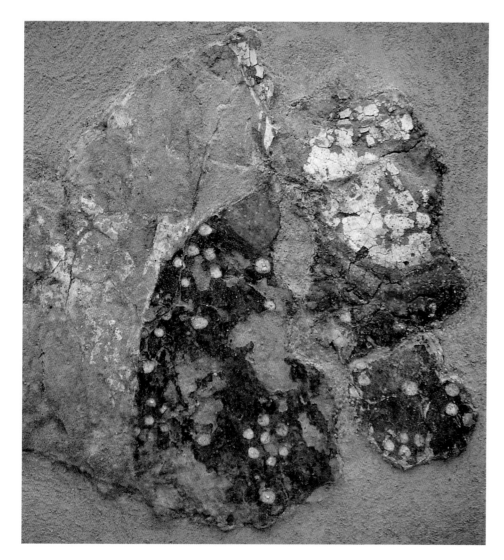

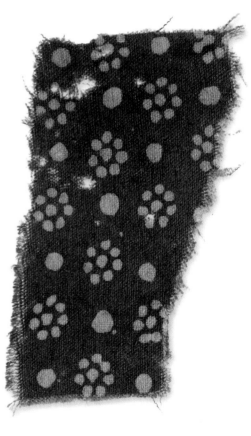

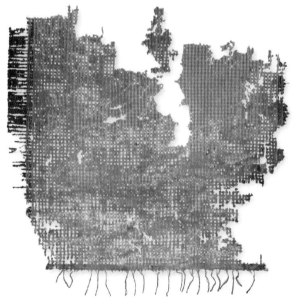

(맨 위) 카라동 북쪽 케리야강의 옛날 유로
(流路)에 있던 제1천년기 중반의 성곽 도시
유물락쿰의 성문.

(위) 이집트 안티누폴리스에서 발견된 5~7
세기의 인도산 멧누에 비단 및 무명 숄.

서 나오는 실이 끊어지는 것이다.

카라동에서 발견된 피륙 잔편 세 점은 몹시 해졌지만 꿰맨
것이 아직 뜯어지지는 않았는데, 일상생활에서 사용되며 부
대낀 피륙이 결국 어떻게 되는지를 보여준다. 하나는 술이 있
고, 또 하나는 펠트로 이루어졌으며, 또 하나는 장식된 무늬
로 직조됐다. 이들은 서아시아 앗타르 동굴묘지의 시신 밑에
서 발견된 것과 비슷한, 두텁고 푹신한 침구나 덮개의 일부였
을 것으로 보인다. 일부 특수한 형태들을 보면 서로 멀리 떨어
진 유적지들에서 발견된 이 피륙들은 같은 곳에서 온 듯하다.
그리고 카라동의 피륙 잔편들은 현지에서 만든 것이 아니고,

여행자가 개인 소지품의 일부로 가져왔던 것인 듯하다.

수백 년 뒤 실크로드의 반대편에서는 아레군트 왕비(515?~580?) 등 메로빙거 왕실 사람들이 파리 부근 생드니 대성당에 묻혔다. 그들은 자줏빛 기가 있는 세련된 모직으로 만든 값비싼 옷을 입었으며, 지중해 동안과 중앙아시아, 그리고 중국에서 수입된 듯한 비단을 걸쳤다. 허리띠와 장식용 수술은 동로마에서 수입한 듯한 금실과 은실로 현지에서 짜거나 수를 놓아 만들었을 것이다(117쪽 상자글 참조). 이는 메로빙거 궁정이 사치스러운 생활을 했음과 아울러, 매우 가벼운 비단이 있었음을 입증한다. 이것이 13세기 이탈리아의 루카와, 그

뒤 볼로냐에서 18세기까지 비단 산업이 발전할 수 있었던 배후의 원동력이었다.

사육 누에에서 만든 명주실만 먼 거리까지 운송돼온 것은 아니었다. 서기전 제3천년기 이래 인더스강 유역에서 직조에 사용돼온 야생 누에에서 만든 이른바 멧누에 명주실도 5세기에서 7세기 사이에 인도양을 건너 이집트에 도착했다. 최근 이집트 안티누폴리스 유적지에서 발굴된, 멧누에 명주실과 무명실로 짠 인도산 숄이 이를 보여주고 있다.

또 하나의 중요한 피류인 돌솜(석면)은 로마 제국(서기전 27~서기 395)에서 사용됐는데, 광택이 있고 불에 잘 견디는

아프리카의 사산 제국 세이마이트

이 날개 달린 말 디자인의 세이마이트와 야생 염소가 나오는 또 다른 세이마이트는 1898년 안티누폴리스에서 알베르 가예(1856~1916)가 발굴한 것이다. 지금은 리옹 직물박물관(MT 26812.11, MT 26812.10)과 루브르박물관(E 29210, E 29376)에 보관돼 있다. 날개 달린 말과 야생 염소는 진주 목걸이와 휘날리는 끈을 달고 있다. 사산 왕들의 상징이다. 이들은 줄을 지어 오른쪽 또는 왼쪽으로(속한 줄에 따라서) 행진하고 있다. 날개 달린 말들은 진주 원형장식 안에 들어가 있다.

여기에는 기술이나 양식 면에서 유사성이 있고, 또한 사산 미술의 같은 모티프가 나타난다. 이는 두 고급 비단이 황제의 권력에 가까이 있는 작업장에서 만들어졌음을 시사한다. 모두 중심 날실로 세 겹의 실을 썼으며, 베르클레라는 특수 효과를 사용했다. 중간 색조를 얻기 위해 두 가지 색깔의 씨실을 번갈아 사용하는 것이다. 이렇게 해서 바티칸이나 스위스 베로뮌스터 교회에서 발견된 성스러운 유물을 싸는 데 사용한 세이마이트와 비슷해졌다(142쪽 상자글 참조). 일본 나라 호류지에 보관돼 있는 세이마이트(320쪽 상자글 참조)가 뜻밖에도 이런 모습들을 공유하고 있다. 진주 원형장식 안에 4명의 말 탄 사냥꾼과 한자로 쓴 글이 들어 있는 융합된 디자인이다. SD

더 읽을거리: Bivar 2006; Desrosiers 2004; Durand & Calament 2013; Schmedding 1978; Wilckens 1991.

(328쪽 왼쪽) 사산의 진주 원형무늬 모티프는 의류에 사용된 직물에서 흔히 볼 수 있다. 아프라시압 〈사절도〉가 그 한 예다.

(아래) 캔터베리 대주교 휴버트 월터 (1160?~1205)의 신발. 동로마 또는 이슬람 세계의 비단과 남아시아산 석류석으로 만들었다.

성질이 있어 환영을 받았다. 기록된 문헌에는 한 왕조(서기전 202~서기 220) 때 동쪽 로마에서 중국으로 들어왔고, 그 뒤 인도에서 들어온 것으로 언급돼 있다. 그러나 기록된 자료들에 모순이 있어 이 문제는 해결되지 않고 있다. 중국에서 돌솜이 실제로 사용된 흔적 같은 확실한 증거가 나오기를 기다릴 수밖에 없다. 1세기의 것으로 추정되는 돌솜이 인도네시아 자바섬에서도 발견됐는데, 이탈리아에서 부유한 로마인들의 무덤에서 그랬던 것처럼 수의로 쓰였다.

인근의 동·식물 분포는 염료의 구득 가능성에 영향을 미치는 또 하나의 요인이다. 그러나 색깔 선택은 또한 염색할 섬유에 의해 결정되기도 한다. 예를 들어 양모나 명주실처럼 동물에서 얻은 섬유는 아마나 무명실처럼 식물에서 얻은 것에 비해 밝고 다채로운 색깔로 염색하기가 쉽다. 이들 식물성 섬유는 건염물감, 즉 화학적 발효 과정을 통해 섬유에 고정되는 염료에 더 민감하다. 인디고나 대청(大靑) 같은 일부 염료는 쉽게 얻을 수 있지만, 어떤 것은 산지가 한정적이라 구하려면 비싼 값을 치러야 한다. 동로마에서 귀하게 여긴 자줏빛을 얻는 소라조개 같은 것들이다. 그런 까닭으로 때로는 이끼 같은 다른 근원에서 얻은 것을 소라조개에서 얻은 것과 섞어 쓰기도 했을 것이다.

더 읽을거리: Cameron et al. 2015; Cardon 2007; Desrosiers 2000; Desrosiers & Debaine-Francfort 2016; Durand & Calament 2013; Fuji et al. 1991; Wild & Wild 1996.

종이와 인쇄

조너선 블룸

현대 세계에서 가장 손쉽게 접하는 제조품일 듯한 종이는 서력 기원전에 중국에서 발명됐다. 그것은 기술적으로 말해서 식물에서 뽑아낸 셀룰로오스 섬유로 만든 판이다. 물을 적신 채 두드리고 체에 모은 뒤 낱장으로 말렸다. 같은 뽕나무과에 속하는 닥나무·뽕나무와 삼·모시 등 여러 가지 식물에서 얻은 섬유소가 이용됐다.

중국인들은 처음에 종이를 피륙으로 사용했다. 싸거나 덮는 용도였다. 그러나 1세기 무렵에는 분명히 이것이 가볍고 유연성이 있으며 비교적 값이 싸 글씨를 쓸 매체로 적합하다는 사실을 알아차렸다. 이전에 글씨를 쓰는 데 사용했던 목간(木簡)이나 죽간(竹簡), 비단보다 나았다.

중국인들은 불교에 관심을 가졌고 특히 인도에서 불경을 수집해오고 이를 아시아 일대에 전파하고자 했기 때문에, 종이와 제지술을 한반도, 일본, 베트남, 중앙아시아에 전해주었다. 4세기에서 10세기의 것으로 추정되는 둔황 장경동에 있던 문서 대부분은 종이에 쓰인 것이었다(138쪽 상자글 참조). 그러

나 불교도들에 이어 마니교도, 조로아스터교도, 기독교도 등 중앙아시아의 다른 종교 신자들 역시 종이를 사용했다(151, 350, 361쪽 상자글 참조). 종이는 또한 행정 문서나 상업용 문서에도 사용됐다. 예컨대 4세기 소그디아나 상인들이 보낸 편지 같은 것들이다(250, 416쪽 상자글 참조).

8세기 초 아랍 군대가 중앙아시아 서부를 정복한 이후 이슬람 관료들은 곧바로 제국의 문서 관리 용도로 종이를 채택했다. 종이는 동물 가죽으로 만드는 양피지보다 값이 싸고, 주로 이집트 나일강 주변에서 자라는 한 식물에서 만들어지는 파피루스에 비해 어디서나 쉽게 구할 수 있었다. 8세기 후반

이 되면 종이는 바그다드에서 만들어지게 됐고, 800년 무렵
에는 시리아에서도 사용할 수 있게 됐다(336쪽 상자글, 337쪽
사진 참조). 그곳에서는 기독교 저자들도 종이를 사용했다. 10
세기가 되면 종이는 이집트에서 대서양에 이르는 북아프리카
일대와 이베리아반도에도 알려졌고, 그곳에서도 서서히 파피
루스와 양피지를 밀어내기 시작했다. '게니자(Geniza)'로 불리
는 '카이로 잡문서'는 글쓰기에 사용된 매체의 범위를 보여준
다(285쪽 상자글 참조).

    제2천년기가 시작되면서 유럽, 특히 시칠리아와 이탈리아
남부, 에스파냐의 기독교도들은 종이를 사용하는 이슬람교

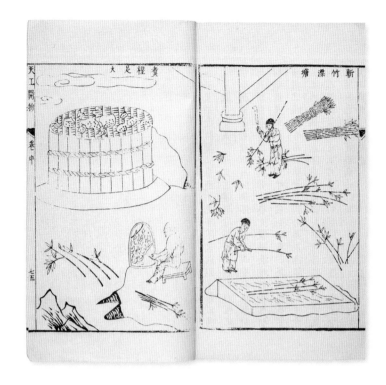

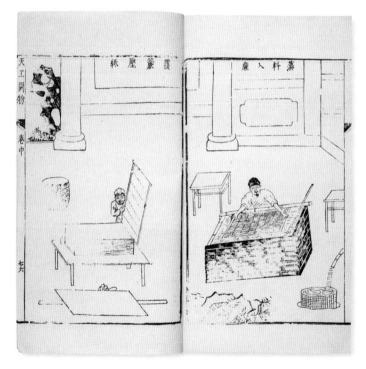

(330쪽) 13세기 고려에서 불교 삼장(三藏)
을 인쇄하는 데 사용했던 목판 8만 1258매
가 합천 해인사에 보관돼 있다.

(위) 중국의 백과사전 《천공개물(天工開
物)》(1637)에 나오는 제지 공정의 모습.

세계에서 가장 먼저 인쇄된 책

이 종이 두루마리는 불교의 중요한 경전 《금강반야바라밀경》, 즉 《금강경(金剛經)》을 적은 것인데, 세계 최초로 인쇄된 것으로 추정되는 책이다. 현재 영국국립도서관(Or.8210/P.2)에 있다. 하서주랑의 둔황에서 발견됐지만(138쪽 상자글 참조), 중국 서남부 지방에서 인쇄된 듯하다.

이것은 간기(刊記)에 당나라 함통(咸通) 9년 4월 15일(868년 5월 11일에 해당) 왕개라는 사람이 자신의 부모를 위해 보시했다고 적혀 있어 연대가 밝혀졌다. 정교한 목판 인쇄는 그것이 완숙한 기술의 산물임을 보여준다. 그리고 한반도 및 일본에서 더 이른 시기의 인쇄본 잔편이 발견된 점은 이 기술이 동아시아에서 늦어도 8세기 초에는 개발됐음을 시사한다(1966년 불국사 석가탑에서 발견된 《무구정광대다라니경》이 7세기 전반의 인쇄본으로 추정되고 있으며, 일본 호류지의 《백만탑다라니경》은 770년 인쇄본이다_옮긴이).

속표지 그림은 붓다가 제자들에게 둘러싸여 있고 그 앞에 제자 수보리가 거적 위에 무릎을 꿇고 있는 모습이다. 이 책은 불교의 핵심 교리인 불이(不二)의 본질에 대한 그들의 토론을 기록한 것이다. 불교는 또한 붓다의 형상과 말을 복제하고 전파하는 것이 경건한 행위라고 가르친다. 이에 따라 불교 세계에서는 인쇄가 널리 사용됐다. 그것이 많은 사본을 빠르게 재생산하는 방법이기 때문이다. SW

더 읽을거리: Morgan & Walters 2011; Wood & Barnard 2010.

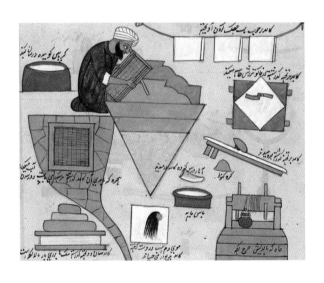

(왼쪽) 이슬람 세계의 종이 만드는 장면을 그린 19세기의 작품. 카슈미르에서 나온 것이다.

(334~335쪽) 877년의 것으로 돼 있는 중국의 책력 인쇄본. 풍수(風水) 도해와 12지지(地支)가 들어 있다. 중국 서남부에서 인쇄된 것으로 보이며, 둔황 모가오 석굴 17호에서 발견됐다.

도들과 접촉하면서 종이와 제지술을 알게 됐다. 그러나 유럽인들은 종이를 만드는 데 오직 해진 천만을 사용했고, 종이가 식물을 원료로 해서 만들어진다는 것은 수백 년 뒤 중국 제지술을 접한 뒤에야 알게 됐다. 그럼에도 불구하고 13세기에는 유럽에 대규모 제지 시설들이 만들어졌고, 그것이 15세기 유럽에서 인쇄혁명의 길을 예비했다.

이슬람 세계에 종이가 전해지면서 사회의 거의 모든 분야에 심대한 영향을 미쳤다. 이슬람교도들은 처음에 쿠르안을 베끼는 데 종이를 사용하는 것을 꺼려 전통적인 매체인 양피지를 선호했지만(264쪽 상자글 참조), 10세기가 되자 점점 더 종이를 받아들였다. 이 종이라는 매체는 쉽게 구할 수 있었기 때문에 종교학과 역사, 지리에서부터 대중적인 장르에 이르기까지 모든 주제의 글쓰기가 엄청나게 꽃을 피우도록 촉진했다. 현재 '천일야화(千一夜話)'로 알려진 이야기도 그 가운데 하나다.

종이를 쉽게 구할 수 있게 되면서 새로운 서체나 수학, 음악, 미술 등의 새로운 표기 체계도 개발됐다. 물론 종이가 결코 값싼 것은 아니어서 오늘날처럼 흥청망청 쓸 수 있게 된 것은 아니지만 말이다. 효과적인 출판 방식도 개발됐다. 저자가 여러 사람이 모인 자리에서 내용을 불러주면 그것을 받아 적

어 사본을 만든 뒤 다른 사람들에게 전파하는 것이다. 이에 따라 도서관도 발달해 수천 권이나 수만 권의 책을 보유하게 됐다. 중세 유럽의 가장 부유한 수장가들도 겨우 수십 권이나 수백 권의 필사본을 가지고 있었던 것에 비하면 천양지차의 숫자다. 이슬람 세계에서는 일반적으로 글로 쓰인 것을 중요하게 여겼기 때문에, 이것이 종이를 쉽게 구할 수 있는 상황과 맞물려 비교적 높은 식자율을 기록하게 됐다. 특히 동시대의 다른 사회들에 비해서 그러했다.

중국인들은 7세기 무렵에 목판 인쇄를 개발해 글과 그림이 들어 있는 책을 인쇄하는 데 사용했다. 특히 두꺼운 불교 경전

같은 것들이었다. 개인 출판업도 번성해, 책력을 여러 부씩 찍어 판매했다. 이런 방식은 이웃 나라들에도 전해졌다. 티베트 계인 탕구트와 한반도, 일본 등이다. 중국인들은 나무나 점토를 이용한 활판 인쇄도 실험하기는 했지만, 이 방법은 음소문자가 아닌 그들의 문자에는 목판 인쇄에 비해 실익이 없었다. 그러나 활판 인쇄는 중앙아시아의 위구르인들이 사용했고, 10세기 무렵의 것이 둔황에 남아 있다(138쪽 상자글 참조). 이슬람 세계에서도 거푸집을 이용해 같은 모양을 여러 개 만들어 내는 다양한 방법을 알고 있었다. 봉인을 하거나 도자기를 만들고 피륙을 만들며 가죽에 돋을새김 세공을 하는 등 어느

학문의 중심지 바그다드

오늘날 이라크에서 전략적으로 중요한 티그리스강 연안에 위치한 바그다드는 8세기 중반 아바스 칼라파국의 알만수르(재위 754~775)에 의해 이 나라 수도로 건설됐다. 이 도시는 빠르게 성장해 대도시가 됐다. 거대한 정치·문화·상업의 중심지로, 10세기에는 세계에서 가장 큰 도시 가운데 하나가 됐다.

이 도시는 특이하게도 원형으로 설계됐지만, 여러 차례 약탈당하고 그런 뒤에 재개발됐기 때문에 중세 초기의

도시 모습은 자세히 알 수가 없다. 이 도시는 지름 2.5~3킬로미터 정도로 추정되는 둥그런 외성을 두르고 그 안에 둥그런 중심 구역을 조성했다. 중심 구역 가장자리는 칼리파 자녀들의 저택과 신하 및 하인들, 주방과 막사, 관공서 등의 자리로 남겨졌다. 중심부에는 거대한 이슬람 사원과 칼리파의 궁전이 있었다. 세속적 권위와 영적 권위의 합일을 표현한 것이다.

이 도시는 중세 세계에서 학문과 예술의 중심지로 유명해졌다. 종이가 이곳

에서 만들어졌고, 거대한 도서관 바이트 알히크마('지혜의 집')가 800년 무렵에 세워졌다(위 오른쪽의 〈지혜의 집〉 그림은 알하리리의 《마카마》에 나오는 알와시티의 1247년 작품이다). 여기에는 고전기 유럽과 이슬람 세계의 작품들이 수장됐고, 9세기 말에는 아마도 세계 최대의 도서관이었을 것이다. 위 왼쪽 사진의 13세기 마드라사 알무스탄시리야는 오늘날까지 남아 대학의 일부가 돼 있다.

바그다드는 1258년 몽골에 의해 거의

파괴됐다. 이 도시는 새로운 계획에 따라서 다시 건설됐고, 13~14세기에 번영을 누렸다. 그러다가 1401년 테무르에 의해 약탈당했다. 그 뒤 도시는 다시 건설됐고, 중요한 위치에 자리 잡은 덕분에 번영을 누렸다. 그리고 1932년 독립 왕국 이라크의 수도가 됐다. TW

더 읽을거리: Duri 2007; Le Strange 1900; Weber et al. 2014.

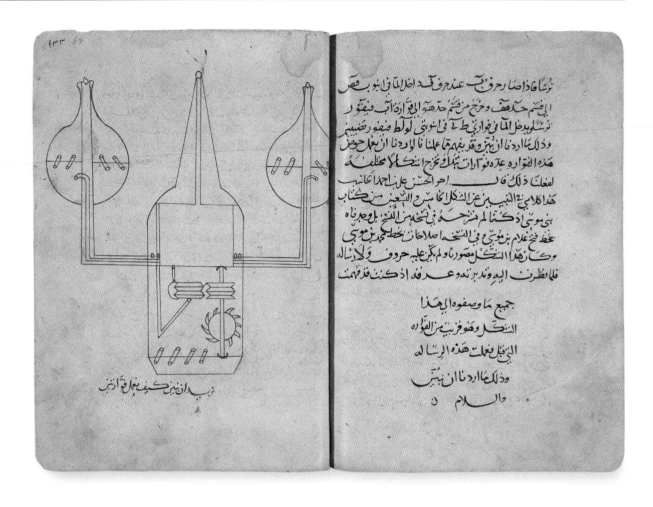

(위) 종이에 쓴 《기발한 장치에 관한 책(Kitāb al-Ḥiyal)》 사본. 850년 바그다드 '지혜의 집'에서 일하던 3형제가 처음 출간했다.

(왼쪽) 병사들을 위한 목판 인쇄 부적. "신의 도움과 빠른 승리"라는 문구와 쿠르안의 구절이 들어 있다. 10~11세기 이집트에서 만들어진 듯하다.

것이나 마찬가지였다. 그러나 그들은 일반적으로 이 기술을 글자에 적용하는 것을 내켜하지 않았다. 아랍 문자는 좀 특이한 점이 있어서, 인쇄된 글이 손으로 쓴 글에 비해 아름답지 않았고 읽기에도 편하지 않았다. 특히 문제가 되는 것은 많은 아랍 글자들은 단어 안의 위치에 따라, 그리고 앞이나 뒤의 문자와 연결되는지의 여부에 따라 모양이 달라진다는 점이었다. 따라서 아랍어에서 음소는 28개에 불과하지만 발음을 완벽하게 표시하는 문서를 인쇄하려면 기본적으로 500개 정도의 서로 다른 활자가 필요했다.

이집트에서는 값싼 부적을 종이에 인쇄하는 데 가끔 목판

인쇄를 사용했다. 그러나 아랍어 활자를 처음 개발한 것은 유럽인들이다. 다만 그것은 보급률이 매우 낮았고, 19세기에 들어서야 새로운 기술, 특히 석판 인쇄 같은 것이 개발돼 글자를 어느 정도 만족스럽게 복제할 수 있게 됐다. 20세기에 디지털 기술이 발전하면서 마침내 인쇄를 통해서도 잘 쓴 아랍 문서 고유의 아름다움을 전할 수 있게 됐다.

더 읽을거리: Barrett 2008; Bloom 2001, 2017; Hanebutt-Benz et al. 2002; Needham & Tsien 1985; Osborn 2017; Schaefer 2006.

메소포타미아의 도자기

로절린드 웨이드 해든

도자기 생산에 필요한 점토는 아프로유라시아 대륙의 거의 어느 곳에서나 얻을 수 있다. 그중에서도 대표적인 곳을 꼽자면 큰 강들인 메소포타미아의 티그리스강 및 유프라테스강 유역과 중국 황하 및 장강 유역의 범람원들을 들 수 있다.

초기의 도자기들은 색깔이나 섬세함에서 지역 점토의 특성을 반영하고 있는데, 유약 바르는 기술이 개발되면서 수입된 아이디어들을 모방하기 시작했다. 녹색 무늬를 넣거나 뺀 중국 백자가 대표적이다. 도자기는 언제나 교역품의 일부였다. 지배층을 위한 고급 도자기라는 형태일 수도 있지만, 대부분은 기름, 포도주, 대추야자꿀 같은 상품들을 넣어 수송하는 용기로 쓰였다(398쪽 상자글 참조).

남부 메소포타미아의 초기 도자기는 그 환경을 반영한 것이지만, 도시 정착 또한 서기전 4세기 중후반 무렵의 해상 교역로와 연결돼 있었다. 이때 알렉산드로스 대왕(재위 서기전 336~323)은 바스라에서 내륙 쪽으로 약 50킬로미터 떨어진 티그리스 강변에 항구 도시 알렉산드리아(알렉산드로스는 점령 지역 곳곳에 도시를 건설하고 알렉산드리아라는 이름을 붙였다_옮긴이)를 건설했다. 나중에 이 도시는 카락스스파시누로 알려졌고, 지금은 나이산으로 불린다. 파르티아(서기전 247~서기 224) 및 사산 제국(224~651) 치하에서 이곳은 팔미라, 하트라 등 광역 이란권의 여러 오아시스 도시들의 상품들이 들어오는 큰 상업 중심지가 됐다.

이들 제국의 행정 중심지이자 겨울 수도는 오늘날 바그다드 남쪽에 있던 크테시폰이었다. 이 도시는 티그리스강 양안

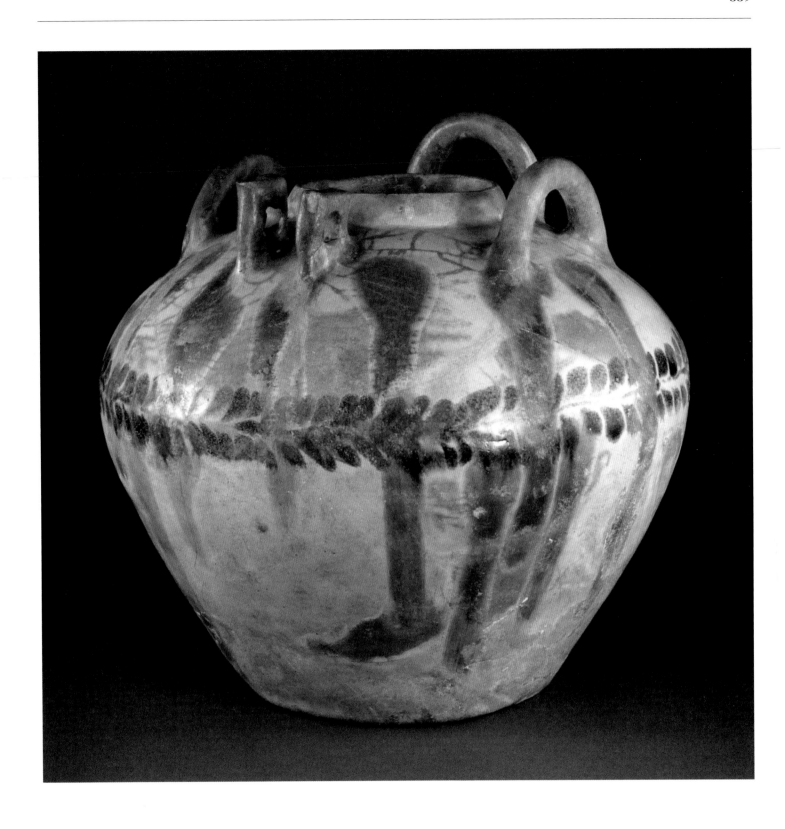

9세기 메소포타미아에서 만든 저장용 단지.
암청색 유약을 바르고 녹색 칠을 했다.

이슬람 세계의 도자기

글씨는 이슬람 문화의 여러 맥락에서 널리 사용됐다. 도자기에도 마찬가지였다. 이 9세기의 접시는 지름이 28센티미터이며, 뉴욕 메트로폴리탄미술관(30.112.46)에 보관돼 있다. '축복과 행운'이라는 의미의 암청색 글씨가 쓰여 있다. 이것은 쿠파 문자인데, 초기 필사본들(264쪽 상자글 참조)이나 건축의 장식에도 사용됐다. 예루살렘 바위돔(262쪽 상자글 참조)이 그 예다.

이 접시는 도기지만, 유약과 장식은 수입된 중국 자기의 영향을 보여준다. 이슬람 세계의 도공들은 불투명한 흰색 유약으로 아마도 중국 백자를 복제하려 했던 듯하다. 중국 백자는 더 높은 온도에 구워 더 단단하고 더 나은 광택을 낸다. 산화동과 산화철로 만들어지는 녹색 장식을 흰색 유약 위에 칠해, 아마도 중국의 삼채(三彩) 도자기를 복제하려 한 듯하다. RWH

더 읽을거리: Watson 2006.

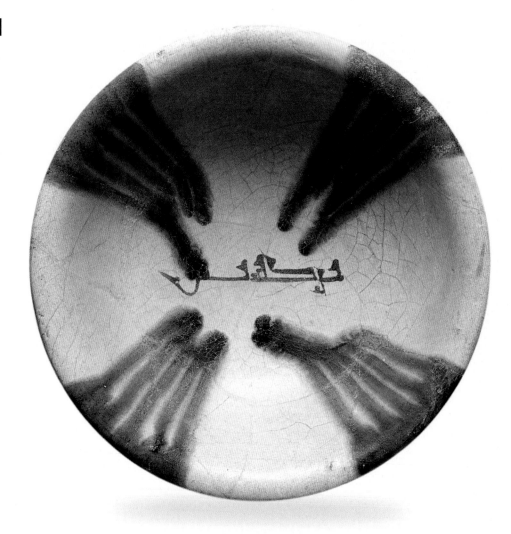

메소포타미아에서 만든 9세기의 사발. 암청색 쿠파 문자가 쓰여 있다. 모양과 불투명한 흰색 유약은 중국 석기를 모방한 것이다.

2~3세기 파르티아의 유약 바른 도기들.

에 걸쳐 있었다. 주민은 여러 언어를 쓰는 사람들이 섞여 있었
다. 이란인, 아람인, 유대인이 있었고, 나중에 아랍인도 들어왔
다. 크테시폰은 637년 아랍의 정복 이후 계속해서 행정 중심
지 노릇을 했고, 이 역할은 762년 바그다드가 건설될 때까지
이어졌다(336쪽 상자글 참조). 이곳에서는 티그리스강과 유프
라테스강 사이 및 그 지류 유역들의 경작 지역을 지배하고 세
금을 거뒀다. 대략 북쪽의 티크리트에서 남쪽의 바스라와 아
랍강 사이였는데, 복잡한 수로망과 육로를 통해 통제했다.

동남쪽으로 오늘날 이란의 후제스탄 평원과 자그로스산맥
서쪽 지역 역시 이 네트워크의 일부였다. 큰 수로를 따라 도시
정착지들이 생겨났고, 수백 년에 걸쳐 이 강들은 평평하고 특
별한 지형이 없는 충적토 평원을 만들어냈다. 서쪽은 황량한
고원으로 막혀 있었다. 둑과 보를 만들었지만 강이 자주 범람
했고, 물이 경지를 가르며 흘러 강줄기가 변했다. 일부 옛 정착

지들이 오늘날 강줄기에서 멀리 떨어져 있는 이유가 바로 그
때문이다.

이 지역 일대에서는 건축 자재가 진흙과 구운 벽돌, 석고 및
석회석 반죽 등으로 제한돼 있었다. 바닥을 깔고 벽돌가마 불
을 때는 데 대추야자 잎과 갈대를 썼고, 지붕을 얽는 데는 대
추야자 줄기를 썼다. 조금 큰 건물에는 수입한 티크 재목을 썼
다. 한 가지 주목할 만한 특징은 벽돌을 구우면 독특한 황색
으로 변한다는 것이다. 초기 이슬람 도자기에서 볼 수 있는 전
형적인 '바스라 바탕색'으로 알려진 것과 같은 색깔이다.

원자재가 제한되다 보니 장식 형태도 천편일률이 됐다. 예
를 들어 큰 주택에서는 안쪽 벽의 아래 절반은 틀에 찍거나
조각한 치장벽토를 사용했고, 어떤 경우에는 그 위쪽에 벽화
를 그리기도 했다. 알려진 양식 자료집을 사용하면 발굴된 잔
편의 연대와 유래를 알 수 있다. 예를 들어 6세기 것인 크테시

폰의 틀에 찍은 치장벽토 타일은 비스듬히 잘린 사면(斜面) 양식인 사마라의 9세기 아바스 다도 판과 구별된다.

어느 시기에나 도자기는 저장 용기나 금고, 식기 등으로 사용된 중요한 제품이었으며, 배수구나 매장 용기, 건축 자재로 재활용됐다. 큰 그릇에는 물이 새지 않게 안에 역청을 발랐고, 작은 그릇에는 유약을 칠했다. 점토 종류로 기록된 것은 여러 가지지만, 지배적인 것은 황색 석회암 유형이다. 파르티아 '신발형 관'(신발 모양의 관에 시신을 안치하고 구멍 부분에 뚜껑을 덮는 관으로, 고대 이집트 등에서 사용했다_옮긴이)과 저장 용기(유약을 칠한 것도 있고 칠하지 않은 것도 있다), 사산의 유약 칠한 도기, 그리고 초기 이슬람 시기 불투명한 백색의 이른바 '바스라 도기'(이는 이 지역 어느 곳에서나 같은 점토로 만들 수 있었겠지만) 등에서 사용됐던 종류다.

아바스 시대의 가마. 최근 시리아 락까에서 베로니크 프랑수아 등이 발굴했다.

(맨 위) 9세기 아바스 시대 사마라의 칼리파 주거지의 장식용 치장벽토. 1911~1913년 프리드리히 자레(1865~1945)와 에른스트 헤르츠펠트(1879~1948)가 발굴했다.

(위) 6세기 사산 시대 귀족의 저택 장식에 쓰였던 장식용 치장벽토로, 티그리스 강변의 크테시폰 유적지에서 나왔다.

역사 자료들은 칼리파 알무타심(재위 833~842)이 836년 사마라를 건설할 때 바스라, 쿠파, 바그다드에서 도공들을 데려왔다고 기록하고 있다(336쪽 상자글 참조). 상승기류형 가마는 곳곳에 있었다. 발굴에서 가마가 발견됐다고 보고된 곳은 크테시폰, 바빌론과 몇몇 다른 유적지의 파르티아 및 사산 층위들이다. 티크리트 바로 북쪽의 아슈르에서는 편자형 가마와 순환형 가마가 발굴됐다. 사실 발견된 가마 설비로 판단해보면 파르티아와 사산, 그리고 이슬람 제국의 기법 사이에는 유약을 제외하고는 과학적인 차이가 별로 없었다. 영국국립박물관에 있는 우루크 출토의 녹색 유약을 바른 커다란 신발형 관을 자세히 살펴보면, 그것은 만든 곳에서 멀리 옮기기에는 너무 연약하고 크다. 도자기 작업장이 여러 도시 유적지에 있었

해로로 들어온 도자기

이 접시는 지름이 23센티미터이며, 당 왕조(618~907) 시대 북중국 궁셴에서 암청색 유약을 사용한 완전한 그릇으로는 희귀한 사례다. 이 유약은 중국 도공들에게는 얼마 전에야 이란에서 수입된 새로운 것이었다. 아마도 유약을 싣고 온 그 배에는 이것과 같은 도자기가 함께 실려 왔을 것이다. 유약은 현지에서 쓸 물건들, 특히 무덤에 부장할 소상(小像)을 만드는 데 사용됐으나, 이 접시는 수출용으로 만들었다. 이것은 벨리퉁 난파선에서 발견된 비슷한 작품 세 점 가운데 하나다. 현재 싱가포르국립박물관(2005.1.00474)에 소장되어 있다.

마름모꼴 및 초목 장식 모티프는 비슷하게 장식된 아바스의 불투명 백자를 연상시키는데, 확실히 중국인의 취향에 맞춘 것은 아니다. 비슷한 장식은 사마라 칼리파 궁전에서 발견된 많은 잔편들에서 볼 수 있다. 그러나 거기서 발견된 중국산 수입품들 가운데 암청색으로 장식된 것은 없고, 모두 녹

색뿐이다. 중국 양저우(揚州) 항과 궁셴의 백하요(白河窯) 터에서 발견된 잔편 사례들과 함께 놓고 보면 벨리퉁에서 발견된 접시는 교역을 위한 견본일 가능성이 높다. 아마도 특별 주문을 했을 것이다.

못 구멍이 있는 같은 중국산 청색 및 백색 도자기의 작은 잔편(379쪽 상자글 참조)이 시라프에서 발견됐다(시라프는 페르시아만의 이란 쪽에 있는 중요한 환적항(換積港)으로, 바스라보다 더 깊은 항구 시설을 갖춘 곳이었다). 이는 이런 도자기들이 얼마간 서방으로 운송됐음을 입증한다. 벨리퉁 조난 사고가 자바해에서 일어났기 때문에, 모든 화물이 서양으로 향하던 것이라고 확언할 수는 없다. 그 가운데 일부는 틀림없이 도중에 거래할 물건들이었을 것이다. 스리랑카 만타이에서 발견된 것들이 이를 시사한다. RWH

더 읽을거리: Krahl et al. 2010; Spataro et al. 2018.

파르티아의 녹색 유약을 바른 신발형 점토 관. 길이 1.96미터로, 옛 유프라테스강 유로에 있던 우루크에서 윌리엄 로프터스(1820~1858)가 발굴했다.

중국 남쪽 바다에서 난파된 난하이(南海) 1호의 선창. 16만 점으로 추산되는 화물의 일부를 보여주고 있다. 화물 가운데는 많은 중국산 도자기가 있었다.

다는 가설을 뒷받침한다. 예비 연구에 따르면 도자기 수입은 무시해도 좋을 정도여서, 현지 생산으로 수요를 감당했음을 확인해주고 있다.

중국 또한 고급 도자기의 주요 생산자였으며, 제1천년기에 도자기와 유약이 육로와 해로를 통해 교역되면서 두 문화권의 접촉이 많아졌다. 첫 번째 사례는 아마도 외교적 선물로 들어왔을 것이다. 하룬 알라시드(재위 786~809)도 그런 선물을 받은 사람으로 알려져 있다. 824년에서 850년 사이에 지금의 인도네시아 벨리퉁섬 부근에서 일어난 조난 사고는 이슬람 시장을 겨냥해 만들어진 중국 도자기의 유통에 대한 감을 잡을 수 있게 해준다. 남부 메소포타미아와 페르시아만 지역 유

적지들에서도 몇몇 사례들이 발견됐고, 모방품은 훨씬 많았다. 남부 메소포타미아에서는 유약 바른 그릇을 생산하는 전통이 오래전부터 있었기 때문에 9세기에 도공들이 중국산 수입품을 복제하는 데 필요한 기술을 가지고 있었다고 해서 놀라울 것은 없다. 그러나 의문스러운 점은, 수백 년 동안 쌓아 온 전통이 있는데 왜 이런 갑작스러운 변화가 일어났느냐 하는 것이다.

더 읽을거리: Hauser 1996; Middleton et al. 2008; Northedge 2001; Sarre 1925; Verkinderen 2015; Weber et al. 2014.

조로아스터교: 고대 종교의 전파

세라 스튜어트

언어학적 증거에 따르면 조로아스터교는 서기전 제2천년기 중앙아시아에서 시작됐으며, 서남쪽 이란고원을 넘어 이란 서부로 전파된 것으로 보인다. 이 종교는 거기서 나중에 아케메네스(서기전 550~330), 파르티아(서기전 247~서기 224), 사산(224~651) 등 세 제국의 신앙이 됐다. 사산 제국 아래서는 멀리 아라비아반도 남부와 동쪽으로는 북중국에까지 전파됐다.

조로아스터교의 성서 《아베스타(Avesta)》는 이란 동부 언어인 아베스타어에서 이름을 따왔고, 그 말은 서기전 1200년에서 1000년 사이의 어느 시기에 살았다고 생각되는 조로아스터교 창시자 자라투스트라(조로아스터는 영어식 표기다)가 사용하던 언어였다. 그는 아후라마즈다가 세상을 창조한 신이라고 주장했다. 《아베스타》는 이란 서부에서 최종 형태로 완성됐으나, 5~6세기까지는 그것이 글로 옮겨진 증거가 전혀 없고 현존하는 가장 이른 필사본은 9세기의 것이다.

이란 서부에서 이루어진 조로아스터교의 의례와 종교 활동은 아케메네스 시기에 역사 기록에 들어갔다. 수도 파르사 부근의 유적지들에서 발견된 바위 조각품과 비문 증거들, 그리고 헤로도토스 같은 그리스 작가들의 기록은 아후라마즈다 숭배와 불에 대한 숭배, 1년 열두 달이 조로아스터교의 일곱 주요 신과 기타 비중이 덜한 신들에게 봉헌된 책력 등이 있었음을 입증한다.

아케메네스의 초기 왕들은 중앙아시아의 상당 부분을 자기네 지배하에 편입시켰다. 소그디아나는 서기전 540년 키루스 2세(재위 서기전 559~530)에 의해 정복됐으며, 조금 뒤에 호라즘도 정복됐다. 두 지역은 토착적이라고 할 수 있는 것과 주류 조로아스터교 사상 및 종교 관행의 혼합을 보여주는 자료

타크이부스탄: 조로아스터교

케르만샤 부근의 타크이부스탄에 있는 바위 돋을새김들은 샤푸르 2세(재위 309~379), 아르다시르 2세(재위 379~383), 호스로 2세(재위 590~628) 등 몇몇 사산 왕들의 즉위식 장면을 세밀하게 보여준다. 이곳은 천연 수원지의 물이 흘러드는 두 개의 큰 저수지를 내려다보고 있는 위치에 자리 잡고 있다.

두 개의 벽감 가운데 큰 것의 위 칸에는 호스로 2세가 조로아스터교의 신 아후라마즈다와 물의 여신 아나히타 사이에 서 있는 모습이 그려져 있다(오른쪽 사진). 아나히타는 호스로에게 왕관과 길게 흘러내린 띠를 주고 있다. 그가 사산 왕가의 일원으로서 왕이 될 수 있는 성스러운 권리를 지녔음을 상징한다. 아래 칸에는 왕이 완전 무장하고 말을 탄 모습이 보인다

(아래 사진). 옆쪽 벽에는 두 가지 사냥 장면이 장식돼 있다. 하나는 왕이 사슴을 쫓고 있는 모습이고, 또 하나는 멧돼지를 쫓고 있다. 이 장면들의 세부 내용은 왕실에서 사냥을 얼마나 중요시했는지를 보여준다. 전투에 대한 훌륭한 준비로 생각했던 것이다(142쪽 상자글 참조).

작은 벽감에는 아르다시르 2세가 아후라마즈다와 미트라를 양 옆에 두고 있다. 미트라는 칼을 들어올려 왕을 지키고 있다. 고대의 미트라 찬가 〈야시트〉를 연상시킨다. 여기서 미트라는 커다란 곤봉을 휘두른다. 왕의 발 아래에는 쓰러진 적의 몸뚱이가 놓여 있다(67쪽 상자글 참조). SS

더 읽을거리: Choksy 2002; Compareti 2016a; Curtis 2000; Nariman 2002.

(346쪽) 6세기 중국에 묻힌 한 소그드인의 장례용 대리석 침상에서 나온 장식판. 조로아스터교의 '영원한 불꽃'을 돌보는 모습 등 그의 생전 모습이 그려져 있다.

(위) 나크시에로스탐에 있는 아케메네스 제국 아르타크세르크세스(재위 서기전 465?~424?) 왕릉의 조각. 왕과 배화단, 그리고 날개 달린 조로아스터교의 상징이 보인다.

의 원천이다. 예를 들어 아케메네스 시대 말기에 박트리아, 소그디아나, 호라즘에서 사용된 조로아스터교 달력은 각 날짜와 달의 이름을 조로아스터교 신의 이름에서 가져왔다. 반면에 이 지역의 미술과 도상에서는 아후라마즈다가 중요한 신이 아니었다.

죽은 자를 어떻게 처리해야 하는지에 대한 조로아스터교의 규정은 법전 격인 아베스타어 문헌 《벤디다드(Vendidād)》에 나와 있으며, 여기에는 유기(遺棄) 의식도 포함돼 있다. 이란에서는 시신들을 모아두기 위해 산꼭대기를 둘러 담을 쌓는 관습이 있는데, 이러한 목적을 위해 다흐메('침묵의 탑')를 건설한

것으로 보인다. 가장 오래된 것 가운데 하나가 오늘날 테헤란 남쪽 샤흐르에레이로 알려진 곳의 산꼭대기에 세워졌다. 메리 보이스(Mary Boyce)는 박트리아에서 온 상인들이 일찍이 서기전 8세기에 이곳에 정착했다고 주장했다.

육탈(肉脫)이 되고 바랜 뼈는 점토 유골함이나 나우스라는 납골당에 안치된다. 나우스는 같은 집안 사람들의 유해가 함께 묻히는 곳이다. 유골함은 조로아스터교의 종교적 소신에 관해 많은 정보를 제공한다. 그런 유골함 가운데 하나가 오늘날의 우즈베키스탄 샤흐르이사브즈 부근의 유말락테파에서 발견된 것인데, 아래 단에 죽은 지 나흘째 되는 날 아침에 영

조로아스터교 경전

조로아스터교가 소그드인들의 전통 종교이기는 했지만, 지금 남아 있는 소그드어 필사본 대부분은 조로아스터교 경전보다는 불교, 마니교, 기독교와 관련된 것이 많다. 이 문서 잔편은 드문 예외다. 가로 24센티미터, 세로 27센티미터의 크기인데, 둔황 장경동(138쪽 상자글 참조)에서 발견돼 현재 영국국립도서관(Or.8212/84)에 보관돼 있다.

이 문서의 주요 부분은 셋째 줄 이하인데, 9세기 무렵의 표준적인 소그드어로 쓰였다. 선지자 자라투스트라(조로아스터)와 이름을 알 수 없는 '최고 신'과의 만남을 묘사하고 있다. 앞의 두 줄은 조로아스터교 경전인《아베스타》에서 가장 성스러운 기도문 가운데 하나인 〈아솀보후〉의 번역이다. 이상하게도 이 기도문은 표준 소그드어도 아니고 표준 아베스타어도 아니며, 화석화된 고대 이란어다. 오늘날 알려진《아베스타》의 것보다 훨씬 더 고풍스럽고, 보존된 필사본보다 천 년 이상 더 오래된 문서 형태를 보존하고 있는 것이다. 예를 들어 '진리'에 해당하는 말은 -rtm으로 썼는데, 옛 이란어의 *ərtam에 해당하고 아베스타어에서는 ašəm이 된다. 소그드어로는 (만약에 그런 말이 살아남았다면) *ərtu 일 것이다. NSW

더 읽을거리: Sims-Williams 1976, 2000.

혼을 위해 올리는 의례 장면이 새겨져 있었다. 또 다른 사례는 소그디아나의 사마르칸트 부근 물라쿠르간에서 나온 것이다. 아래 단에 배화단(拜火壇) 앞에서 의례를 행하는 두 명의 사제 모습이 그려져 있다. 그 위에는 두 명의 춤추는 소녀와 함께 별을 상징하는 꽃 같은 것들이 보인다. 천국의 미녀인 후리가 낙원에서 영혼이 누리게 될 즐거움 가운데 하나라고 이야기하는 파흘라비 문서(《자드스프람(Zâdspram) 선집》30.61)의 내용에 잘 어울리는 모습이다.

중앙아시아의 조로아스터교를 이해하는 데 중요한 유적지가 아무다리야강 삼각주에 있는 서기전 3~2세기의 악차한칼라다. 거대하게 그려진 인물상의 일부가 이 유적지의 의례 구역에서 발견됐는데, 조로아스터교의 기도의 신 스라오샤인 것으로 밝혀졌다.《아베스타》에 나오는 중요한 신인 스라오샤는 때로 수평아리의 모습으로 표현되기도 하는데, 이는 새벽이 왔음을 상징하며 사람들에게 그날의 첫 번째 시간과 기도의 의무를 알려주는 것이었다.《벤디다드》(18.14)에는 수탉이 스라오샤의 보조 사제로 언급돼 있다.

이 인물 그림에서 찾아볼 수 있는 조로아스터교 주제들이 여럿 있다. 특히 튜닉의 가운데 부분에 세로로 줄지어 서로 마주 보고 있는 '새(鳥) 사제들'이 대표적이다. 사람 머리를 한 이 수탉들은 성스러운 불의 오염을 막기 위

6~7세기 사산의 도금한 은제 물병. 조로아스터교《아베스타》에 나오는 신화 속의 새 시무르그가 보인다.

피레사브즈: 조로아스터교 동굴 신전

'녹색 신전'이라는 뜻의 피레사브즈는 이란의 조로아스터교도들에게 오랫동안 중요한 순례 장소였다. 조로아스터교 신들에 대한 찬가인 〈야시트〉에 따르면, 예배는 전통적으로 야외에서, 산꼭대기 수원지 옆에서 하는 것이었다. 현지에서 착착이라고 부르는 피레사브즈가 그런 곳에 자리 잡고 있다. 이란 중부의 도시 야즈드 북쪽으로 약 50킬로미터 떨어진 바위 절벽에 자리 잡은 이 신전은 산속의 샘물이 흘러드는 웅덩이 옆에 있다. 신전은 오래된 버드나무 등의 나무 그늘에 있고, 뒤틀린 버드나무 몸통이 신전 입구의 윗부분을 이루고 있다. 신전은 바위 안에 있다.

신전의 전승에는 사산 제국의 마지막 통치자 야즈데게르드 3세(재위 632~651)의 딸인 하야트 바누('생명의 귀부인') 공주가 등장한다. 아랍 침략군에 쫓긴 공주는 바위에게 숨겨달라고 청했고, 바위가 열려 안으로 들어갔다. 더 이른 전승은 이 신전을 물의 여신 아나히타와 연결시키고 있다.

신전에서는 개별 또는 단체 예배를 올리는데, 촛불을 밝히고 향을 사르며 기도문을 암송하고 봉헌 리본을 근처 나뭇가지에 매단다. 인근에는 가건물들이 지어져, 종교적 일정에 따라 며칠씩 피레사브즈로 모여드는 순례자들에게 묵을 곳을 제공했다. SS

더 읽을거리: Boyce 1989; Langer 2004; Rose 2011; Stausberg 2015.

'침묵의 탑'

불과 물과 땅의 오염을 막기 위한 사체 유기는 조로아스터교 법전인 《벤디다드》에 자세히 나오는데, 이것이 오랜 관습이라는 증거가 중앙아시아에 있다. 죽은 것은 종교 의례를 더럽힐 가능성이 가장 높은 것으로 생각됐고, 죽음 자체는 악(악령인 아흐리만 또는 앙그라마이뉴라는 형태로 의인화됐다)이 의인(義人)에게 승리하는 것을 의미했다. 장례 의식은 영혼이 친바트 다리('심판의 다리'라는 뜻. 조로아스터교에서 산 사람과 죽은 사람을 갈라놓는 다리다_옮긴이)에서의 심판을 향해 빨리 건너갈 수 있도록 설계됐다.

전통적으로 죽은 자의 시신은 바위산에 버려져 새와 야생 동물이 먹게 하는데, 남은 뼈들이 햇빛에 바래면 유골함이나 도기 관에 안치했다. 시신을 집단적으로 버려두기 위해 산꼭대기에 담을 두르는 관습은 4세기 유적지인 옛 호라즘(지금은 우즈베키스탄의 자치공화국인 카라칼팍스탄)의 칠픽에서 처음 확인됐다. 아무다리야강이 내려다보이는 곳이다. 흙담으로 둘러싸인 이 바위 돌출부 안에는 한때 불이 있던 곳인 사그리와 시신을 버려두는 곳으로 구분 지어졌던 곳인 파비스가 있었다.

다흐메('침묵의 탑')로 알려진 원형 탑(아래 사진)은 같은 목적으로 만들어졌는데, 이슬람 시대 이후 20세기 중반까지 이란에서 널리 확산됐으며 오늘날 뭄바이의 파르시교도 공동체에서 여전히 사용되고 있다. 야즈드 북쪽의 참에 있는 작은 다흐메에서는 시신을 올려놓았던 돌판 잔해와 육탈된 뼈를 쓸어 넣던 중앙 구덩이를 볼 수 있다(오른쪽 사진들). SS

더 읽을거리: Grenet 2013; Rose 2011.

해 성직자들이 착용하는 입마개인 파담을 하고 있다. 그들은 손에 사제들이 의식에서 사용하는 도구인 바르솜이라는 막대를 들고 있다.

장례 전통은 아마도 조로아스터교가 중국 등 다른 지역으로 전파되면서 변화를 겪었을 것이다. 예를 들어 중국에 있는 소그디아나 상인의 무덤에는 시상(尸床)이라는 장례용 침상이 있었다. 돌을 조각하거나 나무에 그림을 그렸는데, 그 상인의 생전 모습을 보여준다. 그러나 이슬람교가 전파된 뒤 조로아스터교도들이 남아시아로 이주해서는 자기네의 유기 의례를 유지했다. 조로아스터교도의 후예인 파르시교 공동체가 사용한 뭄바이의 다흐메는 오늘날에도 사용되고 있는 마지막 다흐메 중 하나다(354쪽 아래 사진).

더 읽을거리: Boyce 1992; Rose 2011; Stewart 2013.

(352~353쪽) 배화신전과 봉화 탑이 있는 이스파한 교외의 사산 제국 신전 단지.

(아래) 사마르칸트 부근에서 발견된 이 6~7세기 유골함. 아래 단에는 죽은 지 나흘째 되는 날 아침에 영혼을 위해 올리는 조로아스터교의 의례를 보여주는 장면이 새겨져 있다.

마니교의 번성과 소멸

수산나 굴라치

마니교는 3세기 중반에 메소포타미아에서 시작돼 아프로유라시아 대륙의 교역로를 따라 급속하게 퍼진 열광적인 세계 종교였다. 이 종교는 중앙아시아 동부에서 11세기 초까지, 남중국의 해안 지방에서는 17세기 초까지 살아남았다.

마니교의 창시자인 마니(216~274?)는 파르티아 수도 크테시폰(뒤에 들어선 사산 왕조의 수도이기도 했다) 부근의 엘카사이파 침례교 공동체에서 성장했다. 이 도시는 활기찬 문화와 학문의 중심지였다. 그러한 사실은 마니가 과학과 예술에 해박했던 점이나 그리스 철학과 여러 종교 전통에 친숙했던 점에도 반영돼 있다.

마니의 교리는 빛과 어둠의 이원성, 빛을 통한 구원, 하느님의 대리자인 인간과 신들, 우주의 구조와 기원, 세상의 종말 등 여러 가지 측면에서 그가 조로아스터교(346~355쪽 참조)와 유대-기독교의 영향을 받았음을 드러낸다. 또한 같은 시대 서북 인도의 자이나교 및 불교에 대한 그의 탐구도 영향을 미쳤다. 마니는 그러한 여러 지식체계를 바탕으로 독창적인 종합을 이루어냈다. 그는 우주에서 신과 악마의 힘이 어떻게 작동하는지, 그리고 자기가 '신앙 과업'이라고 부른 것에 인간이 어떻게 기여할 것인지에 관해 포괄적인 설명을 내놓았다. 과거의 진실한 선지자들의 깨끗한 가르침과 현세의 자신의 가르침을 따라야 한다는 것이었다.

마니는 바빌론 지방의 귀족적이고 학구적인 환경에서 이런 목표를 달성하기 위한 다양한 지적 도구들을 습득했다. 세련된 문학 및 미술 문화도 그 일부였다. 그는 자기 교리의 오염을

막기 위해 많은 책을 쓰고, 추종자들을 인도하기 위해 편지를 썼으며, 자신의 가르침을 보여주기 위해 오로지 그림 두루마리의 형태로 화상을 이용했다. 마니가 만든 이 글과 그림들이 마니교의 정전(正典)이 됐으며, 그 일부가 후대의 번역 및 출판본으로 남아 있다. 매우 놀랍게도 마니교 역사의 이 첫 시기의 유물은, 마니가 자신의 편지가 진짜임을 인증하기 위해 사용했던 실물 돌 도장이 유일하다. 현재 파리에 보존돼 있다.

마니의 가르침은 실크로드를 따라 더 동쪽으로 전파돼 중앙아시아 동부의 오아시스 도시들과 튀르크어를 사용하는 위구르족의 땅에 도달했다. 그곳에서 마니교는 평화와 번영, 그

(357쪽과 아래) 타림분지 코초에서 발견된 조로아스터 문서. 그림이 있는 필사본 잔편이다.

마니의 펜던트 도장

지름 2.9센티미터, 두께 0.9센티미터의 이 도장은 240~276년 무렵에 크테시폰에서 만들어졌다. 고대 세계에서 그 신비한 속성 때문에 귀하게 여겼던 투명한 수정에 정교하게 조각됐다. 이 도장은 양면을 다 이용할 수 있도록 디자인되었고, 본래 금으로 만든 틀에 끼워 넣는 것이었다. 목적은 두 가지였다. 둥근 면은 음각이 된 돌 도장으로, 편지에 점토 관인(官印)을 붙여 진짜임을 인증하는 데 쓰는 것이었다. 평평한 면은 보석 펜던트 구실을 했다. 수정 속에서는 양각 형태의 또렷한 글자가 비쳐 보인다. 글자체는 단정한 서체를 보여준다. 시리아어 문구를 마니 문자로 쓴 글은, 이 물건이 마니교 창시자의 것임을 밝힌다. 그는 '예수 그리스도의 사도 마니'로 표현돼 있다. 이 구절은 마니의 편지 서두에 통상적으로 나오는 말이다. 그림은 파르티아 말기 주화의 추상적인 시각 언어로 세 인물의 상반신을 보여준다. 가운데 크게 표현된 인물이 도장의 주인 마니다. 긴 수염과 긴 머리칼을 가지고 있으며 넓은 머리띠(고대 페르시아어로 '티야라'라고 한다)를 둘렀다. 옆의 두 인물은 그의 선민(選民)인 듯하다. 역시 마니의 편지 서두에 상투적으로 나온다. 이 도장은 현재 파리 프랑스국립도서관(BnF; INT.1384 BIS)에 보관돼 있다. ZG

더 읽을거리: Gulácsi 2014.

리고 황제의 보호를 누리며 황금시대를 맞았다. 대략 270년에 걸친 이 시기가 시작된 것은 마니교가 위구르 지배층에게 소개되고 그 결과로 762년 그들의 카간 뵈귀(재위 759~779)가 개종을 하면서부터였다.

위구르인들은 코초(고창)를 근거로 삼았다. 코초는 이 지역의 중요한 상업 및 농업 중심지였으며, 마니교 주교좌도 이곳에 있었다. 마니교 관련 유물들이 가장 많이 발견된 곳도 이곳이다. 오늘날 중국 서북부에 위치한 코초의 흙벽돌 잔해는 1902년에서 1914년 사이에 독일 탐사대가 조사하면서 고고학 유적지로 밝혀졌다. 그들의 작업을 통해 상당량의 불교 공

예품과 소수의 시리아계 기독교 공예품이 발견됐지만, 코초가 가장 유명해지게 된 것은 마니교 유물들이 발견되면서였다. 이 유물들은 현재 베를린에 보관돼 있다.

폐허에는 두 개의 건물도 있었는데, 거기에 있는 벽화와 파르티아어·중세 페르시아어·소그드어·위구르어로 쓰인 약 5천 점의 필사본 잔편, 그리고 110점의 고급 예술품 유물로 마니교 관련 건물임을 넉넉히 알 수 있었다. 그 가운데는 네 폭의 벽화 잔편과 열일곱 권의 족자도 있는데, 대부분 중국풍으로 그려졌다. 그러나 예술품 유물 대부분은 아름답게 그려지고 화려하게 꾸민 책들의 잔편이었다. 이 책들은 시리아-메소

현재 남아 있는 유일한 마니교 벽화가 발견된 타림분지 투루
판 부근 베제클리크의 석굴 사원. 10세기 무렵의 벽화로, 교
훈적인 주제를 담고 있다.

마니교의 전례서

가로 7.8센티미터, 세로 13.4센티미터 크기의 이 필사본 잔편은 9~10세기의 것이다. 위구르 도시 코초에서 발견되었고, 현재 베를린의 아시아예술박물관(MIK III 4947)에 보관돼 있다. 이것은 호화로운 전례서의 일부다. 그림은 글자와 직각 방향으로 배치돼 있다. 오른쪽 사진은 마니교의 핵심 의례 장면인데, 옆에 있는 글의 내용과는 직접적인 관련이 없다. 구원에 대한 마니의 가르침인 '빛을 통한 구원'을 시각적으로 요약한 것이다. 평신도가 선민에게 채식을 올린다. 선민은 성스러운 음식을 먹고 찬가를 불러 그들의 몸에서 빛의 입자를 해방시켜 방출한다. 풀려난 빛이 달을 가득 채우고, 이어 해를 가득 채운다. 해와 달은 빛을 다시 신에게로, 빛의 왕국으로 실어 나른다.

최고의 필경사가 마니 문자로 쓴, 깔끔하게 두 단으로 정리된 이 글은 중세 페르시아어로 된 위구르 공동체를 위한 축복 기도다. 글은 뒷면으로 이어지는데, 거기에는 지금은 희미해진 꽃무늬 모티프가 표제를 둘러싸고 있다. ZG

더 읽을거리: Gulácsi 2001, 2005, 2015.

포타미아의 디자인 양식을 따랐지만, 마니교의 책들은 모델이었던 그것들과 달리 일찍이 755년에 종이로 만들어졌다. 가장 많은 부류는 책자형의 전례서(典禮書) 잔편으로, 서아시아 회화 양식으로 꾸며져 있었다. 모든 사례는 예외 없이 인물상이 옆을 향하고 있다.

　마니교는 7세기에 실크로드의 동쪽 중심지에 도달했고, 당 왕조(618~907)의 주요 도시들에도 진출했다. 중국 역사 기록에는 '마니교(摩尼敎)'로 적혀 있다. 당에 대한 위구르의 군사적 힘과 정치적 영향력이 절정에 달했던 짧은 기간 동안에 마니교는 황제의 용인을 받아 장안(286쪽 상자글 참조) 등 중국의 수도 주민들에게 포교를 했다. 840년 위구르의 스텝 제국이 멸망한 직후 843~844년의 모든 외래 종교에 대한 박해(무종멸불(武宗滅佛) 또는 회창법난(會昌法難)이라고 한다. 이때 마니교뿐만 아니라 불교, 조로아스터교, 기독교도 함께 탄압을 받았다_옮긴이) 때 마니교는 북중국에서 사라졌다. 마니교로 개종했던 중국인들은 서쪽으로 달아나 둔황 지역의 고창회골(高昌回鶻), 즉 톈산위구르 왕국(866~1213, 138쪽 상자글 참조) 땅과 타림분지로 갔으며, 남중국의 해안 지방으로도 갔다. 마니교가 완전히 중국화된 형태는 중국 자료에 명교(明敎)로 나오는데, 15세기 이후 토착 종교인 도교 관행과 합쳐지기 시작했다.

마니교의 우주론

우주론에 관한 글에 나오는 마니교의 우주는 중심과 주변, 그리고 정(正)방향이 있는 매우 짜임새 있는 공간이다. 이러한 구성 원리는 비단에 금색과 여러 색깔로 그린 이 13~14세기 중국 족자에 나오는 시각언어에서 분명히 나타난다. 여기에는 반복되는 모티프들이 등장한다. 예지력 있는 증인인 마니, 거인의 모습으로 표현된 구원의 기제인 총체적인 우주, 그리고 여러 층위다.

그림의 아랫부분은 여덟 개의 지구를 묘사한 것이다. 하나 위에 다른 하나를 포개놓은 모습인데, 우리가 살고 있는 지구가 맨 위에 있다. 대기는 우리 지구 표면을 하늘의 열 개 천계(天界)와 나누어놓는다. 이 천계들을 통해, 그리고 그 위에서 해와 달의 움직임으로 길러진 '영광의 행렬'을 따라 우주에서 빛을 풀어놓는 과정이 진행된다. 점차 일종의 복원된 '태고 인간'의 대역인 '완전한 인간'을 형성한다.

태고 인간의 원초적인 희생이 빛과 어둠의 혼합을 만들어내고, 그것을 우주가 작동해 변화시킨다. '새로운 영겁'이 이 작동하는 우주 위에 놓이고, 그 위에 다시 '빛의 왕국'이 놓인다.

여기에 옮긴 그림은 현재 일본 나라(奈良)국립박물관과 나라 야마토(大和)박물관에 소장된 두루마리의 세 부분을 디지털 합성한 것이다. ZG

더 읽을거리: Gulácsi & BeDuhn 2011/2015; Kósa 2012; Yoshida & Furokawa 2015.

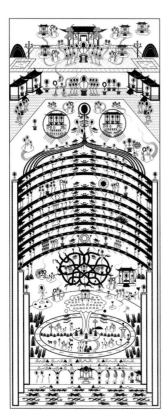

빛의 왕국

새로운 영겁

빛의 해방

하늘의 10개 천계

대기권
심판, 윤회, 부활

지구의 8개 층
2개의 조망처(두 번째 및 다섯 번째 지구의 표면)와 지구의 8개 단면

중국의 항구 취안저우 부근에 있는 마니교 사원의 마니 초상. 14세기의 것이다.

마니교 역사의 이 마지막 시기의 구체적인 유물로는 1339 년 이래 한 자리에서 마니의 조각상을 모셔오고 있는 푸젠성 취안저우 부근의 마니교 사원 초암(草庵, 380쪽 상자글 참조)과 최근 확인된 백화(帛畫) 뭉치가 있다. 이 아름다운 중국 마니교의 미술 작품들은 12세기에서 15세기 사이의 것들인데, 현재 미국 샌프란시스코와 일본 다자이후(太宰府), 고후(甲府), 나라(奈良) 등의 여러 미술관에 보관돼 있다. 이 작품들은 구원 및 예언에 관한 다양한 주제들을 표현하고 거창한 우주론에 관한 도해를 제시하고 있다.

더 읽을거리: BeDuhn 2000; Lieu 1992; Lieu et al. 2012; Moriyasu 2004; Tardieu 2008.

유라시아 대륙의 과일

로베르트 슈펭글러

중앙아시아의 시장에는 무척 다양한 과일과 견과류가 진열돼 있다. 이 중 상당수는 과거에 인기 있는 거래 품목이었다. 사마르칸트의 황금 복숭아, 신장 투루판분지에서 나는 마나이즈(馬奶子, 말젖)포도, 부하라 사과, 하미에서 나는 멜론 같은 것들이다. 중세 문헌들은 과수작물의 재배와 유통에 관해 언급하고 있고, 식물고고학 유적들은 제1천년기에 이런 과일과 견과들을 경작하는 것이 얼마나 중요했는지를 분명하게 보여준다.

이 시기 중앙아시아 일대의 정착지 주변에는 관개시설을 갖춘 과수원과 포도밭이 둘러싸고 있었다. 산악에서도, 사막 오아시스에서도, 강가에서도 마찬가지였다.

그러나 과일 재배는 시간을 훨씬 더 거슬러 올라간다. 고고학자들은 중앙아시아의 서기전 제1천년기의 마을 투주사이(지금의 카자흐스탄)에서 탄화된 포도씨를 발견했다. 같은 시대 타클라마칸사막의 말라붙은 무덤에서도 마찬가지였다. 이 씨들은 생태적으로 다양했던 중앙아시아 북부 산악 지역에서 과일 재배의 전통이 매우 오래됐음을 보여준다. 이 지역은 또한 사과 원산지로 잘 알려져 있고, 초기 시골 농부들이 처음

으로 이 작물을 재배했다.

유라시아 대륙을 가로지르는 교역 회랑에서 사람과 과일 사이의 관계는 매우 깊숙하게 얽혀 있었다. 고고식물학적·유전적 자료는 오늘날 흔해진 여러 과일들이 이 교역로를 따라 확산되면서 재배가 이루어졌음을 시사한다. 타지키스탄 사라즘에서 발굴된 고대의 초목 화석을 연구한 결과 서기전 제4천년기로 추정되는 중앙아시아 산악의 최초 농경사회들에서 야생 과일과 견과들을 채집했던 것으로 밝혀졌다. 게다가 중앙아시아 산악 지역의 사람들에게 나무는 매우 중요했기 때문에 결국 그 나무들을 재배하기에 이르렀다. 사과, 피스타치

(364쪽) 중앙아시아 북부에서 야생 사과가
자라고 있다. 이곳이 사과의 본향이다.

(위) 사마르칸트의 과일 시장. 1905년 무렵
러시아인 사진가 세르게이 프로쿠딘고르스
키가 찍었다. 색분해 원판.

(오른쪽) 살구는 지금도 파미르고원에서 재
배되고 건조돼 연중 어느 때나 먹을 수 있다.

오, 호두, 아몬드 등이 강가에서 재배되었고, 교역로가 유지되는 데 기여했다.

이 과일들이 유라시아 대륙 각지로 전파되면서 그 유전 인자에 항구적인 영향을 미쳤다. 유전학자들에 따르면 톈산산맥에서 고대의 교역로를 따라 사과나무가 전파되면서 종이 다른 야생 능금 개체들 사이의 교배가 이루어졌다. 이 교배된 사과의 후예들이 지금 우리가 먹고 있는 여러 가지 재배종들이다. 이와 비슷하게 현대 호두 개체의 유전자는 인간이 견과류 교역을 시작하기 전에 오랫동안 유전적으로 서로 격리돼 있던 개체들이 교배된 것임을 보여준다. 이 교역로는 복숭아 같은 동아시아의 과일을 서아시아와 유럽으로, 그리고 포도 같은 서아시아의 과일을 유럽과 동아시아로 전파했다.

더 읽을거리: Cornille et al. 2014; Pollegioni et al. 2017; Spengler 2019; Spengler & Willcox 2013.

(오른쪽) 62~69년 무렵에 폼페이 북쪽 헤르쿨라네움의 어느 집(상인의 집인 듯하다) 벽에 그려진 프레스코화. 여기에는 복숭아가 보이는데, 루키우스 리키니우스 루쿨루스(서기전 118~57)가 흑해 남안 폰토스로 군사원정을 갔다가 로마에 들여왔다.

(아래) 말라버린 과수원. 2011년 모습이다. 2~4세기 타림분지의 오아시스 왕국 카도타의 유적이다.

바다와
하늘

바다와 하늘

(368~369쪽) 아라비아반도 남쪽 소코트라섬 해안. 오랫동안 상선의 기항지였으며, 이 섬의 동굴에는 선원들이 남긴 낙서가 있다(388쪽 상자글 참조).

(왼쪽) 실크로드 시대에 인도양을 건너는 항해에는 별이 매우 중요했다.

대서양

북해

대서양

오세베르그
오슬로
곡스타
스톡홀름
헬예
바사호
상트페테르부르크

스필링스

발트해

하드리아누스 방벽
로스킬데

혹슨 444
암스테르담
뒤르네
생레미
헬더말선호
와르카
바시와강
포크롭카

메리로즈호
생드니
비상부르
빈
포로기

파리

베로뮌스터
라이티아
알프스산맥
베네치아
헝가리 평원

모자크
리옹
볼로냐
라벤나
루카

아를
마르세유
그랑콩글루에

투델라
이베리아 반도

코르도바
안달루시아

아틀라스산맥

폰토스 스텝

호라즘
악차한칼라
칠픽
키

카라쿰

아조프해 다치
코뱌코보
코시카

카스피해

크림반도
판티카파이온
우스트알마
케르치 해협
모세바야발카
엘부르스산맥
조지아
다리알 협곡
데르벤트
바쿠
아라라트산
고르
리바트이샤라프
니사
압둘라한칼
코페트다크산맥
메르브
헤라

콘스탄티노플
에니카프
야시야다
칼케돈 442
보스포루스 해협
아나톨리아
다르다넬스 해협

에페소스

토갈르킬리세
트로스산맥

키레니아
겔리도니야부루누

키프로스
베이루트
티레 424
홈스
카나
팔미라
377
다마스쿠스
보스트라

알렉산드리아
스케티스
예루살렘
마사다
페트라
카스르 알하이르 알샤르키

파르티아
이란 고원
루트 사막

푸스타트 카이로
시나이 반도 436
사나야
안티누폴리스
콥토스
테바이
라스바나스곶
베레니케 443

메디나
메카

알후카
사나야
바스라
샤브와
데브레다모
하드라미
힘야르
아덴

소코트라섬 388

에스메랄다호

무스카트

킨다
아라비아 반도

에티오피아 고원
타그라이

라무제도 389

송고음나라

킬와 381

소그디노바

다야하틴
키질테페
부하라
물라쿠르간
타슈켄트

메르가나 계곡
페르가나

라바트사막
텐산산맥
영기샤흐르(소륵)
카슈가르

마르기아나

악자갈라
압둘라한칼라
메르브

사마르칸트 (아프라시압)
펀지켄트
다르곰 운하
무그산
콕테페

베슈켄트
우준다라
쿠르간졸
잔들라브테페
캄피르테페
달베르진테페
다라우트쿠르간

시가르

드바라바티
유말락테파
아이하눔
테르메즈
테페자르가란

틸랴테페
엠시테페
발흐

타슈쿠르간
옌두샨골짜기
야르칸드(사차)

키란아문잔 계곡

아이하눔
사르이샴
시그난

바다호산

흐산 아심 계곡

카라코람산맥

박트리아
흙룸강
힌두쿠시산맥
카피사
샤티알

도호타로이누시르완
바그람
바리코트
봉가리
사이두샤리프
암루다
일람 아오르누스

바미안
카불
메스아이나크
바마란
페샤와르 샤지커데리
시르캅 시분수호
탁실라

라슈카르이바자르

마르단 타흐트이바히

간다라

히말라야산맥

400 km

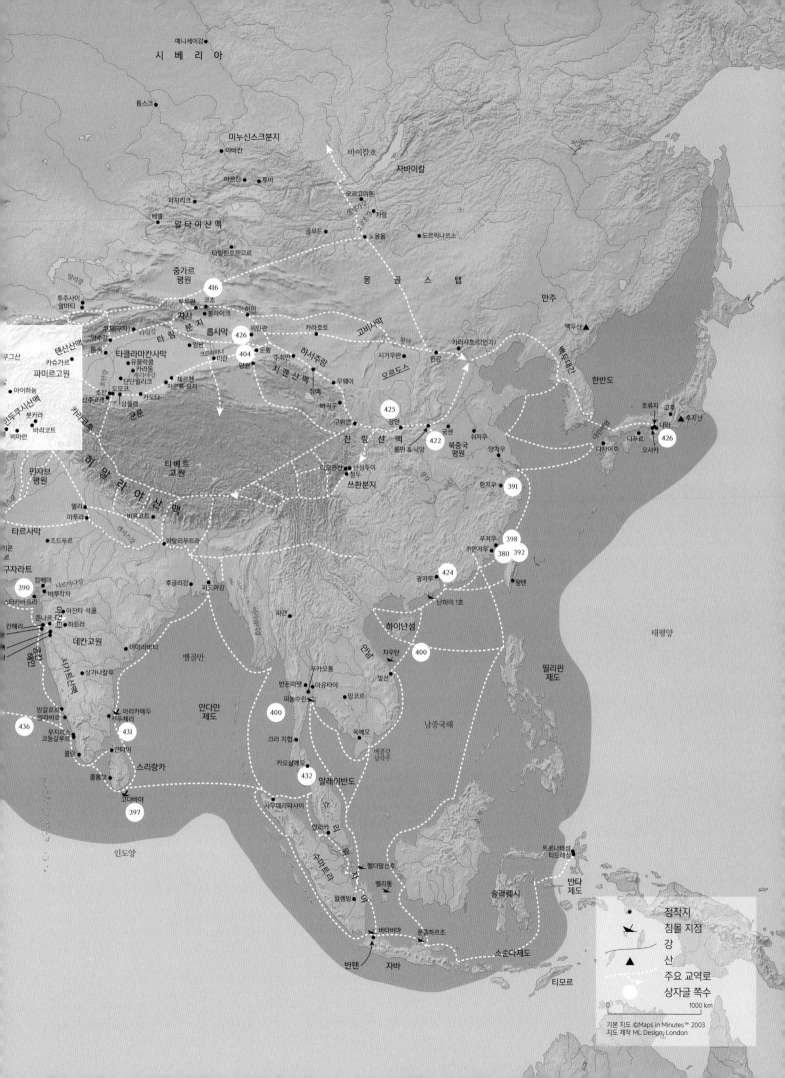

시베리아

예니세이강

톰스크

미누신스크분지
아바칸

바이칼호

자바이칼

아은잔 투바

파지리크

알 타 이 산 맥

오르고이톤
차람
도르릭나르스

벨렘

타힐틴호트고르

골무드

노용올

중가르
평원

416

몽 골 스 텝

만주

백두산 ▲

이리강

투주사이
알마티

투루판 코초

불라이크

허미

카라호토

고비사막

황하

카라샤흐르(언기)

뿌퉁다?

쿠처(구자)
아크수강
톰슈

차사
분지

롭사막

426

둔황

위먼관

404

주취안

시거우판

윈강

한반도

텐산산맥

타림

크로라이나

양관

하서주랑

오르도스

카슈가르

파미르고원

타클라마칸사막

유물락쿰

카라동

미란

지 렌 산 맥

장예

우웨이

425

호류지 고호
나라 ▲ 후지산
니푸르
오사카
다자이후

아이하눔

로그산

게리야강

단단윌리크

체르첸

자군룩 묘지

바저우

장안
궁셴

쉬저우

426

인두쿠시산맥

붓카라

조탄
도모코

산주고개

삼풀라

카도타

쿤룬

구위안

친 링 산 맥

룽먼 & 낙양

북중국
평원

양저우

비마란
바리코트

티베트
고원

라오관산
청두
쓰촨분지

422

항저우

391

펀자브
평원

히 말 라 야 산 맥

델리

마투라

비르코트

파달리푸트라

424

푸저우

398

취안저우
평톈

380 392

리콘
르

타르사막

조드푸르

광저우

후글리강

파드마강

구자라트

390

캄베이

나르마다강

파간

난하이 1호

바루카차

아잔타 석굴

하트라

하이난섬

데칸고원

아마라바티

차우탄

400

빙선

필리핀
제도

태평양

칸헤리

준나르

상가나칼루

푸카오통

앙코르

아리카메두

반둔따뺏

아유타야

엘로라
엘레

푸두체리

옥에오

남중국해

망갈로르
말라바르

아잔타

안다만
제도

파놈수린

무지리스
코둥갈루르

431

만타이

400

끄라 지협

436

콜람

스리랑카

432

카오상깨오

말레이반도

콜롬보

고다바야

사무데라파사이

397

멜라카

인도양

수마트라

헬더말선호

트르나테섬
티도레섬

벨리퉁

반다
제도

술라웨시

소순다제도

팔렘방

바타비아

훈줄하르조

반텐 자바

티모르

기본 지도 ©Maps in Minutes™ 2003
지도 제작 ML Design, London

정착지
침몰 지점
강
산
주요 교역로
상자글 쪽수

0   1000 km

서로 연결된 바다

팀 윌리엄스

이 해안에는 호르무즈라는 도시가 있다. 훌륭한 항만
시설이 있는 곳이다. 상인들이 인도에서 배를 타고
오면서 온갖 종류의 향신료와 보석·진주·비단·금·상아,
그 밖의 여러 가지 물건들을 가져온다. 이 도시에서
그들은 이 물건들을 다른 상인들에게 팔고, 그 상인들은
다시 이를 온 세계에 유통시킨다.

- 마르코 폴로(1254~1324), 《동방견문록》

(오른쪽) 바다는 도자기와 노예 같은 까다
롭고 무거운 화물을 모두 운송할 수 있었다.
그러나 인도양에서는 많은 배들이 폭풍우
에 휘말려 실종됐다.

터키 남부 해안의 천연 항구 세르체리마느. 1970
년대에 11세기 동로마 난파선이 발굴됐다.

아프로유라시아 일대의 크고 작은 바다들은 서로 복잡하게 얽혀 있는 가항수역망(可航水域網)을 제공한다. 그것이 수천 년 동안 사람, 물자, 사상의 이동에 심대한 영향을 미쳤다. 배는 깨지기 쉬운 물건과 무거운 화물을 대량으로 수송할 수 있게 했다. 바다로 수송하는 것은 육지를 통하는 것보다 훨씬 이문이 많이 남았다. 중요한 해로들은 또한 사람과 종교를 먼 거리까지 실어 날랐다. 이에 따라 상인(그리고 노예) 공동체들이 아주 멀리 떨어진 정착지에서 성장할 수 있었다.

교역은 이 지역의 해안과 강을 따라 크고 작은 여러 항구들이 번성할 수 있도록 했고, 이런 항구들과 그곳을 이용한 해상 운송을 장악하기 위한 경쟁은 시대에 따라 제국의 권력이 바뀌는 주요 요인이었다.

바람과 조류는 언제나 해상 운송의 발전과 성격에 결정적인 역할을 했다. 장거리 항해는 뱃사람들이 계절에 따라 방향이 바뀌는 바람, 특히 인도양 계절풍의 원리를 알아차리면서 가능해졌다. 북반구에서는 여름에 아시아 대륙이 달궈지고 육지의 뜨거운 공기가 대류를 통해 남쪽 대양으로부터

습한 공기를 끌어들여 서남 계절풍을 만들어낸다. 겨울에는 정반대의 현상이 생겨난다. 차고 건조한 공기가 대륙에서 밀려나 대양으로 이동하면서 동북 계절풍을 만든다. 뱃사람들은 남반구의 무역풍이나 적도해류 같은 다른 풍계(風系)를 계절풍계와 연결시켜 교역망을 확장했다. 아프리카 해안을 따라 내려가는 항로가 대표적이다.

서쪽에서는 면적이 약 250만 제곱킬로미터에 이르는 지중해가 선사시대부터 현재에 이르기까지 여러 사회에 중요한 자원을 공급했다. 교역 공간이자 여행과 문화 교류의 장으로서 지중해는 여러 현대 사회의 발전에 결정적인 역할을 했다. 이 바다는 두 개의 깊은 해분(海盆)으로 나뉜다. 평균 수심은 1500미터다. 지중해는 거의 육지에 둘러싸여 있고 오직 좁은 수로를 통해 대서양과 연결돼 있다. 조류는 매우 제한적이고 극심한 증발이 일어난다. 그럼에도 불구하고 이 바다를 건너는 것은 여전히 벅찬 일이었다. 특히 작은 조각배로는 그렇다. 그래서 고대부터 해안선 곳곳에 난파선들이 널려 있었다.

지중해는 동남쪽으로 이집트와 시나이반도의 육상로를 통해, 그리고 동방으로부터 오는 교역로를 통해 홍해 및 페르시아만과 연결되고 거기서 다시 인도양으로 이어진다. 홍해는 길이가 2350킬로미터에 이르고, 가장 넓

티레와 지중해

청동기시대 지중해 동안의 중앙에 건설된 항구 도시 티레(아랍어 명칭은 수르)는 철기시대부터 중요한 교역 중심지가 됐다. 동쪽 대륙의 시리아–메소포타미아 스텝 교역망과 지중해의 해상 운송로가 연결되는 곳이다. 이곳은 본래 섬이었는데, 알렉산드로스 대왕(재위 서기전 336~323)이 페르시아 원정 도중 대륙에 붙였다. 그는 자신의 함대 일부를 이곳에 정박시켰다. 알렉산드로스가 죽은 뒤 교역로는 알렉산드리아로 옮겨갔다. 로마 치하에서 티레는 대도시가 되고, 아치(오른쪽 사진) 같은 거대한 건축물들이 지어졌다. 이 도시는 무역과 번영의 시대를 맞았으며, 동로마 제국(395~1453)의 멸망 때까지 이어졌다.

이 도시는 7세기에 아랍인들에 의해 정복됐으나 파티마 왕조(909~1171) 치하에서 여전히 번영을 누렸다. 그 뒤 십자군과의 교역이 200년 가까이 이어졌다. 맘루크 왕조(1250~1517)는 1291년 이 도시를 점령했고, 그 뒤 이 도시는 침체 상태에 빠졌다가 18세기 들어 다시 활기를 되찾았다. 오스만 제국이 멸망한 뒤 이 도시는 1920년 대레바논국에 포함됐고, 1943년에는 레바논공화국에 속했다. 티레는 1984년 유네스코 세계유산에 등재됐다. ASe

더 읽을거리: Jidejian 1969; Maïla-Afeiche et al. 2012.

바르바리콘과 인더스강

인더스강 삼각주의 바르바리콘 항구 유적지는 분명하게 확인되지 않았다. 이 삼각주는 사진에서 보이는 대로 넓은 범위에 걸쳐 있고, 그 물길은 오랜 시간에 걸쳐 이동해왔다. 문헌 자료를 통해 우리는 그것이 고대 도시 반보르 부근에 있었음을 알 수 있다. 이곳은 1세기의 저술 《홍해 일대 항해》에, 홍해에서 동북쪽으로 항해하는 선박들의 주요 목적지라고 묘사돼 있다.

바르바리콘을 경유하는 상품들의 목록은 북방 육지와 인도양 해상 교역망의 연결 지점인 이 도시의 중요성을 보여준다. 수입품은 아마포, 유향, 산호, 포도주, 금·은도금 제품 등이며, 수출품은 비단, 인디고, 터키석, 청금석 등이다. 이 가운데 청금석은 오늘날의 아프가니스탄에서 산출된 것이다(182~187쪽 참조). 《홍해 일대 항해》에는 항구에서 얻은 상품과 세입이 더 내륙에 있는 상류의 왕국 수도로 옮겨진다고 적혀 있다. 또한 1세기에 바르바리콘과 인더스강 수계에 대한 통제권을 놓고 인도와 스키타이의 왕들이 경쟁을 벌였음도 보여준다. 바르바리콘을 통해 인도양 서부 무역에 관여할 수 있는 권한을 얻고 이를 유지하는 것은 아마도 중앙아시아의 쿠샨 제국(1~3세기)에게도 전략적 우선 사항이었을 것이다. RD

더 읽을거리: Casson 1989; Neelis 2011.

은 곳은 폭이 약 350킬로미터다. 해안의 상당 부분을 따라 산호초가 삐죽삐죽하며, 수심은 최대 2300미터다. 반면에 페르시아만은 길이가 약 1000킬로미터이고, 평균 수심은 고작 35미터다. 가장 깊은 곳이래야 100미터 정도다. 두 바다 모두 쉽게 증발해 염도가 높다.

고대에 이 바다들에는 중요한 항구들이 줄지어 있었다. 1세기의 책인 《홍해 일대 항해(Períplous tís Erythrás Thalássis)》는 로마 속령인 이집트의 항구들에서 홍해 해안을 따라가며 인도양 안에서 이루어지는 항해와 교역을 묘사하고 있다. 아라비아반도와 동아프리카 해안, 그리고 인도를 포함하는 범위다. 여기에는 여러 가지 교역품들이 언급되고 있다. 철·금·은과 음료수 잔, 몰약·유향·계피·향고무·정향·상아, 동물 가죽과 노예 등이다. 이 지역 일대에서 다양한 품목이 거래됐음을 보여준다.

인도양은 7천만 제곱킬로미터에 뻗어 있다. 지구 표면 수역의 20퍼센트 가까이를 차지하며, 세계에서 가장 따뜻한 대양이다. 이 바다의 조류는 대체로 계절풍에 따라 움직인다. 10월부터 4월까지는 동북풍이 불고, 5월부터 10월까지는 남풍과 서풍이 불어 남아시아에 세찬 계절성 강우를 뿌린다. 인도양은 해상무역에서 중요한 지역이었다. 서기전 제1천년기로 거슬러 올라간다. 이 지역에서 이루어진 문화 교류는 시간이 지나면서 많은 공동체와 사회, 그리고 제국 조직의 발전에 필수적인 역할을 했다. 남아시아와 동남아시아 사람들은 이 과정에서 중심적인 역할을 했고, 유럽과 동아시아 제국들의 영향이 미치기 훨씬 전에 상호작용의 망을 형성했다.

인도양의 동북부인 벵골만은 오늘날 서쪽과 서북쪽으로는 인도, 북쪽으로는 방글라데시, 동쪽으로는 미얀마와 말레이반도에 둘러싸여 있는데, 교역과 문화 교류가 집중되는 지역이었다. 면적이 200만 제곱킬로미터에 이르는 이 바다는 갠지스-후글리강과 파드마강, 이라와디강 등 수많은 중요한 강줄기들과 연결돼 있다. 그리고 그 해안에는 여러 중요한 항구들이 발달했다. 1월부터 10월까지는 동인도 해류가 시계 방향으로 순환하고, 1년의 나머지 기간에는 시계 반대 방향의 동인도 겨울 제트기류를 경험하게 된다. 벵골만의 계절풍은 서북 방향으로 이동해 5월 말쯤 먼저 안다만니코바르 제도를 강타하고, 이어 6월 말에는 인도 동북 해안을 때린다.

그 동쪽에서는 길이 약 890킬로미터의 비교적 좁은 수로인 말라카 해협이 인도양과 태평양 사이의 중심 해상 운송로 노릇을 한다. 말레이반도와 수마트라섬 사이다. 이곳은 예전에 아라비아반도·아프리카·남아시아에서 동남아시아·동아시아로 가는 상인들에게 중요한 연결점이었고, 반대 방향으로도 마찬가지였다. 오늘날 인도네시아의 팔렘방은 스리위자야 왕국의 수도였고, 7세기에서 13세기까지 이 해협을 지나는 무역을 지배해 매우 중요한 무역 중심지가 됐다. 동남아시아의 많은 항구들과 마찬가지로 팔렘방도 해안이 아니라 큰 강가에 위치했다. 항구를 거센 계절성 폭우와 이 일대를 괴롭히는 지진해일로부터 보호하기 위해서였다.

바다는 동쪽으로 갈수록 넓어지며 태평양으로 들어간다. 말라카 해협과 중국 남부 해안 사이의 약 350만 제곱킬로미터에 이르는 바다는 오늘날 보통 남중국해로 불린다. 남중국해는 전략적으로 중요한 곳이다. 오늘날 세계 해운의 3분의 1이 이곳을 지나기 때문인데, 옛날에도 중요한 곳이었다. 수많은 큰 강들이 이 바다로 흘러들고, 광저우(廣州) 같은 이 지역의 큰 항구들이 이들 수계에 위치한다. 비교적 작은 항구들도 복잡한 상호 교류망 속에서 발달했다. 예를 들어 베트남의 옥에오는 중요한 교역 기지가 됐으며,

최근 발굴에서 로마, 페르시아, 인도, 그리스, 중국의 물건들이 나왔다.

중국-한반도-일본 사이의 바다는 해상 실크로드의 발전에 필수적인 부분이었다. 모든 곳이 이 지역에서 교류가 이루어지는 데 중요한 공간이었다. 우선 해안에서 교역이 이루어졌고, 이어 더 먼 거리의 접촉을 발전시켰다. 이를 통해 종교, 사상, 기술이 전파되고 중요한 정치적·사회적 상호작용들이 일어났다. 다른 곳에서와 마찬가지로 큰 항구 도시들이 개발돼 해상무역의 잠재력을 활용했다.

몇몇 내해(內海)들 역시 중요했다. 특히 카스피해, 흑해, 발트해 같은 곳들이다. 카스피해는 지구상에서 가장 큰 내륙의 수역이다. 면적이 37만 1천 제곱킬로미터이고, 최대 수심은 약 1천 미터다. 상인과 여행자들은 육로 운송을 거쳐 카스피해를, 볼가강·돈강 및 발트해로 흐르는 여러 강들과 연결시켜, 중앙아시아와 발트해 지역들을 잇는 중요한 교역망을 구축했다. 그러나 카스피해는 육지에 둘러싸여 있다는 태생적인 한계로 인해, 항구 시설

사산 제국의 항구 시라프

페르시아만의 천연 항구에 위치한 시라프는 1960년대와 1970년대에 대규모 발굴이 이루어졌다. 이 유적지에서는 상당한 규모의 사산 제국(224~651) 시대의 항구와 관련 건물들이 드러났다. 여기에서 나온 도자기들을 보면 사산 시대의 시라프는 주로 지역 해상 무역에 이바지했고, 장거리 교역도 일부 이루어졌다. 이곳의 일차적인 가치는 페르시아만 해안 방어에 있었던 듯하다.

시라프 항구는 7~8세기에는 쇠락한 상태에 빠졌지만, 800년 무렵부터 다시 살아나고 확장되기 시작했다. 많은 신도가 모여드는 이슬람 사원, 방대한 석굴 묘지(위 사진), 비교적 작은 이슬람 사원, 시장, 그리고 주거 및 공업 구역은 이곳이 북적거리는 해안 도시였음을 보여준다. 이슬람권인 시라프는 인도양 교역에도 깊숙이 관여했다. 많

은 중국산 도자기가 발견됐으며(344쪽 상자글 참조), 금과 목재는 아마도 동아프리카에서, 향신료와 피륙은 인도 서부에서 수입된 것으로 보인다.

시라프는 10세기 말부터 쇠퇴했다. 페르시아만의 교역이 줄었고, 인근의 항구 키시가 성장했으며, 그리고 아마도 977년에 일어난 지진의 피해 때문인 것으로 보인다. 그럼에도 불구하고 시라프는 11세기에서 15세기까지 여

전히 페르시아만의 중요한 지역 항구였다. 이곳은 16세기 이후 쭈그러들어 타헤리라는 작은 해안 마을이 됐다. RD

더 읽을거리: Whitehouse et al. 2009.

의 발전에 의존하는 큰 도시는 바쿠 등 소수에 불과했다. 반면에 흑해는 도나우강, 드네프르강, 남부크강, 드네스트르강, 돈강, 리오니강 등 큰 강줄기들과 연결되고, 다르다넬스 해협과 보스포루스 해협을 통해 지중해와도 연결된다. 면적이 약 43만 5천 제곱킬로미터에 이르고, 최대 수심은 2천 미터를 넘는다. 이 바다는 북쪽으로 스텝 지역, 동쪽으로 캅카스 및 중앙아시아와 연결되며 또한 서아시아·동유럽과도 연결돼 실크로드의 요긴한 중심지가 됐다.

바닷길을 통한 수송이 활발해지면서 나타나는 영향은 분명하다. 물건을 육로로 옮기는 것보다 배로 옮기는 것이 훨씬 효율적이었다. 예를 들어 돛배의 일종인 다우선 한 척에는 낙타 1천 마리가 실어 나르는 짐을 실을 수 있는 것으로 평가됐다. 선박 건조 기술이 발달함에 따라 선원들은 대양과 힘든 상황에 숙달하기 시작했고, 더 많은 화물을 실어 날랐다. 바닥이 평평한 배에서 용골이 있는 배로 옮겨가면서 깊은 바다에서도 안정적으로 항해할 수 있게 됐다. 삭구와 돛·돛대가 개선되면서 선원들이 날씨 조건과 서

로 다른 규모의 승무원이 작업하는 데 적응하는 능력이 달라졌다(394~401쪽 참조). 그러나 실크로드의 바다에는 많은 위험이 도사리고 있었고, 오늘날 해저에서 발견되고 있는 수많은 난파선들은 선박의 변천과 그 배에 실었던 화물의 성격과 종류에 대해 결정적인 정보를 제공한다(382~385쪽 참조).

그러나 선박 기술의 개선만으로 대양에서 장거리 항해를 할 수는 없었다. 항해 기술의 뒷받침이 필요했다. 고고학적 증거는 선원들이 2500년 전에 이미 남중국해와 인근 해역에 대한 자세한 지식을 갖고 있었고, 서기전 250년까지는 동남아시아 선원들이 벵골만을 건너 남아시아로 갔음을 시사한다. 하지만 선장들은 육지가 시야에서 벗어나지 않는 범위 내에서 항해했던 듯하다. 실제로 중세의 이슬람 상인들은 지중해를 횡단하기보다는 항구에서 항구로 항해하는 것을 선호했다. 북아프리카 해안에서 지중해 동안을 돌아 아나톨리아의 동로마 해안을 거치고 에게해와 이오니아해에 도달하는 것이다.

바람을 이해하고 새를 관찰하며 지형지물을 이용한 데 이어 곧 천체 관

중국의 국제항 취안저우

중국 동남부 해안에 있는 항구인 취안저우(泉州)는 10세기에 처음으로 독립 도시가 되고 이어 지역 왕국 민(閩, 909~945)의 일부가 됐는데, 이때 상업적으로 가파른 성장을 이루었다. 1087년에 이곳에 시박사(市舶司)가 설치돼 해외 무역을 관장했고, 대략 이 시기에 취안저우는 인도양에서 들어오는 외국 상인들의 주요 목적지였던 광저우를 앞질렀다. 위 왼쪽 사진의 이슬람 사원은 이 시기의 것이다. 지역의 도자기 산업이 번성했고, 이

도시는 강과 도로망을 통해 그 배후지들과 연결됐다. 송(960~1279)과 원(1271~1368) 시대에 전국 각지에서 모여든 상품들이 이 항구를 통해 수출됐다.

취안저우는 아랍어로 자이툰으로 알려졌는데, 한 보고서는 이곳에 배를 자주 보내는 외국의 명단을 꼽으면서 30여 개 지역을 언급하고 있다. 그 가운데는 아랍 세계와 스리위자야제도·크메르(캄보디아)·파간(미얀마)·보르네오·자바·말레이반도, 그리고 필

리핀의 소국들이 있다. 마르코 폴로(1254~1324)의 시대에 취안저우는 세계에서 가장 국제적인 도시 중 하나로 발전했다. 위 오른쪽 사진의 이슬람 묘비는 이슬람 상인들이 이곳에서 살고 여기서 죽기도 했음을 보여준다(392쪽 상자글 참조). 이 도시의 상업적인 중요성은 14세기 이후 하락하기 시작했다. 명나라(1368~1644)의 중국이 사적인 해상무역을 금지했을 뿐만 아니라 강의 유사(流砂) 퇴적도 심해졌기 때문이다. ASc

더 읽을거리: Clark 1991; Schottenhammer 1999, 2000; So 2000.

아프리카의 무역항 킬와

오늘날 탄자니아의 킬와는 13세기에 동부 아프리카 무역항 중에서 가장 크고 가장 중요한 항구로 떠올랐다. 상아·가죽·용연향 등의 천연 자재와 금·구리·철 등의 광물, 보석·수정 등의 사치품을 인도양 교역망에 공급했다. 같은 이름의 작은 섬(탄자니아 남부 앞바다의 킬와제도를 이루는 한 섬)에 위치한 이 항구는 1958년에서 1967년 사이에 대대적으로 발굴됐고, 현재 유네스코 세계유산이 됐다. 거대한 12세기의 이슬람 사원 유적(위 왼쪽 사진, 1300년 무렵 증축한 둥근 천장의 건물이 있다)과 1300년 무렵에 지은 미완성

의 후수니쿠브와 왕궁은 킬와의 규모가 그 전성기에 어떠했는지를 짐작케 해준다. 15세기의 석조 주택들도 발견됐다. 킬와의 역사는 16세기에 편찬된 두 종류의 역사서에 기록돼 있다. 그러나 1502년 포르투갈에 점령된 뒤 킬와는 작은 마을이나 다름없는 신세로 전락했다.

킬와는 두 교역망이 교차하는 지점에 있어서 번영을 누렸다. 이곳은 북반구에서 계절풍 덕을 볼 수 있는 지역의 남쪽 끝에 있었고, 한편으로는 상아, 금, 구리의 산지인 아프리카 내륙으로 이어지는 통로인 오늘날 모잠비

크의 소팔라 해안과 이어져 있었다. 킬와 상인들은 림포포강 유역의 마푼구베 및 그레이트짐바브웨 양쪽 모두와 연결돼 있었던 듯한데, 그레이트짐바브웨에서는 킬와 술탄의 동전과 함께 중국산 도자기 파편이 발견됐다. 남아프리카 상아는 중요한 상품이었을 것이고, 아랍과 인도 배에 실려 중국에 도달했을 것이다. 킬와에서 발견된 중국산 도자기(위 오른쪽 사진) 대부분은 13~15세기의 것으로 고급품도 많은데, 후수니쿠브와에서 나온 원대의 고급 청백유도 그 가운데 하나다. 킬와제도에 있는 또 하나의 석조 도시

인 송고음나라의 이슬람 사원 저수조에서는 큰 용천요 그릇이 발견됐는데, 아마도 킬와에서 가져온 가보였을 것이다. 15세기가 되면 중국산 도자기의 양이 이슬람 세계 도자기의 양을 넘어선다. MH

더 읽을거리: Chittick 1972; Horton et al. 2017; Wood 2018.

측이 추가됐다. 이로써 야간에 대양을 건너는 아름답고도 실용적인 여행이 가능해졌다(402~407쪽 참조). 아마도 별을 보며 항해한 일에 관한 가장 이른 기록은 호메로스의 《오디세이아》에 있는 내용일 것이다. 님페 칼립소는 동쪽으로 항해할 오디세우스에게, 큰곰자리를 계속 왼편에 두고 플레이아데스와 오리온의 위치를 관찰하라고 말한다. 중요한 진전은 자석 나침반과 천체 고도 측정기인 사분의(四分儀), 천체 관측기인 아스트롤라베를 발명하면서 이루어졌다(406쪽 상자글 참조). 밤하늘에 통달하는 일은 해상 실크로드를 따라 항해하는 데 필수 요소가 됐다.

위도를 파악하는 것은 비교적 쉬웠다. 정오 태양의 고도와 그날 태양의 기울기의 차이로부터 구하거나, 밤에 별자리들을 보고 구한다. 그러나 경도

계산은 좀 까다로웠다. 아부 라이한 알비루니(973~1048)는 지구가 축을 따라 회전한다고 주장해, 시간과 경도의 관계에 대한 근대적인 이해의 바탕을 마련하기는 했다. 그러나 경도를 판정하는 정확한 방법이 마련된 것은 근대 초였다. 그 이전에는 선원들이 추론계산법(dead reckoning)에 의존할 수밖에 없었는데, 이 방법은 부정확해서 육지를 자주 시야에서 놓쳤다. 긴 대양 항해가 비극으로 끝나는 것은 흔한 일이었다.

더 읽을거리: Buschmann & Nolde 2018; Paine 2014.

심해에서 건진 보물

준 기무라

나는 난파선의 분위기에 완전히 도취됐다. 죽은 배는
엄청나게 많은 수의 산 물고기와 초목들의 집이 돼 있었다.
삶과 죽음의 뒤섞임이 신비롭고 심지어 성스럽기까지 하다.
성당에 들어갈 때 같은 평화로운 기분을 느낀다.

– 자크이브 쿠스토(1910~1997)

(왼쪽) 1961년 4월 24일 스톡홀름만에서 바
사호가 인양되는 모습.

해양고고학은 물에 잠긴 지형과 침몰한 배를 연구하는 학문이다. 그 목적은 과거에 바다와 호수 주변, 강 주위 환경에서 벌어진 인간의 활동을 이해하는 것이다. 이 학문은 1900년대에 수중에 물리적 유적이 존재한다는 사실을 인식하면서 발달했다. 예를 들어 지중해에서는 해면(海綿)을 채취하는 잠수부들이 그리스 안티키테라섬 부근의 해저에서 로마 시대의 공예품들을 발견했다. 그 가운데는 톱니바퀴가 여럿 달린 부식된 청동 기계도 있었다. 오늘날 '안티키테라 기계'라 불리는 것이다. 이것은 고대의 천문 장치였다. 서기전 2세기 말 무렵의 것으로, 태양계의 순환을 보여주고 예측할 수 있도록 설계됐다(402~407쪽 참조). 이 독특한 금속 장치는 이를 싣고 가던 고대 로마의 배가 목적지에 도착해 이 기계가 사용됐다면 아마도 남아 있지 않았을 것이다. 오늘날 그리스의 수중고고학자들은 이 기계의

나머지 부분이 더 있는지 찾기 위해 배가 침몰한 장소의 더 깊은 바다를 계속 조사하고 있다.

(위) 834년의 것으로 추정되는 오세베르그의 바이킹 무덤. 고대의 배와 두 여성의 시신이 묻혀 있었다. 1904~1905년 호콘 셰텔리와 가브리엘 구스타프손이 발굴했다.

수중고고학 탐사가 시작된 것은 스쿠버다이빙이 창안된 이후였다. 1950년대에 이 시스템의 도입자인 자크이브 쿠스토(1910~1997)는 마르세유 부근의 그랑콩글루에서 수중 난파선 한 척을 발굴했다. 여기서는 서기전 100년 무렵의 포도주 병 같은 공예품들이 나왔다. 여러 지중해 잠수부들은 해저에서 온전한 테라코타 물병들을 건져 올리기 시작했고, 이에 따라 조지 F. 배스(1932~)는 좀 더 체계적인 수중고고학 발굴을 개척했다. 그는 1960년 아나톨리아반도 남해안 앞바다에서 겔리도냐부르누 난파선을 발굴했는데, 후기 청동기시대(서기전 1600~1000)의 것으로 추정되며 청동기 생산의 원료인 구리 덩어리가 다수 확인됐다. 분석 결과 이 물건들은 서아시아 선원들이 운송하던 것이었음이 밝혀졌고, 그들이 초기 해상 운송에서 활발히 활동했음이 확인됐다. 미케네 선원들이 로마의 해상무역에서 두드러진 역할을 했다는 기존의 관점과 배치되는 것이다.

20세기 말에 인양된 두 척의 근대 군함 선체는 해저에 잘 보존된 역사적 선박으로 대중의 관심을 불러일으켰다. 바사라는 이름의 이 스웨덴 선박은 성공적인 고고학적 인양과 이례적인 보존 상태로 잘 알려졌다. 바사호는 해군의 힘을 키워 스웨덴을 강력한 국민국가로 만들겠다는 목적으로 1628년에 건조되었다. 그러나 첫 항해를 나선 후 곧바로 스톡홀름만에서 침몰했다. 이 왕실 군함은 1960년대에 인양됐다. 선체 구조의 95퍼센트 이상이 온전한 상태였다.

1982년에 인양된 튜더 왕조 시대의 배 메리로즈호는 해양고고학에서 또 하나의 이정표가 되었다. 헨리 8세(재위 1509~1547)의 기함이었던 메리로즈호는 30여 년을 해군에 취역한 뒤 프랑스와의 전쟁 때인 1545년에 솔런트에서 침몰했다. 음파 탐지를 통해 수중고고학자들은 침몰한 배의 상당 부분이 해저에 보존돼 있음을 확인했다. 30여 년에 걸친 보존 작업을 거쳐 두 척의 군함은 집중적인 검사를 받았고, 당시의 선체 건조와 해군의 함상 생활에 대해 이해할 수 있는 자료를 제공했다. 특별히 지어진 건물 안에 바사호와 메리로즈호의 커다란 선체 부분을 전시하고 있는 박물관들에서는 지금도 연구와 보존 작업을 진행하고 있다.

1970년대와 1980년대 오스트레일리아 서쪽 바다에서 발굴된 네덜란드 동인도회사(VOC) 난파선 바타비아호의 경우 역사적 난파선에 대한 보호 조치가 취해졌으며, 난파 지점의 교란과 약탈에 대한 첫 법적 보호가 도입됐다. 국제사회는 유네스코를 통해 2001년 수중문화유산보호협약을 체결했다. 100년 이상 된 난파선과 그 침몰 유적지들이 고고학 유산으로 법적 보호를 받게 된 것이다.

아시아에서는 스리랑카 남부 고다바야 마을 부근에서 발견된 난파선이 이 지역에서 알려진 가장 오래된 난파선이다. 연대는 1세기 무렵이다(397쪽 상자글 참조). 난파선에서 나온 덩어리 유리가 흥미를 끌었는데, 원자재 무역에서 초기 해상 운송의 역할을 보여준다(420~427쪽 참조). 아시아의 해양고고학은 그 초기 국면에서 몇 가지 문제에 직면해 있었다. 1980년대의 네덜란드 동인도회사 선박 헬더말선호 인양은 침몰 화물의 상업적 가치에 집중된 한 사례였다. 그 결과 난파선에서 나온 아시아 도자기 경매가 증가했다. 아라비아 다우선의 조형(祖形) 격인 인도네시아 벨리퉁 난파선의 화물 인양은, 화물을 팔아버리면 고고학적 가치가 상실되는 게 아니냐는 논쟁을 불러일으켰다. 이 난파선은 9세기 인도양과 동아시아 사이의 교역망을 보여주는 역사적 중요성을 지니고 있기 때문이었다.

1980년대에는 중국이 수중고고학을 위한 국가 기관을 설립했다. 가장 큰 성과 중 하나는 국가적으로 중요시했던 난파선 난하이(南海) 1호 인양 계획이었다(345쪽 사진 참조). 거래 품목이었던 온전한 도자기를 그 자리에 그대로 보관하고 있는 이 12세기 상선은 광저우 인근 해안에서 해상실크로드박물관의 특별 설계에 따라 발굴이 계속되고 있다. 난파선은 국가의 고고학 유산의 일부로 간주되고 있다. 해상무역과 해군의 패권, 항해 등에 관해 새로운 사실을 알려주는 자료인 것이다.

더 읽을거리: Delgado 1997; Hocker 2011; Rule 1982; Staniforth & Nash 2006.

(오른쪽) 1900~1901년 동부 지중해 안티키테라섬 부근에서 로마 난파선을 발굴하던 중 발견된 '안티키테라 기계' 잔해를 관리와 선원, 그리고 배를 처음 발견한 해면 잠수부들이 들고 있다.

험한 바다 여행하기: 해적, 폭풍우, 세이렌

에이빈 헬도스 셀란

아둘리스는 (…) 남쪽으로 쑥 들어간 만의 안쪽 끝에 있다.
항구 앞에 이른바 '산 섬'이 있는데, 만의 안쪽 끝에서 바다
쪽으로 약 200스타디온 떨어진 곳이다. 섬의 양쪽으로 본토
해안이 가까이 있다. 아둘리스 항구로 가는 배들은 지금
이곳에 정박하고 있다. 육지로부터의 공격 때문이다.
아둘리스는 '산 섬' 반대쪽으로 해안에서 20스타디온 떨어진
본토에 있는 제법 큰 마을이다. 그곳에서 사흘 거리에 내륙
도시 콜로에가 있다. 첫 번째 상아 시장이다.

－《홍해 일대 항해》(1세기)

라시드 알딘의 《역사 집성》(1314)에 나오는 노아와 그 아들들이 방주에 타고 있는 모습. 배는 두 개의 노가 설치된 다우선으로 그려 졌다.

실크로드 연결망의 남쪽 중심축을 따라 동아시아에서 아프리카를 거쳐 지중해로 이어지는 바다는 교역과 여행을 위해 분명한, 그리고 대개의 경우 유일하게 가능한 선택지였다. 메소포타미아와 인더스강 유역 사이의 교역은 서기전 제3천년기 중반에는 이미 확립돼 있었는데, 유전학은 서기전 제2천년기 이후 아프리카·아라비아반도·남아시아 사이에서 농작물과 사육 동물이 전파되고 있었음을 입증하고 있다.

인도양을 건너는 항해는 계절풍에 의존했다. 강한 바람은 북반구의 여름에 서쪽에서 동쪽으로 가는 데 안정적인 조건을 제공했고, 겨울 몇 달 동안은 동쪽에서 서쪽으로 갈 수 있었다. 홍해, 페르시아만, 아라비아해, 벵골만, 남중국해는 더 큰 체계 안에서 지역적인 교류 회로를 형성했다. 이들 회로의 끄트머리와 교차점에 자리 잡은 공동체들은 상업과 항해와 문화 교류의 측면에서 장거리 연결을 다루는 데 필요한 기술과 전문지식을 쌓을 수 있는 유리한 위치를 차지하고 있었다.

서기전 제1천년기 말이 되면 그리스계 이집트와 아라비아반도, 페르시아, 남아시아, 동남아시아 선원들은 모두 대양을 건너는 기술을 습득하고 있었다. 북아프리카와 중국 항해자들도 마찬가지였을 것이다. 고고학과 역사학, 그리고 민족지 자료들은 여러 가지 선박들이 교역에 사용됐음을 보여 주고 있다(394~401쪽 참조).

항구는 몇 가지 조건을 함께 제공할 수 있는 곳에서 발달했다. 안전하게 정박할 수 있어야 하고, 배후지 연결망에 접근할 수 있어야 하며, 다른 해상 교류 회로로 넘어갈 수 있어야 했다. 실크로드 연결망의 동쪽 지역에서 그런 곳은 대개 강어귀였다. 오늘날의 카라치인 인더스강 삼각주의 바르바리콘 같은 곳이다(378쪽 상자글 참조). 아라비아반도의 건조한 지역과 홍해에서는 지배자들이 기반시설에 투자해 항구에 식수를 공급하고 내륙의 인구밀집 지역과 육상 교류를 할 수 있도록 했다.

먼 나라들의 원자재와 생산품 수요는 충족시킬 수 없을 정도였다. 수입된 상품은 지역 지배자들에게 훌륭한 신분 표지가 됐다. 수입 염료로 물들인 중국산 비단이나 인도산 무명은 돈 많은 로마인들이 재산을 과시하는 한 방법이었다. 잿빛 양모와 흰색 아마포로 옷을 해 입는 나라였기 때문이다. 타밀나두 군주들은 지중해에서 수입한 포도주를 나눠 마시고 신하들에게 로마의 금화를 급료로 줌으로써 자신의 풍족함과 너그러움을 보여줄 수 있었다.

어떤 제품들은 도거리로 해서 매우 값이 비쌌고, 많은 사람들은 제한된 수량만 구할 수 있었다. 오늘날 영국의 하드리아누스 방벽(444쪽 상자글 참조)을 지키던 로마 병사들은 음식에 후추를 칠 수 있었고, 한반도의 아이들은 이집트 유리 가마(420~427쪽 참조)에서 만든 오색 목걸이를 목에 걸었다. 가난한 사람도 유향 한 톨을 신들에게 바치면 성스러운 세계와 직접 연결될 수 있었다. 서아시아 시장에서 낙타 한 짐 정도의 유향을 사려면 여러 해치의 평균 임금을 들여야 했지만 말이다. 사람들은 냄새를 없애기 위해 양념과 향료에 의존했다. 화장품의 성분이나 약으로 쓰기도 했다(440~445쪽 참조). 준보석과 진주는 인기 있는 장식물이었을 뿐만 아니라, 많은 사람들에게 치료 효과와 마법적인 힘을 지니고 있는 것으로 여겨졌다(428~433쪽 참조).

중국산 비단은 중앙아시아와 인더스강 등 인도의 큰 강들을 거쳐 인도양에 도달했다. 계피와 육두구 같은 향신료들은 동남아시아에서부터 인도,

스리랑카와 아덴만에서까지 거래됐다. 준보석과 진주, 무명 피륙과 각종 향신료 및 안료들이 남아시아에서 수출됐다(440~445쪽 참조). 아프리카의 항구들에서는 향료와 상아, 거북딱지를 살 수 있었다. 아라비아 남부에서 나는 유향과 몰약은 종교적인 용도뿐만 아니라 의료 및 화장품으로도 수요가 많았다. 베레니케(443쪽 상자글 참조)와 시라프(379쪽 상자글 참조) 같은 홍해 및 페르시아만의 항구들은 지중해와 서아시아에서 온 상품들을 실크로드 연결망 안으로 보냈다. 유리(420~427쪽 참조)와 포도주, 금속 가공품, 대추야자꿀(398쪽 상자글 참조) 같은 식품 등이었다. 서로 다른 시대에 지중해와 남아시아, 페르시아, 중국에서 온 고급 도자기들이 널리 유통됐다(398, 439쪽 상자글 참조). 기술자와 예술가, 성(性) 노동자와 용병들이 외국에 나가

선원들의 낙서가 있는 동굴

'아프리카의 뿔' 끄트머리 앞바다에 위치하고 아라비아반도 남부 해안에서도 가까운 소코트라섬에 이른 시기부터 인도 선박들이 자주 드나들었다는 사실은 오래전부터 알려져 있었다. 《홍해 일대 항해》 같은 문헌 자료들을 통해서였다. 아랍의 역사서나 19세기 구자라트어 항해 지도와 수로 안내 책자 같은 후대의 문서들은, 그곳이 여전히 인도 상인들에게 중요한 항해 목적지였음을 보여준다.

2000년 소코트라카르스트기획(SKP) 소속의 벨기에 동굴 연구자들은 이 섬의 북쪽 해안에 있는 카르스트 지형의 큰 지하 동굴 중 하나에서 벽에 많은 낙서가 있는 것을 발견했다. 종유석과 석순에도 있었고, 동굴 바닥에도 있었다. 그들은 곧 서력기원 시작 무렵에 인도양 교역망의 선원들이 활동했다는 증거를 발견했음을 알게 됐다.

낙서 가운데 200개 가까이가 인도의 문자와 언어로 된 것이었다. 그 내용은 대부분 동굴에 왔던 사람들의 이름과 직위, 출신지 등이었다. 낙서의 내용과 그것이 지닌 옛 서체상의 특징에 따르면, 이 동굴에는 1세기에서 5세기

사이에 서부 인도 선원들이 많이 들렀던 것으로 나타났다. 바루칵차(지금의 바루치)나 하스타카바프라(지금의 하타브) 같은 곳이 언급됐다. 이곳에 왔던 사람들의 이름은 또한 그들의 종교가 다양했음을 보여준다. 불교도도 있었고 시바파나 비슈누파도 있었다.

인도인들의 글과 함께 다른 문자와 언어를 사용하는 같은 시대 사람들의 낙서도 있었다. 그리스와 박트리아, 남부 아라비아, 악숨과 팔미라 등이다. 인도양 서부 교역망의 국제적 성격을 보여준다. IS

더 읽을거리: Strauch 2012.

샹가와 아프리카의 인도양 무역

샹가(Shanga)는 오늘날 케냐의 라무 제도에 있던 해안 항구다. 1980년에서 1988년 사이에 대규모 발굴이 이루어졌다. 이곳은 750년 무렵 작은 어업 공동체로 처음 이용됐으며, 1420년 무렵 갑자기 버려질 즈음에는 규모가 세 배로 커져 있었다. 이 유적지에서는 동아프리카에 이슬람교가 전파됐다는 첫 증거가 나왔다. 연대가 780년 무렵으로 추정되는 무덤과 목조 이슬람 사원 유적이 있었다. 위 사진은 9세기 이슬람 사원 터다.

샹가는 스와힐리 해안(반투족과 아랍인의 혼혈인 스와힐리족이 살던 아프리카 동해안, 특히 케냐, 탄자니아, 모잠비크의 해안을 가리킨다_옮긴이)의 항구들 가운데 하나였다. 서부 인도양 교역망에 상아, 목재, 용연향, 가죽, 고무, 거북딱지 등 대체로 천연 자재를 공급했다. 발견된 도자기는 대개 현지에서 만든 것이었으나, 소량의 유리 제품과 이슬람·인도·중국산 도기도 발견됐다.

중국산 도자기는 모든 시기의 것이 발견됐고, 그 가운데는 당나라(618~907) 때의 장사요(長沙窯) 자기, 월주요(越州窯) 청자, 황록색 석기(炻器) 등이 있었다. 후대의 도자기로는 정자(定瓷) 파편, 청백유(靑白釉), 틀로 만든 백자, 여러 가지 용천요(龍泉窯) 청자, 그리고 '마르타반'(미얀마 남부 옛 한타와디 왕국의 수도였던 모타마의 옛 이름_옮긴이) 자기 등이 있었다. 명대 초의 청화백자 파편 세 점이 맨 위 층위에서 발견돼, 이 유적지가 버려진 시기를 추정하는 데 도움을 주었다. 초기에는 중국 도자기가 보통 전체 수입 도자기의 5퍼센트 정도였으나, 14세기가 되면 용천요 청자가 도착하면서 27퍼센트까지 증가했다. 중국 물건은 대부분 인도양을 직접 건너기보다는 페르시아만의 항구를 거쳤을 것이다. 스와힐리족은 분명히 중국산 도자기를 귀하게 여겼고, 때로 자기네 무덤을 꾸미는 데 사용했다.

동아프리카의 이 지역에 대한 중국인들의 지식은 대체로 정확했다. 정화(鄭和, 1371~1433?)의 함대는 그의 5차(1417~1419), 6차(1421~1422), 7차(1431~1433) 항해 때 거의 틀림없이 샹가를 지나갔을 것이다. 6차 항해 때 기록한 소말리아와 스와힐리 북부 정착지들에 대한 묘사가 남아 있는데, 샹가가 바로 이 시기에 버려졌다는 점은 주목할 만하다. 아마도 배를 타고 전염병이 들어온 때문이 아니었을까 싶다. MH

더 읽을거리: Filesi 1972; Hirth & Rockhill 1911; Horton 1996.

인도의 이슬람 상인 무덤

묘비는 일반적으로 이슬람교가 인도 양 세계의 교역망을 통해 전파됐다는 좋은 증거 몇 가지를 제공한다. 중요한 사례가 중국 동부 항구들에 남아 있고(380쪽 상자글 참조) 동남아시아, 동아프리카, 남아시아에도 있다.

가장 예술적으로 뛰어난 작품들 가운데 일부가 오늘날의 구자라트에 있던 캄베이(현 캄바트) 항구에 뿌리를 두고 있다. 13세기 초의 수수하게 글자를 새긴 돌에서 시작해 14~15세기의 커다랗고 돋을새김을 한 묘비와 기념비들로 절정을 이루었다. 캄베이 묘석들의 호화로운 모습은 이 시대 이슬람 지배자들이 이 돌들을 동아프리카에서 자바섬에 이르는 인도양권 전역에서 들여왔다는 사실로 확인된다.

서인도산 대리석에 돋을새김을 한 이 묘비는 14세기 캄베이의 가장 유명한 상인 가운데 한 사람인 우마르 빈 아흐마드 알카자루니(?~1333)의 기념비인데, 항구에 있는 그의 능묘에 세워졌다. 본래 이란 출신이지만 인도양 전역에, 심지어 멀리 중국에까지도 집과 대리인을 두고 있던 알카자루니는 중세 국제 거상의 전형이었다. 그의 무덤의 장식과 새김글은 이슬람과 서인도의 모티프와 기법을 융합해 적절한 혼성의 기념물을 만들어냈다. EL

더 읽을거리: Flood 2009; Lambourn 2004; Wink 1991~2004.

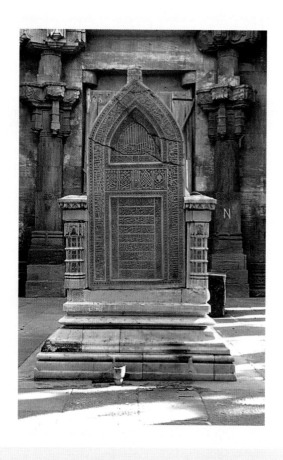

일자리를 찾거나 노예제도의 희생자로서 외국으로 갔다. 그것들 역시 실크로드 교류의 일부였다(408~413쪽 참조).

항해와 장거리 교역은 근대 이전 세계에서 위험한 활동이었다. 조난 사고와 해적은 실질적인 위험이었으며, 권력자들은 때로 종잡을 수 없고 현대의 기준으로는 약탈적이었다. 계절풍에 맞추지 못하면 상인들은 기항지에서 몇 주고 몇 달이고 묵은 뒤에야 고국으로 돌아갈 수 있었다. 많은 항구들에는 외국인 공동체들이 만들어졌다. 상인들이 영구 정착을 하고 현지 여성과 결혼해 살면서도 자기네 정체성을 유지하고 고국 사회와의 유대를 이어가는 방편이었다.

종교는 공동체 내부의 단결을 도모하는 것 못지않게 낯선 사람들 사이에서 신뢰를 구축하는 데도 중요했다. 상선은 선교사들이 신앙을 전도하고 또한 종교 성직자들이 이미 개종한 사람들을 바라지하기 위해 해외로 나갈 때 이용할 수 있는 유일한 바다 교통수단이었다. 불교는 인도의 본거지에서 스리랑카, 동남아시아, 동아시아로 전파됐고(152~159쪽 참조), 유대교는 메소포타미아에서 인도로 갔으며(434~439쪽 참조), 기독교는 홍해와 페르시아만에서 동아프리카와 남아시아 동부에 도달했다(392쪽 상자글 참조).

'아프리카의 뿔' 끄트머리의 앞바다에 있는 소코트라섬의 한 동굴에는 인도의 불교 및 브라만교 성향의 상인들이 에티오피아, 아라비아반도, 시리아, 지중해에서 온 사람들과 함께 예배를 한 사실을 보여주는 낙서가 있

4세기 은도금 장식판의 중앙 원형장식에 새겨진 바닷가 저택. '카이저라우크스트(Kaiseraugst) 보물'에 들어 있는 것이다.

1412년 무렵 파리에서 출간된 마르코 폴로의 《동방견문록》에 나오는 인도 캄바트 항구의 상인들.

항저우의 이슬람 사원

이슬람 공동체들이 당나라(618~907) 때 중국에 정착하면서 광저우, 취안저우(380쪽 상자글 참조), 항저우(杭州) 같은 항구 도시들에 이슬람 사원이 들어섰다.

항저우의 이슬람 사원(위 사진)은 몽골족의 원나라(1271~1368) 치하에서 재건축되고 확장된 것이다. 당시 이란 등 여러 곳에서 온 이슬람 상인들과 많은 사람들이 이곳에 정착했다. 사원 건축에는 그들 공동체의 일원이었던 알라딘이 후원했다. 사원은 상업 지구 중심부에 자리 잡고 도시의 스카이라인을 형성했다. 당당한 고루(鼓樓)와 옛날 황제의 황성 문에서 걸어서 몇 분 거리였다. 당대의 페르시아 역사가들은 신도들이 금요 예배를 위해 사원 단지에 모여들었다가 흔적도 없이 북적거리는 거리로 흩어진다고 말하고 있다. 이 이슬람 사원은 15세기에 재건축됐다.

지금 있는 사원 건물은 중국의 환경과 이슬람 유산을 동시에 반영하고 있다. 사진에 보이는 대로 세 개의 벽돌 돔이 중국식 지붕에 가려져 있다. 미흐라브(이슬람 사원에서 예배 방향을 알려주기 위해 벽에 만든 설비_옮긴이)는 이 건물에서 가장 오래된 부분이다. 이 공동체의 묘지는 전에 황실 정원의 일부였던 항저우 서호(西湖)의 동남쪽 구석을 내려다보고 있다. 정교하게 조각된 묘석 100개 정도가 1920년에 발굴됐는데, 안타깝게도 21개만 남아 있다. 현재 사원 단지 안에 전시되어 있다. 거기에는 한때 예배실에서 무릎을 꿇고 기도하던, 그리고 바깥의 시장에서 장사를 하던 상인들의 이야기가 적혀 있다. GL

더 읽을거리: Gernet 1962; Lane 2018; Steinhart 2008.

취안저우의 기독교도 묘비

지난 300년 동안 취안저우에서는 70여 개의 원나라(1271~1368) 때 기독교도 묘비가 발굴됐고, 그 대부분은 현재 취안저우해외교통사박물관(泉州海外交通史博物館)에 보관돼 있다.

많은 묘비에는 다양한 언어와 문자로 된 제문(祭文)이 실려 있다. 시리아 문자로 쓴 고대 튀르크어도 있고, 한문과 파스파 문자도 있다. 그 가운데 일부는 중국어와 튀르크어로 쓰인 묘비명이다. 이들 돌에 새겨진 모티프는 연꽃과 구름무늬(둘 다 나타나는 경우도 있고, 하나만 나타나는 경우도 있다) 위에 십자가가 세워져 있거나 양쪽에 천사의 모습이 함께 나오기도 하는데, 이는 기독교 쪽의 것임을 시사한다. 한편 묘비명 서두의 시리아어로 된 삼위일체 신조와 셀레우코스(서기 전 312~서기 63) 달력 사용, 열두 동물의 순환으로 날짜를 표시하는 튀르크식 방법은 중세 중국에 존재했던 사라진 동방교회(보통 네스토리우스파 교회라고 한다)의 후예임을 드러내고 있다(168~175쪽 참조).

이 비문들은 원나라 때 기독교 이산자들이 꽤 많이 취안저우에 살았음을 입증할 뿐만 아니라, 중세 취안저우의 기독교도 대부분은 주로 중국 서북부나 중앙아시아에서 온 튀르크어를 사용하는 사람들이었음을 시사한다. LT

더 읽을거리: Lieu et al. 2012; Niu 2008; Tang 2011; Wu & Wu 2005.

다(388쪽 상자글 참조). 인도양 지역의 기독교 및 유대인 공동체들은 자기네 뿌리를 이 접촉으로까지 거슬러 올라가 찾고자 한다. 나중에 교역은 이슬람교를 아라비아반도에서 남아시아, 동남아시아, 동아시아로 가져갔다(256~267쪽 참조).

사람과 장소는 시간이 지나면서 바뀌었다. 서기 첫 수백 년 동안 매우 활발했던 인도와 로마의 상인들이 제1천년기 후반에는 페르시아와 아랍의 교역망들에 밀려났다. 그리고 남아시아와 동아시아 사이의 접촉이 서력기원 초기까지 거슬러 올라가긴 하지만, 중국이 대규모로 해상 교역망에 참여하기 시작한 것은 아마도 당 왕조(618~907) 때였을 것이다. 이집트의 베레니케(443쪽 상자글 참조)나 인도의 무지리스 같은 로마 시대의 항구들은 아덴과 광저우의 전성기에는 잊힌 지 오래였다. 그러나 해상 실크로드의 기본적인 작동 방식은 자연환경에 의해 결정됐고, 여전히 똑같았다. 희망봉을 돌아 아프리카를 주항(周航)하고 증기 기술이 도입되며 수에즈운하가 개통되고 나서야, 이 세 가지가 결합돼 게임 규칙이 바뀌었다.

더 읽을거리: Beaujard 2012; Daryaee 2003; Margariti 2012; Power 2012; Seland 2016; Sidebotham 2011; Tomber 2008.

(위) 중국 남해안에서 발견된 12~13세기의
중국 배 난하이 1호. 약 16만 점의 화물이
아직 그대로 실려 있다.

(오른쪽) 복원된 서기전 4세기의 그리스 선
박. 키프로스 키레니아 부근에서 발견된 것
으로, 장부맞춤으로 고정했다.

선박과 선박 건조

준 기무라

난파선과 기타 선박의 잔해들은 옛날 선박의 구조와 그 건조 방법을 이해하는 데 도움을 주었다. 예를 들어 지중해 세계의 선박 건조 전통은 나무의 장부를 장붓구멍에 끼워 끝을 연결한 판자를 사용했다. 이집트 왕가 묘지인 다흐슈르의 배에서 볼 수 있는 방식이다. 본래 강배에 사용하던 것으로, 서기전 1850년 무렵부터 만들어졌다.

울루부룬 난파선은 서기전 14세기의 것으로 추정된다. 터키 해상에서 발견된 것으로는 가장 오래된 것인데, 서아시아에서 기원한 항해용 배를 만드는 장부맞춤 목공술을 보여준다. 서기전 4세기 그리스 상인들의 배였던 키레니아 난파선은 키프로스 북부 해안 키레니아 앞바다에서 발견됐다. 선체는 판자로 4천 개의 장부맞춤을 해서 만들었으며, 그런 다음 선체 내부는 구리 못으로 고정했다.

동로마 시대(395~1453)의 조선공들은 선박 건조에서 혁신을 이루었다. 선체 중심의 건조에서 뼈대 중심의 건조로 바뀌었다. 7세기의 터키 마르마라해 야스아다섬 부근에서 발견된 배는 주로 판자 외벽으로 건조했지만, 위쪽 판자는 세워진 뼈대에 못질을 해서 붙였다. 동로마의 항구였던 오늘날 터키 이스탄불의 예니카프 발굴에서는 37척의 배가 발굴됐다. 그 가운데는 기술적 변화를 보여주는 9세기의 배도 있었다. 중세 초의 이 화물선들은 길이가 10~15미터였고, 보통 큰 삼각돛과 고물 방향타가 있었다. 발굴된 전투용 갤리선은 길이가 25~30미터였는데, 군용 배도 화물선과 비슷한 방식으로 만들어졌음을 확인해주었다.

스칸디나비아 배의 특징은 판자의 끝을 겹치는 미늘식 디자인이라는 것이다. 이 배들은 항해에 매우 적합해 바이킹들

القُرْآنِ ثُمَّ رَبَعَ أَسَاطِيرَ بَلَاهَا وَرَحَارِفَ جَلَّاهَا وَقَالَ ارْكَبُوا فِيهَا بِسْمِ اللهِ مَجْرَاهَا

وَمُرْسَاهَا ثُمَّ نَفَسَ نَفْسَ الْمَغْرَمِينَ أَوْ عِبَادِ اللهِ الْمُكْرَمِينَ وَقَالَ لَكَ إِمَّا أَنَا

Die vorneme Stat venedig.

고다바야 난파선

고다바야는 스리랑카 남부의 해안 유적지다. 이곳은 스리랑카의 역사책인 《마하밤사(Mahāvamsa)》와 함께 2세기 초의 현지 비문(무역에서 얻은 수입을 불교 수도원에 기증한다는 내용이다)에도 항구로 언급된 곳이다(152~159쪽 참조). 발굴과 고고학적 조사를 통해 수도원 단지와 대규모 주거 지역, 그리고 항구까지 드러났다. 수도원과 주거지의 해자는 3세기의 것으로 추정되고, 해안 탐사에서는 현재까지 분명한 고대 유물이 나오지 않았다.

그러다 2008년에 인근에서 난파선이 확인됐다(오른쪽 사진). 난파선에서 나온 목재 샘플은 방사성탄소 분석 결과 1세기의 것으로 추정됐다. 이것은 인도양에서 발견된 가장 오래된 난파선이며, 인도 반도부와 스리랑카 사이의 무역을 입증하고 있다. 난파선에는 커다란 덩어리 유리와 맷돌, 도자기 등의 화물이 실려 있었다. 사진에 보이는 해저에 묻힌 큰 저장용 항아리도 그 가운데 하나다. RD

더 읽을거리: Kessler 1998; Muthucumarana et al. 2014.

(395쪽) 알하리리의 《마카마》 1237년 판본에 나오는 판자를 엮어 만든 쌍돛 양두형 선박. 인도양 서부에서 일반적인 유형이었다.

(왼쪽) 베네치아에서 지중해 동안과 이집트로 가는 여행에 대한 기록을 제공하는 15세기 필사본에 나오는 배 그림. 전형적인 지중해 선박인 카라크선 또는 나오선이다.

이 그린란드나 북아메리카까지 갈 수 있었다. 또한 조종이 매우 쉬워서 노르드인들이 습격이나 정착을 위해 강어귀나 강으로 뚫고 들어갈 수 있었다. 이는 중세에 바이킹루시가 동유럽에 정착한 일이나 그들이 볼가강 및 드네프르강을 내려가 중앙아시아로 가서 교역 활동을 한 일로 입증됐다(308쪽 상자 글 참조). 초기 바이킹 배들은 폭이 넓었다. 노르웨이 오세베르그와 고크스타에서 발견된 배들이 그것을 보여준다. 11세기의 바이킹 배들이 얼마나 다양했는지는 덴마크 로스킬데 부근에서 발굴된 배들을 통해 알 수 있다. 군대 수송용인 날씬한 랑스킵이 있고, 폭이 넓은 화물선도 있었다. 후기의 랑스킵은 화물 운송 능력을 키워 북유럽 일대의 교역망을 확장시켰다.

그러나 랑스킵은 14세기가 되면 사라진다. 대신 등장한 것이 외돛 코그선이다. 선수루(船首樓)가 있고, 여전히 미늘식 선체로 되어 있다. 독일 브레멘에서 발견된 14세기 코그가 대표적인 예다. 14~15세기에 이물 활대를 설치하고 돛을 더 달면서 코그의 시대는 끝이 났다. 서너 개의 돛을 단 카라크선(나우선)이 등장했다. 선체의 판자는 포개지 않고 이어 붙였으며, 판자는 쪽매맞춤으로 튼튼한 늑골에 붙였다. 유럽 선박 건조의 새로운 시대를 연 것이다. 16세기의 메리로즈호는 대포 쏘는 전투를 위한 특수 건조된 카라크선이다.

서기전 200년 이전에 홍해에서 계절풍 현상을 발견하면서 홍해와 인도 해안 사이에서 활발한 상품 교역이 촉진됐으며, 인도에서는 아리카메두(431쪽 상자글 참조) 같은 항구들이 번성했다. 인도 아잔타 석굴에 있는 5세기 벽화에는 세 개의 외발 돛대가 있는 상선이 그려져 있다. 무함마드 알하리리(1054~1122)가 지은 《마카마(Maqāma)》의 그림에 나오는 것과 같은 판자를 엮어 만든 배가 서부 인도양에서 표준이 됐고, 아마도 동아프리카 해안을 따라 전파된 것으로 보인다.

동남아시아 지역에서 나온 청동기에 새겨진 원시 선박은 고대 선원들이 남중국해를 항해했음을 보여준다. 해안 항구들

대추야자꿀 항아리

유약을 바르고 실용적인 장식을 한 커다란 저장용 항아리들은 이슬람 시대 초기인 7~8세기에 대추야자꿀 수송용으로 쓰였다. 여기 보인 것이 그 하나인데, 높이가 약 77센티미터이며 영국 옥스퍼드대학 애슈몰박물관(EA2005.85)에 소장돼 있다. 이러한 그릇 파편들은 많은 이라크 남부 유적지와 인도양 일대의 여러 유적지들에서 발견됐다. 이 항아리들은 한때 사산 제국(224~651) 말기에 생산된 것으로 생각됐지만, 지금은 이슬람 초기의 것으로 받아들여지고 있다. 대추야자 열매 자체는 바구니에 담겨 수출됐고, 배의 무게중심을 잡아주는 바닥짐으로 쓰였다. 실제로 배의 적재 공간은 이 바구니들을 이용해 산출됐고, 바구니는 표준화된 크기로 만들어졌다. 이런 항아리들은 두 쪽으로 만든 뒤에 하나로 합쳤다. 이것이 속이 빈 커다란 그릇을 만들 때 쓰는 일반적인

방법이었고, 14세기까지 이런 방식이 유지됐다. 보통 녹색과 청록색 유약을 바른 항아리는 남부 메소포타미아의 황색 점토로 만들었다(338~345쪽 참조). 그러한 항아리 세 개(모두 높이가 75센티미터 정도다)가 중국 푸저우(福州)의 남한(南漢, 917~971) 공주 유화(劉華, 896~930) 무덤의 부장품으로 재활용된 것이 발견됐다. 이것이 중요한 연대 추정 근거가 됐다.
"이들은 기름이 가득 채워져 묘실 앞 돌 받침대 위에 놓여 있었다. 불교의 '영원한' 등불을 밝히기 위한 것이었다." (Hallett, 2000: 297, pl. 93)
제시카 핼릿의 책에 나오는 설명이다.
RWH

더 읽을거리: Hallett 2000.

ΚΑΤΑΡΑΜΕΔΗΛΕΥΤΕΣ· ΚΑΙΔΙΑΠΟΟΥΝΚΙΤΑ ΚΑΚΟΠΕΥΠΕΟ· ΟΙΓΑΛΕΥΤΕΟ· ΗΡΕΜΟΟΝΕΝΤΟΙΟΟΦΕΠΕ
ΡΟΙΟΠΛΟΙΟΙΟ· ΚΑΙΟ ΝΑΥΠΟΙΟΕΠΟΛΕΛΟΙΠΕΤΑΕΠΙΤΗΔΕΙΑ· ΕΝΟΥΛΛΑΟΥΤΟΜΕΝΕΟΤΑΙΖΙΑΙΑΟΟ
ΝΟΗΘΑΙ· ΕΔΕΔΕΙΟΑΝΔΕ ΤΟΝΟΟΛΟΝ· ΠΑΡΑΓΕΤΡΟΠΟΝΤΑ ΚΑΙΤΟΝΑΠΟΠΟΛΟΥΦΥΛΑΧΠΟΝΤΑ· ΚΑΙΡΟΝΔΟ
ΠΕΩΟΤΗΡΗΟΑΝΤΕΟ· ΚΑΙΟΥΝΑΤΗΛΙΑΔΟΥΝΤΕΟ· ΚΑΙΤΑΠΡΥΜΝΗΟΙΑΛΥΟΑΝΤΕΟ·ΑΠΩΛΕΟΝ· ΟΥΚΕΛΑΘΟΝΔΕ
ΤΟΝΟΠΙΚΙΟΝΚΑΙΠΡΩΤΟΥΟΓΙΑΡΙΟΝΤΕΟΦΑΝΗΝ· ΑΛΛΑΓΝΟΙ ΟΥΤΟΥΟΤΗΡΩΝΠΟΥΝΑΥΟΥΝΟΙΟΤΩ·ΙΟΟΥ
ΠΑΟΕΙΤΟΥΤΟΙΟΑΥΤΟΙ· ΚΑΙΗΥΕΤΑΡΑΝΜΕΛΙΔΑΙΠΕΡΑ· ΚΑΙΠΕΟΟΝΤΑΙΠΑΛΙΝΟΕΩΟ·

Ρωμαιοι   Ρωε

ΚΑΤΑΜΕΝΠΥΟΟΚΛΕΙΔ. ΒΥΠΩΠΑΡΕΔΟΘΗΟΑΝ· ΤΑΔΕ· ΟΙΟΙΔΗΡΟΟΚΑΙΠΙΡΕΛΩΟΟΑΠΟ· ΤΑΔΕΑΠΑΤΑΧΟΡ
ΥΠΟΤΑΙΟΤΟΟΡΡΩΜΑΙΩΝΧΡΟΠΙΝΕΓΕΝΟΝΤΟ· ΟΛΙΓΑΔΕΤΗΝΤΟΥΠΟΛΕΜΟΥΦΥΡΟΡΓΑΙ ΑΛΚΗΝ·ΠΡΟΠΤΑ
ΟΙΚΕΙΑΕΙΧΩΕΝΟΧΑΝ· ΑΠΥΠΩΡΟΝΑΟΠΛΑΟΤΟΝ ΠΡΩΤΟΥΟΓΙΑΡΙΟΝ ΑΠΟΒΑΜΕΝΟΟ· ΚΑΙΠΑΡΑΚΟΙ
ΝΙΟΝΜΕΝΟΜΑΝΟΥΝΤΟΝΠΡΟΟΑΛΛΕΤΑ· ΘΟΡΟΥΝΟΔΕΚΙΝΗΕΝΠΟΟΚΑΤΑΤΟΥΟΔΟΜΕΝΟΙΚΟΝΠΩΠΟΛΛΩΝΙΖΩΝ·
ΤΟΝΚΟΥΚΟΥΑΠΑΡΑΠΟΛΝΑΧΧΩΡΝΑΟΙΛΕΩΝ· ΕΒΟΥΛΕΟΤΟΟΡΕΛΝΑΜΟΟ ΟΒΑΟΙΛΕΑΟ· ΑΦΡΟΟΝΗΝΥΠΗ

(맨 위) 《마드리드 스킬리체스(Madrid Skylitzes)》에 나오는 941년 루시인들의 콘스탄티노플 공격. 이들이 타고 있는 배가 미늘식으로 건조된 것이다.

(위) 로마의 코르비스가 표현된 팔미라의 돋을새김 조각. 200~300년.

사이의 연결망이 형성됐고, 장거리 해로가 동남아시아까지 이어졌다. 동남아시아에서는 메콩강 삼각주의 옥에오나 팔렘방 같은 오늘날 베트남·인도네시아의 항구 도시들이 제각기 강력해졌다.

광저우 중산쓰루(中山四路)에서 발굴된 고대의 조선소는 이 도시가 서기전 3세기에 이미 해상무역 중심지로 성장했음을 보여준다. 이때는 중국의 최초 황제인 진시황제가 중국 남부 일부를 정복한 시기였다. 페르시아만과 인도의 항구에서 온 배들이 이곳에 도착했다. 9세기의 벨리퉁 난파선은 인도양 무역선이었으며, 광저우에서 중국 내륙으로부터 온 상품들을 싣고 인도네시아로 항해했다. 이 배는 판자를 엮어 만든 배였으며, 다른 쇠 없이 섬유질을 이용해 판자를 이어 붙였다. 건조에 사용된 나무는 아프리카산 목재였다.

상인과 불교 순례자들 역시 동남아시아 전통에 따라 건조

차우탄 난파선과 파놈수린 난파선

9세기의 벨리퉁 난파선은 아마도 가장 잘 알려진 실크로드 난파선일 것이다. 그러나 그것이 유일한 사례는 아니다.

차우탄 난파선은 오늘날 베트남 중부 빙선 앞바다에서 인양됐다. 이 난파선에서 나온 당나라 때 장사요 도자기는 벨리퉁 난파선의 도자기 화물과 동일하다. 이 배는 벨리퉁 난파선보다 더 오래돼 7~8세기에 건조된 것으로 추정됐다. 동남아시아 조선 기술로 건조됐다. 판자의 쪽맞춤에 나무못을 쇠못 대신 사용해 선체의 외벽을 먼저 만든 다음, 야자나무 섬유소로 만든 줄로 판자 연결을 강화했다.

차우탐 난파선에서 발견된 것 가운데는 여기 보인 두 사례처럼 바닥에 글자가 쓰인 저장용기들도 있었다. 위의 것은 아랍어로 '무함마드'라고 쓰여 있고, 오른쪽 것은 브라흐미 문자

로 초기 카위어의 '암바라크'라는 이름(페르시아만 동해안 부근의 지명이다)이 쓰여 있다.

벨리퉁 난파선의 외벽은 더 이상 남아 있는 것이 없다. 그러나 타이에서 발굴된 9세기 파놈수린 난파선이 그 손실을 만회해준다. 강어귀에서 발굴된 그 선체는 길이가 약 30미터이며, 판자의 끝을 엮은 방식이다. 벨리퉁 배의 조선 기술과 비슷하다. 그러나 파놈수린 배는 인도양 동안과 동남아시아에서 자라는 나무들에서 얻은 목재로 만들어졌다. 그 잔해는 해상 실크로드로 해외 상품을 운송하는 데 적어도 두 가지 유형의 배가 이용됐음을 입증하고 있다. JK

더 읽을거리: Guy 2017; Nishino et al. 2017.

된 원양 항해선에 승선했다. 이런 유형의 배들이 이 지역의 바다 밑과 육지 유적지에서 발견됐다. 7~8세기의 것들이다. 자바의 푼줄하르조에서 나온 배는 선체를 만드는 데 나무못으로 끝을 이은 판자가 사용됐다. 베트남 중부 해상에서 인양된 당나라 때 화물선인 차우탄 난파선에서 인양된 목재 역시 이와 비슷하다.

11~12세기에 중국 상인들은 남중국해의 교역에 적극 참여하기 시작했다. 송 왕조(960~1279)는 지배층 및 관료 계층의 성장에 따라 사회·경제적으로 성숙한 시대에 통치했고, 이에 따라 취안저우 같은 새로운 무역항들이 만들어졌다. 길이 약 30미터의 중세 무역선이 광저우 해안에서 발견됐는데, 칸막이로 나뉜 그 짐칸의 화물 적재 능력은 150톤을 넘었다. 선체는 안정성을 위해 폭이 넓었고, 장거리 항해를 위해 미늘식과 쪽매맞춤을 조합한 방식이었다. 그 선체를 난하이 1호 배와 비교 분석해보면 중세 중국 무역선의 발전 과정을 알 수 있다.

더 읽을거리: Bass 2005; Crumlin-Pedersen 2010; Kimura 2014.

인도 아잔타 2호 석굴의 5세기 벽화. 외돛 세 개를 단 배가 항아리를 수송하고 있는 모습이다.

النقد وكان قد تم لنا في مواعدة أهل الكار واعداد جواز الخوان فلما مد الليل اطنابه واعلق كل ذي باب بابه أذن للجماعة بالحضور وافي هذه الساعة فلم يبق منهم من امر لكونه فحضرنية فلما اصطفوا الولدة واجتمع الشاهد والغايب وقع على يده حمل بر فع الاصطرلاب وصعد من سطح التنور وما

천문학과 항해

장-마르크 보네-비도

지구상의 인류가 별들로 가득한 하늘을 가장 멋지게 볼 수 있는 방법 가운데 하나는 정말로 어두운 곳에서, 인공적인 빛도 없고 아무런 장애물도 없는 상태에서 보는 것이다. 드넓은 대양 위나 광대한 사막이 그런 곳이다. 그런 장소에서는 어떤 중요한 천연 지형지물도 없어 탁 트인 조망이 가능할 뿐만 아니라, 자신의 위치와 방향을 결정하는 특별한 수단을 발견하는 일도 필요해지게 된다.

아마도 인류의 시작부터 별은 이런 목적으로 관측돼왔던 듯하다. 따라서 천문학과 항해는 오랜 인류의 역사 속에서 서로 연결돼 있었다.

유럽 문화에서 별을 보고 항해한 초기 기록으로 유명한 것이 호메로스의 서사시 《오디세이아》(서기전 8세기)다. 다음은 여기에 나오는, 오디세우스가 칼립소의 인도에 따라 항해하는 이야기다.

"그(오디세우스)는 앉아서 노로 능숙하게 뗏목을 움직였다. 잠은 그의 눈꺼풀에 내려앉지 않았다. 그는 플레이아데스성단

을 보았고, 늦게 지는 목동자리와, 우리가 북두칠성이라고도 부르는 큰곰자리도 보았다. 이 별에 대해서 아름다운 여신 칼립소는 바다에서 항해할 때 계속 왼편에 놓고 가라고 말했다."

별을 관찰함으로써 비교적 정확한 항해가 가능하다. 어떤 도구도 필요하지 않다. 현대의 탐험대들은 타히티에서 하와이까지 가는 4천 킬로미터의 여행을 이런 방법으로 약 한 달 만에 끝냈다. 길이 19미터의 쌍동(雙胴) 폴리네시아 카누에 돛을 달았다. 이로써 대략 3천 년 전부터 태평양의 여러 섬들로 사람들이 이주해 간 방법을 보여주었다. 이 방법은 '위도 항

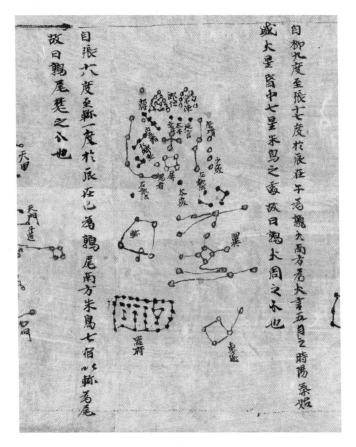

둔황 성좌도

이 필사본은 세계에서 가장 오래된, 완벽하게 보존된 성좌도다. 영국국립도서관(Or.8210/S.3326)에 보관돼 있다. 이것은 1900년 중국 서북 변경의 실크로드 도시 둔황 부근에 있는 모가오(莫高)의 불교 석굴 사원 중 밀폐돼 감춰진 동굴에서 발견됐다(138쪽 상자글 참조). 그러나 이것은 거의 틀림없이 옛 중국 수도 장안에서 만들어졌을 것이다. 중국에서 천문학은 황실에 의해 엄격하게 통제됐다. 별들의 움직임이 지상에서 일어나는 일들과 연결돼 있다고 생각했고, 따라서 일식이나 월식 같은 현상이 황제의 부도덕한 행동 탓이라고 해석돼 반란을 정당화하는 데 사용될 수 있었기 때문이다.

잘 보존된 이 성좌도는 아주 얇은 고급 종이로 만들어진 두루마리에 그려져 있다. 전체 길이는 210센티미터, 폭은 25센티미터다. 여기에는 1300개 이상의 별이 중국식으로 이름 붙여진 257개의 별자리로 나뉘어 있다. 성좌도는 중국에서 볼 수 있는 전체 하늘을 12개의 적도대로 엄격하게 나누어 보여주고 있으며, 그런 다음 북극 지방을 그린 원형 지도로 보충하고 있다. 상세한 과학적 연구는 가장 밝은 별들의 위치가 몇 도 정도 차이로 놀랍도록 정확함을 보여주었다. 플랑드르의 지도 제작자인 메르카토르, 즉 헤라르트 데 크레머(1512~1594)의 투영법 같은 현대의 것들과 비슷한 엄격한 투영법에 부합한다.

이 성좌도는 700년 무렵의 것으로 추정되며, 여기에 언급된 내용으로 보아 저자는 당나라(618~907) 초의 천문학자 이순풍(李淳風, 602~670)이 가장 유력하다. 이것이 어떻게 해서 중국의 변경으로 가게 됐는지는 알 수 없다. JMBB

더 읽을거리: Bonnet-Bidaud et al. 2009; Whitfield 1995.

(402쪽) 아스트롤라베 사용법을 가르치는 모습. 알하리리의 《마카마》에 나오는 삽화다.

(오른쪽) 마르코 폴로의 《동방견문록》 15세기 사본에 나오는 나우선에 탄 선원이 자기 나침반을 사용하는 모습이 나온다. 하늘의 별도 그려져 있다.

해'라 불린다. 이 경우를 예로 들자면 이 말은 정확하게 특정 위도에 도달할 때까지 대략 북쪽으로 항해한 뒤 같은 위도를 유지하며 서쪽으로 나아간다는 것이다.

위도는 예컨대 독특한 남십자자리 같은 특정한 별이나 별자리의 수평선 위 고도로 거의 정확하게 추산할 수 있다. 어떤 특정한 별은 언제나 같은 고정 방위각으로 수평선에서 뜨거나 지기 때문에 자연의 나침반이 된다. 아랍과 중국의 항해자들은 이 '별 나침반'을 이용해 인도양을 건넜다. 적도 부근에서는 별이 뜨고 지는 방향이 위도에 따라 조금씩 변할 뿐이기 때문에 장거리 항해에 이용될 수 있다. 이 '천문항법

흔히 이야기되는 것과는 반대로, 복잡한 아스트롤라베는 항해에 직접 쓰이지 않았고 단순화된 형태로 개조됐다. 해상용 또는 선원용 아스트롤라베. 귀중한 표본 가운데 하나가 2014년에 발굴됐다. 미세한 눈금이 새겨진 지름 17.5센티미터의 이 청동 원반(아래 사진)은 1503년 오만 앞바다에 침몰한 바스쿠 다가마(1460?~1524) 함대 소속의 포르투갈 난파선 에스메랄다호에서 나온 것이다. 별을 볼 수 없을 때는 조종 방향을 제시하기 위해 중국에서 발명된 자석 나침반이 함께 사용됐다. 그것은 1100년 무렵 중국에서 사용됐음이 입증됐다.

위도 1도의 오차는 111킬로미터의 거리 차이가 날 수 있었으므로 초기의 천문 기구는 정확성에 한계가 있었다. 유럽에서는 보다 정교한 육분의를 사용하면서 천문항법 기술이 개선됐다. 육분의는 각거리를 100분의 1도까지 잴 수 있었다. 마침내 1773년부터 안정적인 해양 크로노미터가 도입되면서 해묵은 경도 측정의 문제를 해결해 동서 방향에서도 정확한 위치 추정이 가능해졌다.

더 읽을거리: de Saussure 1928; Ferrand 1928; King 1987; Kyselka 1987; Mörzer Bruyns & Dunn 2009; Thompson 1980.

(왼쪽 위) 나중에 테무르 군주가 되는 천문학자 울루그 베그(1394~1449)가 1420년대에 사마르칸트에 건설한 천문대의 한 부분.

(왼쪽 아래) 선원용 아스트롤라베. 1503년 오만 앞바다에 침몰한 바스쿠 다가마 함대 소속 에스메랄다호에서 나왔다.

وكنت احسبه سبط ينظر شزرا الى ويغلى السلعة على ما احلق الحي حيث حلفت بما اغلظت
بل قال ان العبد اذا نزرت ثمنه وخفت مونته تترك به مولاه والتحف عليه هواه فاني

لا او ترخصنه هذا الغلام البلد بان اخفف ثمنه عليك من مائتي درهم شيئ
واشكرني ما جنيت فقلت له المبلغ في اكلكم انفذ في اخص الغال ولم

인도양 세계의 노예제와 노역

엘리자베스 램번

유명한 아랍어 책인 알하리리의 《마카마》에 나오는, 많이 인용된 노예시장 장면은 인도양 노예제에 관한 일반적인 억측의 전형이다. 아랍인들이 장악하고 있는, 아프리카 흑인 남성 매매라는 관념 말이다. 분명히 인간 동산(動産, 소유와 매매가 가능한 재산이라는 의미에서의 노예)은 존재했고, 서아시아 상인들과 정치체들은 이 거래에서 중요한 중개자였다.

《마카마》가 묘사하고 있는 시스템은 이 책이 보여주고 있는 13세기 초 이라크 남부에서는 이미 확립돼 있었고, 이 일대는 실제로 9세기에 대규모의 농업 노예 반란이 일어난 곳이었다. 그러나 이는 인도양권 일대에서 확인된 수많은 노역 형태 가운데 하나일 뿐이었다. 그리고 그것은 결국 대양을 넘는 예속 노동의 이동을 부채질했다.

'노예제'를 '자유가 없고 강압적인 모든 노동'으로 정의한다면, 그것은 가장 이른 기록이 나오기 전에 이미 아프로유라시아 대륙 전체로 확산돼 있었다. 그렇다면 인도양의 해상 교역로가 노예 유통에도 이바지했다는 것은 전혀 놀랄 일이 아

니다. 그러나 인도양 일대의 노예제에 관한 일류 학자 가운데 한 사람인 그윈 캠벨은 이 용어의 사용에 대해 유용한 경고를 했다. 인도양 세계에서는 노예제를 이 지역의 맥락 안에서 이해할 필요가 있다고 그는 말한다. "사회를 자유민과 노예로 나누고, 노예를 재산으로" 보는 생각(그것이 대서양 무역을 뒷받침했고, 그것은 당연했다)에서 벗어나야 한다는 것이다. 캠벨은 인도양 세계의 노예제를, 그 사회 안에서 이루어진 의존의 한 형태로 이해해야 한다고 주장한다. 사회는 모두 그 핵심에서 "의존의 위계"다(Campbell, 2014: 137). 그리고 캠벨은 '예속(servitude)'과 '예속노동(servile labour)'이라는 말을 선호한다.

개인의 자유라는 생각은 사실 근대 초 이전의 인도양 무대에서는 맞지 않는 것이었고, 근대에 들어서도 지역 특유의 시스템과 공존했다.

재산노예제는 그것 자체로 복잡한 것이었다. 하브타무 테게네(Habtamu Tegegne)는 2016년, 에티오피아 군주 겔라우데워스(재위 1540~1559)가 자기 왕국에서 노예제를 규제하려 했던 일에 관한 연구를 발표했다. 이 연구는 '아프리카의 뿔'에서의, 그리고 초기 근대 최일선에서의 이 시스템의 뉘앙스에 관한 토착민의 통찰력을 보여주는 반가운 작업이다. 아프리카 출신의 남성 노예로서 군 사령관에까지 오른 말리크 암바

(408쪽) 아라비아반도 남부 자비드의 노예 시장. 알하리리의 《마카마》에 나오는 알와시티의 그림이다.

(아래) 〈무어인에게 잡힌 은자〉의 에스파냐 사본(1284년 무렵)에 이슬람 선박과 갤리선 노예의 모습이 보인다.

1289년 맘루크가 십자군이 보유하고 있던 트리폴리를 함락하는 모습. 1330~1340년 무렵 코차렐리 가문이 주문한 '일곱 가지 악'에 관한 라틴어 논문에 들어 있다.

르(1548~1626)의 이야기 역시, 이런 처지의 사람이 입양된 곳에서 얼마나 높은 지위까지 오를 수 있는지를 떠올리게 해준다. 겔라우데워스의 칙령이 발표되던 해에 암바르는 에티오피아에서 태어났다. 그의 부모는 어린 그를 팔았고, 그는 인도로 팔려가 이슬람교로 개종하고 이름도 암바르로 바꿨다. 그는 마침내 니잠샤히 왕조, 즉 아흐마드나가르 왕국(1490~1636)의 군대 사령관 자리에 올랐다.

학자들의 공통된 의견은 이런 형태의 노예제가 일반적인 형태의 예속노동과는 다르다는 것이다. 이 지역 일대의 노예는 채무예속(인신담보)이나 피보호 노예, 농경 예속(특히 인도에

서 볼 수 있었던 땅에 매이는 세습적 예속 시스템) 같은 범주로 대략 묘사할 수 있는 예속 형태였다. 그리고 대서양권에서 플랜테이션 노동을 위한 남성 노예에 초점이 맞춰진 것과는 달리, 인도양권에서는 여성의 예속노동 역시 중요한 요소였다. 특히 재산노예제에서는 가장 널리 인기를 끌었던 것이 환관과 함께 젊은 여성 노예였던 것으로 보인다. 가사노동과 함께 틀림없이 성적 서비스와 여흥을 위한 것이기도 했다.

인도양 지역의 노예제 연구는 이용할 수 있는 자료라는 측면에서 특별한 문제에 직면하고 있다. 예속노동은 보통 물리적인 흔적을 별로 남기지 않는다. 대서양권의 노예제에서 특징

적으로 나타나는 교역 시장과 쇠고랑, 전용 노예선 같은 물리적인 기반시설이 대체로 없다.

이 때문에 문헌 기록이 특히 중요한 역할을 하는데, 그것은 다양한 언어와 시간대에 퍼져 있다. 따라서 중세 인도양권의 예속 시스템에 관한 가장 흥미로운 연구 가운데 일부는 새롭거나 간과된 문서와 자료 뭉치를 뒤지는 학자들에게서 나온다. 크레이그 페리는 끈기 있게 카이로 게니자(중세 유대교 문서 및 기록보관소에 있는 기록물들, 285쪽 상자글 참조)를 샅샅이 뒤진 결과 10세기에서 13세기 사이 이집트 여성 노예들의 출신지가 넓은 범위에 걸쳐 있으며 그들이 살던 집안의 식구들과 복잡한 교류를 했다는 새로운 사실을 밝혀냈다. 그러나 근대 이전 인도양권 노예제에 관한 보다 유기적인 역사는 고사하고, 암바르의 생애 같은 전기를 쓰기 위해 필요한 자료를 모으는 일조차도 아직은 너무 희소하다.

인도양권 노예제에 관해서는 그 역사의 끄트머리인 18세기 말에서 19세기에 이르러서야 수송된 노예 수나 사망률 같은 확실한 양적 자료가 나오기 시작했다. 대서양권 노예제의 역사를 그렇게 강력하고 충격적인 것으로 만들었던 것도 바로 그런 부분이었다. 그러나 대서양권과는 전혀 다른 인도양권의 예속 시스템의 관행과 제도는 이 주제에 관해 새로운 문제와 새로운 접근법을 발전시키는 데 어려움을 주고 있다.

더 읽을거리: Campbell 2014; Eaton 2005; Perry 2014; Sheriff & Teelock 2010; Tegegne 2016.

(아래 왼쪽) 타락천사 아자젤이 노예를 사는 모습. 알하리리의 《마카마》에 나오는 알와시티의 그림.

(아래 오른쪽) 이 그림의 주인공 말리크 암바르는 1548년 에티오피아에서 태어나 노예로 팔렸다. 인도 니잠샤히 궁정에 팔려 군인이 됐고, 군대의 사령관 자리에 올랐으며 마침내 1600~1626년 사이에 사실상 지배자인 섭정으로 있었다.

파르티아의 마지막 왕 아르다반(재위
213?~224?)의 노예 굴나르와 잠자리에 든 사산
제국 건설자 아르다시르 1세(재위 224?~242?).
아르다반의 금고를 맡고 있던 굴나르는 돈을 훔
쳐 아르다시르와 함께 궁정에서 도망쳤고, 나
중에 전쟁에서 아르다반을 꺾었다. 《샤나마》
(1335~1340)에 나온다.

남중국해의 해적과 노예

앙겔라 쇼텐하머

노예는 고대와 중세의 해양 세계에서 중요한 교역 상품 가운데 하나였다. 노예제는 중국의 전통 경제와 생산에서 중요한 역할을 한 적이 없기 때문에 그것이 중국 무역과 관련해서 언급되는 경우는 드물다. 그러나 노예(성별을 불문하고)가 육상과 해상 모두에서 빈번하게 거래되는, 돈이 되는 인간 화물이었다는 데는 의문의 여지가 없다. 여러 나라(중국도 포함해서) 출신의 상인들이 노예무역에 종사했다.

우리는 아직 서력기원 초 수백 년 동안의 노예 수출에 대해 아는 것이 별로 없지만, 당나라(618~907) 때부터는 좀 더 많은 정보가 있다. 전형적인 당나라 노예는 "판매하면 거래자의 주머니에 돈이 들어오는 외국인"이었다고 에드워드 H. 셰이퍼는 썼다(1966: 45). 비중국인 노예의 최대 공급처는 남부 중국과 동남아시아에 있던 인근 왕국 사람들이었다. 그러나 노예는 북쪽에서도 왔다. 예를 들어 한반도 왕국 출신의 젊은 여성들은 부유한 중국 가정에서 몸종이나 첩이나 예능인으로 삼기 위한 수요가 매우 많았다. 이들은 산둥에서 거래됐다.

"이 사치품(노예) 교역은 (…) 많은 해적들을 먹여 살렸고, 한반도의 정부들로부터 항의를 받는 원인이 됐다." (Schafer 1966: 45)

외국인 노예는 또한 말레이제도와 인도, 심지어 동아프리카와 서아시아 세계에서도 수입됐다. 당나라 역사서인 《당서(唐書)》는 뭉뚱그려 승기(僧祇, 페르시아어로 '흑인'을 뜻하는 '장기'를 한자로 표기한 것이다_옮긴이)로 부르는 노예를 바치는 것을 황제에게 공물 보내는 것으로 간주했다. 우리는 또한 파사(波斯, 페르시아) 노예에 대해서도 알고 있다. 8세기 남중국 연안의 하이난섬(海南島) 앞바다에서는 풍약방(馮若芳, 742~756)이라는 지방 군벌이 해적질을 했고, 해마다 페르시아 상선 두세 척을 나포해 물건들을 빼앗고 선원들은 노예로 삼았다고 한다. 그 노예들은 이후 이 섬의 여러 마을에 정착했다.

8세기까지 안남(安南)에서는 젊은 노예들도 연례 공물로 당나라 조정에 바쳤다. 조여괄(趙汝适, 1170~1228)은 《제번지(諸蕃志)》에서, 점성(占城, 참파)에서는 남자아이 노예 한 명이 금 3냥 또는 이에 상당하는 항목(香木)의 값어치가 있다고 적었다. 주거비(周去非, 1135~1189)의 《영외대답(嶺外代答)》에 따르면 점성은 영토는 넓은데 인구가 적어 자주 남녀 노예를 사들이며,

외국 배들이 인간 화물을 가득 싣고 온다고 했다. 주거비는 또한 남해의 사화공(沙華公, 아마도 술라웨시인 듯하다)이라는 곳에 대해서도 이야기하고 있는데, 그곳에서는 사람들이 해적질에 빠져 포로들을 자바섬에 가서 판다고 했다.

송나라(960~1279)의 공식 역사책인 《송사(宋史)》는 곤륜노(崑崙奴)에 대해 이야기하고 있다. 이들은 파사(페르시아)의 별종(別種)인 대식(大食)의 사절을 따라 977년 송나라 조정에 온 하인들이었는데, 눈이 움푹하고 몸이 검었다. 아마도 외국인 노예 거래에 관한 가장 생생한 묘사는 주욱(朱彧, 1075?~?)에게서 나왔을 것이다. 항구 도시 광저우에서는 거류 외국 상인

소그드어 노예 계약서

노예는 실크로드 전역에서 볼 수 있었고, 육상과 해상에서 거래됐다. 이 완벽하게 보존된 종이 문서는 한 여자아이 노예에 대한 매도 증서다. 크기는 가로 46.5센티미터, 세로 28.5센티미터이며, 639년 투루판분지의 오아시스 코초(고창)에서 전문 필경사가 깔끔하게 쓴 것이다. 매도자와 증인은 모두 소그드인의 이름을 갖고 있지만 매수자는 중국인 불교 승려다. 찬 가

문의 얀샨으로 나오는데, 투루판에서 나온 당대의 중국 기록 두 건에 나오는 장연상(張延相)과 같은 인물일 가능성이 매우 높다. 추야크 가문의 우파치라고 나오는 매매된 여자 노예는 "투르키스탄에서 태어났다"고 했지만 어떤 종족 출신인지는 분명치 않다. 계약서의 서두에는 계약명과 날짜, 장소, 관련된 사람들, 가격(120페르시아드라크마)이 적혀 있으며, 마지막 문단에

증인과 서기의 이름이 나온다. 가장 흥미로운 것은 중간 부분이다. 새로 산 노예에 대한 얀샨과 그 가족, 그리고 상속자들의 권리를 상세하게 규정하고 있다. 아울러 매도자에게는 이제 이 노예에 대한 권리가 전혀 없다는 사실도 밝히고 있다. 이 문장들의 표현은 소그디아나에서 나온 소수의 잔존 계약서 및 좀 더 많은 박트리아 계약서 모두와 비슷한 부분이 많다. 여

기에도 노예 매도 증서가 들어 있다.
NSW

더 읽을거리: Hansen & Yoshida 2003.

(414쪽) 무용수를 묘사한 7~8세기 중국의 채색 소상. 산둥의 항구에는 한반도 출신의 소녀들을 파는 노예 시장이 있었다.

(아래) 이 낙타 등에 탄 아이 같은 소녀들이 노예로 거래됐다. 8~9세기 중국에서 만들어졌다.

들이 괴력을 가진 사람들을 거느리고 있다고 했다. 그는 이들을 '귀노(鬼奴)'라고 불렀다.

"광저우의 부자들은 외국인 노예인 귀노를 많이 거느렸다. 그들은 비길 데 없는 힘을 가졌고, 수백 근을 등에 질 수 있다. 말과 성정이 우리와 통하는 게 없으며, 본성이 순박해 도망치려고도 하지 않는다. 그들은 또한 '야인(野人)'이라고도 불린다. 그들의 피부색은 먹처럼 검고, 입술은 붉고, 이는 희다. 머리털은 곱슬곱슬하며 누런색이다. 암수가 있고, 바다 밖의 여러 산에 산다. (…) 물에 들어가도 눈을 깜박이지도 않는다. 이들은 곤륜노라 불린다." (주욱, 《평주가담(萍洲可談)》 권2)

이들이 꼭 아프리카 흑인은 아니고 말레이인이나 다른 동남아시아의 사람들이었을 수도 있지만, 많은 흑인들이 아랍 배에 실려 아랍인들에 의해 노예로 팔렸으며 비싼 값에 거래됐다는 것은 분명하다.

중국 해안 도시들이 번성하고 해상무역이 많아짐에 따라 해적도 늘었다. 해적의 초기 사례가 손은(孫恩, ?~402)이다. 그는 남중국과 베트남 일대에서 활동했고, 마침내 북부 저장(浙江)에 기지를 건설했다. 추종자들로 군대를 조직하고 자신의 행동을 도교의 주장으로 합리화했다. 그는 해안 전역을 습격했으며, 상업을 교란하고 사람들을 공포에 떨게 했다. 20만 명이나 되는 사람을 자신의 근거지로 끌어갔으며, 결국 정부 함대에 격파당했다. 해적은 중세와 근세 초에 중국 해안 어디에나 출몰했으며, 국제관계와 무역 정책에 큰 영향을 미쳤다.

1230년대의 자연재해는 많은 일본인들이 한반도와 중국 해안에서 습격에 나서도록 했다. 이들 '왜구(倭寇)'는 상품 무역에 관심이 있었을 뿐만 아니라 노예 장사도 했다. 어떤 이야기에 따르면 사쓰마(薩摩)의 일본인 가정들에는 200~300명의 중국인 노예가 있었다고 한다. 전쟁 포로를 노예로 삼는 것은 유라시아 대륙 전역에서 일반적인 현상이었으며, 중국도 예외가 아니었다. 근세 초에는 마침내 포르투갈인과 네덜란드인 등 유럽 상인들도 남중국해의 노예무역에 끼어들었다.

더 읽을거리: Antony 2010; Eichforn 1954; Jákl 2017; Schafer 1966; Wilensky 2000; Zhu 1921.

중국 중부의 10세기 왕처직(王處直) 묘의 돌에 조각된 여성 관현악단의 모습. 많은 여성 노예들이 음악가와 무용수로 훈련을 받았다.

구슬에서 그릇까지: 유리의 생산과 교역

줄리언 헨더슨

최초의 유리는 서기전 2500년 무렵 서아시아에서 만들어졌다. 규토와 식물 태운 재를 융제로 사용했다. 유리는 나중에 남아시아에도 나타났지만, 중국 중부 평원에는 춘추시대(서기전 770~476)까지도 전해지지 않은 것으로 보인다. 그 이유 중 하나는 또 다른 반투명 물질인 옥을 구할 수 있기 때문이었다. 옥은 이 지역에서 신석기시대 이래 계속 사용돼왔으며, 유리가 처음 등장한 이후에도 특히 의례적인 용도로 여전히 사용됐다.

아시아와 북아프리카 일대에 요로(窯爐)나 도가니 같은 유리 제조와 관련된 고고학적 증거는 많지 않지만, 과학적 분석을 통해 거기에 사용된 원료와 어떤 경우에는 그 유래까지도 밝혀낼 수 있게 됐다. 후대의 초보적인 유리 제조에 관한 증거도 발견됐다. 특히 서기전 제1천년기 후반과 서기 제1천년기 서아시아에서다. 식물 재를 이용한 유리는 청동기시대 말기와 사산 제국(224~651), 그리고 이슬람 시기(661년 이후)에 있었음을 볼 수 있다. 헬레니즘 시대(서기전 323~30?)와 로마 시기(서기전 27년 이후)에는 주로 이집트에서 들여온 광물질 융제인 나트론(natron)을 사용해 만들었다.

중앙아시아의 유리는 역시 서기전 제1천년기에 이미 식물 재를 이용한 제조 방식으로 만들어졌지만, 중국 유리 제조자들은 새로운 방법으로 혁신을 이루었다. 첫 번째 납-바륨 유리는 서기전 4세기 무렵에 나타났고, 상당히 대규모로 제조했다. 종 같은 것도 제작했는데, 장쑤(江蘇)의 강도(江都) 역왕(易王) 유비(劉非, 서기전 169~127)의 무덤에서 발견된 것과 같은 무게 131킬로그램의 커다란 것도 있었다. 분명히 이를 제작하기 위한 요로도 있었을 텐데, 아직 발견되지 않았다. 납-규토 유리는 1세기부터 나타난다. 한나라(서기전 202~서기 220) 때부터 중국 남부와 베트남에서는 유리를 만들 때 식물 재 대신

초석을 융제로 사용했다.

남아시아와 동남아시아 등 실크로드의 다른 지역에서는 칼륨과 산화알루미늄이 많이 들어간 유리가 만들어진 듯하다. 그러한 유리의 분포가 그것을 말해주며, 특히 바닷가 항구에 쉽게 접근할 수 있는 나라에서 그렇다. 많은 양의 유리그릇과 유리 목걸이를 육로로 수송하는 것보다 배로 수송하는 것이 훨씬 안전하고 값이 쌌기 때문이다. 유리 원료를 함께 수송하더라도 말이다(397쪽 상자글 참조). 칼륨과 산화알루미늄이 많이 들어간 유리를 관련 불순물과 함께 화학 분석해보면 몇 곳의 서로 다른 생산 중심지가 있었음을 알 수 있다. 그러나

원료로부터 그 유리 자체를 만든 1차 생산에 관한 고고학적 증거는 역시 매우 제한적이어서, 여러 가지 유형의 유리들이 정확하게 어디서 만들어졌는지는 분명하지 않다.

중앙아시아에서는 타클라마칸사막 북부 키질에서 서기전 제1천년기 초의 유리가 발견됐다. 그 화학적 특성으로 보아 서아시아에서 온 것으로 보인다. 일부 작품은 장식이 없는 공 모양 및 고리 모양이다. 하나는 단순한 푸른 눈알구슬 부적이다. 중부 및 남부 유럽에서 발견되는 유형이다. 페니키아인들이 사용했던 유형의 층상(層狀) 눈알구슬이 중국 귀족들의 무덤에서도 발견됐다. 서기전 600년까지 거슬러 올라간다. 이들은

(420쪽) 중앙아시아 바그람 유적지에서 나온 1세기 그리스-로마 유리병. 유리말이 장식이 있다.

(오른쪽) 중국 낙양의 1~2세기 무덤에서 발견된 유리불기법으로 만든 로마 유리병. 비슷한 병이 중앙아시아 틸랴테페에서도 발견돼, 일부가 육로로 수송됐음을 시사한다.

인도양-태평양 구슬 목걸이

알록달록하고 목걸이에 꿰어 있는 이런 작은 인도양-태평양 유리구슬은 육로와 해로로 수송하기 쉬웠으며, 많은 양이 만들어졌다. 인도와 동남아시아에서는 대량으로 발견됐고, 소량이지만 중국과 터키, 동아프리카에서도 발견됐다. 이 구슬들이 해상 및 육상 실크로드 모두를 통해 수송됐음을 시사한다.

색깔이 다양하다는 것은 여러 가지 염료가 사용됐다는 얘기다. 인도양-태평양 구슬의 기본적인 화학적 특성 가운데 하나는 산화알루미늄이 많이 사용됐다는 점이다. 이것이 예컨대 서아

시아에서 만든 유리와 구별해주는 요소다. 우라늄과 토륨을 많이 썼다는 다른 성분상의 특성을 감안하면 가장 합리적인 해석은 이 특별한 물건을 만들기 위해 화강암질의 모래를 사용했다는 것이다.

과학적 연구는 이 구슬들이 남아시아에서 만들어졌을 가능성을 강하게 시사하며, 동남아시아에서 만들어졌을 가능성도 있다. 흥미롭게도 성분이 다양한 것은 다양한 출처를 반영하는 듯하지만, 1차 생산지의 직접적인 흔적은 발견되지 않았다. 중국에서는 그러한 구슬이 상당히 드물지만, 15만 개

의 구슬이 달린 이 목걸이가 한때 중국의 수도였던 낙양의 6세기 초 사찰 영녕사에서 발견된 것은 흥미로운 예외다. 유리는 불교 환경에서도 자주 발견된다. 불교의 칠보 가운데 하나인 수정을 대체하는 것이기 때문이다(176~181쪽 본문, 425쪽 상자글 참조). JH

더 읽을거리: Francis 2002; Wood et al. 2012.

지중해 동안에서 만들어졌을 것이다. 중국 남부의 귀족 무덤에서 발견된 전형적인 헬레니즘 말기의 유리 주발 두 점은 당시 유리가 인도양을 건너 남중국해로 수송됐음을 시사한다. 로마의 유리그릇 역시 중국의 무덤에서 발견되지만, 사산 유리가 더 일반적이다. 아마도 육로와 해로로 함께 수송됐을 것이다. 고급스러운 작품들이 한반도의 귀족 무덤들과 일본 왕실 저장고인 쇼소인(正倉院)에서도 발견됐다. 사산의 유리그릇은 로마의 것보다 조금 두껍지만, 양쪽 모두 회전 도구로 패싯 커트(facet cut)를 했다. 식물 재는 그리스와 로마 유리에서 사용한 나트론 융제 대신 사용됐다. 이와 똑같은 방법은 이슬람

세력이 팽창한 뒤인 8세기 말 이후 이슬람 유리 제조업자들도 사용했다. 그 생산은 9세기 초 이후 정점에 달했다.

이슬람 유리 제조업자들은 다양한 유리 제조 기법을 경험했다. 광택제를 바르거나 스크래치 장식을 하는 것 등이다. 스크래치 장식을 한 그릇들은 아마도 서아시아의 여러 중심지에서 만들어졌을 것이다. 융제로는 나트론과 식물 재를 모두 썼다. 스크래치 장식을 한 온전한 그릇 모음으로 가장 훌륭한 것이 장안 부근 법문사(法門寺) 사리탑의 붓다 유골함에서 발견됐다. 그릇의 스크래치 장식은 매우 복잡하고 미세하게 처리됐으며, 그 가운데 두 사례는 금박 장식을 한 것이었다.

중국에서 발견된 지중해 유리

헬레니즘 시대(서기전 323~30?) 말기에 서아시아에서는 전체 인구뿐만 아니라 중산층이 차지하는 비율도 증가했다. 중요한 도시 중심지들의 증가에 따른 것이었다. 중산층이 식사 예절을 챙김에 따라 음식을 담는 고급 그릇의 수요가 크게 늘었다. 흔히 유리불기법 (glass-blowing)의 도입으로 유리그릇의 대량생산이 시작됐다고 주장하지만, 현재 남아 있는 많은 헬레니즘 말

기 그릇들의 발견 상황으로 볼 때 대량생산은 서기전 2세기에 일어난 것으로 보인다. 유리불기법이 발명되기 전이다. 그릇은 틀에 따라 굽은 모양으로 만들어졌으며, 때로 바깥면의 테두리 바로 아래에 선으로 된 장식을 넣기도 했다.

이 반투명 유리그릇은 여러 가지 밝은 색깔로 만들어졌는데, 주로 광물질 (나트론)의 알칼리 성분으로 인한 것이

다. 비교적 최근에 베이루트에서는 그러한 유리를 만드는 거대한 탱크 가마들이 발굴됐는데, 한 번 불을 땔 때마다 최대 12톤의 유리를 생산할 수 있는 규모였다. 광저우 헝즈강(橫枝崗)의 무덤에서 발견된 두 점의 그릇(아래 사진은 그중 하나로, 현재 중국국가박물관에 보관돼 있다)은 중국에서 희귀한 사례다. 아마도 배편을 통해 대량으로 이곳으로 실려 왔던 듯하다. 대량생산

된 이 그릇들은 중국에 온 뒤 귀한 품목이 됐다. 귀족들의 무덤에 부장품으로 들어간 것이 이를 말해준다. JH

더 읽을거리: Oikonomou et al. 2018; Triantafyllidis 2000; Whitfield 2018.

스크래치 장식의 이슬람 그릇

스크래치 장식의 유리그릇들이 서아시아의 여러 고고학 유적지에서 발견됐다. 장식의 수준은 매우 높을 수 있지만, 그릇들은 초기 이슬람 유적지에서 아주 흔하게 발견된다. 디자인은 알록달록한 반투명 유리 위에 스크래치를 가함으로써 만들어진다. 예를 들어 산화망간을 사용해 색깔을 낸 자줏빛 유리가 그런 것이다. 연금술사 자

비르 이븐 하이얀(721~815)에 따르면 망간은 8~9세기 초기 이슬람 유리에서 의도적으로 추가한 원료다.

이 그릇들은 광물이나 식물 재를 용제로 써서 만들었고, 레반트 및 이집트 지역이나 서아시아 각지의 내륙 지역에서 융합했다. 가장 훌륭하고 가장 온전한 모음은 중국의 옛 수도 장안 부근의 법문사 사리탑의 붓다 유골함

에서 발견됐다. 유리는 때로 유골함에서 발견된다. 불교의 칠보 가운데 하나로 이용되는 것이다(176~181쪽 참조). 과학적 분석 결과 장안에서 발견된 유리그릇 가운데 일부는 아마도 이슬람 세계에서 만들어진 것으로 보인다. 위 접시는 지름이 14센티미터이며, 단풍잎과 바깥의 선을 꼰 형태의 고리로 장식했다. 또한 도금을 했다. JH

더 읽을거리: Carboni 2001; Li et al. 2016.

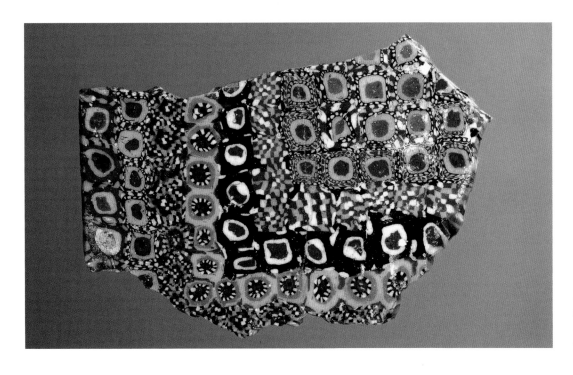

9세기 사마라의 밀레피오리 유리 타일 잔편. 벽을 장식하는 데 쓰였다. 다발로 묶고 단면으로 자른 뒤 한데 붙인 여러 색깔의 유리 막대로 만들어졌다.

사산의 유리그릇

동아시아에서 로마의 유리그릇은 상대적으로 많이 발견되고, 그리스의 것은 적다. 사산의 그릇이 가장 보편적이다. 패싯커트를 한 사산의 유리그릇은 로마 시대의 기술에 그 뿌리가 있다. 주로 지중해 동안 지역에서 만들어진 로마 유리와 달리, 사용된 일부 유리는 오늘날의 이라크 및 이란에 해당하는 지역의 내륙부에서 호염성(好鹽性) 식물 재를 융제로 써서 만들었다. 다른 사산 유리는 나트론을 써서 만들었다.

이 그릇들은 두꺼운 주조 유리로 만들었고, 풍화가 많이 됐다. 높이 8.5센티미터의 위 8세기 제품은 현재 일본 나라의 옛 제국 저장고 쇼소인에 보관돼 있는데, 풍화가 약간밖에 되지 않았다. 아마도 알칼리성 식물 재를 원료로 사용했기 때문인 듯하다. 그런 유리는 나트론을 사용한 유리에 비해 내구성이 떨어진다. 그릇의 장식은 회전 도구를 이용해 만들었을 것이다. 아마도 연마석 같은 연마재를 사용했을 것이다. 디자인은 꼼꼼한 계획이 필요했다. 각 단면의 크기가 비슷했기 때문이다.

이런 그릇들이 특히 3~6세기에 중국과 일본의 지배층 무덤에 들어간 것은 그것이 귀하게 여겨졌음을 보여준다. 예를 들어 일본 오사카의 6세기 안칸 (安閑, 재위 531~536) 왕릉에서도 비슷한 그릇이 발견됐다. 이 그릇들은 불교 쪽에서도 귀하게 여겨졌다. 둔황에서 발견된 9세기의 비단 현수막에 보살이 비슷한 그릇을 들고 있는 모습이 그려진 것(오른쪽 그림)이 전형적인 사례다. 이 그림은 현재 영국국립박물관 (1919, 0101, 0.139)에 보관돼 있다. JH

더 읽을거리: Mirti et al. 2009; Whitehouse & Brill 2005; Whitfield & Sims-Williams 2004.

조금 이른 시기인 2세기 이후의 것으로 추정되는 밝은 색깔의 구슬 목걸이들이 육로와 해로를 통해 인도양–태평양 일대에 확산돼 있었다. 크기가 작아 수송이 쉬웠다. 과학적 분석 결과 이들은 아마도 인도와 동남아시아에서 만들어진 것으로 보이며, 그 사례는 멀리 터키와 동아프리카, 그리고 중국에서도 발견됐다.

더 읽을거리: An 1984; Carboni 2001; Dussubieaux et al. 2010; Henderson 2013; Henderson et al. 2018; Wood 2012.

한반도 경주의 6세기 신라 무덤에서 발견된 물병과 물잔. 아마도 서아시아에서 수입됐을 것이다.

동남아시아의 유색 암석 수입 및 가공

베레니스 벨리나

해상 실크로드가 새로운 물자와 기술과 생각을 전파하기 훨씬 전부터 돌은 동남아시아에서 깎고 장식하는 재료로 사용됐다. 그중 흑요석과 연옥(비취)은 동남아시아에서 처음으로 장거리 교역의 대상이 되었다.

연옥 장식은 중국, 타이완, 베트남에서 오랜 역사를 갖고 있는데, 서기전 1세기에 몇 가지 특정한 형태의 연옥 장식이 현재의 필리핀과 말레이시아 동부, 베트남 중·남부, 캄보디아 동부, 타이의 반도 지역 등에서 확산됐다. 쌍두의 동물 모양 장식과 '링링오(lingling-o)'라는 한쪽에 틈(아마도 귓불을 뚫어 끼우기 위한 것인 듯하다)이 있는 일종의 고리 같은 것들이다. 이들이 생산된 곳은 필리핀이나 베트남이었던 듯하며, 이후의 전파 상황은 그 이전 선사시대 동남아시아 연결망의 증거를 보여주었다.

동남아시아에서 홍옥수, 마노, 벽옥, 석류석, 자수정으로 만든 장식품들이 나타난 것은 처음에 동남아시아에서 남아시아와의 접촉 및 '인도화' 과정의 시작을 알리는 것으로 해석됐다. 인도화란 동남아시아에서 불교·힌두교와 정치적 개념의 차용으로 이어지는 광범위한 문화적 교류 과정을 말한다. 아주 최근까지도 남아시아의 석재 장식품은 내부에 복잡한 개념이 없던 동남아시아 주민들이 정교한 외부 문화의 영향을 받아들였음을 입증하는 고급품으로 여겨졌다.

이런 전파는 상선을 타고 여행하는 인도의 군주나 성직자들이 도착하면서 이루어진 것으로 생각됐다. 가장 먼저 인도화된 나라들은 모두 해안 지대에 위치해 있었는데, 이는 해상 실크로드가 인도화를 가능케 한 하나의 요인이었음을 시사한다. 이른 시기의 장식품들은 이 초기 국가들과 관련된 항구들에서 발견됐다. 베트남 남부에 있던 부남(扶南)의 옥에오 같은 곳이다. 장식품들은 또한 타이 중서부, 단체디삼옹('세 탑 고개')으로 넘어가는 반돈따펫 같은 주요 육상 교역로에서도 발견됐다.

홍옥수와 마노 장식품은 마찬가지로 인도 동남부의 옛 항구 아리카메두에 있던 가장 잘 알려진 옛날 작업장에서 수입된 것으로 생각됐다. 이 유적지에서는 항아리와 아레티움(오늘날의 이탈리아 아레초) 도기, 그리고 석재 및 유리 제품의 흔적이 나왔으며, 오랫동안 인도와 로마 사이 교역의 중요한 항구로 생각돼왔다. 이러한 연계로부터 끌어낸 명성 외에, 이렇게 해석하는 또 다른 이유는 인도아대륙(그리고 특히 데칸고원 지역)이 고대 세계에서 이런 석재들의 주요 산지였으며 서기전 제3천년기까지 거슬러 올라가는 시기에 이미 정교한 장식품 제작 전통을 다듬어놓은 곳이었기 때문이다.

그러나 서기전 4세기 초로 추정되는 카오삼깨오 같은 동남아시아 초기 항구 정착지의 작업장이 발견됨으로써 생산 네트워크와 문화 교류에 관한 이런 그림을 수정하게 만들었다. 경질석 장식품들은 그것이 동남아시아에 나타나기 시작하던

(428쪽) 동남아시아 작업장에서 발견된 홍옥수. 인도에서 수입된 듯하며, 구슬이나 다른 장식품으로 가공하기 위한 것이었다.

(아래) 옥에오에서 발견된 유리와 마노, 홍옥수, 비취 등 수입된 암석으로 복원한 장신구.

인도의 무역항 아리카메두

아리카메두는 1945년 고고학자 모티머 휠러(1890~1976)에 의해 로마의 인도 무역에 핵심적인 유적지임이 밝혀졌고, 1945년부터 1950년까지 상당한 발굴이 이루어졌다. 인도 타밀나두주 푸두체리 바로 남쪽에 위치한 이 해안 유적지는 1세기의 《홍해 일대 항해》에 언급된 상업 중심지 포두케와 연관돼 있었다.

첫 발굴에서는 이 유적지가 1~2세기에 번성했다가 쇠락한 로마의 무역 전초기지였다는 결론을 내렸다. 그러나 1990년대 초 비말라 베글리(1931~)

가 이끈 추가 발굴에서, 이전에 서양에서 만든 것으로 생각됐던 아리카메두의 회전문(回轉文) 토기가 남아시아 현지에서 생산됐음이 밝혀졌다. 이 발굴에서는 또한 이 유적지의 가동 연대를 다시 설정했다. 전성기가 1~2세기였던 것은 여전히 분명하지만, 베글리 팀은 회전문 토기가 이 유적지에 처음 등장한 것이 서기전 2~1세기이고 서기 4~7세기까지도 이곳이 활용됐음을 강조했다. 로마에서 이곳으로 수입된 가장 중요한 물품은 아마도 지중해 포도주였던 듯하다. 현지 어업과 팔

찌·카메오 제작, 그리고 여기 보인 것과 같은 유리 구슬 제작의 흔적도 발견됐다. RD

더 읽을거리: Begley et al. 1996.

당초부터 실제로 외국 기술자들을 유치한 항구들에서 현지 생산됐다. 이 작업장들은 남아시아의 규석과 동아시아의 연옥 등 수입된 자재를 사용하고 외국의 생산 기법을 채택했다. 원통 모양이나 각진 평판 등 여러 가지 모양의 연옥 덩어리들이 이 항구들에서 발견됐다. 가공하지 않은 것도 있고, 부분 가공을 한 것도 있었다. 상당 부분은 타이완의 펑톈(豐田) 산지에서 왔고, 아마도 필리핀 산지에서 채취한 듯한 운모도 있었다. 남중국해 양쪽의 타이완산 연옥의 분포는 선사시대 말기 이 바다 연안에 얼마나 광범위한 연결망이 있었는지를 잘 보여준다. 연옥은 필리핀과 베트남을 통해 교환됐을 가능성이

높고, 중간상인들이 이를 담당했던 듯하다. 그 중간상인들은 바로 필리핀 출신이었을 가능성이 매우 높다.

교역 공동체들이 공유하고 있는 지역적인 양식에 맞추기 위해 연옥·홍옥수·마노 제품들이 만들어졌다. 필요한 전문 기술의 수준을 고려할 때, 처음 단계에서는 외국인 기술자들이 돌아다녔고 그런 뒤에 현지에서 훈련생들을 길러낸 것으로 추정된다. 항구들에 작업장이 만들어져 서로 다른 세계 출신의 상인과 전문가들이 각자의 기반 문화를 융합하고 석재·기술·양식을 결합해 그들 사이에 공유된 가치관을 반영하는 장식품들을 만들어냈다. 장식품들은 항구 도시들의 사회적·경

동남아시아의 항구 카오삼깨오

서기전 4세기 동남아시아에서는 성벽을 두른 도시 정착지 및 국가와 유사한 정치체가 생겨났다. 타이-말레이반도의 끄라 지협에 있는 카오삼깨오는 동남아시아 해안 지대에서 지금까지 알려진 이런 유형의 정착지 가운데 가장 이른 것이다. 이 국제도시 단지는 면적이 35헥타르에 이르렀으며, 서쪽은 강으로 막혀 있다. 이 강은 동쪽의 남중국해와 서쪽의 자원이 풍부한 삼림 및 주석 원광 산지를 연결하고 있다.

카오삼깨오는 반도 횡단로를 굽어보고 있으며, 더 작은 여러 도시국가들의 국제시장 역할을 했을 가능성이 매우 높다. 이 도시는 외국 상인과 기술자 공동체를 받아들였고, 그들은 제방으로 분리된 구역에 살았다. 그 안에는 주거 공간과 작업장, 거리들이 밀집해 있었으며, 이 모두는 말뚝 기초 위에 지어져 있었다. 금·은·홍옥수·유리 장신구를 만드는 작업장은 쌀과 잡곡을 기반으로 하는 농업 정권의 뒷받침을 받았다.

이 정착지의 형성은 나중에 세워진 사무데라파사이, 반텐, 말라카, 아유타야 같은 도시국가들을 예고했다. 이들 도시국가들은 구역 안에 매우 특화된 제조업체들을 갖추었고, 발전된 기술을 사용해 석재 및 유리 장식품 같은 값비싼 상품들을 만들어냈다. 오른쪽 사진의 카메오가 그 한 예이며, 그중에는 해상 지배 세력들이 공유하고 있는 상징적인 물품들도 있었다. BB

더 읽을거리: Bellina 2014, 2017, 2018.

6~7세기 동남아시아 본토의 부남 제국이
남긴 석상.

제적 연결망을 배후지들(그들이 거래할 물건을 대주는 곳이다)과 연결시키고 또한 그들의 정치적 동료들과 연결시키는 데 도움을 주었다.

　나중 단계에서는 지역의 양식이 진화해 보다 인도적인 발상의 상징들을 통합함으로써 해상 실크로드 일대에서 관념적인 교배가 증가했음을 드러내 보였다. 대량생산 기법을 사용하는 크고 작은 작업장들이 동남아시아 일대의 도시들과 작은 공동체들 안에서 자라났다. 제1천년기 동안의 여러 역사적 시기에 일어났던 생산 및 분배망의 발전에 대해서는 여전히 연구가 필요하지만, 초기 해상 실크로드에서 이루어진 문화 간 교류에서 더욱 생각지 못했던 측면이 드러나리라는 것은 의문의 여지가 거의 없다.

더 읽을거리: Bellina 2014, 2018, 2019; Carter 2015; Hung et al. 2005.

인도양 세계의 유대교

엘리자베스 램번

유대인 공동체들은 인도양 세계와 (그리고 그 세계 안에서) 오랜 교류의 역사를 갖고 있다. 그것은 어떤 의미에서 불가피한 일이었다. 인도양의 서쪽 끝에서 서아시아가 우월적 위치에 있다는 점을 감안하면 말이다. 우리는 이제 고고학 연구를 통해 계피 같은 인도양의 향신료들이 서기전 11세기에서 10세기 말 사이에 철기시대 초기였던 페니키아에 들어왔다는 사실을 알고 있다. 따라서 이 계피와 후추 등 다른 향신료들이 기독교 성서에 처음 언급된 것보다 먼저다.

2천 년쯤 뒤에 카이로 게니자(285쪽 상자글 참조)에서 발견된 문서들은 서아시아의 유대인들이 온갖 인도양 물건들을 소비하고 있을 뿐만 아니라, 아라비아반도 일대의 여러 항구들을 통해, 그리고 남아시아와 동남아시아의 산지에서 활발하게 무역에 종사하고 있음을 기록하고 있다. 게니자의 자료들이 매우 생생하게 그리고 있듯이, 유대인들은 개별적으로 상인 대열에 합류했다. 그들은 수백 년 동안 서로 다른 시기에 서아시아를 떠나 동쪽으로 갔고, 때로는 교역로상의 어딘가에 정착하기도 했다.

인도양의 역사에서 늘 그렇듯이, 이 지역의 유대인과 유대인 공동체에 관한 자료는 물리적·언어적으로 아주 잡다하며, 그것도 고르지 않게 분산돼 있다. 장기지속(longue durée, 페르낭 브로델은 역사 지속 시간대를 네 가지로 나누는데, 그중 두 번째로 길며 수백 년에 걸치는 역사의 지속이 장기지속이다_옮긴이)이라는 측면에서 유대인의 인도양 지역 진출에 관한 종합적인 기록은 현재 존재하지 않는다. 문제점 가운데 하나는 가장 일반적인 고고학 유물로부터 개인의 신앙을 밝혀내기란 대체로 어렵다는 것이다. 문서는 또한 어떤 개인이나 공동체의 신앙을 분명하게 기록한다고 믿을 수 없고, 실제로는 신앙보다 종족이나 언어적 소속이 훨씬 자주 언급되고 있다.

한 유대인 상인의 화물 목록

가로 9센티미터, 세로 27센티미터인 이 작은 종잇조각에 적힌 글은 인도 서남부 말라바르 지방의 것인데, 인도양 세계의 연결망을 생생하게 구현하고 있다. 잉크와 종이 등 그 재료와 두 가지 문서의 내용은 모두 당시 남아시아와 서아시아 사이에 긴밀한 상업적·문화적 교류가 있었음을 입증한다. 인도 남부에서는 야자나무 잎에 글씨를 썼기 때문에 이 종이는 말라바르에서 수입한 것임을 알 수 있다. 사용된 잉크의 주된 원료 역시 마찬가지다. 이런 추정은 이 종잇조각이 들어 있는, 카이로 '게니자'(285쪽 상자글 참조)의 이른바 '인도편'이라는 더 큰 문서 더미에서 확인된다. 거기에는 유대인 상인들이 종이와 잉크 원료를 인도로 들여오기 위해 온갖 노력을 쏟았다는 내용이 기록돼 있다. 그럼에도 인도에서는 종이가 여전히 흔치 않은 상품이어서 자주 재사용됐고, 이 종잇조각 역시 그것을 입증하고 있다.

이 쪽지는 원래 망갈로르항에서 요세프 벤 아브라함이라는 상인이 사업 문제에 관한 새로운 소식을 전하면서 아덴에 기초 식량 공급을 요청하는 내용이었다. 수신자인 아브라함 벤 이주는 분명히 이를 읽은 다음 말라바르로 다시 가져왔으며, 쪽지 여백과 뒷면에 1149년 영구히 서쪽으로 돌아갈 때 가져가기 위해 방금 산 170여 개의 물품 목록을 적었다. 이 쪽지는 현재 케임브리지대학도서관(T–S NS 324.114)에 보관돼 있다. EL

더 읽을거리: Goitein & Friedman 2008; Hoffman & Cole 2011; Lambourn 2018.

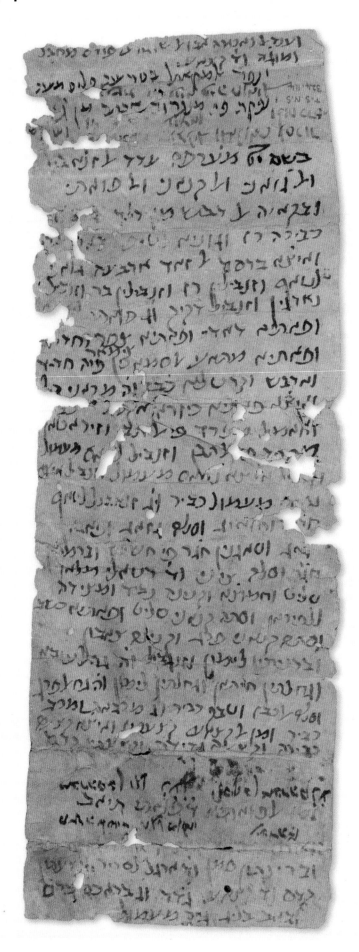

(435쪽) 힘야르 왕국(서기전 110~서기 525) 시기의 도시로 추정되는 아라비아반도 남부의 툴레. 힘야르의 왕들은 380년 무렵 유대교로 개종했다.

(위) 244년에 완성된 두라에우로포스 유대교 회당 벽화 가운데 하나. 모세가 나일강에 떠내려온 바구니에서 건져진 이야기를 묘사한 것이다.

눈에 띄는 예외가 오늘날의 예멘에 잠깐 존재했던 아랍계 유대교 왕국 힘야르다. 4세기 말에 세워져 100년 남짓 번영을 누렸다(힘야르는 서기전 2세기 말에 세워진 1차 왕국과 서기 4세기 말에 유대교 왕국으로 재출발한 2차 왕국으로 나뉘는데, 여기서는 2차 왕국을 말한다_옮긴이). 100년 전 이 지역의 향료 무역 중심지는 아라비아반도 남해안 지역인 하드라미의 카나 항구였는데, 이곳에 3세기 유대교 회당의 자취가 있다. 이는 이 지역에서 유대교 상인들의 활동이 중요했음을 증언하는 것이다.

남아시아의 자료들은 아라비아반도와 홍해에 관해 다른 이야기를 한다. 인도에 유대인들이 들어왔다는 서술들은 그 시기를 제1천년기 초로 보는 경우가 많다. 70년 예루살렘 성전 파괴 이후다. 그러나 유대인의 존재에 대한 확실한 물리적 또는 문헌상의 증거는 보통 그보다 훨씬 뒤거나 대체로 정황 증거다. 유대인 이산자들이 인도나 다른 지역으로 가지 않았다거나 유대인들이 인도와 로마 사이의 무역에서 활발히 활동하지 않았다는 것이 아니라, 그저 증거가 빈약하고 복잡하다는 말이다.

확실한 시점을 보여주는 자료는 있다. 인도 서남해안 도시 콜람의 말라바리 항구에서 발견된 849년 인도의 한 허가 문서에는 유대인 4명의 이름이 지디어(중세 페르시아어를 히브리 문자로 썼다)로 쓰여 있는데, 이는 그해에 페르시아계 유대인 상인 4명이 그 항구에 있었다는 얘기다. 아마도 더 중요한 것은 코둥갈루르 지역에서 나온 1000년 무렵의 허가 문서일 것이다. 여기에는 '이숩푸 이랍판'이라는 사람에게 주어진 교역 특혜가 적혀 있는데, 이는 아마도 유수프 랍반이라는 이름을 말라얄람어로 표기한 것으로 보인다. '이숩푸'가 유대인이라고 분명하게 적시되지는 않았지만, 이 문서가 말라바르의 유대인 공동체의 소유로 남아 있었다는 사실은 그가 이곳에 일찍 들어온 유력한 유대인 상인이었음을 시사한다. 서아시아에서 이슬람화 과정이 진행되고 있던(그러나 분명히 이슬람교도가 아직 다수는 아니었던) 시기였으므로, 유대교도들은 그저 인도양 일대에서 활동하고 있던 또 하나의 서아시아 신앙 공동체였을 뿐임이 분명하다. 조로아스터교·기독교 신자들, 그리고 물론 이슬람교도도 함께 말이다.

그러나 우리가 인도양 서부와 그 너머의 유대인 공동체의 규모와 분포에 대해 감을 잡기 시작한 것은(그것이 아무리 왜곡

(오른쪽) 인도 상인 아브라함 벤 이주가 아덴에 있는 할라프 벤 분다르 또는 다른 가족 앞으로 쓰다 만 편지. 사업을 위해 또 빚을 갚기 위해 창고의 철을 파는 문제를 의논하고 있다. 1152년 무렵 홍해 해안의 아이다브에서 썼다. 편지가 완성되지 않은 것으로 보아 부치지는 않은 듯하다.

(아래) 갈릴리 호수 가버나움의 4~5세기 유대교 회당 유적. 이전 회당 유적 위에 지어졌다.

마법 주발

민간요법에서 사용하는 마법 주발은 남부 메소포타미아 유적지들에서 자주 발견된다. 오른쪽 사진의 것은 현재 영국국립박물관(1957, 0925.1)에 보관돼 있다. 오랫동안 현대에 만들어진 모방품으로 여겨져왔지만 현재 진품으로 평가가 바뀌었다. 사산 제국(224~651) 말기의 것으로 추정된다. 지름 21.2센티미터, 높이 6.5센티미터의 이 주발은 유약을 바르지 않았으며 이 지역 특유의 황색 점토로 만들었다(338~345쪽 참조). 검은 잉크로 쓰인 구불구불한 아람 문자의 글은 여러 토속 신들과 그들이 살고 있다고 생각되는 메소포타미아의 여러 나라들을 나열하고 있다. 그곳은 대부분 알 수 있는 곳이고, 내용으로 보아 필경사는 유대인인 듯하다.

이런 마법 주발은 어느 한 부분을 기울여 물을 마시면 그 부분의 글이 물에 녹아 몸속으로 들어오게 되는데, 이로써 신의 보호를 받을 수 있다고 믿었다.

1988~1989년 니푸르에서 고고학 연구가 진행되고 있을 때 어느 안뜰 지하의 초기 이슬람 시기 층위에서 여섯 점의 거의 온전한 사발이 발견됐다. 마법 주발 전통이 이슬람 시기에도 여전히 이어졌다는 증거다. RWH

더 읽을거리: Levene & Bohak 2012.

게니자에 단 두 점뿐인 북인도 데바나가리 문자로 쓰인 문서 잔편 가운데 하나. 숫자들이 나오는 것으로 보아 사업상의 문서로 보이지만, 누가 어디서 썼는지는 알 수 없다. 11세기 말에서 13세기 초의 것이다.

됐을지라도) 12세기 이후에야 가능했다. '게니자'의 인도양 무역 관련 부분인 '인도편' 문서와 벤야민(투델라의, 1130~1173) 같은 사람들의 여행기 덕분이었다.

'인도편' 문서와 벤야민의 기록은 12세기에는 동남아시아와 동아시아가 유대인 무역의 중심축에서 상당히 비껴나 있었음을 시사한다. 그들이 이 지역에서 활동했다는 9세기의 여러 자료들과 뚜렷한 대조를 보인다. 10세기의 자료인《중국과 인도 안내(Akhbār al-Sīn wa'l-Hind)》는 황소(黃巢, 835~884)의 반란이 일어난 877~878년 사이에 중국의 항구 광저우에서 죽었다는 12만 명 가운데 이슬람교도, 기독교도, 조로아스터교도와 함께 유대교도들도 있었음을 언급하고 있다. 숫자의 정확성에는 문제가 있을 수 있다고 하더라도, 중요한 점은 유대인을 포함한 서아시아인들이 중국 해안 지역에 많았다는 것이다. 유대인 상인들이 다시 인도양 세계로 여행하고 그곳에 대량으로 정착한 것은 근대 초 유럽인들의 탐험 시대에 새로운 연결망이 생겨난 뒤부터였다.

더 읽을거리: Bowerstock 2013; Gilboa & Namdar 2015; Goitein & Friedman 2008; Katz 2000; Lambourn 2018.

향신료의 생산과 전파

크리스티나 카스티요

향신료는 주로 음식에 맛을 더하기 위해 사용되는 향이 있는 물질이지만, 냄새와 색깔을 더해주기도 한다. 전 세계적으로 400~500가지 초목이 향신료로 쓰이는 것으로 밝혀졌고, 그중 절반 이상이 열대 아시아에서 난다. 소두구, 계피, 정향, 생강, 육두구, 강황, 후추 같은 것들이다. 향신료는 오랫동안 교역 품목이자 사치품이었으며, 오늘날과 마찬가지로 선사시대부터 식품으로서뿐만 아니라 약품의 핵심 성분이자 방부제와 방향제로도 귀하게 여겨졌다.

이들은 로마 시대 이래 베레니케 같은 홍해의 초기 무역 항구에서 특산물이자 사치품으로 중요한 역할을 했으며, 1250~1350년 사이의 서북 유럽이나 중국의 교역로 같은 후대의 국제 교역로에서도 마찬가지였다.

동남아시아 향신료 교역의 역사는 주로 15세기 이후부터 알려졌다. 이 시기는 유럽인들의 장거리 탐험과 항해가 이루어지던 때였다. 탐험의 목적은 그들이 동인도라고 부른 동남아시아의 섬들에서 이국적인 상품들을 찾기 위한 것이었다. 그러나 향신료는 유럽인들이 동남아시아에 나타나기 훨씬 전부터 거래되던 상품이었다.

1세기의 《홍해 일대 항해》 같은 문헌 자료들은 거래 품목 일부를 기록하고 있는데, 많은 상품들이 인도양에서 홍해의 항구들로 들어왔다. 후추(학명 *Piper nigrum*)와 필발(학명 *Piper longum*) 같은 것들이다. 그러나 백단(白檀)과 아마도 계피, 육계피처럼 동남아시아에서 인도를 거쳐 들어오는 것도 있었다. 1200년 이전의 고고학적 증거는 거의 없으며, 향신료 무역에 대해서는 주로 드물게 나오는 발견물들과 역사 기록에 의해 알 수 있다. 선사시대의 향신료는 감귤류와 구장(蒟醬) 등 광범위한 산물들을 포괄했다.

무역 중심지는 아프로유라시아 대륙의 해안을 따라 들어

서는 것이 일반적이었다. 유통망을 관리하기 위해서였다. 서기
전 제1천년기 말 타이-말레이반도의 그런 상품 집산지가 카오
삼깨오(432쪽 상자글 참조)와 푸카오통이었다. 벵골만과 남중
국해에서 오는 상품들이 들고 나는 전략적인 위치다. 이들 유
적지에서는 남아시아가 원산지인 목화와 참깨 등 식물성 사치
품의 흔적이 발견됐다.

포멜로(학명 *Citrus maxima*) 열매 껍질 같은 동남아시아 원
산의 재배 식물도 발견됐다. 포멜로의 고고학적 증거로는 최
초의 것이며, 포멜로 역시 남중국해 교역망에서 유통됐음을

(440쪽) 중국 시안 부근 법문사 붓다 유물
함에서 나온 8세기의 은도금 향로.

(오른쪽) 몰약 채취 모습. 그리스어인 페다
니오스 디오스코리데스의 《약물론》 아랍
어 번역본(1228년 모술에서 유수프 알마우
실리가 만들었다)에 실린 그림이다.

동로마의 수도 콘스탄티노플

로마 제국이 기독교와 그리스어의 나
라인 동로마 제국으로 변모되는 과정
에서 보스포루스 해협에 있는 작은
마을 비잔티온이 330년 콘스탄티노
플이라는 새로운 이름을 얻었다. 도
시 건설자인 콘스탄티누스 1세(재위
306~337)의 이름을 딴 것이었다.

6세기에 이르자 이 도시는 인구가 50
만 명 가까이나 되고, 동아시아·남아
시아를 지중해·유럽과 연결하는 교
역로의 중심이 되었다. 그 시장은 '인
도 약물'과 '아라비아 향료'로 넘쳐났
다. 이들은 실크로드에 대한 사산 제
국(224~651)의 독점을 우회하기 위
해 중앙아시아의 괵튀르크, 즉 돌궐
(552~744) 사절을 받아들이고, 동아프
리카 악숨 왕국과 동맹을 맺었다. 그
리고 동방정교회 총대주교가 있는 중
심지로서 기독교 세계인 서아시아와
지중해 지역, 그리고 나중에는 동유럽
과 러시아에서 오는 성직자와 순례자
들을 맞아들였다.

7세기에서 11세기 사이에는 서아시아
의 사산 제국을 대체하고 북아프리카
를 정복한 이슬람 칼리파국이 동로마

제국의 적수이자 교역 상대자였다. 이
슬람 세력의 캅카스 진군을 막고 서아
시아 일대의 교역로가 이슬람 세력에
장악되는 것을 막기 위해 카스피해 북
쪽 스텝의 하자르와 동맹을 맺기는 했
지만, 이슬람 시장은 동로마 제국과
나머지 아시아 지역 사이에 상품 교역
이 이루어지는 중심 무대였다. 9~10
세기에는 유대인 교역망이 중국을, 이
집트와 콘스탄티노플을 거쳐 유럽과
연결했고, 이슬람 상인들이 이 도시의
자기네 구역에 머물렀다(434~439쪽
참조). 이런 연결을 가능케 한 기반시
설은 2000년대 초 이스탄불 예니카
프구에서 발굴 도중 발견된 중세 선박
의 크기와 숫자에서 볼 수 있다.

1453년 콘스탄티노플 함락은 몰도비
타 수도원의 16세기 프레스코화(왼쪽
위 그림)에서 볼 수 있듯이 교회 벽화의
주제가 됐다. 도시 지도(왼쪽 아래 그림)
는 1422년 피렌체의 지도 제작자 크리
스토포로 부온델몬티가 만들었다. KD

더 읽을거리: Hughes 2017; Kocabas
2014; Norwich 2013.

베레니케: 광물과 코끼리

옛 베레니케는 이집트의 홍해 연안에 위치해 있었다. 오늘날 수단과의 국경에 가까운 곳이다. 이 정착지는 이집트의 프톨레마이오스 2세(재위 서기전 283~246)가 건설했고, 이름도 그 어머니의 이름을 땄다. 라스바나스곶은 북풍을 어느 정도 막아주었으며, 방어시설이 갖추어진 우물과 저수조가 있는 길이 이 도시와 나일강의 항구 콥토스를 연결해주었다. 콥토스는 동북쪽으로 12일 거리에 있었다. 물은 8킬로미터쯤 떨어진 수원지에서 끌어와야 했다.

베레니케는 아마도 홍해로부터 광물자원과 전투용 코끼리를 쉽게 구하기 위한 계획의 일환으로 만들어졌을 것이다. 그러나 이곳은 로마 제국과 인도양 지역 사이의 무역에서 중요한 화물 집산지가 됐다. 이 도시는 변화하는 무역 형태와 아울러 기반시설을 유지하고 보호하려는 정부의 의지에 힘입어 1~2세기에 번성을 누렸고, 4세기에 다시 흥성했다. 이 도시는 아마도 6세기에 버려졌던 듯하다.

베레니케는 1994년 이후 네덜란드·폴란드·미국 고고학자들에 의해 발굴됐다. 그들의 작업을 통해 활기차고 국제적인 도시의 유적들이 모습을 드러냈다. 12개 언어와 여러 가지 신앙의 흔적이 확인됐다. EHS

더 읽을거리: Sidebotham 2011.

시사한다. 이를 가리키는 '柚'(유)라는 한자가 한나라(서기전 202~서기 220) 때의 책에 나오는 것으로 보아 중국에서는 적어도 한나라 이전에 그것을 알고 있었다는 얘기겠지만 말이다. 카오삼깨오에서 발견된 전한(서기전 202~서기 8)의 공예품은 중국 한나라와 타이반도 사이의 연결을 보여주는 또 다른 증거다.

동남아시아의 가장 유명한 향신료는 반다제도에서 나는 육두구와 테르나테섬 및 바로 옆의 티도레섬에서 나는 정향이다. 육두구(학명 *Myristica fragrans*)는 현재까지 어떤 고고학 유적지에서도 발견된 적이 없다. 그러나 이것은 540년에 이미 콘스탄티노플에서 언급된 바 있다. 정향(학명 *Syzygium aromaticum*)은 스리랑카 만타이에서 500년 무렵의 것이 발견됐고, 시리아에서도 발견됐다고 하지만 확실하지 않다. 이것은 서기전 제2천년기의 것이라고 한다. 가이우스 플리니우스 세쿤두스(양부, 23~79)는 정향이 인도와 로마 사이에서 교역됐다고 했으며, 6세기의 여행가인 '인도 항해자' 코스마스(?~550?)(30~31쪽 참조)는 정향과 백단 등 스리랑카에서 거래된 상품들(일부는 동남아시아에서 온 것이었다)에 대한 기록을 남겼다.

또 다른 대중적인 향신료인 생강(학명 *Zingiber officinale*)은 원산지로 남중국과 동남아시아 그리고 동북 인도 등이 꼽히고 있으나, 생강의 변이 중심은 동남아시아에 있다. 생강은 서기전 160년으로 추정되는 중국의 무덤에서 발견됐으며, 또한 페다니오스 디오스코리데스(40?~90)의 《약물론(De Materia Medica)》(77년 추정)에도 언급돼 있다. 12세기의 것으로 추정되는 말린 뿌리줄기도 홍해의 쿠세이르알카딤에서 확인됐다.

아주 이른 시기의 연결망은 덜 알려진 향신료인 백단(학명 *Santalum album*)의 전파로 실증된다. 원산지는 인도네시아이며, 아마도 티모르섬이나 소순다제도일 것이다. 백단은 남인도 상가나칼루 유적지에서 서기전 1300년 무렵의 것이 확인됐다. 남아시아로 전파됐을 것으로 보이는 또 다른 사례는 빈랑(檳榔, 학명 *Areca catechu*)이다. 그 열매는 남아시아·동남아시아와 태평양 여러 섬에서 보통 흥분성 마약으로 씹는다. 동남아시아 이외 지역의 고고학 발견물로서 가장 이른 사례는 쿠세이르알카딤에서 나온 12~13세기의 것이다. 이곳의 빈랑 열매는 인도에서 수입된 것일 가능성이 매우 높은데, 그것은 이른 시기에 동남아시아에서 물건이 들어왔다는 분명한 증거를 보여준다.

육두구에 관한 논문. 페다니오스 디오스코리데스의 《약초론(Tractatus de Herbis)》 라틴어 원문의 15세기 필사본에 나오는 것이다.

로마의 후추통

아시아에서 수입된 후추는 로마 제국(서기전 27~서기 395)에서 널리 사용됐다. 인도양 일대에서 선적돼 홍해와 이어 지중해 일대로 수송됐다. 후추는 요리 향신료로 애용됐지만, 의료와 종교 목적으로도 사용됐다. 제국 변경 브리타니아의 로마 병사들의 쓰레기 더미에서는 후추와 함께 또 다른 중요한 향신료인 고수(빈대풀)가 발견됐다. 그러나 오른쪽 사진과 같은 후추통은 로마에 편입된 브리타니아 상류층을 위한 사치품이었다.

이 4세기의 도금한 은제 후추통은 영국 동남부 혹슨의 금·은 보물창고에서 발견됐다. 높이가 10센티미터이며, 현재 영국국립박물관(1994, 0408.33)에 보관돼 있다. 4세기의 머리 모양을 한 여성이 두루마리를 들고 있다. 두루마리는 이 시기 로마와 동아시아 모두에서 가장 일반적인 책의 형태였다. 이 통의 바닥에는 세 가지 위치로 돌릴 수 있는 원반이 있다. 하나는 닫는 것이고, 또 하나는 큰 구멍으로 후추 가루를 통에 채우는 용도이며, 마지막으로 후추를 뿌리는 용도의 작은 구멍들이 있다. SW

더 읽을거리: Cobb 2018; Hobbs & Jackson 2010; Johns 2010.

동남아시아에서 시작된 식물고고학 연구는 10여 년 동안에 탄력을 얻었으며, 틀림없이 외래 식물의 교역에 대한 더 많은 구체적인 증거를 제공할 것이다. 한편으로 뿔뿔이 흩어진 얼마 되지 않는 증거 조각들은 이른 시기부터 교역망이 형성되었음을 입증한다. 다만 향신료 등 많은 사치품들은 보존되지 않았거나 아직 발굴 또는 확인되지 않았다.

더 읽을거리: Asouti & Fuller 2008; Bellina 2017; Dalby 2002; De Guzman & Siemonsma 1999; Kingwell-Banham 2015; van der Veen 2011.

12~13세기 중앙아시아의 새 모양 청동 향로. 새는 셀주크의 일반적인 장식 모티프다.

참고문헌

A

Abduressul, Idriss 伊弟利斯·阿不都热苏勒 et al. 2013. "新疆克里雅河流域考古调查概述。" In 新疆文物考古研究所, edited by Idriss Abduressul et al. 938–50. Urümqi: Xinjiang renmin chubanshe.

Abe, Stanley. 2002. *Ordinary Images*. Chicago: University of Chicago Press.

Adams, N. 2003. "Garnet Inlays in the Light of the Armaziskhevi Dagger Hilt." *Medieval Archaeology* 47: 167–75.

Adler, Marcus Nathan, trans. 2017. *The Itinerary of Benjamin of Tudela*. CreateSpace Independent Publishing Platform.

Aillagon, Jean-Jacques, ed. 2008. *Rome and the Barbarians: The Birth of a New World*. Milan: Skira.

Akbarzadeh, Daryoosh and Nikolaus Schindel. 2017. *Sylloge Nummorum Sasanidarum Iran: A late Sasanian Hoard from Orumiye*. Vienna: Austrian Academy of Sciences Press.

Album, Stephen and Tony Goodwin. 2002. *Sylloge of the Islamic Coins in the Ashmolean – Volume 1: The Pre-Reform Coinage of the Early Islamic Period*. Oxford: Ashmolean.

Allsen, Thomas T. 2006. *The Royal Hunt*. Philadelphia: University of Pennsylvania Press.

Allsen, Thomas T. 2008. *Culture and Conquest in Mongol Eurasia*. Cambridge: Cambridge University Press.

Ammianus Marcellinus. Trans. by J. C. Rolfe. 1939. *History, Volume III: Books 27–31. Excerpta Valesiana*. Loeb Classical Library 331. Cambridge, MA: Harvard University Press. http://penelope.uchicago.edu/Thayer/E/Roman/Texts/Ammian/home.html [last accessed 7 June 2019]

An, Jiayao. 1984. "Early Glass Vessels of China." *Acta Archaeologica Sinica* 4: 413–48.

Andaloro, Maria, ed. 2006. *Nobiles Officinae: Perle, Filigrane e Trame di Seta dal Palazzo Reale di Palermo*, 2 vols. Catania: Giuseppe Maimone Editore.

Andrianov, Boris V. Trans. by Simone Mantellini. 2016. *Ancient Irrigation Systems of the Aral Sea Area*. Oxford: Oxbow Books.

Antony, Robert, ed. 2010. *Elusive Pirates, Pervasive Smugglers: Violence and Clandestine Trade in the Greater China Seas*. Hong Kong: Hong Kong University Press.

Asouti, Eleni and Dorian Q. Fuller. 2008. *Trees and Woodlands of South India: Archaeological Perspectives*. California: Left Coast Press.

B

Ball, Warwick. 1998. "Following the Mythical Road." *Geographical* 70.3: 18–23.

Ball, Warwick. 2008. *The Monuments of Afghanistan. History, Archaeology and Architecture*. London: I. B. Tauris.

Barfield, Thomas. 1992. *The Perilous Frontier: Nomadic Empires and China, 221 BC to AD 1757*. London: John Wiley & Sons.

Barrett, T. H. 2008. *The Woman Who Discovered Printing*. New Haven: Yale University Press.

Bass, George F. 2005. *Beneath the Seven Seas: Adventures with the Institute of Nautical Archaeology*. London: Thames & Hudson.

Baums, Stefan. 2012. "Catalog and Revised Texts and Translations of Gandharan Reliquary Inscriptions." In *Gandharan Buddhist Reliquaries*, edited by D. Jongeward, E. Errington, R. Salomon and S. Baums, 201–51. Seattle: University of Washington Press.

Beaujard, Philippe. 2012. *Les Mondes De L'océan Indien. 1, De La Formation De L'état Au Premier Système-Monde Afro-Eurasien (4e Millénaire Av. J.-C. - 6e Siècle Apr. J.-C.)*. Paris: Colin.

Becker, John. 2009. *Pattern and Loom: A Practical Study of the Development of Weaving Techniques in China, Western Asia, and Europe*. Copenhagen: Nias Press.

Bedrosian, Robert, trans. 1985. *Ghazar P'arpec'i's History of the Armenians*. New York: Sources of the Armenian Tradition.

BeDuhn, Jason D. 2000. *The Manichaean Body in Discipline and Ritual*. Baltimore: Johns Hopkins University Press.

Begley, Vimala et al. 1996. *The Ancient Port of Arikamedu: New Excavations and Researches, 1989–1992*, 2 vols. Pondichéry: École française d'Extrême-Orient.

Behrendt, Kurt A. 2007. *The Art of Gandhara in the Metropolitan Museum of Art*. New York: Metropolitan Museum of Art.

Behrens-Abouseif, Doris. 1989. *Islamic Architecture in Cairo: An Introduction*. Leiden: E. J. Brill.

Behrens-Abouseif, Doris, Bernard O'Kane and Nicholas Warner. 2012. *The Minarets of Cairo: Islamic Architecture from the Arab Conquest to the End of the Ottoman Empire*. London: I. B. Tauris.

Bellina, Bérénice. 2014. "Maritime Silk Roads Ornament Industries: Socio-political Practices and Cultural Transfers in the South China Sea." *Cambridge Journal of Archaeology* 24.3: 345–77.

Bellina, Bérénice, ed. 2017. *Khao Sam Kaeo: An Early Port-City between the Indian Ocean and the South China Sea (Mémoires Archéologiques 28)*. Paris: École française d'Extrême-Orient.

Bellina, Bérénice. 2018. "Khao Sek Hard-stone Industry: an Insight into Early Port-Polities Structure and Regional Material Culture." *Archaeological Research in Asia* 13: 13–24.

Bellina, Bérénice. 2019. "Southeast Asian Evidence for Early Maritime Exchange and Trade-related Polities." In *The Oxford Handbook of Southeast Asian Archaeology*, edited by C. Higham and N. Kim. Oxford: Oxford University Press.

Bemmann, Jan and Michael Schmauder, eds. 2015. *Complexity of Interaction Along the Eurasian Steppe Zone in the First Millennium CE*. Bonn: Vor- und Frühgeschichtliche Archäologie.

Benard, Elisabeth. 1988. "The Living Among the Dead: a Comparison of Buddhist and Christian Relics." *The Tibet Journal* 13.3: 33–48.

Bendezu-Sarmiento, Julio, ed. 2013. "L'archéologie française en Asie centrale. Nouvelles recherches et enjeux socioculturels." *Cahiers d'Asie centrale* 21/22.

Benjamin of Tudela *see* Adler 2017.

Berggren, J. L. and Alexander Jones. 2000. *Ptolemy's Geography: An Annotated Translation of the Theoretical Chapters*. Princeton, NJ: Princeton University Press.

Bernard, Paul. 2008. "The Greek Colony at Aï Khanum and Hellenism in Central Asia." In *Afghanistan: Hidden Treasures from the National Museum, Kabul*, edited by Fredrik T. Hiebert and Pierre Cambon, 81–129. Washington, DC: National Geographic Society.

Bernbaum, Edwin. 1997. *The Sacred Mountains of the World*. Berkeley: University of California Press.

Bertrand, Arnaud. 2012. "Water Management in Jingjue (精絕) Kingdom: The Transfer of a Water Tank System from Gandhara to Southern Xinjiang in the Third and Fourth Centuries C.E." *Sino-Platonic Papers* 223: 184.

Bertrand, Arnaud. 2015. "La formation de la commanderie impériale de Dunhuang (Gansu) des Han antérieurs: l'apport des sources archéologiques." *Arts Asiatiques* 70: 63–76.

Bibikov, M. 1996. "Byzantinoscandica." In *Byzantium, Identity, Influence*, XIX International Congress of Byzantine Studies, edited by Karsten Fledelius and Peter Schreiner, 201–11. Copenhagen: Eventus.

Bivar, A. D. H. 1972. "Cavalry Equipment and Tactics on the Euphrates Frontier." *Dumbarton Oaks Papers* 26: 271–91.

Bivar, A. D. H. 2006. "Sasanian Iconography on Textiles and Seals." In *Central Asian Textiles and their Contexts in the Early Middle Ages*, edited by R. Schorta, 9–21. Riggisberg: Abegg-Stiftung.

Black, Jeremy. 2000. *Maps and History: Constructing Images of the Past*. New Haven: Yale University Press.

Bloom, Jonathan M. 2001. *Paper Before Print: The History and Impact of Paper in the Islamic World*. New Haven: Yale University Press.

Bloom, Jonathan M. 2015. "The Blue Koran Revisited." *Journal of Islamic Manuscripts* 6: 196–218.

Bloom, Jonathan M. 2017. "Papermaking: The Historical Diffusion of an Ancient Technique." In *Mobilities of Knowledge*, edited by Heike Jöns, Peter Meusburger and Michael Heffernan, 51–66. Cham: Springer Open.

Bonnet-Bidaud, J. M., Françoise Praderie and Susan Whitfield. 2009. "The Dunhuang Chinese Sky: A Comprehensive Study of the Oldest Known Star Atlas." *Journal for the Astronomical History and Heritage* 12.1: 39–59.

Bowersock, Glen W. 2013. *The Throne of Adulis: Red Sea Wars on the Eve of Islam*. Oxford: Oxford University Press.

Boyce, Mary. 1989. *A Persian Stronghold of Zoroastrianism*. New York: University Press of America.

Boyce, Mary. 1992. *A History of Zoroastrianism: Volume Two – Under the Achaemenians*. Leiden: Brill.

Brancaccio, Pia. 2011. *The Buddhist Caves at Aurangabad: Transformations in Art and Religion*. Leiden: Brill.

Braund, David. 2018. *Greek Religion and Cults in the Black Sea Region: Goddesses in the Bosporan Kingdom from the Archaic Period to the Byzantine Era*. Cambridge: Cambridge University Press.

Breeze, David. 2011. *The Frontiers of Imperial Rome*. Barnsley: Pen & Sword Military.

Briant, Pierre, ed. 2001. *Irrigation et drainage dans l'Antiquité: qanāts et canalisation souterraines en Iran, en Égypte et en Grèce*. Paris: Thotm Éditions.

Brosseder, U. 2015. "A Study on the Complexity of Interaction and Exchange in Late Iron Age Eurasia." In *Complexity of Interaction along the Eurasian Steppe Zone in the First Millennium CE*, edited by J. Bemmann and M. Schmauder, 199–332. Bonn: Vor- und Frühgeschichtliche Archäologie.

Brosseder, U. and B. K. Miller. 2011. "State of Research and Future Direction of Xiongnu Studies." In *Xiongnu Archaeology: Multidisciplinary Perspectives of the First Steppe Empire in Inner Asia*, edited by U. Brosseder and B. K. Miller, 19–33. Bonn: Vor- und Frühgeschichtliche Archäologie.

Brosseder, U. and B. K. Miller. 2018. "Global Networks and Local Agents in the Iron Age Eurasian Steppe." In *Globalization in Prehistory: Contact, Exchange, and the 'People Without History'*, edited by Nicole Boivin and Michael D. Frachetti, 162–83. Cambridge: Cambridge University Press.

Brown, Peter. 1982. *The Cult of Saints: Its Rise and Function in Latin Christianity*. Chicago: University of Chicago Press.

Bulliet, Richard W. 1990. *The Camel and the Wheel*. New York: Columbia University Press.

Bunker, Emma. 1997. *Ancient Bronzes of the Eastern Eurasian Steppes from the Arthur M. Sackler Collections*. New York: Arthur M. Sackler Foundation.

Burjakov, Ju. 2006. "L'extraction minière en Asie centrale aux VIIIe-Xe siècles de notre ère." In *Islamisation de l'Asie central*, edited by É. de la Vaissière, 257–74 . Paris: Paris Association pour l'Avancement des Études Iraniennes.

Burns, Ross. 2005. *Damascus: A History*. London: Routledge.

Buzurg ibn Shahriyar *see* Freeman-Grenville 1981.

Buschmann, Rainer F. and Lance Nolde, eds. *The World's Oceans: Geography, History, and Environment*. Santa Barbara: ABC-CLIO.

Bussagli, Mario. 1979. *Central Asian Painting*. Geneva: Skira/Rizzoli.

C

Cai Yan. 1999. Trans. by Dore J. Levy. "Eighteen Songs of a Nomad Flute." In *Women Writers of Traditional China: An Anthology of Poetry and Criticism*, edited by Kang-I Sun Chang and Haun Saussy, 22–30. Stanford: Stanford University Press.

Cameron, Judith, Agustijanto Indrajaya and Pierre-Yves Manguin. 2015. "Asbestos Textiles from Batujaya (West Java, Indonesia): Further Evidence for Early Long-Distance Interaction between the Roman Orient, Southern Asia and Island Southeast Asia." *Bulletin de L'École française d'Extrême-Orient* 101.1: 159–76.

Campbell, Gwyn. 2014. "The Question of Slavery in Indian Ocean World History." In *The Indian Ocean: Oceanic Connections and the Creation of New Societies*, edited by Abdul Sheriff and Engseng Ho, 123–49. London: Hurst & Co.

Canby, Sheila. 2014. *The Shahnama of Shah Tahmasp: The Persian Book of Kings*. New York: Metropolitan Museum of Art.

Caner, Daniel. 2002. *Wandering, Begging Monks: Spiritual Authority and the Promotion of Monasticism in Late Antiquity*. Berkeley: University of California Press.

Cao Wanru 曹婉如. 1995. *Zhongguo gudai ditu ji: Mingdai* 中国古代地图集: 明代. Beijing: Wenwu chubanshe.

Carboni, Stefano. 2001. *Glass from Islamic Lands: The al-Sabah Collection*. London: Thames & Hudson.

Cardon, Dominique. 2007. *Natural Dyes: Sources, Tradition, Technology and Science*. London: Archetype Publications.

Carter, Alison K. 2015. "Beads, Exchange Networks and Emerging Complexity: A Case Study from Cambodia and Thailand (500 BCE–CE 500)." *Cambridge Archaeological Journal* 25.4: 733–57.

Carter, M. 1978. "Silver Gilt Ewer with Female Figures." In *The Royal Hunter: Art of the Sasanian Empire*, edited by Prudence O. Harper, 60–61. New York: Asia House Gallery.

Casson, Lionel, trans. and ed. 1989. *The Periplus Maris Erythraei: Text with Introduction, Translation and Commentary*. Princeton, NJ: Princeton University Press.

Ceva, Juan. The Cresques Project. http://www.cresquesproject. net/home [last accessed 7 June 2019]

Chang, Chun-shu. 2006. *The Rise of the Chinese Empire*, 2 vols. Ann Arbor: University of Michigan Press.

Chin, Tamara T. 2013. "The Invention of the Silk Road, 1877." *Critical Inquiry* 40.1: 194–219.

Chittick, Neville. 1972. *Kilwa: An Islamic Trading City on the Coast of East Africa*, 2 vols. Nairobi: British Institute in Eastern Africa.

Choksy, Jamshed K. 2002. "The Theme of Truth in Zoroastrian Mythology." In *A Zoroastrian Tapestry: Art, Religion and Culture*, edited by P. J. Godrej and F. Punthakey Mistree, 149–59. Ahmedabad, NJ: Mapin Publishing Pvt, Ltd.

Christian, David. 1994. "Inner Eurasia as a Unit of World History." *Journal of World History* 5.2: 173–211.

Ciolek, Matthew. 2012. *Old World Trade Routes (OWTRAD) Project*. Canberra: ANU. http://www.ciolek.com/owtrad.html [last accessed 7 June 2019]

Clark, Hugh R. 1991. *Community, Trade, and Networks: Southern Fujian Province from the Third to the Thirteenth Century*. Cambridge: Cambridge University Press.

Clement of Alexandria. Trans. by Peter Kirkby. 2001–9. *Stromata*. http://www.earlychristianwritings.com/text/ clement-stromata-book1.html [last accessed 7 June 2019]

Cobb, Matthew. 2018. "Black Pepper Consumption in the Roman Empire." *Journal of the Economic and Social History of the Orient* 61.4: 519–59.

Coles, Peter. 2019. *Mulberry*. London: Reaktion Press.

Compareti, Matteo. 2006. "The So-Called Senmurv in Iranian Art: A Reconsideration of an Old Theory." In *Loquentes linguis: Studi linguistici e orientali in onore di Fabrizio A. Pennacchietti*, edited by Pier Giorgio Borbone et al., 185–200. Wiesbaden: Harrassowitz Verlag.

Compareti, Matteo. 2016. "Flying over Boundaries: Auspicious Birds in Sino-Sogdian Funerary Art." In *Borders: Itineraries on the Edges of Iran*, edited by Stefano Pellò, 119–53. Venice: Ca' Foscari.

Compareti, Matteo. 2016a. "Observations on the Rock Relief at Taq-i Bustan: A Late Sasanian Monument Along the 'Silk Road'." *The Silk Road* 14: 71–83. http://www. silkroadfoundation.org/newsletter/vol14/Compareti_ SR14_2016_71_83.pdf [last accessed 7 June 2019]

Compareti, Matteo. 2016b. *Samarkand, The Center of the World*. Costa Mesa: Mazda Publishers.

Constantine VII. Trans. by A. T. Moffat, 2012. *De ceremoniis* [Books of Ceremonies], *Byzantina Australiensia* 18. Canberra: Australian Association for Byzantine Studies.

Cornille, Amandine et al. 2014. "The Domestication and Evolutionary Ecology of Apples." *Trends in Genetics* 30: 57–65.

Cosmas Indicopleustes *see* McCrindle 1897 and Wolska-Conus 1968.

Creel, H. G. 1965. "The Role of the Horse in Chinese History." *American Historical Review* 70.3: 647–72.

Cribb, Joe. 1983. "Investigating the Introduction of Coinage in India – A Review of Recent Research." *Journal of the Numismatic Society of India* 45: 80–101.

Cribb, Joe. 1984, 1985. "The Sino-Kharoshthi Coins of Khotan: Parts 1 and 2." *Numismatic Chronicle* 144: 128–52 and 145: 136–49.

Cribb, Joe. 2019. "The Bimaran Casket: The Problem of its Date and Significance." In *Relics and Relic Worship in Early Buddhism: India, Afghanistan, Sri Lanka and Burma*, edited by J. Stargardt and M. Willis, 47–65. London: The British Museum Press.

Crill, Rosemary, ed. 2015. *The Fabric Of India*. London: V&A.

Crumlin-Pedersen, Ole. 2010. *Archaeology and the Sea in Scandinavia and Britain*. Oslo: Viking Ship Museum.

Cunliffe, Barry. 2015. *By Steppe, Desert and Ocean: The Birth of Eurasia*. Oxford: Oxford University Press.

Curtis, John. 2000. *Ancient Persia: Introductory Guides*. London: British Museum Press.

D

D'Onofrio, Mario, ed. 1994. *I Normanni: Popolo d'Europa, 1030–1200*. Venice: Marsilio Editori.

Dalby, Andrew. 2002. *Dangerous Tastes: The Story of Spices*. London: British Museum.

Dankoff, Robert and James Kelly, trans. 1982–85. *Maḥmūd al-Kāšgarī: Compendium of the Turkic Dialects (Dīwān luγāt at-Turk)*, 3 vols. Cambridge, MA: Harvard University Printing Office.

Darley, Rebecca. 2017. "'Implicit Cosmopolitanism' and the Commercial Role of Ancient Lanka." In *Sri Lanka at the Crossroads of History*, edited by Z. Biedermann and A. Strathern, 44–65. London: UCL Press.

Daryaee, Touraj. 2003. "The Persian Gulf Trade in Late Antiquity." *Journal of World History* 14.1: 1–16.

Daryaee, Touraj, Khodadad Rezakhani and Matteo Compareti. 2010. *Iranians on the Silk Road*. Santa Monica: Afshar Publishing.

Davidson, H. R. Ellis. 1976. *The Viking Road to Byzantium*. London: George Allen & Unwin Ltd.

De Guzman, C. C. and J. S. Siemonsma, eds. 1999. *Plant Resources of South-East Asia No 13. Spices*. Leiden: Backhuys Publishers.

de Saussure, Léopold. 1928. "L'origine de la rose des vents et l'invention de la boussole." In *Instructions Nautiques Et Routiers Arabes Et Portugais des XVe Et XVIe Siècles reproduits, traduits et annotés; Tome III Introduction à l'Astronomie Nautique Arabe*, edited by Gabriel Ferrand, 31–127. Paris: Librairie Orientaliste Paul Geuthner.

Debaine-Francfort, Corinne and Idriss Abduressul, eds. 2001. *Keriya, mémoires d'un fleuve. Archéologie et civilisation des oasis du Taklamakan*. Paris: Éditions Findakly.

Dehejia, Vidya. 1972. *Early Buddhist Rock Temples: A Chronological Study*. London: Thames & Hudson.

Delgado, James. 1997. *Encyclopedia of Underwater and Maritime Archaeology*. London: British Museum Press.

Desrosiers, Sophie. 2000. "Sur l'origine d'un tissu qui a partecipé à la fortune de Venise: le velours de soie." In *La seta in Italia dal Medioevo al Seicento*, edited by Luca Molà, Reinhold C. Mueller and Claudio Zanier, II: 60–61. Venice: Marsilio Editori.

Desrosiers, Sophie. 2004. *Soieries et Autres Textiles de l'Antiquité au XVIe Siècle*. Paris: RMN.

Desrosiers, Sophie and Corinne Debaine-Francfort. 2016. "On Textile Fragments Found at Karadong, a 3rd to Early 4th Century Oasis in the Taklamakan Desert (Xinjiang, China)." *Textile Society of America Symposium Proceedings* 958: 66–75.

Di Cosmo, Nicola. 2002. *Ancient China and Its Enemies: The Rose of Nomadic Power in East Asian History*. Cambridge: Cambridge University Press.

Di Cosmo, Nicola and Michael Maas, eds. 2018. *Empires and Exchanges in Eurasian Late Antiquity: Rome, China, Iran, and the Steppe, ca. 250–750*. Princeton: Princeton University Press.

Diaz-Andreu, Margarita. 2007. *A World History of Nineteenth-Century Archaeology: Nationalism, Colonialism and the Past*. Oxford: Oxford University Press.

Dikovitskaya, Margaret. 2007. "Central Asia in Early Photographs: Russian Colonial Attitudes and Visual Culture." In *Empire, Islam, and Politics in Central Eurasia*, edited by Tomohiko Uyama, 99–121. Slavic Research Center.

Dolezalek, Isabelle. 2017. *Arabic Script on Christian Kings: Textile Inscriptions on Royal Garments from Norman Sicily*. Berlin: Walter de Gruyter GmbH.

Donner, Fred. 2010. *Muhammad and the Believers: At the Origins of Islam*. Cambridge, MA: Harvard University Press.

Dunn, Marilyn. 2003. *The Emergence of Monasticism: From the Desert Fathers to the Early Middle Ages*. London: John Wiley & Sons.

Durand, Maximilien. 2014. "Suaire de saint Austremoine, dit aussi 'Suaire de Mozac.'" Description for online catalogue, Musée des Tissus/ Musée des Arts Décoratifs de Lyon (MTMAD): www.mtmad.fr [last accessed 7 June 2019]

Durand, Maximilien and Florence Calament. 2013. *Antinoé, à la vie, à la mode: vision d'élégance dans les solitudes*. Paris: Fage Editions.

Duri, A. A. 2007. "Baghdād." In *Historic Cities of the Islamic World*, edited by C. Edmund Bosworth, 30–47. Leiden: Brill.

Dussubieux, Laure, Bernard Gratuze and Maryse Blet-Lemarquand. 2010. "Mineral Soda Alumina Glass: Occurrence and Meaning." *Journal of Archaeological Science* 37: 1646–55.

E

Eaton, Richard M. 2005. "*A Social History of the Deccan, 1300–1761: Eight Indian Lives*. Cambridge: Cambridge University Press.

Edson, Evelyn et al. 2004. *The Medieval Cosmos: Picturing the Universe in the Christian and Islamic Middle Ages*. Oxford: Bodleian Library.

Egeria. Trans. by John Wilkinson. 2006. *Egeria's Travels*. Oxford: Aris & Phillips.

Eichhorn, Werner. 1954. "Description of the Rebellion of Sun En and Earlier Taoist Rebellions." *Mitteilungen des Instituts für Orientforschung* 2: 325–52.

Epstein, Anne Wharton. 1986. *Tokalı Kilise: Tenth-Century Metropolitan Art in Byzantine Cappadocia*. Washington, DC: Dumbarton Oaks.

Eregzen, G., ed. 2011. *Treasures of the Xiongnu*. Ulaanbaatar: Shinzhlĕkh Ukhaany Akademi, Arkheologiĭn Khŭrĕĕlĕn.

Errington, Elizabeth. 2017. *Charles Masson and the Buddhist Sites of Afghanistan: Explorations, Excavations, Collections 1833–1835*. London: The British Museum Press.

Ettinghausen, Richard, Oleg Grabar and Marilyn Jenkins-Madina. 2001. *Islamic Art and Architecture 650–1250*. New Haven and London: Yale University Press.

Eusebius of Caesarea. Trans. by Paul L. Maier. 1999. *Eusebius: The Church History*. Grand Rapids: Kregel.

Evans, Helen C. and William D. Wixon, eds. 1997. *The Glory of Byzantium: Art and Culture of the Middle Byzantine Era, A.D. 843–1261*. New York: Metropolitan Museum of Art.

F

Faccenna, Domenico. 2001. *Il fregio figurato dello Stūpa Principale nell'area sacra buddhista di Saidu Sharif I (Swat, Pakistan)*. Rome: IsIAO Reports and Memoirs XXVIII.

Faccenna, Domenico and Piero Spagnesi. 2014. *Buddhist Architecture in the Swat Valley, Pakistan: Stupas, Viharas, a Dwelling Unit*. Lahore: Sang-e-Meel Publications.

Faller, Stefan. 2011. "The World According to Cosmas Indicopleustes – Concepts and Illustrations of an Alexandrian Merchant and Monk." *Transcultural Studies* 1: 193–232.

Fan Jinshi. Trans. by Susan Whitfield. 2013. *The Caves of Dunhuang*. London: Scala Arts Publishers.

Faxian *see* Legge 1886.

Ferdowsi, Abu'l Qasim. Trans. by Dick Davies. 2016. *Shahnameh: The Persian Book of Kings*. New York: Penguin Books.

Ferrand, Gabriel. 1928. *Instructions nautiques et routiers Arabes et Portugais des XVe et XVIe siècles: reproduits, traduits et annotés; Tome III Introduction à l'Astronomie Nautique Arabe*. Paris: Librairie Orientaliste Paul Geuthner.

Filesi, Teobaldo. 1972. *China and Africa in the Middle Ages*. London: Frank Cass.

Filigenzi, Anna. 2003. "The Three Hares from Bīr-Koṭ-Ghwaṇḍai: Another Stage in the Journey of a Widespread Motif." In *Studi in onore di Umberto Scerrato in occasione del suo settantacinquesimo compleanno*, edited by M. V. Fontana and B. Genito, 327–46. Naples: Universita' Studi Napoli.

Filigenzi, Anna. 2006. "From Saidu Sharif to Miran." *Indologica Taurinensia* 32: 67–89.

Filigenzi, Anna. 2012. "Orientalised Hellenism versus Hellenised Orient: Reversing the Perspective on Gandharan Art." *Ancient Civilizations from Scythia to Siberia* 18: 111–41.

Finlay, Victoria. 2007. *Color: A Natural History of the Palette*. New York: Random House Publishing Group.

Finn, Richard. 2009. *Asceticism in the Graeco-Roman World*. Cambridge: Cambridge University Press.

Fisher, Greg, ed. 2015. *Arabs and Empires before Islam*. Oxford: Oxford University Press.

Fitzhugh, William et al. 2013. *Genghis Khan and the Mongol Empire*. Hong Kong: Odyssey Books and Maps.

Flood, Finbarr Barry. 2001. *The Great Mosque of Damascus: Studies on the Makings of an Umayyad Visual Culture*. Boston: Brill.

Flood, Finbarr Barry. 2009. *Objects of Translation: Material Culture and Medieval "Hindu-Muslim" Encounter*. Princeton, NJ: Princeton University Press.

Forêt, Philippe and Andreas Kaplony, eds. 2008. *The Journey of Maps and Images on the Silk Road*. Leiden: Brill.

Forsyth, Thomas Douglas. 1875. *Report of a Mission to Yarkund in 1873*. Calcutta: Foreign Department Press.

Foucher, Alfred in collaboration with Mme Bazin-Foucher. 1942, 1947. "La vieille route de l'Inde, de Bactres à Taxila." In *Mémoires de la Délégation archéologique française en Afghanistan*, 2 vols. Paris: Édition d'Art et d'Histoire.

Fragner, Bert G. et al. 2009. *Pferde in Asien: Geschichte, Handel und Kultur*. Vienna: Austrian Academy of Sciences Press.

Francfort, Henri-Paul. 2011. "Tillya Tépa (Afghanistan). La sépulture d'un roi anonyme de la Bactriane du Ier siècle p.C." *Topoi* 17.1: 277–347.

Francfort, Henri-Paul, F. Grenet, G. Lecuyot, B. Lyonnet, L. Martinez-Sève and C. Rapin. 2014. *Il y a 50 ans... la découverte d'Aï Khanoum*. Paris: Diffusion de Boccard.

Francis, Peter. 2002. *Asia's Maritime Bead Trade: 300 B.C. to the Present*. Honolulu: University of Hawaii Press.

Fray, Geraldine, F. Grenet, M. Khasanov, M. Reutova and M. Riep. 2015. "A Pastoral Festival on a Wall Painting from Afrasiab (Samarkand)." *Journal of Inner Asian Art and Archaeology* 6: 53–73.

Freeman-Grenville, G. S. P., trans. 1981. *Book of the Wonders of India: Mainland, Sea and Islands*. Bishop's Stortford: East-West Publications.

Frumkin, Grégoire. 1970. *Archaeology in Soviet Central Asia*. Leiden: Brill.

Fuji, Hideo, K. Sakamoto, M. Ichihashi, M. Sadahira and Fibers & Textiles Laboratories, Toray Industries. 1991. "Textiles from At-Tar Caves: Part II–(2): Cave 16, Hill C." *Al Râfidan* 12: 157–65.

G

Gadjiev, Murtazali. 2008. "On the Construction Date of the Derbend Fortification Complex." *Iran and the Caucasus* 12.1: 1–15.

Gavrilov, M. 1928. "O remeslennykh tsekhakh Sredney Azii i ikh statutakh-risola." *Invizes-tiya Sredne-Aziatskogo komiteta po delam muzeyev i okhrana pamyatnikov stariny, iskusstva i prirody* 3: 223–41.

Geary, Patrick J. 1991. *Furta Sacra: Thefts of Relics in the Central Middle Ages*. Princeton, NJ: Princeton University Press.

Gentelle, Pierre. 2003. *Un Géographe Chez les Archéologues*. Paris: Bélin.

George, Alain. 2009. "Calligraphy, Colour and Light in the Blue Qur'an." *Journal of Qur'anic Studies* 11: 75–125.

Gernet, Jacques. 1962. *Daily Life in China on the Eve of the Mongol Invasion, 1250–1276*. Stanford: Stanford University Press.

Gernet, Jacques. Trans. by Franciscus Verellen. 1998. *Buddhism in Chinese Society: An Economic History from the Fifth to the Tenth Centuries*. New York: Columbia University Press.

al-Ghabban and Ali Ibrahim, eds. 2010. *Roads of Arabia: Archaeology and History of the Kingdom of Saudi Arabia*. Paris: Somogy Art Publishers.

Ghose, Rajeshwari. 2000. *In the Footsteps of the Buddha: An Iconic Journey from India to China*. Hong Kong: Odyssey Publications.

Gilboa, Ayelet and Dvory Namdar. 2015. "On the Beginnings of South Asian Spice Trade with the Mediterranean Region: A Review." *Radiocarbon* 57.2: 265–83.

Goitein, Shelomo Dov and Mordechai Friedman. 2008. *India Traders of the Middle Ages: Documents from the Cairo Geniza 'India Book'*. Leiden: Brill.

Golden, Peter B. 2010. *Turks and Khazars: Origins, Institutions, and Interactions in Pre-Mongol Eurasia*. Aldershot: Ashgate Publishing.

Goldman, Bernard M. and Norma W. Goldman. 2011. *My Dura-Europos: The Letters of Susan M. Hopkins, 1927–1935*. Detroit: Wayne State University Press.

Gordon, Stewart T., Matthew Ciolek, Lizabeth H. Piel and Gita Gunatilleke. 2009. *The Electronic Atlas of Buddhist Monasteries.* Ann Arbor: Center for South Asian Studies. http://www.ciolek.com/GEO-MONASTIC/geo-monasteries-home.html [last accessed 7 June 2019]

Grabar, Oleg. 1966. "The Earliest Islamic Commemorative Structures." *Ars Orientalis* 4: 7–46.

Grabar, Oleg. 2006. *The Dome of the Rock*. Cambridge, MA: Belknap Press.

Grabar, Oleg, R. Holod, J. Knutstad and W. Trousdale. 1978. *City in the Desert: Qasr al-Hayr East*. USA: Harvard Middle Eastern Monographs.

Granscay, S. V. 1963. "A Sasanian Chieftain's Helmet." *Bulletin of the Metropolitan Museum of Art* n.s. 21: 253–62.

Green, Caitlin R. 2017. "Sasanian Finds in Early Medieval Britain and Beyond: Another Global Distribution from Late Antiquity." http://www.caitlingreen.org/2017/07/sasanian-finds-in-early-medieval-britain.html#fn20 [last accessed 7 June 2019]

Greeves, Tom, Sue Andrew and Chris Chapman. 2017. *The Three Hares: A Curiosity Worth Regarding*. South Moulton: Skerryvore Productions.

Grenet, Frantz. 2002. "Regional interaction in Central Asia and North-west India in the Kidarite and Hephthalite periods." In *Indo-Iranian languages and peoples*, edited by Nicholas Sims-Williams, *Proceedings of the British Academy* 116: 222–23.

Grenet, Frantz. 2004. "Maracanda/Samarkand, une métropole pré-mongole: sources écrites et archéologie." *Annales. Histoire, Sciences Sociales* 5/6: 1043–67.

Grenet, Frantz. 2013. "Zoroastrian Funerary Practices in Sogdiana and Chorasmia and among Expatriate Sodgian Communities in China." In *The Everlasting Flame: Zoroastrianism in History and Imagination*, edited by Sarah Stewart, 18–33. London: I. B. Tauris.

Grosjean, Georges, ed. and trans. 1978. *Mapamundi: The Catalan Atlas of the Year 1375*. Dietikon-Zurich: Abaris Books.

Gryaznov [Grjasnoff], M. P. 1929. "Ein bronzener Dolch mit Widderkopf aus Ostsibirien." *Artibus Asiae* 4: 192–99.

Gulácsi, Zsuzsanna. 2001. *Manichaean Art in Berlin Collections: A Comprehensive Catalogue. Corpus Fontium Manichaeorum: Series Archaeologica et Iconographica 1*. Turnhout: Brepols.

Gulácsi, Zsuzsanna. 2005. *Mediaeval Manichaean Book Art: A Codicological Study of Iranian and Turkic Illuminated Book Fragments from 8th – 11th Century East Central Asia. (Nag Hammadi and Manichaean Studiesi 57)*. Leiden: Brill.

Gulácsi, Zsuzsanna. 2014. "The Prophet's Seal: A Contextualized Look at the Crystal Sealstone of Mani (216–276 CE) in the Bibliothèque nationale de France." *Bulletin of the Asia Institute* 24: 161–85.

Gulácsi, Zsuzsanna. 2015. *Mani's Pictures: The Didactic Images of the Manichaeans from Sasanian Mesopotamia to Uygur Central Asia and Tang-Ming China (Nag Hammadi and Manichaean Studies 90)*. Leiden: Brill.

Gulácsi, Zsuzsanna and Jason BeDuhn. 2011/15. "Picturing Mani's Cosmology: An Analysis of Doctrinal Iconography on a Manichaean Hanging Scroll from 13th/14th-century Southern China." *Bulletin of the Asia Institute* 25: 55–105.

Guy, John. 2017. "The Phanom Surin Shipwreck, a Pahlavi Inscription, and their Significance for the Early History of Lower Central Thailand." *Journal of the Siam Society* 105: 179–96.

H

Hafez, Ihsan. 2010. *Abd al-Rahman al-Sufi and his* Book of the Fixed Stars: *A Journey of Re-discovery*. PhD thesis, James Cook University.

Hahn, Cynthia. 2012. *Strange Beauty: Issues in the Making and Meaning of Reliquaries, 400–circa. 1204*. Pennsylvania: Penn State University Press.

Hallett, Jessica. 2000. *Trade and Innovation: The Rise of a Pottery Industry in Abbasid Basra, Vol. 1*. Oxford: Oxford University Press.

Hanebutt-Benz, Eva, Dagmar Glass and Geoffrey Roper, eds. 2002. *Middle Eastern Languages and the Print Revolution, a Cross-Cultural Encounter, a Catalogue and Companion to the Exhibition*. Westhofen: WVA-Verlag Skulima.

Hansen, Valerie. 2000. *The Open Empire: A History of China to 1600*. New York and London: W. W. Norton & Co.

Hansen, Valerie. 2004. "Religious Life in a Silk Road Community: Niya During the Third and Fourth Centuries." In *Religion and Chinese Society: Ancient and Medieval China*, edited by John Lagerwey, 279–315. Hong Kong: Chinese University Press.

Hansen, Valerie. 2012. *The Silk Road: A New History.* New York: Oxford University Press.

Hansen, Valerie. 2017. *The Silk Road: A New History with Documents.* Oxford: Oxford University Press.

Hansen, Valerie and Helen Wang, eds. 2013. *Textiles as Money on the Silk Road? (Journal of the Royal Asiatic Society 23.2).* Cambridge: Cambridge University Press.

Hansen, Valerie and Yoshida Yutaka. 2003. "New Work on the Sogdians, the Most Important Traders on the Silk Road, AD 500-1000, with an Appendix by Y. Yoshida, 'Translation of the contract for the purchase of a slave girl found at Turfan and dated 639.'" *T'oung Pao* 89.1-3: 149–61.

Hanshu *see* Hulsewé and Loewe 1979.

Harley, J. B. and David Woodward, eds. 1992. *Cartography in the Traditional Islamic and South Asian Societies, The History of Cartography, Vol. 2, Bk. 1.* Chicago: University of Chicago Press.

Harper, Kyle. 2017. *The Fate of Rome: Climate, Disease, and the End of an Empire.* Princeton, NJ: Princeton University Press.

Harper, Prudence O. 1971. "Sources of Certain Female Representations in Sasanian Art." In *Atti del convegno internazionale sul tema: La Persia nel Medioevo (Roma, 31 marzo–5 aprile 1970),* 503–15. Rome: Accademia nazionale dei Lincei.

Harper, Prudence O. 2001. "Iranian Luxury Vessels in China from the Late First Millennium BCE to the Second Half of the First Millennium CE." In *Nomads, Traders and Holy Men along China's Silk Road,* edited by Annette Juliano and Judith Lerner, 95–114. Turnhout: Brepols.

Harper, Prudence O. 2006. *In Search of a Cultural Identity: Monuments and Artifacts of the Sasanian Near East, 3rd to 7th Century A.D.* New York: Bibliotheca Persica.

Härtel, Herbert and Marianne Yaldiz. 1982. *Along the Ancient Silk Routes: Central Asian Art from the West Berlin State Museum.* New York: Metropolitan Museum of Art.

Hauser, Stefan R. 1996. "The Production of Pottery in Arsacid Ashur." In *Continuity and Change in Northern Mesopotamia from the Hellenistic to the Early Islamic Period,* edited by Karin Bartl and Stefan R. Hauser, 55–85. Berlin: Reimer.

Hawkes, Jason and Akira Shimada, eds. 2009. *Buddhist Stupas in South Asia, Recent Archaeological, Art-Historical and Historical Perspectives.* Delhi: Oxford University Press.

Hazrat Inayat Khan. 1963. *The Sufi Message of Hazrat Inayat Khan: The Mysticism of Sound, Music, The Power of the Word, and Cosmic Language.* The Library of Alexandria.

Hedeager Krag, Anne. 2004. "New Light on a Viking Garment from Ladby. Denmark." In *Priceless Invention of Humanity—Textiles, 8th North European Symposium for Archaeological Textiles,* edited by J. Maik, 81–86. Lodz: Łódzie Towarzystwo Naukowe.

Hedeager Krag, Anne. 2010. "Oriental Influences in the Danish Viking Age: Kaftan and Belt with Pouch." In *North European Symposium for Archaeological Textiles X,* edited by Eva Andersson Strand, 113–16. Oxford: Oxbow.

Helle, Knut, ed. 2003. *The Cambridge History of Scandinavia, Vol. 1. Prehistory to 1520.* Cambridge: Cambridge University Press.

Heller, Amy. 2018. "An Eighth Century Child's Garment of Sogdian and Chinese Silks." In *Chinese and Central Asian Textiles: Selected Articles from* Orientations *1983–1997.* Hong Kong: Orientations.

Henderson, Julian. 2013. *Ancient Glass: An Interdisciplinary Exploration.* Cambridge: Cambridge University Press.

Henderson, Julian, J. An and H. Ma. 2018. "The Archaeology and Archaeometry of Chinese Glass: a Review." *Archaeometry* 60: 88–104.

Heng Chye-kiang. 1999. *Cities of Aristocrats and Bureaucrats: The Development of Medieval Chinese Cityscapes.* Honolulu: University of Hawaii Press.

Herodotus. Trans. by George Rawlinson. 1909. *The History of Herodotus.* New York: The Tandy-Thomas Co. https://oll.libertyfund.org/titles/herodotus-the-history--6 [last accessed 7 June 2019]

Herrmann, G. 1968. "Lapis Lazuli: the Early Phases of its Trade." *Iraq* 30: 21–57.

Herrmann, G. 1999. *Monuments of Merv: Traditional Buildings of the Karakum.* London: Society of Antiquaries.

Hillenbrand, Robert. 1994. *Islamic Architecture: Form, Function and Meaning.* Edinburgh: Edinburgh University Press.

Hirth, Friedrich and W. W. Rockhill, trans. 1911. *Chau Ju-Kua: his work on the Chinese and Arab Trade in the Twelfth and Thirteenth Centuries, entitled Chuo fan-chi.* St Petersburg: Imperial Academy of Sciences.

Hobbs, Richard and Ralph Jackson. 2010. *Roman Britain: Life at the Edge of Empire.* London: British Museum Press.

Hocker, Frederick. 2011. *Vasa: A Swedish Warship.* Stockholm: Medströms Bokförlag.

Hoffman, Adina and Peter Cole. 2011. *Sacred Trash: The Lost and Found World of the Cairo Geniza.* New York: Schocken Books.

Homer. Trans. by E. V. Rieu. 2003. *The Odyssey.* London: Penguin Classics.

Hopkins, Clark. 1979. *The Discovery of Dura-Europos.* New Haven: Yale University Press.

Hopkins, Susan *see* Goldman and Goldman 2011.

Hopkirk, Peter. 2011. *Foreign Devils on the Silk Road.* London: John Murray.

Horton, Mark. 1996. *Shanga. The Archaeology of a Muslim Trading Community on the Coast of East Africa.* London: British Institute in Eastern Africa.

Horton, Mark, Jeffrey Fleisher and Stephanie Wynne-Jones. 2017. "The Mosques of Songo Mnara in their Urban Landscape." *Journal of Islamic Archaeology* 4.2: 63–188.

Howard, Angela Falco et al. 2003. *Chinese Sculpture.* New Haven: Yale University Press.

Huang Xinya. Trans. by Yu Guoyang and Yan Hongfu. 2014. *The Urban Life of the Tang Dynasty.* Reading: Paths International Ltd.

Hughes, Bettany. 2017. *Istanbul: A Tale of Three Cities.* London: Weidenfeld & Nicolson.

Hulsewé, Anthony F. P. and Michael Loewe. 1979. *China in Central Asia: the Early Stage: 125 B.C.–A.D. 23, an Annotated Translation of Chapters 61 and 96 of the History of the Former Han Dynasty.* Leiden: Brill.

Hung, Hsiao-Chun, Y. Iizuka, P. Bellwood, Kim Dung Nguyen, B. Bellina, P. Silapanth, E. Dizon, R. Santiago, Ipoi Datan and J. Manton. 2005. "Ancient Jades Map 3000 Years of Prehistoric Exchange in Southeast Asia." *Proceedings of the National Academy of Sciences*, 104.50: www.pnas.org/cgi/doi/10.1073/pnas.0707304104 [last accessed 7 June 2019]

Huntington, Susan. 2015. "Shifting the Paradigm: The Aniconic Theory and Its Terminology." *South Asian Studies* 31.2: 163–86.

Hyecho *see* Wegehaupt 2012.

I

Ierusalimskaja, Anna. 1978. "Le cafetan aux simourghs du tombeau de Motchtchevaja Balka (Caucase Septentrional)." *Studia Iranica* 7.2: 182–211.

Ierusalimskaja, Anna. 1996. *Die Gräber der Moscevaja Balka: Frühmittelalterliche Funde an der nordkaukasischen Seidenstrasse.* München: Editio Maris.

al-Iṣṭakhrī. Trans. and ed. by M. J. de Goeje. 2014. *Kitāb al-Masālik wa l-mamālik* by Abū Isḥāq al-Iṣṭakhrī. Leiden: Brill.

J

Jäger, Ulf. 2007. "Schriften und Schriftlichkeit im Tarim-Becken bis zum vierten nachchristlichen Jahrhundert." In *Ursprünge der Seidenstrasse. Sensationelle Neufunde aus Xinjiang, China*, edited by Alfried Wieczorek and Christoph Lind, 260. Stuttgart: Theiss; Mannheim: Reiss-Engelhorn-Museen.

Jákl, Jiří. 2017. "Black Africans on the Maritime Silk Route, Indonesia and the Malay World. Jəŋgi in Old Javanese epigraphical and literary evidence." *Indonesia and the Malay World* 45.133: 334–51.

Japan Center for International Cooperation in Conservation, ed. 2005. *Preserving Bamiyan. Proceedings of the International Symposium "Protecting the World Heritage Site of Bamiyan" Tokyo, 21 December 2004.*

Jerome. Trans. by W. H. Fremantle. 1893. "Against Jovinian." *Nicene and Post-Nicene Fathers* 6: 346–416.

Jerusalimskaja *see* Ierusalimskaja.

Jettmar, Karl. 1970. "Metallurgy in the Early Steppes." *American Journal of Archaeology* 74: 229–30.

Jidejian, Nina. 1969. *Tyre Through the Ages.* Beirut: Dar el-Mashreq Publishers.

Jing Ai 景爱. 2001. *Shamo kaogu tonglun* 沙漠考古通论. Beijing: Zijincheng chubanshe.

Johns, Catherine. 2010. *The Hoxne Late Roman Treasure: Gold Jewellery and Silver Plate.* London: British Museum Press.

Juliano, Annette L. and Judith A. Lerner. 2001. *Monks and Merchants: Silk Road Treasures from Northern China.* New York: Asia Society.

K

Kaizer, Ted. 2002. *The Religious Life of Palmyra: A Study of the Social Patterns of Worship in the Roman Period.* Stuttgart: Franz Steiner Verlag.

Kakinuma, Yohei. 2014. "The Emergence and Spread of Coins in China from the Spring and Autumn Period to the Warring States Period." In *Explaining Monetary and Financial Innovation: A Historical Analysis*, edited by P. Bernholz and R. Vaubel, 79–126. Switzerland: Springer.

Kalopissi-Verti, Sophia and Maria Panayotidi. 2010. "Excavations on the Holy Summit (Jebel Mūsā) at Mount Sinai: Preliminary Remarks on the Justinianic Basilica." In *Approaching the Holy Mountain. Art and Liturgy at St Catherine's Monastery in the Sinai*, edited by Sharon E. J. Gerstel and Robert S. Nelson, 73–106. Turnhout: Brepols.

Kaplony, Andreas. 2008. "Comparing al-Kāshgharī's Map to his Text: On the Visual Language, Purpose, and Transmission of Arabic-Islamic Maps." In *The Journey of Maps and Images on the Silk Road*, edited by Philippe Forêt and Andreas Kaplony, 137–54. Leiden: Brill.

Karev, Yury. 2005. "Qarakhanid Wall Paintings in the Citadel of Samarqand: First Report and Preliminary Observations." *Muqarnas* 22: 45–84.

al-Kashgari, Mahmûd. Trans. by Mustafa S. Kaçalin. 2017. *Dîvânu lugâti't-turk.* Istanbul: Kabalcı Publishing.

al-Kashgari, Mahmûd *see also* Dankoff and Kelly 1982–85.

Katz, Nathan. 2000. *Who Are the Jews of India?* Berkeley: University of California Press.

Kennedy, Hugh. 1986. *The Prophet and the Age of the Caliphates.* London: Longman.

Kessler, Oliver. 1998. "The Discovery of an Ancient Sea Port at the Silk Road of the Sea: Archaeological Relics of the Godavaya Harbour." In *Sri Lanka: Past and Present, Archaeology, Geography, Economics*, edited by M. Domrös and H. Roth, 12–37. Weikersheim: Margraf Verlag.

Kiani, Muhammad Y. 1981. *Discoveries from Robat-e Sharaf.* Tehran: Sekkeh Press.

Kimura, Jun. 2014. *Archaeology of East Asian Shipbuilding.* Gainesville: University Press of Florida.

King, David A. 1987. *Islamic Astronomical Instruments.* London: Variorum Reprints.

Kingwell-Banham, Eleanor J. 2015. *Early Rice Agriculture in South Asia. Identifying Cultivation Systems using Archaeobotany.* PhD thesis, University College London.

Kiselev, S. V. 1965. "Bronzovyy vek SSSR." *Novoe v sovetskoy arkheologii. Pamyati Sergeya Vladimirovicha Kiselova. K 60-letiyu so dnya rozhdeniya* 130: 17–61.

Klanten, Robert. 2012. *Nostalgia: The Russian empire of Czar Nicholas II. Captured in colour photographs by Sergei Mikhailovich Prokudin-Gorskii.* Berlin: Gestalten.

Klee, Margot. 2006. *Grenzen des Imperiums. Leben am römischen Limes.* Stuttgart: Theiss Verlag.

Kleiss, Wolfram. 1996–2001. *Karawanenbauten in Iran,* 6 vols. Berlin: Reimer Verlag.

Klimburg-Salter, Deborah. 1989. *The Kingdom of Bāmiyān: Buddhist Art and Culture of the Hindu-kush.* Naples-Rome: IsMEO.

Kocabas, Ufuk. 2014. "The Yenikapı Byzantine-Era Shipwrecks, Istanbul, Turkey: a preliminary report and inventory of the 27 wrecks studied by Istanbul University." *The International Journal of Nautical Archaeology* 44.1: 5–38.

Kominko, Maja. 2013. *The World of Kosmas: Illustrated Byzantine Codices of the Christian Topography.* Cambridge and New York: Cambridge University Press.

Kósa, Gábor. 2012. "Atlas and Splenditenens in the Cosmology Painting." In *Gnostica et Manichaica: Festschrift für Aloïs van Tongerloo*, edited by M. Knüppel and L. Cirillo, 39–64. Wiesbaden: Harrassowitz Verlag.

Kozlovskaya, Valeriya, ed. 2017. *The Northern Black Sea Region in Antiquity.* Cambridge: Cambridge University Press.

Krahl, Regina, John Guy, J. Keith Wilson and Julian Raby, eds. 2010. *Shipwrecked: Tang Treasures and Monsoon Winds.* Washington, DC: Smithsonian Institution.

Kroll, Paul W. 1981. "The Dancing Horses of T'ang." *T'oung Pao,* 2nd series, 67.3.5: 240–68.

Kubarev, Gleb V. 2005. *Kul'tura drevnikh tyurok Altaya (po materialam pogrebal'nykh pamyatnikov).* Novosibirsk: Institute of Archaeology and Ethnography, SB RAS.

Kuhn, Dieter. 1995. "Silk Weaving in Ancient China: From Geometric Figures to Patterns of Pictorial Likeness." *Chinese Science* 12: 77–114.

Kulikov, V. E., E. Yu. Mednikova, Yu. I. Elikhina, S. S. Miniaev. 2009. "An Experiment in Studying the Felt Carpet from Noyon uul by the Method of Polypolarization." *The Silk Road* 8: 73–78.

Kunst und Ausstellungshalle der Bundesrepublik Deutschland GmbH, ed. 1985. *Gandhara – das buddhistische Erbe Pakistans.* Mainz: Philipp von Zabern.

Kurbanov, Aydogdy. 2010. *The Hephthalites: Archaeological and Historical Analysis.* PhD thesis, Free University Berlin. http://www.diss.fu-berlin.de/diss/receive/FUDISS_thesis_000000016150 [last accessed 7 June 2019]

Kyselka, Will. 1987. *An Ocean in Mind.* Honolulu: University of Hawaii Press.

L

la Vaissière, Étienne de. Trans. by James Ward. 2005. *Sogdian Traders: A History.* Leiden: Brill.

la Vaissière, Étienne de. 2017. "Early Medieval Central Asian Population Estimates." *Journal of the Social and Economic History of the Orient* 60.6: 788–817.

Laboa, Juan María. 2003. *The Historical Atlas of Eastern and Western Christian Monasticism.* Collegeville: Liturgical Press.

Laing, Ellen Johnston. 1991. "A Report on Western Asian Glassware in the Far East." *Bulletin of the Asia Institute* n.s. 5: 109–21.

Lambourn, Elizabeth. 2004 "Carving and Communities: Marble Carving for Muslim Communities at Khambhat and around the Indian Ocean Rim (late 13th–mid-15th centuries CE)." *Ars Orientalis* 34: 101–35.

Lambourn, Elizabeth. 2018 *Abraham's Luggage. A Social Life of Things in the Medieval Indian Ocean World.* Cambridge: Cambridge University Press.

Lambton, Ann Katharine Swynford and Janine Sourdel-Thomine. 2007. "Isfahan." In *Historic Cities of the Islamic World*, edited by Clifford Edmund Bosworth, 167–79. Leiden: Brill.

Landau-Tasseron, Ella. 2010. "Arabia." In *The New Cambridge History of Islam. Volume 1*, edited by Chase Robinson, 395–447. Cambridge: Cambridge University Press.

Lane, George. 2018. *The Phoenix Mosque and the Persians of Medieval Hangzhou*. London: Gingko Library Publications.

Langer, Robert. 2004. "From Private Shrine to Pilgrimage Centre." In *Zoroastrian Rituals in Context*, edited by M. Stausberg, 563–92. Leiden: Brill.

Lawergren, Bo. 1995/6. "The Spread of Harps Between the Near and Far East During the First Millennium A.D.: Evidence of Buddhist Musical Cultures on the Silk Road." *Silk Road Art and Archaeology* 4: 244.

Lawergren, Bo. 2003. "Western Influences on the Early Chinese Qin-Zither." *Bulletin of The Museum of Far Eastern Antiquities (Östasiatiska Museet)* 75: 79–109.

Łazar P'arpec'i *see* Bedrosian 1985.

Le Strange, Guy. 1900. *Baghdad under the Abbasid Caliphate from Contemporary Arabic and Persian Sources*. Oxford: Clarendon Press.

Leader-Newby, Ruth. 2004. *Silver and Society in Late Antiquity*. Farnham: Ashgate.

Legge, James, trans. 1886. *A Record of the Buddhistic Kingdoms: Being an account by the Chinese monk Fâ-Hien of his travels: India and Ceylon (A.D. 399–414) in search of the Buddhist books of discipline*. Oxford: The Clarendon Press.

Levene, Dan and Gideon Bohak. 2012. "A Babylonian Jewish Aramaic Incantation Bowl with a List of Deities and Toponyms." *Jewish Studies Quarterly* 19.1: 56–72.

Lewis, Bernard, ed. and trans. 2011. *Music of a Distant Drum: Classical Arabic, Persian, Turkish, and Hebrew Poems*. Princeton, NJ: Princeton University Press.

Li Qinghui, Jie Jiang, Xinling Li, Song Liu, Donghong Gu and Julian Henderson. 2016. "Chemical Analysis of the Glass Vessels Unearthed from the Underground Palace of Famen Temple Using a Portable XRF Spectrometer." In *Recent Advances in the Scientific Research on Ancient Glass and Glaze*, edited by Gan Fuxi, Li Qinghui and Julian Henderson, 157–78. Singapore: World Scientific Publishing Co.

Lieu, Samuel N. C. 1992. *Manichaeism in the Later Roman Empire and Medieval China*. Tübingen: Mohr.

Lieu, Samuel N. C. et al., eds. 2012. *Medieval Christian and Manichaean Remains from Quanzhou (Zayton)*. Turnhout: Brepols.

Lin Meicun 林梅村. 2003. "Handai xiyu yishu zhong de xila wenhua yinsu" 汉代西域艺术中的希腊文化因素. *Jiuzhou xuelin*. 九州学林 2: 2–35.

Lindström, Gunvor and Rachel Mairs, eds. 2017. *Ritual Matters. Archaeology and Religion in Hellenistic Central Asia (Proceedings of the 2nd Meeting of the Hellenistic Central Asia Research Network [HCARN], 2017). (Archäologie in Iran und Turan)*. Darmstadt: Verlag Philipp von Zabern.

Lindström, Gunvor, Svend Hansen, Alfried Wieczorek, Michael Tellenbach. eds. 2013. *Zwischen Ost und West. Neue Forschungen zum antiken Zentralasien (Wissenschaftliches Kolloquium 30.9.-2.10.2009 in Mannheim). (Archäologie in Iran und Turan 14)*. Darmstadt: Verlag Philipp von Zabern.

Linduff, Katheryn M. and Jianjun Mei. 2008. "Metallurgy in Ancient Eastern Asia." SAA Vancouver. https://www. britishmuseum.org/pdf/Linduff%20Mei%20China.pdf [last accessed 7 June 2019]

Linduff, Katheryn M. and Karen S. Rubinson, eds. 2008. *Are All Warriors Male? Gender Roles on the Ancient Eurasian Steppe*. Lanham: AltaMira Press.

Liu, Xinru. 1988. *Ancient India and Ancient China, Trade and Religious Exchanges AD 1–600*. Delhi: Oxford University Press.

Liu, Xinru. 1996. *Silk and Religion: An Exploration of Material Life and the Thought of People, AD 600–1200*. Delhi: Oxford University Press.

Liu, Yan. 2017. "Exotica as Prestige Technology: The Production of Luxury Gold in Western Han Society." *Antiquity* 91.360: 1588–1602.

Liu, Yang. 2013. "Nomadic Influences in Qin Gold." *Orientations* 44.4: 119–25.

Lo Muzio, Ciro. 2017. *Archeologia dell'Asia centrale preislamica. Dall'età del Bronzo al IX secolo d.C.* Milan: Mondadori Università.

Lubo-Lesnichenko, E. I. 1961. *Drevniye kitayskiye sholkovyye tkani i vyshivki. V v. do n.e. – III v.n.e. v sobranii Gosudarstvennogo Ermitazha*. St Petersburg: State Publishing House, Hermitage.

Lubo-Lesnichenko, E. I. 1994. *Kitay na Shelkovom puti, shelk i vneshniye svyazi drevnego i rannesrednevekovogo Kitaya*. Moscow: Izdatel'skaia firma "Vostochnaia literatura".

Lukonin, Vladimir G. and Anatoli Ivanov. 2003. *Persian Art: Lost Treasures*. London: Mage Publishers.

M

Macfarlane, Robert. 2008. *The Wild Places*. London: Penguin Books.

Maïla-Afeiche, Anne-Marie et al. 2012. *L'Histoire de Tyr au témoignage de l'archéologie, Actes du séminaire International Tyr 2011, Liban, Direction Générale des Antiquitées (BAAL, Hors-Série VIII)*. Beirut: Institut français du Proche-Orient.

Mairs, Rachel. 2011. *The Archaeology of the Hellenistic Far East: A Survey. Bactria, Central Asia and the Indo-Iranian Borderlands, c. 300 BC – AD 100. (British Archaeological Reports International Series 2196)*. Oxford: BAR.

Mairs, Rachel. 2013–18. "The Archaeology of the Hellenistic Far East: A Survey. Supplements." *Hellenistic Far East Bibliography*. https://hellenisticfareast.wordpress.com/about/supplement-5-2017/ [last accessed 7 June 2019]

Manginis, George. 2016. *Mount Sinai. A History of Travellers and Pilgrims*. London: Haus Publishing Ltd.

Mango, Marlia Mundell and Anna Bennett. 1994. *The Sevso Treasure, vol. 1*. Ann Arbor: Journal of Roman Archaeology.

Marco Polo. Trans. by Ronald Latham. 1958. *The Travels of Marco Polo: The Venetian*. London: Penguin Classics.

Marco Polo. Trans. by Henry Yule. 1993. *The Travels of Marco Polo: The Complete Yule-Cordier Edition: Including the Unabridged Third Edition (1903) of Henry Yule's Annotated Translation, as Revised by Henri Cordier*. New York: Dover Publications.

Margariti, Roxani Eleni. 2012. *Aden & the Indian Ocean Trade: 150 Years in the Life of a Medieval Arabian Port*. Chapel Hill, NC: University of North Carolina Press.

Margoliouth, David Samuel. 1907. "An Early Judaeo-Persian Document." In *Ancient Khotan*, M. Aurel Stein, 570–74. Oxford: Clarendon Press.

Marshak, Boris. 1971. *Sogdiĭskoe serebro*. Moscow: Akademiya Nauk SSSR.

Marshak, Boris. 2004. "Central Asian Metalwork in China." In *China: Dawn of a Golden Age 200-750 AD*, edited by James Watt et al., 256–57. New York: Metropolitan Museum of Art.

Marshall, John Hubert. 1960. *A Guide to Taxila*. Cambridge: Cambridge University Press.

Martinez-Sève, Laurianne. 2015. "Ai Khanoum and Greek Domination in Central Asia." *Electrum* 22: 17–46.

Masia-Radford, Kate. 2013. "Luxury Silver Vessels of the Sasanian Period." In *The Oxford Handbook of Ancient Iran*, edited by Daniel Potts, 920–42. New York: Oxford University Press.

Masson, Mihail E. 1953. *K istorii gornogo dela na territorii Uzbekistana*. Tashkent: University of Sciences Publishing.

Matthee, Rudi. 2012. *Persia in Crisis: Safavid Decline and the Fall of Isfahan*. London: I. B. Tauris.

McCrindle, John Watson. 1897. *The Christian Topography of Cosmas, an Egyptian Monk*. London: Hakluyt Society.

Menshikov, L. N. 1999. "Samuil Martynovich Dudin (1863-1929)." *IDP News* 14.

Merrony, Mark. 2004. *The Vikings: Conquerors, Traders and Pirates*. London: Periplus Publishing London Ltd.

Merzlyakova, I. 2002. "The Mountains of Central Asia and Kazakhstan." In *The Physical Geography of Northern Eurasia*, edited by M. Shahgedanova, 380–402. Oxford: Oxford University Press.

Mez, Adam. 1973. *Musul'manskij Renessans*. Moscow: Izdat Nauka.

Michell, G. and G. Rees. 2017. *Buddhist Rock-cut Monasteries of the Western Ghats*. Mumbai: Jaico.

Middleton, Andrew, St John Simpson and Anthony P. Simpson. 2008. "The Manufacture and Decoration of Parthian Glazed 'Slipper Coffins' from Warka." *The British Museum Technical Research Bulletin* 2: 29–37.

Middleton, Nick. 2009. *Deserts: A Very Short Introduction*. Oxford: Oxford University Press.

Miller, Bryan K. 2015. "The Southern Xiongnu in Northern China: Navigating and Negotiating the Middle Ground." In *Complexity of Interaction along the Eurasian Steppe Zone in the First Millennium CE*, edited by J. Bemmann and M. Schmauder, 127–98. *Bonn Contributions to Asian Archaeology* 7.

Miller, Bryan K. and Ursula Brosseder. 2013. "Beasts of the North: Global and Local Dynamics as Seen in Horse Ornaments of the Steppe Elite." *Asian Archaeology* 1: 94–112.

Miller, Konrad. 1926–31. *Mappae Arabicae: Arabische Welt- und Länderkarten des 9.-13. Jahrhunderts*, 6 vols. Stuttgart: Konrad Miller.

Miller, Konrad. 1981. *Weltkarte des Arabers Idrisi vom Jahre 1154*. Stuttgart: Brockhaus/Antiquarium.

Millward, James A. 2012. "Chordophone Culture in Two Early Modern Societies: 'A Pipa-Vihuela' Duet." *Journal of World History* 23.2: 237–78.

Milwright, Marcus. 2016. *The Dome of the Rock and Its Umayyad Mosaic Inscriptions. Edinburgh Studies in Islamic Art*. Edinburgh: Edinburgh University Press.

Miniaev, Sergei S. and L. M. Sakharovskaia. 2007. "Investigation of a Xiongnu Royal Complex in the Tsaraam Valley. Part 2: The Inventory of Barrow No. 7 and the Chronology of the Site." *The Silk Road* 5.1: 44–56.

Mirsky, Jeannette. 1998. *Sir Aurel Stein, Archaeological Explorer*. Chicago: University of Chicago Press.

Mirti, Piero, Marco Pace, Maria Maddalena Negro Ponzi and Maurizio Aceto. 2008. "ICP-MS Analysis of Glass Fragments of Parthian and Sasanian Epoch from Seleucia and Veh Ardašīr (central Iraq)." *Archaeometry* 50: 429–50.

Miya, Noriko 宮紀子. 2007. モンゴル帝国が生んだ世界図: 地図は語る。Tokyo: Nikkei Publishing Inc.

Mizuno, Seiichi. 1965. *Asuka Buddhist Art: Horyu-ji*. New York: Weatherhill Inc.; Tokyo: Heibonsha.

Mordini, Antonio. 1967. "Gold Kushana Coins in the Convent of Dabra Dammo." *Journal of the Numismatic Society of India* 29.2: 19–25.

Mordvintseva, Valentina. 2013. "The Sarmatians: The Creation of Archaeological Evidence." *Oxford Journal of Archaeology* 32.2: 203–19.

Mordvintseva, Valentina and Mikhail Treister. 2007. *Toreutik und Schmuck im nördlichen Schwarzmeergebiet. 2. Jh. v. Chr. – 2. Jh. n. Chr*, 3 vols. Simferopol, Bonn: Tarpan.

Morgan, Joyce and Conrad Walters. 2011. *Journeys on the Silk Road: A Desert Explorer, Buddha's Secret Library, and the Unearthing of the World's Oldest Printed Book*. Sydney: Picador.

Morgan, Llewelyn. 2012. *The Buddhas of Bamiyan*. Cambridge, MA: Harvard University Press.

Moriyasu, Takao. Trans. by Christian Steineck. 2004. *Die Geschichte des uigurischen Manichäismus an der Seidenstrasse*. Wiesbaden: Harrassowitz.

Morris, Henry M. and James M. Wiggert. 1972. *Applied Hydraulics in Engineering*. New York: The Ronald Press.

Mörzer Bruyns, Willem F. J. and Richard Dunn. 2009. *Sextants at Greenwich: A Catalogue of the Mariner's Quadrants, Mariner's Astrolabes Cross-staffs, Backstaffs, Octants, Sextants, Quintants, Reflecting Circles and Artificial Horizons in the National Maritime Museum, Greenwich*. Oxford: Oxford University Press.

Moushegian, Khatchatur, Anahit Moushegian, Cécile Bresc, Georges Depeyrot and François Gurnet. 2003. *History and Coin Finds in Armenia. Inventory of Coins and Hoards (7-19th c.), Volume II*. Wetteren: Moneta.

Munro-Hay, Stuart. 2002. *Ethiopia, the Unknown Land: A Cultural and Historical Guide*. London: I. B. Tauris.

Muthesius, Anne. 1997. *Byzantine Silk Weaving, AD 400 to AD 1200*. Vienna: Verlag Fassbaender.

Muthucumarana, Rasika et al. 2014. "An Early Historic Assemblage Offshore of Godawaya, Sri Lanka: Evidence for Early Regional Seafaring in South Asia."*Journal of Maritime Archaeology* 9: 41–58.

N

Nagaraju, S. 1981. *Buddhist Architecture of Western India*. Delhi: Agam Kala Prakashan.

Narasimhan, Vagheesh M. et al. 2018. *The Genomic Formation of South and Central Asia, Science*. BIORIX preprint: https://www.biorxiv.org/content/biorxiv/early/2018/03/31/292581.full.pdf [last accessed 7 June 2019]

Nariman, F. 2002. "The Contribution of the Sasanians to Zoroastrian Iran." In *A Zoroastrian Tapestry: Art, Religion & Culture*, edited by Pheroza J. Godrej and Firoza Punthakey Mistree, 117–33. Ahmedabad and New Jersey: Mapin Publishing Pvt Ltd.

Needham, Jospeh and Tsien Tsuen-Hsuin. 1985. *Science and Civilisation in China: Volume 5, Chemical Technology, Part 1, Paper and Printing*. Cambridge: Cambridge University Press.

Neelis, Jason. 2011. *Early Buddhist Transmission and Trade Networks*. Leiden: Brill.

Nickel, Lukas. 2013. "The First Emperor and Sculpture in China." *Bulletin of the School of Oriental and African Studies* 76: 413–47.

Nishino, Noriko, Toru Aoyama, Jun Kimura, Takenori Nogami and Thi Lien Le. 2017. "Nishimura Masanari's Study of the Earliest Known Shipwreck Found in Vietnam." *Asian Review of World Histories* 5.2: 106–22.

Niu Ruji 牛汝極. 2008. *Shizilianhua: Zhongguo Yuandai Xuliyawen Jingjiao beiming wenxianyanjiu* 十字蓮花:中國元代敘利亞文景教碑銘文獻研究. Shanghai: Shanghai guiji chubanshe.

Noonan, Thomas S. 1998. *The Islamic World: Russia and the Vikings*. Aldershot: Variorum/Ashgate.

Northedge, Alastair E. 2001. "Thoughts on the Introduction of Polychrome Glazed Pottery in the Middle East." In *La céramique Byzantine et proto-islamique en Syrie-Jordanie (IVe-VIIIe siècles apr. J.-C.)*, edited by E. Villeneuve and P. M. Watson, 207–14. Beirut: Institut français d'archéologie du Proche-Orient.

Norwich, John Julius. 2013. *A Short History of Byzantium*. London: Penguin Books.

Nosch, M-L., Zhao Feng and L. Varadarajan, eds. *Global Textile Encounters (Ancient Textile Series 20)*. Oxford: Oxbow.

O

Oikonomou, Artemios, J. Henderson, M. Gnade, S. Chenery and N. Zacharia. 2018. "An Archaeometric Study of Hellenistic Glass Vessels: Evidence for Multiple Sources." *Journal of Archaeological and Anthropological Sciences* 10: 97–10.

Olivieri, Luca M. 2018. "Amluk-dara (AKD 1). A Revised Excavation Report." *Journal of Asian Civilizations* 42: 1–106.

Olivieri, Luca M. 2018a. "Vajīrasthāna/Bazira and beyond. Foundation and Current Status of the Archaeological Work in Swat.' In *The Creation of Gandhara: An Archaeology of Museum Collections*, edited by Himanshu Prabha Ray, 173–212. New York: Routledge.

Olivieri, Luca M. and A. Filigenzi. 2018. "On Gandhāran Sculptural Production from Swat: Recent Archaeological and Chronological Data." In *Problems of Chronology in Gandhāran Art*, edited by W. Rienjang and P. Stewart, 71–92. Oxford: Archaeopress Publishing Ltd.

Olivieri, Luca M. and E. Iori. 2019. "Data from the 2016 Excavation Campaigns at Barikot, Swat (Pakistan): A Shifting Perspective." In *Proceedings of the 29th South Asian Art and Archaeology Conference (Cardiff, July 2016)*, edited by A. Hardy and L. Greaves, 19–43. Delhi: Dev Publishers & Distributors.

Ortloff, Charles R. 2003. "The Water Supply and Distribution System of the Nabataean City of Petra (Jordan), 300 BC–AD 300." *Cambridge Archaeological Journal* 15.1: 93–109.

Ortloff, Charles R. 2009. *Water Engineering in the Ancient World: Archaeological and Climate Perspectives on Ancient Societies of South America, the Middle East and South East Asia*. Oxford: Oxford University Press.

Ortloff, Charles R. 2014. "Three Hydraulic Engineering Masterpieces at 100 BC-AD 300 Nabataean Petra (Jordan)." In *Conference: De Aquaductu Atque Aqua Urbium Lyciae Phamphyliae Pisidiae: The Legacy of Sextus Julius Frontinus, Vol. 1*, edited by G. Wiplinger, 155–67. Leuven: Peeters Publishing.

Ortloff, Charles R. 2014a. "Water Engineering at Petra (Jordan): Recreating the Decision Process underlying Hydraulic Engineering at the Wadi Mataha Pipeline." *Journal of Archaeological Science* 44: 91–97.

Osborn, J. R. 2017. *Letters of Light: Arabic Script in Calligraphy, Print, and Digital Design*. Cambridge, MA: Harvard University Press.

Ousterhout, Robert G. 2017. *Visualizing Community: Art, Material Culture, and Settlement in Byzantine Cappadocia*. Washington, DC: Dumbarton Oaks.

P

Paine, Lincoln. 2014. *The Sea and Civilization: A Maritime History of the World*. London: Vintage Books.

Pan, Ling. 2011. "A Summary of Xiongnu Sites Within the Northern Periphery of China." In *Xiongnu Archaeology. Multidisciplinary Perspectives of the First Steppe Empire in Inner Asia*, edited by Ursula Brosseder and Bryan Miller, 463–74. *Bonn Contributions to Asian Archaeology* 5, Bonn.

Papahrist, O. A. 1985. *Ferrous Metallurgy of Northern Fergana*. PhD thesis, Moscow.

Parzinger, Hermann. 2017. "Burial Mounds of Scythian Elites in the Eurasian Steppe: New Discoveries." *Journal of the British Academy* 5: 331–55.

Peck, Elsie H. 1969. "The Representations of Costumes in the Reliefs of Taq-i Bustan." *Artibus Asiae* 31: 101–46.

Penn, James R. and Larry Allen. 2001. *Rivers of the World: A Social, Geographical, and Environmental Handbook*. Santa Barbara: ABC-CLIO.

Periplus of the Erythraean Sea *see* Casson 1989; Schoff 2012.
Perry, Craig. 2014. *The Daily Life of Slaves and the Global Reach of Slavery in Medieval Egypt, 969-1250 CE*. PhD thesis, Atlanta GA, Emory University.

Peterson, Sara. 2011–12. "Parthian Aspects of Objects from Grave IV, Tillya Tepe, With Particular reference to the Medallion Belt." https://www.academia.edu/1485067/Parthian_Aspects_of_Objects_from_Grave_IV_Tillya_Tepe [last accessed 7 June 2019]

Petrie, Cameron A. and Peter Magee. 2014. "The Achaemenid Expansion to the Indus and Alexander's Invasion of North-West South Asia." In *History of Ancient India, III: The Texts, and Political History and Administration till c.200 BC*, edited by D. K. Chakrabarti and M. Lal, 205–30. New Delhi: Vivekananda International Foundation and Aryan Books.

Pettersson, Ann-Marie, ed. 2009. *The Spillings Hoard: Gotland's Role in Viking Age World Trade*. Visby: Fornsalens Förlag.

Phillipson, David W. 1998. *Ancient Ethiopia: Aksum: Its Antecedents and Successors*. London: British Museum Press.

Philo of Alexandria. Trans. by F. H. Colson. 1941. *De Vita Contemplation. (Loeb Classical Library 9: 104–70)*. Cambridge, MA: Harvard University Press.

Picken, Laurence. 1955. "The Origin of the Short Lute." *The Galpin Society Journal* 8: 32–42.

Pietz, David A. 2015. *The Yellow River*. Cambridge, MA: Harvard University Press.

Pollegioni, Paola et al. 2017. "Ancient Humans Influenced the Current Spatial Genetic Structure of Common Walnut Populations in Asia." *PLoS ONE* 10.9: e0135980.

Pope, Hugh. 2005. "The Silk Road: A Romantic Deception?" *The Globalist* https://www.theglobalist.com/the-silk-road-a-romantic-deception/ [last accessed 7 June 2019]

Power, Tim. 2012. *The Red Sea from Byzantium to the Caliphate: AD 500–1000*. Cairo: American University of Cairo Press.

Pribytkova, A. M. 1955. "Karavan-saraĭ Daia-Khatyn." In *Pamiatniki Arkhitektury XI veka v Turkmenii*, edited by A. M. Pribytkova, 39–64. Moscow: Gosudarstvennoe Izd-vo.

Price, Martin F. et al. 2013. *Mountain Geography: Physical and Human Dimensions*. Berkeley: University of California Press.

Procopius. Trans. by H. B. Dewing. 1914. *Procopius: History of the Wars: Books 1–2*. Cambridge, MA: Loeb Classical Library.

R

Rapin, Claude. 2013. "On the way to Roxane. The Route of Alexander the Great in Bactria and Sogdiana (328–327 BC)." In *Zwischen Ost und West. Neue Forschungen zum antiken Zentralasien*, edited by G. Lindström, S. Hansen, A. Wieczorek and M. Tellenbach, 43–82. Darmstadt: Verlag Philipp von Zabern.

al-Rashid, Saad. 1980. *Darb Zubaydah: The Pilgrim Road from Kufa to Mecca*. Riyadh: University of Riyadh.

Raymond, André. 2002. *Cairo*. Cambridge, MA: Harvard University Press.

Reddé, Michel. 2014. *Les frontières de l'Empire romain (1er siècle avant J-C – 5e siècle après J-C)*. Lacapelle-Marival: Éditions Archéologie Nouvelle.

Revire, Nicolas. 2012. "New Perspectives on the Origin and Spread of Bhadrāsana Buddhas through Southeast Asia (7th-8th centuries)." In *Connecting Empires and States. Selected Papers from the 13th Conference of the European Association of Southeast Asian Archaeologists*, vol. 2, edited by Mai Lin Tjoa-Bonatz, Andreas Reinecke and Dominik Bonatz, 127–43. Singapore: NUS Press.

Rezakhani, Khodadad. 2017. *ReOrienting the Sasanians: East Iran in Late Antiquity*. Edinburgh: Edinburgh University Press.

Rhie, Marylin. 1988. *Interrelationships Between the Buddhist Art of China and the Art of India and Central Asia from 618–755 AD*. Monograph supplementum to *Annali*. Naples: Istituto Universitario Orientale.

Robinson, Chase, ed. 2010. *The New Cambridge History of Islam I: The Formation of the Islamic World: Sixth to Eleventh Centuries*. Cambridge: Cambridge University Press.

Rodley, Lyn. 2010. *Cave Monasteries of Byzantine Cappadocia*. Cambridge: Cambridge University Press.

Rose, Jenny. 2011. *Zoroastrianism: An Introduction*. London: I. B. Tauris.

Rousseau, Philip. 1999. *Pachomius: The Making of a Community in Fourth-Century Egypt*. Berkeley: University of California Press.

Rowland, Benjamin. 1960. *Gandhara Sculpture from Pakistan Museums*. New York: The Asia Society.

Rudenko, S. I. 1953. *Kul'tura naseleniya Gornogo Altaya v skifskoye vremya*. Moscow: Izdatelstvo Akademii nauk SSSR.

Rudenko, S. I. 1962. *Kul'tura chunnov i noinulinskiye kurganyyu*. Moscow: Izdatelstvo Akademii nauk SSSR.

Rudenko, S. I. 1970. *Frozen Tombs of Siberia: The Pazyryk Burials of Iron Age Horsemen*. Berkeley: University of California Press.

Rule, Margaret. 1982. *The Mary Rose: The Excavation and Raising of Henry VIII's Flagship*. Annapolis: Naval Institute Press.

Rumi *see* Lewis 2011.

S

Sarianidi, Viktor I. 1985. *The Golden Hoard of Bactria: from the Tillya-tepe Excavations in Northern Afghanistan*. St Petersburg: Aurora Art Publishers.

Sarre, Friedrich Paul Theodor. 1925. *Die Keramik von Samarra im Kaiser-Friedrich-Museum, Forschungen zur islamischen Kunst, Herausgegeben von Friedrich Sarre II, Die Ausgrabungen von Samarra*, vol. II. Berlin: Reimer.

Sauer, Eberhard et al. 2013. *Persia's Imperial Power in Late Antiquity: the Great Wall of Gorgān and Frontier Landscapes of Sasanian Iran*. Oxford: Oxbow Books.

Sauer, Eberhard, ed. 2017. *Sasanian Persia between Rome and the Steppes of Eurasia*. Edinburgh: Edinburgh University Press.

Sauer, Eberhard, L. Chologauri and D. Naskidashvili. 2016. "The Caspian Gates: Exploring the Most Famous Mountain Valley of the Ancient World." *Current World Archaeology* 80: 18–24.

Schaefer, Karl R. 2006. *Enigmatic Charms: Medieval Arabic Block Printed Amulets in American and European Libraries and Museums*. Leiden: Brill.

Schafer, Edward H. 1966. *Golden Peaches of Samarkand*. Berkeley: University of California Press.

Schaps, David M. 2004. *The Invention of Coinage and the Monetization of Ancient Greece*. Ann Arbor: University of Michigan Press.

Schiettecatte, Jérémie and Abbès Zouache. 2017. "The Horse in Arabia and the Arabian Horse: Origins, Myths and Realities." *Arabian Humanities* 8 (online). http://journals.openedition.org/cy/3280 [last accessed 7 June 2019]; DOI: 10.4000/cy.3280

Schiltz, Véronique, ed. 2001. *L'Or des Amazones, peuples nomades entre Asie et Europe, VIIe siècle av. J.-C.–IVème siècle apr. J.-C.* Paris: Éditions Findakly.

Schiltz, Véronique. 2002. "Les Sarmates entre Rome et Chine: nouvelles perspectives." *Comptes rendus des séances de l'Académie des Inscriptions et Belles-Lettres* 146.3: 845–87.

Schindel, N. 2009. *Sylloge Nummorum Sasanidarum Israel. The Sasanian and Sasanian-type coins in the collections of the Hebrew University (Jerusalem), the Israel Antiquity (Jerusalem), the Israel Museum (Jerusalem) and the Kadman Numismatic Pavilion at the Eretz Israel Museum (Tel Aviv)*. Vienna: Verlag der Österreichischen Akademie der Wissenschaften.

Schjellerup, H. C. F. C. 1874. *Description des Etoiles Fixes Composèe au Milieu du Dixième Siècle de Notre ere par l'Astronome Persan Abd-al-Rahman al-Sûfi*. St Petersburg: Commissionaires de l'Academie Imperial des Sciences.

Schlingloff, Dieter. 1971. "Das Sasa-Jataka." *Wiener Zeitschrift für die Kunde Süd- und Ostasiens* 15: 57–67.

Schlumberger, Daniel. 1952. "Le palais ghaznévide de Lashkari Bazar." *Syria. Archéologie, Art et histoire* 29-3-4: 251–70.

Schmedding, Brigitta. 1978. *Mittelalterliche Textilien in Kirchen und Klöstern der Schweiz: Katalog (Schriften der Abegg-Stiftung Bern)*. Bern: Verlag Stämpfli.

Schmidt-Colinet, Andreas. 1995. *Palmyra: Kulturbegegnung im Grenzbereich*. Mainz am Rhein: Verlag Philipp von Zabern.

Schoff, W. H., trans. 1912. *The Periplus of the Erythraean Sea: Trade and Travel in the Indian Ocean*. New York: Longmans.

Schopen, Gregory. 1997. *Bones, Stones, and Buddhist Monks: Collected Papers on the Archaeology, Epigraphy, and Texts of Monastic Buddhism in India*. Honolulu: University of Hawaii Press.

Schottenhammer, Angela. 1999. "Quanzhou's Early Overseas Trade: Local Politico-Economic Particulars During its Period of Independence." *Journal of Sung-Yuan Studies* 29: 1–41.

Schottenhammer, Angela, ed. 2000. *The Emporium of the World: Maritime Quanzhou, 1000–1400*. Leiden: Brill.

Schwartz, Daniel. 2009. *Travelling Through the Lens of Time*. London: Thames & Hudson.

Segalen, Victor. 1923–24. *Mission archéologique en Chine, 1914 et 1917*, 2 vols. Paris: Paul Geuthner.

Seland, E. H. 2016. *Ships of the Desert, Ships of the Sea: Palmyra in the world trade of the first three centuries CE*. Wiesbaden: Harrassowitz.

Sen, Sudipta. 2019. *Ganges: The Many Pasts of an Indian River*. New Haven: Yale University Press.

Shahgedanova, Maria, ed. 2003. *The Physical Geography of Northern Eurasia*. Oxford: Oxford University Press.

Al-Shanfarā *see* Stetkevych 1986.

Sheriff, Abdul and Vijayalakshmi Teelock. 2010. *Dhow Cultures of the Indian Ocean. Cosmopolitanism, Commerce and Islam*. London: Hurst & Co.

Shōsōin, ed. 1967. *Shōsōin no Gakki* 正倉院の楽器. Tokyo: Nihon Keiza Shimbun Sha.

Sidebotham, Steven E. 2011. *Berenike and the Ancient Maritime Spice Route*. Berkeley: University of California Press.

Simonsohn, Uriel, Nimrod Hurvitz, Christian Sahner and Luke Yarbrough, eds. Forthcoming. *Turning to Mecca: A Sourcebook on Conversion to Islam in the Classical Period*. Oakland: University of California Press.

Sims-Williams, Nicholas. 1976. "The Sogdian Fragments of the British Library." *Indo-Iranian Journal* 18/1-2: 43–82.

Sims-Williams, Nicholas. 1989, 1992. *Sogdian and other Iranian inscriptions of the Upper Indus*, 2 vols. London: SOAS.

Sims-Williams, Nicholas. 1996. "The Sogdian Merchants in China and India." In *Cina e Iran: Da Alessandro Magno alla dinastia Tang*, edited by A. Cadonna and L. Lanciotti, 45–67. Florence: Leo S. Olschki Editore.

Sims-Williams, Nicholas. 1997-98. "The Iranian inscriptions of Shatial." *Indologica Taurinensia* 23–24.

Sims-Williams, Nicholas. 2000. "Some Reflections on Zoroastrianism in Sogdiana and Bactria." In *Realms of the Silk Roads: Ancient and Modern*, edited by D. Christian and C. Benjamin, 1–12. Turnhout: Brepols.

Sims-Williams, Nicholas. 2005. "Towards a new edition of the Sogdian Ancient Letters: Ancient Letter 1." In *Les sogdiens en chine*, edited by É. de la Vaissière and É. Trombert, 181–93. Paris: École française d'Extrême-Orient.

Sims-Williams, Nicholas. 2007, 2012. *Bactrian Documents from Northern Afghanistan*, 3 vols. London: The Nour Foundation.

Sims-Williams, Nicholas. 2009. "Christian literature in Middle Iranian languages." In *The Literature of Pre-Islamic Iran. A History of Persian Literature, XVII*, edited by R. E. Emmerick and M. Macuch, 266–87. London: I. B. Tauris.

Sims-Williams, Nicholas. 2017. *An Ascetic Miscellany: The Christian Sogdian Manuscript E28 (Berliner Turfantexte, 42)*. Turnhout: Brepols.

Sims-Williams, Nicholas and François de Blois. 2018. *Studies in the Chronology of the Bactrian documents from Northern Afghanistan (Denkschriften der Österreichischen Akademie der Wissenschaften)*. Vienna: Verlag der Österreichischen Akademie der Wissenschaften.

Sinai, Nicolai. 2017. *The Qur'an: A Historical-Critical Introduction*. Edinburgh: Edinburgh University Press.

Sinor, Denis. 1972. "Horse and Pasture in Inner Asian History." *Oriens extremus* 19: 171–84.

Skaff, Jonathan K. 2012. *Sui-Tang China and its Turko-Mongol Neighbors. Culture, Power, and Connections, 580-800*. Oxford: Oxford University Press.

Skjaervo, Oktor. 2002. *Khotanese Manuscripts from Chinese Turkestan in the British Library*. London: The British Library.

Smith, Douglas Alton. 2002. *A History of the Lute from Antiquity to the Renaissance*. Manhattan, CA: Lute Society of America.

So, Billy K. L. 2000. *Prosperity, Region, and Institutions in Maritime China: The South Fukien Pattern, 946-1368*. Cambridge, MA: Harvard University Press.

Sommer, Michael. 2017. *Palmyra: A History*. London: Routledge.

Sotomura, Ataru 外村中. 2013. "Shōsōin biwa genryū kō" 正倉院琵琶源流攷. 人文学報 *Jinbun gakuhō* 103.3.

Soyinka, Wole. 2002. *Samarkand and Other Markets I Have Known*. London: Methuen Publishing Ltd.

Spataro, Michela, Nigel Wood, Nigel Meeks, Andrew Meek and Seth Priestman. 2018. "Pottery Technology in the Tang Dynasty (9th century AD): Archaeometric Analyses of a Gongyi Sherd found at Siraf, Iran." *Archaeometry* 61.3: 574–87.

Spengler, R. N. 2019. *Fruits from the Sands: Artifacts of the Silk Road on your Dinner Table*. Oakland: University of California Press.

Spengler, R. N. and George Wilcox. 2013. "Archaeobotanical results from Sarazm, Tajikistan, an Early Bronze Age village on the edge: Agriculture and exchange." *Journal of Environmental Archaeology* 18.3: 211–21.

Spengler, R. N. et al. 2014. "Early Agriculture and Crop Transmission among Bronze Age Mobile Pastoralists of Central Eurasia." *Proceedings of the Royal Society B* 281: 2013.3382.

Staniforth, Mark and Michael Nash, eds. 2006. *Maritime Archaeology: Australian Approaches*. Boston: Springer.

Stargardt, Janice and Michael Willis, eds. 2018. *Relics and Relic Worship in Early Buddhism: India, Afghanistan, Sri Lanka and Burma*. London: British Museum Press.

Stark, Sören. 2009. *Die Alttürkenzeit in Mittel- und Zentralasien. Archäologische und historische Studien. Nomaden und Sesshafte 8*. Wiesbaden: Reichert Verlag.

Stausberg, Michael. "Zoroastrians in Modern Iran." In *The Wiley Blackwell Companion to Zoroastrianism*, edited by M. Stausberg and Y. S. D. Vevaina, 173–90. Chichester: John Wiley & Sons.

Stein, M. Aurel. 1907. *Ancient Khotan*. Oxford: Clarendon Press.

Stein, M. Aurel. 1912. *Ruins of Desert Cathay*, 2 vols. London: Macmillan & Co.

Stein, M. Aurel. 1921. *Serindia*. Oxford: Clarendon Press.

Stein, M. Aurel. 1930. *An Archaeological Tour in Upper Swat and Adjacent Hill Tracts. Memoirs of the Archaeological Survey of India, 42*. Calcutta: Archaeological Survey of India.

Steinhardt, Nancy Shatzman. 2008. "China's Earliest Mosques." *Journal of the Society of Architectural History* 67.3: 330–61.

Stetkevych, Suzanne Pinckney. 1986. "Archteype and Attribution in Early Arabic Poetry: Al-Shanfarā and the Lāmiyyat 'al-Arab." *International Journal of Middle East Studies* 18: 361–90.

Stewart, Sarah et al., eds. 2013. *The Everlasting Flame: Zoroastrianism in History and Imagination*. London: I. B. Tauris.

Stimson, Alan. 1988. *The Mariner's Astrolabe: A Survey of Known, Surviving Sea Astrolabes*. Leiden: Hes Publishers.

Stoneman, Richard et al. 2012. *The Alexander Romance in Persia and the East*. Groningen: Barkhuis.

Strauch, Ingo, ed. 2012. *Foreign Sailors on Socotra: The Inscriptions and Drawings from the Cave Hoq (Vergleichende Studien zu Antike und Orient 3)*. Bremen: Ute Hempen Verlag.

T

Taaffe, Robert N. 1990. "The Geographical Setting." In *The Cambridge History of Early Inner Asia*, edited by Denis Sinor, 19–40. Cambridge: Cambridge University Press.

Talbert, Richard J. A. 2010. *Rome's World: The Peutinger Map Reconsidered*. Cambridge: Cambridge University Press. Maps and database at www.cambridge.org/9780521764803 [last accessed 7 June 2019]

Tang, Li. 2011. *East Syriac Christianity in Mongol-Yuan China. Orientalia Biblica et Christiana: 18*. Wiesbaden: Harrassowitz Verlag.

Tardieu, Michel. 2008. *Manichaeism*. Urbana: University of Illinois Press.

Tegegne, Habtamu M. 2016. "The Edict of King Gälawdéwos Against the Illegal Slave Trade in Christians: Ethiopia, 1548." *The Medieval Globe* 2.2: 73–114.

Teploukhov, S. A. 1929. "Opyt klassifikatsii drevnikh metallicheskikh kul'tur Minusinskogo kraya." *Materialy po etnografii* 4.2: 41–62.

Thompson, Nainoa. 1980. "Recollections of the 1980 Voyage to Tahiti." http://archive.hokulea.com/holokai/1980/nainoa_to_tahiti.html [last accessed 7 June 2019]

Thurman, Robert A. F., trans. 1976. *The Holy Teaching of Vimalakīrti: A Mahāyāna Sutra*. University Park: Pennsylvania State University Press.

Timperman, Ilse. 2016. *Early Niche Graves in the Turfan Basin and Inner Eurasia*. PhD thesis, SOAS University of London.

Tolmacheva, Marina. 1996. "Bertius and al-Idrisi: an Experiment in Orientalist Cartography." *Terrae Incognitae* 28: 36–45.

Tolmacheva, Marina. 2005. "'al-Idrisi." In *Medieval Islamic Civilization: An Encyclopedia*, vol. 1, edited by Josef W. Meri and Jere L. Bacharach, 379–38. New York and London: Routledge.

Tomber, Roberta. 2008. *Indo-Roman Trade, from Pots to Pepper*. London: Duckworth.

Trever, Camilla. 1932. *Excavations in Northern Mongolia (1924-1925)*. Leningrad: J. Fedorov.

Triantafyllidis, Pavlos. 2000. *Rhodian Glassware I. The Luxury Hot-formed Transparent Vessels of the Classical and Early Hellenistic Periods*. Athens: Ministry of the Aegean Sea.

Trombert, Éric. 2011. "Note pour une évaluation nouvelle de la colonisation des contrées d'occident au temps des Han." *Journal Asiatique* 299.1: 67–123.

Trümpler, Charlotte, ed. 2008. *Das Grosse Spiel: Archäologie und Politik (1860-1940)*. Koln: DuMont Buchverlag GmbH & Co. KG.

Tsotselia, Medea. 2003. *History and Coin Finds in Georgia: Sasanian Coin Finds and Hoards*. Wetteren: Moneta.

Turkestanii Album. http://www.loc.gov/rr/print/coll/287_turkestan.html [last accessed 7 June 2019]

Turnbull, Harvey. 1972. "Origin of the Long-Necked Lute." *The Galpin Society Journal* 25: 58–66.

Turner, Paula. 1989. *Roman Coins from India*. London: Routledge.

V

Vainker, Shelagh. 2004. *Chinese Silk: A Cultural History*. London: British Museum Press.

Van der Veen, M. 2011. *Consumption, Trade and Innovation: Exploring the Botanical Remains from the Roman and Islamic Ports at Quseir al-Qadim, Egypt.* Frankfurt: Africa Magna Verlag.

Van Donzel, E. J. and Andrea Schmidt. 2010. *Gog and Magog in Early Syriac and Islamic Sources: Sallam's Quest for Alexander's Wall.* Leiden: Brill.

Van Driel-Murray, C. 2000. "A Late Roman Assemblage from Deurne (Netherlands)." *Bonner Jahrbücher des Rheinischen Landesmuseums in Bonn* 200: 293–308.

Verkinderen, Peter. 2015. *Waterways of Iraq and Iran in the Early Islamic Period: Changing Rivers and Landscapes of the Mesopotamian Plain.* London: I. B. Tauris.

W

Wagner, Mayke et al. 2009. "The Ornamental Trousers from Sampula (Xinjiang, China): Their Origins and Biography." *Antiquity* 83 (322): 1065–75.

Walburg, Reinhold. 2008. *Coins and Tokens from Ancient Ceylon, Ancient Ruhuna: Sri Lanka-German Archaeological Project in the Southern Province. Vol. 2.* Wiesbaden: Reichert Verlag.

Wang Bo, Wang Mingfeng, Minawar Happar and Lu Lipeng. 2016. *Textile Treasures of Zaghunluq.* Riggisberg: Abegg-Stiftung; Beijing: Cultural Relics Press.

Wang, Helen. 2004. *Money on the Silk Road, the Evidence from Eastern Central Asia to c. AD 800.* London: British Museum Press.

Wang, Helen. 2004a. "How Much for a Camel? A New Understanding of Money on the Silk Road Before AD 800." In *The Silk Road: Trade, Travel, War and Faith*, edited by Susan Whitfield and Ursula Sims-Williams, 24–33. London: The British Library.

Watson, Oliver. 2006. *Ceramics from Islamic Lands.* London: Thames & Hudson.

Watt, James and Anne Wardwell. 1997. *When Silk Was Gold: Central Asian and Chinese Textiles.* New York: The Metropolitan Museum of Art.

Waugh, Daniel C. 2010. "Richthofen's 'Silk Roads': Towards the Archaeology of a Concept." faculty.washington.edu/dwaugh/publications/waughrichthofen2010.pdf [last accessed 7 June 2019]

Webb, Peter. 2016. *Imagining the Arabs: Arab Identity and the Rise of Islam.* Edinburgh: Edinburgh University Press.

Weber, Stefan, Ulrike al-Khamis and Susan Kamel, eds. 2014. *Early Capitals of Islamic Culture: the Artistic Legacy of Umayyad Damascus and Abbasid Baghdad (650-950).* Munich/Sharjah: Hirmer.

Wegehaupt, Matthew, trans. 2012. "Open Road to the World: Memoirs of a Pilgrimage to the Five India Kingdoms." In *Collected Works of Korean Buddhism vol. 10. Korea Buddhist Culture: Accounts of a Pilgrimage Monuments and Eminent Monks*, edited by R. Whitfield, 73–74. Seoul: Jogye Order of Korean Buddhism.

Whitehouse, David and R. H. Brill. 2005. *Sasanian and Post-Sasanian Glass in the Corning Museum of Glass.* Corning, NY: The Corning Museum of Glass.

Whitehouse, David et al. 2009. *Siraf: History, Topography and Environment.* Oxford: Oxbow.

Whitfield, Peter. 1995. *The Mapping of the Heavens.* London: British Library.

Whitfield, Roderick, Susan Whitfield and Neville Agnew. 2015. *Cave Temples of Mogao at Dunhuang: Art and History on the Silk Road.* Los Angeles: Getty Publications.

Whitfield, Susan. 2007. "Was There a Silk Road?" *Asian Medicine* 3: 203–13.

Whitfield, Susan. 2009. *La Route de la Soie: Un voyage à travers la vie et la mort.* Brussels: Fonds Mercator.

Whitfield, Susan. 2015. *Life Along the Silk Road.* Oakland: University of California Press.

Whitfield, Susan. 2018. *Silk, Slaves, and Stupas: Material Culture of the Silk Road.* Oakland: University of California Press.

Whitfield, Susan and Ursula Sims-Williams, eds. 2004. *The Silk Road: Trade, Travel, War and Faith.* London: The British Library.

Wilckens, Leonie von. 1991. *Die textilen Künste. Von der Spätantike bis um 1500.* Munich: Beck.

Wild, John Peter, and Felicity Wild. 1996. "The Textiles." In *Berenike 1995: Preliminary Report of the 1995 Excavations at Berenike (Egyptian Red Sea Coast) and the Survey of the Eastern Desert*, edited by Steven E. Sidebotham and Willeke Z. Wendrich, 245–56. Leiden: Research School CNWS.

Wilensky, Julie. 2000. "The Magical Kunlun and 'Devil Slaves': Chinese Perceptions of Dark-skinned People and Africa before 1500." *Sino-Platonic Papers* 122: 1–51.

Williams, Tim. 2014. *Silk Roads: An ICOMOS Thematic Study.* Charenton-le-Pont: ICOMOS.

Williams, Tim. 2015. "Mapping the Silk Roads." In *The Silk Road: Interwoven History. Vol. 1, Long-distance Trade, Culture, and Society*, edited by M. N. Walter and J. P. Ito-Adler, 1–42. Cambridge, MA: Cambridge Institutes Press.

Williams, Tim and Sjoerd van der Linde. 2008. "The Urban Landscapes of Ancient Merv, Turkmenistan." Archaeology Data Service. http:archaeologydataservice.ac.uk/archives/view/merv_ahrc_2008/ [last accessed 7 June 2019]

Wink, André. 1991–2004. *Al-Hind. The Making of the Indo-Islamic World*, 3 vols. Leiden and New York: Brill.

Witsen, Nicolaas. 1696. *Noord en Oost Tartarye*. Amsterdam. http://resources.huygens.knaw.nl/retroboeken/witsen/#page =0&accessor=toc&view=homePane [last accessed 7 June 2019]

Wolska-Conus, Wanda. 1968. *Topographie chrétienne / Cosmas Indicopleustès*. Paris: Les Éditions du Cerf.

Wong, Dorothy, ed. 2008. *Hōryūji Reconsidered*. Newcastle: Cambridge Scholars Publishing.

Wood, Frances. 2004. *The Silk Road: Two Thousand Years in the Heart of Asia*. London: The British Library.

Wood, Frances and Mark Barnard. 2010. *The Diamond Sutra: The Story of the World's Earliest Dated Printed Book*. London: The British Library.

Wood, Marilee. 2012. *Interconnections: Glass Beads and Trade in Southern and Eastern Africa and the Indian Ocean - 7th to 16th centuries AD*. PhD thesis, Uppsala, Department of Archaeology and Ancient History.

Wood, Marilee. 2018. "Glass Beads and Indian Ocean Trade." In *The Swahili World*, edited by S. Wynne-Jones and A. LaViolette, 458–71. London and New York: Routledge.

Wood, Marilee, L. Dussubieux and P. Robertshaw. 2012. "The Glass of Chibuene, Mozambique: New Insights into Early Indian Ocean Trade." *South African Archaeological Bulletin* 67: 59–74.

Woodward, Hiram. 1988. "Interrelationships in a Group of Southeast Asian Sculptures." *Apollo* 118: 379–83.

Wordsworth, Paul. 2019. *Moving in the Margins: Desert Trade in Medieval Central Asia*. Leiden: Brill.

Wu, Wenliang 吴文良 and Wu Youxiong 吴幼雄. 2005. *Quanzhou zongjiao shike* 泉州宗教石刻. Beijing: Science Publishing.

X

Xu, Jay. 2001. "Bronze at Sanxingdui." In *Ancient Sichuan: Treasures from a Lost Civilization*, edited by Robert Bagley, 59–152. Seattle Art Museum and Princeton University Press.

Y

Yang, Bin. 2011. "The Rise and Fall of Cowrie Shells: The Asian Story." *Journal of World History*, 22.1: 1–25.

Yokohari, Kazuko. 2006. "The Horyu-ji Lion-hunting Silk and Related Silks." In *Central Asian Textiles and their Contexts in the Early Middle Ages*, edited by Regula Schorta, 155–73. Riggisberg: Abegg-Stiftung.

Yoshida, Yutaka. 2016. "Sogdians in Khotan: some new interpretations of the two Judeo-Persian letters from Khotan." In *Sogdians in China: New Evidence in Archaeological Finds and Unearthed Texts*, vol. 2, edited by Rong Xinjiang and Luo Feng, 621–29. Beijing: Science Press.

Yoshida, Yutaka 吉田 豊 and Shoichi Furukawa 古川 攝一, eds. 2015. *Chūgoku Kōnan Mani kyō kaiga kenkyū*. 中国江南マ二教絵画研究. Kyoto: Rinsen Book Co.

Yūsuf Balasağuni. Trans. by Dolkun Kamberi and Jeffrey Yang. 2010. "On Knowledge." *Some Kind of Beautiful Signal* 17: 244–91.

Z

Zeeuw, Hans de. 2019. *Tanbûr Long-Necked Lutes Along the Silk Road and Beyond*. Oxford: Archaeopress.

Zhang Guangda. 1996. "The City-states of the Tarim Basin." In *History of Civilizations of Central Asia, vol. III – The Crossroads of Civilizations: A.D. 250–750*, edited by B. A. Litvinsky, 281–301. Paris: UNESCO Publishing.

Zhang Guangda and Rong Xinjiang. 1998. "A Concise History of the Turfan Oasis and Its Exploration." *Asia Major*, third series, 11.2: 13–36.

Zhang Xu-shan. 2004. "The Name of China and its Geography in Cosmas Indicopleustes." *Byzantion* 74: 452–62.

Zhang Yue 張說. Trans. by Kroll. 1981. "Lyrics for Dancing Horse." *T'oung Pao* 67: 240–68.

Zhang Zhan 张湛. 2018. "Secular Khotanese Documents and the Administrative System in Khotan." *Bulletin of the Asia Institute* 28: 57–98.

Zhang Zhan 张湛 and Shi Guang 時光. 2008. "Yijian xinfaxian Youtai-Bosiyu xinzha de duandai yu shidu." 一件新發現猶太波斯語信劄的斷代與釋讀 *Dunhuang Tulufan Yanjiu* 敦煌吐鲁番研究 11: 71–99.

Zhao Feng et al. 2017. "The Earliest Evidence of Pattern Looms: Han Dynasty Models from Chengdu, China." *Antiquity* 91.356: 360–74.

Zhao Feng 赵丰. 2005. "Xinjiang dichan mianxian zhijin yanjiu." 新疆地产绵线织锦研究. *Xiyu Yanjiu* 西域研究 1: 51–59.

Zhao Feng. 2014. "The Development of Pattern Weaving Technology Through Textile Exchange along the Silk Road." In *Global Textile Encounters (Ancient Textile Series 20)*, edited by M.-L. Nosch, M-L. Zhao Feng and L. Varadarajan, 49–64. Oxford: Oxbow.

Zhu Yi 朱翌. 2014. "Lun Huo Qubing mu shijao jiaosu de caizhi." 论霍去病墓石雕雕塑的材质. *Dazhong Wenyi* 大众文艺 8: 91.

Zhu Yu 朱彧. 1921. 萍洲可談 *Pingzhou ketan*. Shanghai: Boguzhai.

Zhuang Yongping 庄永平. 2001. *Pipa shouce* 琵琶手册. Shanghai: Shanghai yinyue chubanshe.

필진 소개

편집 총괄 겸 필자

수전 휫필드(Susan Whitfield) 실크로드 연구자이자 여행가, 강사, 큐레이터다. 여러 책과 기사, 전시를 통해 실크로드의 역사와 미술, 고고학을 살폈다. 영국 국립도서관에서 20세기 초 오럴 스타인 등의 탐사 때 수집한 중앙아시아 필사본들을 관리하면서 실크로드 공예품들을 자유롭게 이용할 수 있도록 만드는 작업을 개발하고 지휘했다. 전 세계의 고고학 유적지와 박물관 수집품들을 문서로 정리했다.

추천사

피터 셀러스(Peter Sellars) 걸작 예술품에 대한 새로운 해석과 독창적 예술가들과의 광범위한 공동 작업으로 세계적인 명성을 얻었다. 실크로드와 특히 둔황의 불교 회화가 오랫동안 그의 창작 활동의 중심을 이루어왔으며, 최근에는 그 연장선상에서 '유마경 프로젝트'를 진행하고 있다.

자문위원 겸 필자

대니얼 워(Daniel C. Waugh) 미국 워싱턴대학 역사학과 명예교수

루카 올리비에리(Luca M. Olivieri) 파키스탄 파견 이탈리아고고탐사단(ISMEO) 단장

베레니스 벨리나(Bérénice Bellina) 프랑스 국립과학연구원(CNRS) 선임연구원

세르게이 미냐예프(Sergey Miniaev) 러시아 물질문화사연구소 선임연구원, 자바이칼고고탐사단장

앨리슨 애플린 오타(Alison Aplin Ohta) 영국 왕립아시아협회(RAS) 이사

어설라 심스-윌리엄스(Ursula Sims-Williams) 영국국립도서관 이란어 큐레이터

자오펑(趙豐, Zhao Feng) 중국 항저우(杭州) 중국비단박물관(中國絲綢博物館) 관장

존 포크너(John Falconer) 사진사가, 전 영국국립도서관 시각예술 책임자

팀 윌리엄스(Tim Williams) 런던 유니버시티칼리지 강사(실크로드 고고학)

기타 필자

게신 리스(Gethin Rees) 영국국립도서관 수석 큐레이터(디지털 매핑)

노리코 미야(宮紀子, Noriko Miya) 일본 교토대학 인문과학연구소 조교수

니컬러스 르비르(Nicolas Revire) 타이 탐마사트대학 강사

니컬러스 심스-윌리엄스(Nicholas Sims-Williams) 영국 런던대학 동방아프리카연구학원(SOAS) 명예교수(이란 및 중앙아시아학)

니콜라우스 신델(Nikolaus Schindel) 오스트리아 과학아카데미 소속

다비트 나스키다슈빌리(Davit Naskidashvili) 조지아 트빌리시국립대학 고고학연구소 강사 겸 박사 과정생

드미트리 보야킨(Dmitriy Voyakin) 우즈베키스탄 중앙아시아국제연구소(IICAS) 소장

로버트 브레이시(Robert Bracey) 영국국립박물관 주화메달부 근무

로베르트 슈펭글러(Robert N. Spengler) 독일 막스플랑크연구소 고민족식물학연구실장

로절린드 웨이드 해든(Rosalind Wade Haddon) 영국 런던대학 동방아프리카연구학원(SOAS) 연구원. 영국국립박물관에서 에른스트 헤르츠펠트 사마라 발견물 컬렉션의 디지털화를 마무리하고 있다.

루이스 랭커스터(Lewis R. Lancaster) 미국 캘리포니아대학 동아시아언어문화학부 명예교수

루카스 니켈(Lukas Nickel) 오스트리아 빈대학 아시아미술사 주임교수, 미술사학과장

룽신장(榮新江, Rong Xinjiang) 중국 베이징대학 역사학과 교수

류신루(劉欣如, Xinru Liu) 미국 뉴저지 칼리지 명예교수, 중국사회과학원 세계사연구소 연구원

리베카 달리(Rebecca Darley) 런던대학(버벡) 중세사 강사

리원잉(李文瑛, Li Wenying) 중국 신장문물고고연구소(新疆文物考古研究所) 소장

리처드 탤버트(Richard J. A. Talbert) 노스캐롤라이나대학(채플힐) 키넌 석좌교수(역사학)

마리나 톨마체바(Marina Tolmacheva) 미국 워싱턴대학 교수(서아시아사 및 이슬람 문명), 쿠웨이트 아메리칸대학 명예총장

마리누스 폴라크(Marinus Polak) 네덜란드 네이메헌 라드바우트대학 조교수(로마 고고학)

마크 호턴(Mark Horton) 영국 시런세스터왕립농업대학 교수대우 연구원

메흐메트 욀메즈(Mehmet Ölmez) 터키 이스탄불대학 및 보아지치대학에서 고대 및 현대 튀르크어 강의

발렌티나 모르드빈체바(Valentina Mordvintseva) 러시아 국립고등경제연구대학 고전동방고고학연구소 부교수

베리트 힐데브란트(Berit Hildebrandt) 독일 하노버대학 고대사 강사. 박물관의 사회 관련 여러 프로젝트들에 관여하고 있다.

세라 스튜어트(Sarah Stewart) 영국 런던대학 동방아프리카연구학원(SOAS) 종교철학과 부교수로 조로아스터교 강의

세라 피터슨(Sara Peterson) 영국 런던대학 동방아프리카연구학원(SOAS) 박사 후 연구원

소니아 브렌티에스(Sonja Brentjes) 독일 막스플랑크연구소 과학사가

소피 데로지에르(Sophie Desrosiers) 프랑스사회과학고등연구원(EHESS)에서 직물의 역사 및 인류학 교수

수산나 굴라치(Zsuzsanna Gulácsi) 미국 노던애리조나대학(NAU) 미술사·아시아학·비교종교학 교수

수전 헌팅턴(Susan L. Huntington) 미국 오하이오주립대학 명예교수

아르노 베르트랑(Arnaud Bertrand) 프랑스 국립과학연구원(CNRS) 중앙아시아 고고학 연구원, 파리 가톨릭대학(ICP) 조교

아사드 세이프(Assaad Sief) 레바논대학 부교수, 영국 유니버시티칼리지런던(UCL) 명예 선임연구원

안나 필리겐치(Anna Filigenzi) 이탈리아 나폴리동방학대학 임시강사, 아프가니스탄 파견 이탈리아고고학단(ISMEO) 대표

앙겔라 쇼텐하머(Angela Schotten-hammer) 오스트리아 잘츠부르크대학 비유럽스 교수, 캐나다 맥길대학 인도양 세계센터 연구원 겸 외래교수

앤 헤데거 크라그(Anne Hedeager Krag) 덴마크 코펜하겐대학 비잔틴연구 덴마크국가위원회 선임연구원(고고학)

앤절라 성(Angela Sheng) 캐나다 맥마스터대학 부교수(미술사)

에버하트 사우어(Eberhard W. Sauer) 영국 에든버러대학 역사고전고고학부 교수(로마 고고학)

에이빈 헬도스 셀란(Eivind Heldaas Seland) 노르웨이 베르겐대학에서 고대사 및 세계사 강의

엘리자베스 램번(Elizabeth A. Lambourn) 영국 드몽포르대학 남아시아인도양학과 부교수

완나포른 카이 리엔짱(Wannaporn Kay Rienjang) 영국 옥스퍼드대학 고미술연구소 간다라커넥션프로젝트 조수

왕쉬둥(王旭東, Wang Xudong) 전 둔황연구원(敦煌研究院) 원장, 현재 베이징 고궁박물원(故宮博物院) 원장

우르줄라 브로세더(Ursula Brosseder) 미국 뉴욕대학 고대세계연구소(ISAW) 객원연구원

워릭 볼(Warwick Ball) 서아시아 고고학 연구자, 작가

이드리스 압두레술(Idriss Abduressul) 중국 신장문물고고연구소(新疆文物考古研究所) 명예소장

일제 팀페르만(Ilse Timperman) 브뤼셀의 박물관 및 전시 큐레이터, 영국 런던대학 동방아프리카연구학원(SOAS)과 독일 뮌스터대학 강사 역임

잉고 슈트라우흐(Ingo Strauch) 스위스 로잔대학 교수(불교학 및 산스크리트어)

장-마르크 보네-비도(Jean-Marc Bonnet-Bidaud) 프랑스 원자력대체에너지위원회(CEA) 천체물리학자

제브레일 노칸데(Jebrael Nokandeh) 이란국립박물관장, 이란문화유산관광연구소(RICHT) 연구원

제임스 밀워드(James A. Millward) 미국 조지타운대학 역사학과 및 국제관계학부 사회관계사 교수, 에스파냐 그라나다대학 동아시아학 석사 과정 겸임교수

조 크립(Joe Cribb) 영국 국립박물관 주화메달부 관리자(1970~2000)

조너선 블룸(Jonathan M. Bloom) 작가, 전 미국 보스턴칼리지 특임교수, 버지니아 연방주립대학(VCU) 석좌교수

조지 레인(George Lane) 여행가, 작가, 영국 런던대학 동방아프리카연구학원(SOAS) 중세 이슬람 및 몽골사 강사

조지 망기니스(George Manginis) 아테네 베나키박물관 학술국장, 영국 런던대학 동방아프리카연구학원(SOAS)과 코톨드미술연구소, 에든버러대학 등에서 미술사 강의

조지나 허먼(Georgina Herrmann) 유니버시티칼리지런던(UCL) 명예교수

준 기무라(木村淳, Jun Kimura) 해양고고학자, 일본 도카이대학 강사

줄리언 헨더슨(Julian Henderson) 영국 노팅엄대학 고고학 교수, 중국 닝보(寧波)노팅엄대학 리닥숨(李達三) 석좌교수(실크로드학)

찰스 오틀로프(Charles R. Ortloff) CFD 컨설턴트인터내셔널 대표, 미국 및 세계 주요 기업의 전산유체역학(CFD) 관련 연구개발 활동 지원

카를 이너메(Karel C. Innemée) 전 네덜란드 레이던대학 및 암스테르담대학 교수, 현재 암스테르담대학 및 멜버른신학대학 연구원

케이트 메이시아-래드퍼드(Kate Masia-Radford) 오스트레일리아 시드니의 사산 제국 연구가

코라이 두라크(Koray Durak) 터키 보아지치대학 역사학과 부교수

크리스티나 카스티요(Cristina Castillo) 런던 유니버시티칼리지 고고학연구소

클레어 딜런(Claire Dillon) 미국 컬럼비아대학 고고미술사학과 박사 과정

타마라 친(Tamara T. Chin) 미국 브라운대학 비교문학동아시아학과

탕리(唐莉, Li Tang) 싱가포르국립대학 박사후 연구원, 현재 오스트리아 잘츠부르크대학 성서교회사학과 선임연구원 겸 강사

투라지 다리어이(Touraj Daryaee) 미국 캘리포니아대학(어바인) 이란사 교수 겸 새뮤얼엠조던 페르시아연구센터 소장

폴 워즈워스(Paul D. Wordsworth) 영국 옥스퍼드대학 동양학부 연구원

프란츠 그레네(Frantz Grenet) 아프가니스탄 파견 프랑스고고학대표단(DAFA) 부단장, 콜레주드프랑스 교수 겸 연구원

피터 웨브(Peter Webb) 네덜란드 레이던대학 아랍문학 및 문화 강사

피터 휫필드(Peter Whitfield) 지도 제작과 탐험, 여행의 역사에 관한 여러 권의 권위 있는 책을 썼다.

하미드 옴라니 레카반디(Hamid Omrani Rekavandi) 고르간장성문화유산기지, 이란문화유산수공예관광기구 대표

헬렌 왕(汪海嵐, Helen Wang) 영국국립박물관 주화메달부 동아시아 화폐 큐레이터

호푸아이펑(何培斌, PP Ho) 싱가포르국립대학 건축학과 건축학 교수 겸 학과장

사진 출처

a=위, c=가운데, b=아래, l=왼쪽
r=오른쪽

1 Freer Gallery of Art (1930.51), Smithsonian Institution, Washington, DC; 2–3 Bayar Balgantseren; 11 PRISMA ARCHIVO/Alamy; 12–13 Newsha Tavakolian/Magnum; 15 John Falconer; 16 Badisches Landesmuseum Karlsruhe; 17 The David Collection (30/1995), Copenhagen; 18 The Nasli M. Heeramaneck Collection, gift of Joan Palevsky (M.73.5.459), Los Angeles County Museum of Art; 19 Roland & Sabine Michaud/akg-images; 22–23 Ferdinand von Richthofen, *China: Ergebnisse eigener Reisen und darauf gegründeter Studien*, vol. 1, Berlin, 1877; 24–25 British Library, London; 26–27 Österreichische Nationalbibliothek, Vienna; 28–29 wikicommons/GNU Licence Commercial usage; 30–31 Biblioteca Apostolica Vaticana, Rome; 32–33 Bibliothèque Nationale de France, Paris; 34–35 The Picture Art Collection/Alamy Stock Photo; 36–37 akg-images; 38–39 UCL Archaeology; 40 Library of Congress, Washington, DC; 42a Library of Congress, Washington DC; 42b Photo © Ministère de la Culture -Médiathèque de l'architecture et du patrimoine, Dist. RMN-Grand Palais/Paul Nadar; 43 Hugues Krafft, *À travers le Turkestan russe*, Paris, 1902; 44 British Library, London; 45 © Daniel Schwartz; 46–47 © Lois Conner; 48–49 Nature Picture Library/Alamy Stock Photo; 50 Karin Aun/Alamy Stock Photo; 55 Pavel Mikheev/123RF; 56 Biosphoto/Muriel Nicoletti; 57a Sharon Davis/Alamy Stock Photo; 57b John Falconer; 58 Landesmedienzentrum Baden-Württemberg; 59a Davit Naskidashvili; 59b Courtesy Eberhard Wolfram Sauer; 60 Sputnik/akg-images; 62 Institute of the History of Material Culture, Russian Academy of Sciences, St Petersburg; 63 Institute of History of Material Culture, Russian Academy of Sciences,

St Petersburg; 64 Pictures from History/akg-images; 66 Ordos Museum, China; 67l Musée historique de Haguenau, France; 67r Panorama Stock RF; 68a Metropolitan Museum of Art, New York; 68b Courtesy of MAFOUZ; 69al British Museum Images, London; 69ar State Hermitage Museum, St Petersburg; 69b bpk/ Museum für Asiatische Kunst, SMB/Jürgen Liepe; 71 akg-images/ Pictures from History; 72a State Hermitage Museum, St Petersburg; 72b Heritage Images/Historisk Bildbyrå/Mustang media/akg-images; 73 akg-images/Bildarchiv Steffens; 74 DEA/G. Dagli Orti/ Getty Images; 75 akg-images/ Pictures from History; 76 Musée Guimet. Pictures from History/ akg-images; 78 Photo Scala, Florence; 79a Metropolitan Museum of Art, New York; 79b British Library, London; 80 State Hermitage Museum, St Petersburg; 81 imageBROKER RM/Egmont Strigl/Diomedia; 83 Evgeniya Tiplyashina/123RF; 84 Carole Raddato; 85a Rijksmuseum van Oudheden, Leiden; 85b British Museum Images, London; 86 Vienna Kunsthistorisches Museum. akg-images/Erich Lessing; 87 State Hermitage Museum, St Petersburg; 88 State Hermitage Museum, St Petersburg. Prisma Archivo/ Alamy Stock Photo; 90a Suzanne Held/akg-images; 90bl Heritage Image Partnership Ltd/Alamy Stock Photo, 90br Museum of Cultural History, University of Oslo; 91a © Richard T. Bryant; 91b Archaeological Museum, Milan. Giovanni Dall'Orto; 92–93 Prashant Mathawan; 94 Shaanxi Provincial Museum, Xian; 95 DEA Picture Library/Getty Images; 96 Photononstop-RF/Emilie Chaix/ Diomedia; 98 State Hermitage Museum, St Petersburg; 99a Daniel C. Waugh; 99b Institute of Archaeology of the Ukrainian National Academy of Sciences; 100–1 State Hermitage Museum, St Petersburg; 102 Wolfgang Kaehler/Getty Images; 103 Photo V. Terebenine, Museum Tagangrog; 104 Freer Gallery of Art,

Smithsonian Institution, Washington, DC; 106 Photograph © Xuzhou Museum; 107 National Museum, Budapest. Erich Lessing/ akg-images; 108a Metropolitan Museum of Art, New York; 108b Photograph © Xuzhou Museum; 109 Pictures from History/akg-images; 110 ton koene/Alamy Stock Photo; 111 Interfoto/Alamy Stock Photo; 113 Erich Lessing/akg-images; 114 State Hermitage Museum, St Petersburg; 115 BibleLandPictures.com/Alamy Stock Photo; 116 Xinjiang Uygur Autonomous Regional Museum, Urumqi; 117a State Hermitage Museum, St Petersburg; 117b akg-images/Pictures from History; 118–19 Matthieu Paley/National Geographic Creative; 120 Andy Miller; 125 Vitaly Titov/Alamy Stock Photo; 126 John Falconer; 127a Robert Harding/Alamy Stock Photo; 127b Roland and Sabrina Michaud/akg-images; 128 Robert Harding/Alamy Stock Photo; 129 Eye Ubiquitous/Getty Images; 130a & b Photo courtesy of Surendra Kumar; 133 Sputnik/akg-images; 134 Photo MNAAG, Paris, Dist RMN-Gran Palais/image musée Guimet; 135a Institute of the History of Material Culture, Russian Academy of Sciences, St Petersburg; 135c Archives A. Foucher © Société Asiatique; 135b Sputnik/akg-images; 136 dbimages/Alamy Stock Photo; 138 Dunhuang Research Academy; 139 Gerard Degeorge/akg-images; 140–41 imageBROKER/Alamy Stock Photo; 142a Heritage-Images/C. M. Dixon/akg-images; 142b Musée des tissus, Lyon. Pierre Verrier; 143 Miho Museum; 145 John Falconer; 146al Dunhuang Research Academy; 146ac Museum of Islamic Art, Cairo; 146ar Courtesy Anna Filgenzi; 146b Photo L. M. Olivieri, courtesy Italian Archaeological Mission in Pakistan; 147 Dunhuang Research Academy; 148–49 Yevgenia Gorbulsky/Alamy Stock Photo; 150 Greenshoots Communications/Alamy Stock Photo; 151a Barry Iverson/Alamy Stock Photo; 151b bpk/Museum für Asiatisches Kunst SMB; 152 John Falconer; 153a akg-images/Pictures from History; 154b Robert Harding/ Alamy Stock Photo; 155 ping han/ Alamy Stock Photo; 156a British Museum Images, London; 156b Angelo Hornak/Alamy Stock Photo; 157al LHAS, Budapest; 157ar Swat Museum, Saidu Sharif; 157c Photo J. Poncar, courtesy Museo Nazionale d'Arte Orientale 'Giuseppe Tucci', Rome; 157bl Photo E. Loliva, courtesy Museo Nazionale d'Arte Orientale 'Giuseppe Tucci', Rome; 157br LHAS, Budapest; 158l Dunhuang Research Academy; 158r Collection Nationaal Museum van Wereldcultered, Amsterdam, Coll. no. TM-2960-157;

159 Dunhuang Research Academy; 161 ISMEO-ACT, C. Moscatelli; 162 Shahid Khan/Alamy Stock Photo; 163 ISMEO-ACT, L. M. Olivieri; 164 ISMEO-ACT, L. M. Olivieri; 165l ISMEO-ACT, E. Loliva; 165r ISMEO-ACT, Aurangzeib Khan; 167 Robert Preston Photography/Alamy; 168 John Henshall/Alamy Stock Photo; 170 Insights/Getty Images; 171a De Agostini Picture Lib./G. Dagli Orti/ akg-images; 171b Hercules Milas/ Alamy Stock Photo; 172l James P. Blair/National Geographic/Getty Images; 172r Sean Sprague/Alamy Stock Photo; 173 B. O'Kane/Alamy Stock Photo; 174–75 Alberto Paredes/Alamy Stock Photo; 176 Werner Forman Archive/Heritage Image Partnership Ltd/Alamy Stock Photo; 178 Schütze/ Rodemann/akg-images; 179a British Museum Images, London; 179b IndiaPicture/Alamy Stock Photo; 180 Ivan Vdovin/Alamy Stock Photo; 181 Musée départmental Arles Antiques; 183 BibleLandPictures/Alamy Stock Photo; 184–85 Photo © Philip Poupin; 186 Photo RMN-Grand Palais (musée du Louvre)/Daniel Arnaudet; 187l Metropolitan Museum of Art, New York; 187r Pictures from History/akg-images; 189 National Museum of Hungary, Budapest; 190 Interfoto/Hermann Historica GmbH/akg-images; 191 Erich Lessing/akg-images; 192 Metropolitan Museum of Art, New York; 193l Guyuan Museum , China; 193r State Hermitage Museum, St Petersburg; 194 Daniel C. Waugh; 195–96 Dunhuang Research Academy; 198 John Falconer; 199a Photo T86c37:13a, Heidelberg Academy of Sciences and Humanities; 199b Age fotostock; 200 O. Louis Mazzatenta/National Geographic; 202 Worawan Simaroj/ Alamy Stock Photo; 203a Pictures from History/akg-images; 203b Roland and Sabrina Michaud/akg-images; 204 bpk/Museum für Asiatisches Kunst SMB; 205 Zoonar GmbH/Alamy Stock Photo; 206-7 Roland and Sabine Michaud/akg images; 208 Look/Alamy Stock Photo; 213 George Steinmetz/ National Geographic Creative; 214 Carsten Peters/National Geographic Creative; 215a Courtesy Idriss Adburashid; 215b John Falconer; 216l Soltan Frédéric/ Sygma via Getty Images; 216r François Guénet/akg-images; 217 Marka/Alamy Stock Photo; 218 Sally Nicholls; 219 John Falconer; 220 Reza/Getty Images; 221a British Museum Images, London; 221b John Warburton-Lee/ Alamy Stock Photo; 223a Caton Thompson Archives, Institute of Archaeology, UCL; 223b British Library, London; 224l The Sven Hedin Foundation at the Royal Swedish Academy of Sciences, Stockholm; 224r Photo MNAAG,

Paris, Dist. RMN-Grand Palais/Thierry Ollivier; 225a bpk/Museum für Asiatisches Kunst SMB; 225c Deutsches Archäologisches Institut, Berlin [T. Wiegand et al.], *Palmyra. Ergebnisse der Expeditionen von 1902 und 1907*, Berlin, 1932; 225b British Library, London; 227 Dunhuang Research Academy; 228 bpk/Museum für Asiatisches Kunst SMB/Jürgen Liepe; 229 Xinjiang Institute of Archaeology; 230 Dunhuang Research Academy; 231 bpk/Museum für Asiatisches Kunst SMB/Iris Papadopoulos; 232 akg-images; 234 Louvre Museum, Paris. Erich Lessing/akg-images; 235 National Museum, Riyadh. Pictures from History/akg-images; 236 Angelo Cavalli/Robert Harding Picture Library; 238l Roland and Sabrina Michaud/akg-images; 238r Hugues Krafft, *À travers le Turkestan russe*, Paris, 1902; 239a & b British Library, London; 240a Hemis/Alamy Stock Photo; 240b British Library, London; 241 Khalili Collection; 242a & b Quentin Lake; 243 Illa Torlin/Shutterstock; 244 Patrick Escudero/Hemis/Diomedia; 246 Allan Mustard; 247 Xinjiang Uygur Autonomous Regional Museum, Urumqi; 248 Robert Harding/Alamy Stock Photo; 249 Pictures from History/akg-images; 250a & b British Library, London; 251 Apic/Getty Images; 252a Paul Wordsworth; 252b British Library, London; 253 British Museum Images, London; 254–55 B. O'Kane/Alamy Stock Photo; 257 Erich Lessing/akg-images; 258 Bildarchiv Steffens/akg-images; 259a Valery Sharifulin/TASS/Alamy Stock Photo; 259b B. O'Kane/Alamy Stock Photo; 260–61 Soltan Frédéric/Sygma via Getty Images; 262a Erich Lessing/akg-images; 262b Pictures from History/akg-images; 263 Pictures from History/akg-images; 264a Museum of Islamic Art, Doha; 264b British Library, London; 265a British Museum Images, London; 265b Pictures from History/akg-images; 267 Pictures from History/akg-images; 268 Metropolitan Museum of Art, New York; 270 Copyright © Imperial Household Agency, Tokyo; 271 Rabatti & Domingie/akg-images; 272–73 Nimatallah/akg-images; 274a Arthur M. Sackler Gallery, Smithsonian Institution, Washington, DC; 274b G. Dagli-Orti/De Agostini Picture Library/akg-images; 275 Los Angeles County Museum of Art; 276–77 Leo G. Linder/akg-images; 279 John Henry Claude Wilson/Robert Harding Picture Library; 282 Michael Jenner/Robert Harding Picture Library; 284 © Claude Rapin/MAFOUZ-Sogdiane; 285a Hackenberg-Photo-Cologne/Alamy Stock Photo; 285bl Roland and Sabrina Michaud/akg-images; 285br Gerard Degeorge/akg-images; 286 Pictures from History/akg-images; 287 China Images/Alamy Stock Photo; 288 Daniel C. Waugh; 289l Roland and Sabrina Michaud/akg-images; 289r Gerard Degeorge/akg-images; 290 Photo MNAAG, Paris, Dist. RMN-Grand Palais/image musée Guimet; 292l Photo MNAAG, Paris, Dist. RMN-Grand Palais/Thierry Ollivier; 292r Yale University Art Gallery Archives, New Haven; 293 Photo MNAAG, Paris, Dist. RMN-Grand Palais/image musée Guimet; 295 Heritage-Images/Fine Art Images/akg-images; 296 Eric Laforgue/Gamma-Rapho via Getty Images; 297a Musée des tissus, Lyon. Pierre Verrier; 297b Courtesy Nikolaus Schindel; 298l Madras Government Museum; 298r Collection of R. Krishnamurthy; 299 Werner Forman; 300al British Museum Images, London; 300ar Courtesy Nikolaus Schindel; 300bl The David Collection, Copenhagen; 300br Metropolitan Museum of Art, New York; 301l bpk/Museum für Islamische Kunst, SMB/Johannes Kramer; 301r Henry Westheim Photography/Alamy Stock Photo; 302 John Lander/Alamy Stock Photo; 304 British Museum Images, London; 305a & cl British Museum Images, London; 305cr Metropolitan Museum of Art, New York; 306a & b British Museum Images, London; 307al British Museum Images, London; 307ar & c British Library, London; 307bl & br British Museum Images, London; 308 Gotlands Museum, Sweden; 309 Harvard Art Museums/Arthur M. Sackler Museum, Gift of Anthony M. Solomon; 310–11 British Museum Images, London; 312 Photo RMN-Grand Palais (MNAAG, Paris)/Thierry Ollivier; 313 Rijksmuseum, Amsterdam; 314 © MAFOUZ; 315 Cleveland Museum of Art; 317 Photo RMN-Grand Palais (MNAAG, Paris)/Thierry Ollivier; 318 Metropolitan Museum of Art, New York; 319 Courtesy Zhao Feng; 320a The Picture Art Collection/Alamy Stock Photo; 320b British Museum Images, London; 321 Cleveland Museum of Art; 322 Courtesy Zhao Feng; 323a Roland and Sabrina Michaud/akg-images; 323b akg-images/André Held; 324 © MAFCX; 326bl & br © MAFCX; 327a Corinne Debaine-Francfort; 327b Musée des tissus, Lyon. Pierre Verrier; 328l Tuul and Bruno Morandi/Alamy Stock Photo; 328r Musée des tissus, Lyon. Pierre Verrier; 329 Reproduced courtesy of the Chapter of Canterbury Cathedral; 330 HD Signature Co. Ltd/Alamy Stock Photo; 332 British Library, London; 333a & b British Library, London; 334–35 British Library, London; 336l Gerard Degeorge/akg-images; 336r Bibliothèque Nationale de France, Paris; 337l The David Collection, Copenhagen; 337r bpk/Staatsbibliothek zu Berlin/Christine Kösser; 339 British Museum Images, London; 340a, bl & br Metropolitan Museum of Art, New York; 341 British Museum Images, London; 342 Véronique François; 343a bpk/Museum für Islamische Kunst, SMB/Georg Niedermeiser; 343b Metropolitan Museum of Art, New York; 344a Tang Shipwreck Collection, Asian Civilizations Museum, Singapore; 344b British Museum Images, London; 345 Maritime Silk Road Museum, Hayling Island, Yangjiang; 346 Miho Museum; 348a W. Buss/DEA/Getty Images; 348b Eric Lafforgue/Alamy Stock Photo; 349 Photo Mardetanha; 350a British Library, London; 350b State Hermitage Museum, St Petersburg. Prisma Archivo/Alamy Stock Photo; 351a & b Kaveh Kazemi/Getty Images; 352–53 Ghaith Abdul-Ahad/Getty Images; 354a DeAgostini/Getty Images; 354c eFesenko/Alamy Stock Photo; 354b Chronicle/Alamy Stock Photo; 355 Afrasiab Museum, Samarkand. Pictures from History/akg-images; 357 bpk/Museum für Asiatische Kunst, SMB/Jürgen Liepe; 358a bpk/Museum für Asiatische Kunst, SMB/Iris Papadopoulos; 358b bpk/Museum für Asiatische Kunst, SMB/Jürgen Liepe; 359 Bibliothèque Nationale de France, Paris; 360 Urbanmyth/Alamy Stock Photo; 361 bpk/Museum für Asiatische Kunst, SMB/Iris Papadopoulos; 362 The Picture Art Collection/Alamy Stock Photo; 363 Pictures from History/akg-images; 364 Nurlan Kalchinov/Alamy Stock Photo; 366a Library of Congress, Washington, DC; 366b Eric Chretien/Gamma-Rapho via Getty Images; 367a Erich Lessing/akg-images; 368–69 John Falconer; 368–69 C. Dani & I. Jeske/De Agostini/akg-images; 370 Anton Petrus/Alamy Stock Photo; 375 Andrej Polivnov/Alamy Stock Photo; 376 Jonathon S. Blair/National Geographic/Getty Images; 377a DEA/G. Dagli Orti/Getty Images; 377b Frank & Helen Schreider/National Geographic/Getty Images; 378 Robert Harding Picture Library; 379 Matthew Harpster photo from Birmingham East Mediterranean Archive; 380l Pictures from History/akg-images; 380r Roland and Sabrina Michaud/akg-images; 381l British Museum Images, London; 381r John Warburton-Lee Photography/Alamy Stock Photo; 382 Keystone Press/Alamy; 384 Viking Ship Museum, Oslo; 385 Abbus Acastra/Alamy Stock Photo; 387 Science Source/akg-images; 388 Photography Dirk Vandorp; 389 Mark Horton; 390a Elizabeth Lambourn; 390b Arrgau Canton Museum, Augusta Raurica Augst, Switzerland; 391a akg-images; 391b China Pictures; 392l Courtesy Li Tang; 392r Yvan Travert/akg-images; 393a Yao Lin/VCG/Getty Images; 393b imageBROKER/Alamy Stock Photo; 395 akg-images; 396 British Library, London; 397 Maritime Archaeology Unit (MAU) Sri Lanka; 398 Ashmolean Museum, Oxford; 399a Album/Oronoz/akg-images; 399b Gerard Degeorge/akg-images; 400a & b photo by Toru Aoyama, courtesy of Noriko Nakanishi; 401 Jean-Louis Nou/akg-images; 402 Science History Images/Alamy Stock Photo; 404a & c British Library, London; 404b DeAgostini Picture Library/akg-images; 405 Metropolitan Museum of Art, New York; 406a al-Sabah Collection, Kuwait; 406b University of Pennsylvania Library; 407a Sputnik/Alamy Stock Photo; 407b National Museum of Oman, Muscat; 408 Pictures from History/akg-images; 410 Science Source/akg-images; 411 British Library, London; 412l Pictures from History/akg-images; 412r The Picture Art Collection/Alamy Stock Photo; 413 Heritage-Images/Fine Art Images/akg-images; 414 Nanjing Museum. Rabatti & Domingie/akg-images; 416 Xinjiang Uygur Autonomous Regional Museum Urumqi; 417 Shaanxi Archaeological Institute, Xi'an; 418–19 Hebei Institute of Cultural Relics; 420 Erich Lessing/akg-images; 422 Courtesy An Jiayao; 423 Lou-Foto/Alamy Stock Photo; 424 National Museum of China, Beijing; 425a Famen Temple Museum; 425b bpk/Museum für Islamische Kunst, SMB/Georg Niedermeiser; 426l Copyright © Imperial Household Agency, Tokyo; 426r Pictures from History/akg-images; 427 National Museum of Korea, Seoul; 428 Courtesy Bérénice Bellina; 430 Museum of Vietnamese History, Ho Chi Minh City; 431a & b M. Ramesh, Arikamedu; 432a & b Courtesy Bérénice Bellina; 433 Pictures from History/akg-images; 434 Independent Picture Service/Alamy Stock Photo; 436 Cambridge University Library; 437 Zev Radovan/BibleLand Pictures/akg-images; 438a Cambridge University Library; 438b UNESCO; 439a British Museum Images, London; 439b Cambridge University Library; 440 Famen Temple Museum; 442a Roland and Sabrina Michaud/akg-images; 442c Photo Man Vyi; 442b Biblioteca Medicea Laurenziana, Florence; 443 Getty Images; 444a DEA/A. Dagli Orti/Getty Images; 444b British Museum Images, London; 445 Metropolitan Museum of Art, New York; 480 Michel Laurent/Gamma-Rapho via Getty Images

찾아보기

Published by arrangement with Thames & Hudson Ltd, London
Silk Roads: Peoples, Cultures, Landscapes © 2019 Thames & Hudson Ltd, London | Text © 2019 the contributors | Foreword © 2019 Peter Sellars
All illustrations © 2019 the copyright holders | Maps on pages 8–9, 52–53, 122–23, 210–11, 280–81 and 372–73: base map © Maps in Minutes TM 2003, cartography by
ML Design, London
Extract from "Only Breath" by Rumi(p. 10) republished with permission of Princeton University Press, from *Music of a Distant Drum: Classical Arabic, Persian, Turkish, and
Hebrew Poems*, translated by Bernard Lewis, 2011; permission conveyed through Copyright Clearance Center, Inc. | "The Amalgamated Map of the Great Ming Empire"(p. 35)
translated from the Japanese by Helena Simmonds | "Keriya: River routes across the Taklamakan"(p. 215), "Oasis kingdoms of the Taklamakan"(pp. 266–31),
"Dunhuang"(p. 138), "Complex looms for complex silks"(pp. 316–23), "Chinese silk on the steppe"(p. 72), "A child's silk coat"(p. 321), "A woollen caftan"(p. 229) and "Yarns,
textiles and dyes"(pp. 324–29) translated from the Chinese by Ilse Timperman | "Sasanian samite in Africa"(p. 328) translated from the French by Ilse Timperman
Designed by Kummer & Herrman | Picture research by Sally Nicholls with additional help by Ilse Timperman

This Korean edition first published in Korea in 2019 by Cum Libro, Seoul
Korean edition © 2019 Cum Libro. All Rights Reserved.
Korean translation rights arranged with Thames & Hudson Ltd through EYA(Eric Yang Agency)
Printed and bound in Italy by Printer Trento SrL

실크로드

1판 1쇄 2019년 11월 1일

지은이 수전 휫필드 외 | **옮긴이** 이재황
펴낸이 류종필 | **편집** 이정우, 최형욱 | **마케팅** 김연일, 김유리 | **표지 디자인** 석운디자인 | **본문 디자인** 박미정 | **교정교열** 오효순

펴낸곳 (주) 도서출판 책과함께 | **주소** (04022) 서울시 마포구 동교로 70 소와소빌딩 2층 | **전화** (02) 335-1982 | **팩스** (02) 335-1316
전자우편 prpub@hanmail.net | **블로그** blog.naver.com/prpub | **등록** 2003년 4월 3일 제25100-2003-392호

ISBN 979-11-88990-39-9 03900

이 도서의 국립중앙도서관 출판시도서목록(CIP)은 서지정보유통지원시스템 홈페이지(http://seoji.nl.go.kr)와
국가자료종합목록 구축시스템(http://kolis-net.nl.go.kr)에서 이용하실 수 있습니다. (CIP제어번호: CIP2019027949)

1974년 홍해 예멘 해안가의
선박 위에 서 있는 단봉낙타들.